薪酬管理 1+X 证书制度系列教材

U0958349

薪酬管理高级专业知识

上海财才网信息科技有限公司　编著

立信会计出版社
LIXIN ACCOUNTING PUBLISHING HOUSE

图书在版编目(CIP)数据

薪酬管理高级专业知识 / 上海财才网信息科技有限公司编著.—上海：立信会计出版社，2021.7
ISBN 978-7-5429-6797-8

Ⅰ.①薪… Ⅱ.①上… Ⅲ.①企业管理—工资管理—资格考试—自学参考资料 Ⅳ.①F272.923

中国版本图书馆 CIP 数据核字(2021)第 136876 号

策划编辑 秦思慧
责任编辑 秦思慧

薪酬管理高级专业知识

Xinchou Guanli Gaoji Zhuanye Zhishi

出版发行	立信会计出版社		
地　　址	上海市中山西路 2230 号	邮政编码	200235
电　　话	(021)64411389	传　　真	(021)64411325
网　　址	www.lixinaph.com	电子邮箱	lixinaph2019@126.com
网上书店	http://lixin.jd.com		http://lxkjcbs.tmall.com
经　　销	各地新华书店		

印　　刷	苏州市古得堡数码印刷有限公司		
开　　本	787 毫米×1092 毫米	1/16	
印　　张	27		
字　　数	560 千字		
版　　次	2021 年 7 月第 1 版		
印　　次	2021 年 7 月第 1 次		
书　　号	ISBN 978-7-5429-6797-8/F		
定　　价	88.00 元		

薪酬管理1+X证书制度系列教材
编写委员会

（按姓氏笔画排列）

序

2020年12月31日，教育部发布《关于受权发布参与1+X证书制度试点的第四批职业教育培训评价组织及职业技能等级证书名单的通知》(教职所〔2020〕257号)，明确将《薪酬管理职业技能等级证书》项目纳入教育部1+X目录，这为培养我国现代薪酬管理职业技能人才奠定了坚实基础。

现代薪酬管理是指对员工薪酬及其所涉及的个人所得税、社会保险费、住房公积金等税费的管理，主要包括薪酬规划与风险管理、岗位调查、工作分析与岗位评价、薪酬调查、绩效管理、薪酬计算与薪酬支付、薪酬所涉及的税费申报与缴纳等内容。现代薪酬管理一方面要坚持依法合规支付员工薪酬及缴纳税费，另一方面要优化薪酬激励管理以更好驱动人力资本发展。相应地，现代薪酬管理从业人员的知识体系涉及战略及创新管理、人力资源与人力资本管理、税务、法律、计算机应用技术等多个学科知识。

2019年3月11日，中国商业联合会与上海财才网信息科技有限公司(财经人才网，以下简称财才网)依据拥有自主知识产权的《薪税师职业能力框架》《薪税师—薪税(费)基础知识及实务运用》等知识体系及市场实际需要联合向人力资源和社会保障部申报了"薪税师"新职业(工种)。2019年10月，中国商业联合会、上海人才服务行业协会、财才网联合参加了人力资源和社会保障部组织的"薪税师"新职业(工种)评审论证会；2020年2月25日，人力资源和社会保障部、国家市场监管总局、国家统计局联合发布《人力资源社会保障部办公厅 市场监管总局办公厅 统计局办公室关于发布智能制造工程技术人员等职业信息的通知(人社厅发〔2020〕17号)》调整变更信息，确定在"企业人力资源管理师"职业下增设"薪税师"新工种。此外，该项目还获得了ATHE（英国培训与高等教育认证）及IFA（英国财务会计师公会）的认可。

按照人力资源和社会保障部、教育部《职业技能等级证书监督管理办法（试行）》（人社部发〔2019〕34号）"职业技能等级证书的院校内、外试点培训评价组织对接同一职业标准和教学标准、两部门目录内职业技能等级证书具有同等效力和待遇"的规定，财才网与中国人才交流协会、中国注册税务师协会、中国商业联合会、上海人才服务行业协会、上海市注册税务师协会、北京人力资源服务行业协会、中智上海经济技术合作有限公司、上海交通大学等单位专家依据"薪税师"若干标准联合开发了《薪酬管理职业技能等级标准》，并于2020年7月向教育部申报了第三方培训评价组织及1+X薪酬管理职业技能等级证书。2020年9月，教育部职业技术教育中心研究所发布《关于参与1+X证书制度试点第四批职业教育培训评价组织和职业技能等级证书的公示》（教职所〔2020〕206号），对由上海财才网信息科技有限公司申报的《薪酬管理职业技能等级证书》项目进行了公示并获最终批准。

按照教育部等四部门《关于在院校实施"学历证书+若干职业技能等级证书"制度试点方案》（教职成〔2019〕6号）"试点院校要结合职业技能等级证书培训要求和相关专业建设，根据社会、市场和学生技能考证需要，组织开展专门培训。试点院校在面向本校学生开展培训的同时，积极为社会成员提供培训服务。社会成员自主选择证书类别、等级，在试点院校内、外进行培训。"的规定，薪酬管理职业技能等级证书项目根据相应等级要求面向大学本科及以上学历、高职、中职学生及社会成员开展相应培训及考试评价工作。薪酬管理职业技能等级证书包括初级、中级和高级三个级别。三个级别依次递进，高级别涵盖低级别职业技能要求。初级主要适用于企事业单位薪酬专员和第三方中介机构的薪税服务专员；中级主要适用于薪酬经理和薪税服务经理；高级主要适用于薪酬总监和薪税服务总监。

近十年来，我国人力资本总量以年均9%的增长率高速增长，2018年我国人力资本总量按当年价值计算已达2 613.7万亿元；而人力资源和社会保障部2020年1～10

月的数据显示，全国目前参加城镇职工基本养老保险为 4.5 亿人，参加城乡居民基本养老保险为 5.3 亿人。人力资本价值增值以及人力资本市场的完善和发展，成为未来国家、产业、科技发展的重要因素。《中共中央关于制定国民经济和社会发展第十四个五年规划和二〇三五年远景目标的建议》提出了“提高人民收入水平。坚持按劳分配为主体、多种分配方式并存，提高劳动报酬在初次分配中的比重，完善工资制度，健全工资合理增长机制，着力提高低收入群体收入，扩大中等收入群体。完善按要素分配政策制度，健全各类生产要素由市场决定报酬的机制，探索通过土地、资本等要素使用权、收益权增加中低收入群体要素收入。多渠道增加城乡居民财产性收入。完善再分配机制，加大税收、社保、转移支付等调节力度和精准性，合理调节过高收入，取缔非法收入。发挥第三次分配作用，发展慈善事业，改善收入和财富分配格局。”的目标。要实现上述目标需要所有薪酬管理职业技能人才的努力，更需要一大批懂战略与创新管理、薪酬规划与风险管理、薪酬与薪酬所涉及的税费核算及申报、薪酬数字化管理与应用的复合型、创新型、技能型现代薪酬管理职业技能人才的涌现和全情投入。

本书由于时间仓促及编者水平有限，疏漏与不足之处在所难免，恳请读者批评指正，是为序。

薪酬管理职业技能等级证书教材编委会

二〇二〇年十二月

目　录

第1章 导　论

1.1 薪酬管理职业技能等级证书项目概述

1.1.1 薪酬管理职业技能等级证书介绍

现代薪酬管理是对员工薪酬及其所涉及的个人所得税、社会保险费、住房公积金等税费的管理。主要包括薪酬规划与风险管理、工作分析与岗位评价、薪酬调查、绩效管理、薪酬计算与薪酬支付、薪酬所涉及的税费申报与缴纳等内容。现代薪酬管理一方面要坚持依法合规支付员工薪酬及缴纳税费，另一方面要优化薪酬激励管理以更好驱动人力资本发展。因此，新时代薪酬管理从业人员的知识体系涉及战略管理、人力资源与人力资本管理、税务、法律、计算机应用技术等多个学科知识。

2019年3月11日，中国商业联合会与上海财才网信息科技有限公司（财经人才网，简称财才网）依据拥有自主知识产权的《薪税师职业能力框架》《薪税师-薪税（费）基础知识及实务运用》等知识体系及市场实际需要联合向人力资源和社会保障部申报了“薪税师”新职业（工种）。2019年10月中国商业联合会、上海人才服务行业协会、财经人才网联合参加了人力资源和社会保障部组织的“薪税师”新职业（工种）评审论证会，2020年2月25日，人力资源和社会保障部、国家市场监管总局、国家统计局联合发布《人力资源社会保障部办公厅 市场监管总局办公厅 统计局办公室关于发布智能制造工程技术人员等职业信息的通知（人社厅发〔2020〕17号）》调整变更信息，确定在“企业人力资源管理师”职业下增设“薪税师”新工种。目前该体系也获得了ATHE（英国培训与高等教育认证）及IFA（英国财务会计师公会）的认可。

按照人力资源和社会保障部、教育部《职业技能等级证书监督管理办法（试行）（人社部发〔2019〕34号）》“职业技能等级证书对接同一职业标准和教学标准、两部门目录内职业技能等级证书具有同等效力和待遇”的规定，财经人才网与中国人才交流协会、中国注册税务师协会、上海交通大学、北京人力资源服务行业协会、上海人才服务行业协会、上海市注册税务师协会、中智上海经济技术合作有限公司等单位专家依据“薪税师”若干标准联合开发了《薪酬管理职业技能等级标准》，并于 2020 年 7 月向教育部申报了第三方培训评价组织及 1＋X 职业技能等级证书。2020 年 9 月，教育部职业技术教育中心研究所发布《关于参与 1＋X 证书制度试点第四批职业教育培训评价组织和职业技能等级证书的公示（教职所〔2020〕206 号）》，对由上海财才网信息科技有限公司申报的《薪酬管理职业技能等级证书》项目进行了公示。2020 年 12 月 31 日，教育部发布《关于授权发布参与 1＋X 证书制度试点的第四批职业教育培训评价组织及职业技能等级证书名单的通知》（教职所〔2020〕257 号），明确将《薪酬管理职业技能等级证书》项目纳入教育部 1＋X 目录。

薪酬管理职业技能等级证书包括初级、中级和高级三个级别。三个级别依次递进，高级别涵盖低级别职业技能要求。

按照教育部等四部门《关于在院校实施"学历证书＋若干职业技能等级证书"制度试点方案（教职成〔2019〕6 号）》"试点院校要结合职业技能等级证书培训要求和相关专业建设，根据社会、市场和学生技能考证需要，组织开展专门培训。试点院校在面向本校学生开展培训的同时，积极为社会成员提供培训服务。社会成员自主选择证书类别、等级，在试点院校内、外进行培训。"的规定，薪酬管理职业技能等级证书项目根据相应等级要求面向大学本科及以上学历、高职、中职学生及社会成员开展相应培训及考试评价工作。

1.1.2 薪酬管理从业人员的服务范围

薪酬管理从业人员的服务范围主要是企事业单位内部从事薪酬管理工作及为有需求的委托人提供薪酬管理服务外包工作。

薪酬管理从业人员可以在企事业单位内从事薪税规划、薪税费核算等工作。

同时，根据《人力资源市场暂行条例》（中华人民共和国国务院令 700 号）第十八条的规定，经营性人力资源服务机构开展人力资源供求信息的收集和发布、就业和创业指导、人力资源管理咨询、人力资源测评、承接人力资源服务外包等人力资源服务业务的，应当自开展业务之日起 15 日内向人力资源社会保障行政部门备案。薪酬管理服务外包主要服务内容属于人力资源服务业务的一部分，因此，薪酬管理从业人员可以从事薪酬管理服务外包业务。

根据《财政部 国家税务总局关于进一步明确全面推开营改增试点有关劳务派遣服务、收费公路通行费抵扣等政策的通知》（财税〔2016〕47 号）规定，纳税人提供人力资源外包服务，按照经纪代理服务缴纳增值税，此规定中的人力资源外包服务是指按照客户委托，承接客户人力资源管理、开发、配置及相关专业服务的活动，以业务流程外包、薪酬福利外包、招聘流程外包为主要内容，成熟的、高效的人力资源服务外包将有助于企业凝聚力量在核心战略上。

根据《中华人民共和国税收征收管理法》第八十九条规定，纳税人、扣缴义务人可以委托税务代理人代为办理税务事宜。根据《涉税专业服务监管办法(试行)》(国家税务总局公告 2017 年第 13 号)的规定,薪酬管理从业人员可以从事:(一)纳税申报代理。对纳税人、扣缴义务人提供的资料进行归集和专业判断,代理纳税人、扣缴义务人进行纳税申报准备和签署纳税申报表、扣缴税款报告表以及相关文件。(二)一般税务咨询。对纳税人、扣缴义务人的日常办税事项提供税务咨询服务。(三)其他税务事项代理。接受纳税人、扣缴义务人的委托,代理建账记账、发票领用、减免退税申请等税务事项。(四)其他涉税服务。因此可以由薪酬管理从业人员从事薪俸或劳务等上述相关涉税专业服务。

总之,薪酬管理从业人员的服务范围可以在企事业单位从事薪酬管理工作,也可以受雇于第三方服务机构或薪酬管理从业人员个人从事薪酬管理服务外包工作。

1.1.3　薪酬管理工作的特点

1.1.3.1　合法性

薪酬管理需严格按照国家法律、法规等规定实施,根据企事业单位的实际战略及创新需要,制订薪税规划方案;如实依规进行薪税费核算;对于应享受的税费优惠政策应享尽享。薪酬管理从业人员为委托人提供薪酬管理服务外包,不得超越规定的范围从事代理活动。纳税人、扣缴义务人和缴费人对其本身法律所确定的缴税和缴费义务,并不因为薪酬管理代理事项的发生而转移纳税人、扣缴义务人和缴费人的法律责任,但薪酬管理从业人员提供服务过程中,因为过失导致纳税人、扣缴义务人和缴费人产生损失的,纳税人、扣缴义务人和缴费人可以通过民事诉讼程序向代理人提出赔偿要求。

1.1.3.2　公正性

提供薪酬管理服务外包的薪酬管理从业人员是沟通委托人与税费征收机关的中介,与征纳双方没有任何利益冲突,在服务过程中,应站在客观、公正的立场上,以法律为准绳,以服务为宗旨,既要维护委托人的合法权益,又要维护国家法律的尊严。因此,公正性是薪酬管理从业人员服务的基本要求。

1.1.3.3　专业性

薪酬管理从业人员应具有战略管理、人力资源管理、税法、劳动法、数字化管理与应用等专业知识和实践经验,具备创新力、管理力、沟通力等综合能力。因此,专业性十分突出。

1.1.3.4　有偿性

薪酬管理从业人员提供薪酬管理服务以优良服务为宗旨,兼顾社会效益与经济效益,既服务于委托人,又间接服务于政府机关、社会,依法有获取报酬的权利。

1.2 传统薪酬管理与现代薪酬管理

1.2.1 传统薪酬管理

传统薪酬管理是企业对本企业员工薪酬的支付标准、发放水平和要素结构进行确定、分配和调整的过程。在传统薪酬管理中，薪酬既是管理工作的出发点，也是管理过程中管理人员所能运用的主要手段，有的管理人员甚至还把控制薪酬成本当成了薪酬管理工作的唯一目标。

当一个管理环节的起点和终点都仅囿于薪酬本身时，传统薪酬管理便与企业管理的其他环节隔离开来了；在人力资源管理体系内部，传统薪酬管理与人力资源规划、员工培训开发、绩效管理等环节也造成了脱节，在目标上缺乏一致性，在方法上缺乏协同性，在效果上缺乏整体性。

在这种传统的管理思路下，薪酬管理的内涵过于狭窄，方法过于单一，管理过程过于封闭，从而导致它对企业的经营和发展所能起到的促进作用往往是有限的、单向的。譬如说，为了吸引和留住人才，传统薪酬管理中最常用的手段便是“涨薪”；但盲目的涨薪只能对员工产生一定时间的刺激作用，却很容易造成薪酬成本上升、薪酬内部公平性遭到损害等负面影响；为了控制薪酬成本，企业只能削减人员、或者减少福利等开支来控制薪酬成本，随之引起员工不满、人才流失等后果，薪酬管理人员常常陷入顾此失彼的困境。

传统薪酬管理工作的上述特性还限制了薪酬管理主体的专业水平及主观能动性的发挥。原本与薪酬紧密相关的绩效、税务、人力资源规划等工作被置于薪酬管理岗位职责之外，薪酬管理人员主要从事的是薪酬相关的事务性工作，处理问题多从执行层面考虑，也不用为企业绩效负责。这样也无怪乎在许多企业中，薪酬管理被视为是一个支持性的、后勤保障的、任何人都可以从事的岗位。

1.2.2 现代薪酬管理

现代薪酬管理是企业基于战略性薪酬管理理论，结合组织实际情况，在合规的基础上，通过建立公平与效率并存的薪酬管理制度，充分运用数字化管理手段跨部门协同管理，赋能人才，创造价值，是一项开放的、包容的、创造性的系统工程。

现代薪酬管理不再把压缩成本或留住员工视为工作的唯一任务，而是以企业战略作为出发点，以赋能人才、创造价值、推动企业发展作为目标，在管理过程中充分运用薪酬的激励性，引导员工行为趋向于企业目标。薪酬管理成为企业战略的重要组成部分和实现企业目标的关键因素。

现代薪酬管理的工作领域被大大拓展了。从工作的内容看，现代薪酬管理涉及的不仅有传统的员工工资、奖金等劳动性薪酬，还包括员工获得的股份红利等资本性薪酬；不仅有直接薪酬、奖金津贴、员工福利等经济性薪酬，还包括工作环境、权利保护、员工参与民主化管理等非经济性薪酬。从工作的外延看，现代薪酬管理不仅包括薪酬的确定和支付，还包括薪酬涉及的个人所得税、社会保险等税费工作，以及薪酬管理平台的设计和运行等工作。从工作的重心看，现代薪酬管理不再侧重于事务性工作，而是把重心放在薪酬规划和风险管理等战略性工作和提高管理自动化程度的信息化工作上。

薪酬管理任务重心的改变和工作领域的拓展，决定了现代薪酬管理必须进行更高层面、更为复杂的跨部门协同管理工作。薪酬管理部门要与企业的业务部门、财税部门、IT部门交换大量的管理信息，并联合进行策略制定、系统设计、执行反馈等工作，从而实现企业各个管理环节之间的交互推进和协力前行。

现代薪酬管理也对工作主体的专业水平提出了新的要求。薪酬管理人员需要以薪酬管理专业知识为基础，结合战略及创新管理、人力资源与人力资本管理、税务、法律、计算机应用技术等多个学科知识，根据企业的实际需要，设计适合企业自身的、个性化的薪酬体系，并运用创新力、管理力、执行力、沟通力等多种能力实施薪酬管理，从而打造企业管理链条中的重要一环。

1.2.3 传统薪酬管理与现代薪酬管理对比

从薪酬管理在企业活动中的定位、管理主体、内容等多方面来看，传统薪酬管理和现代薪酬管理的主要区别可以用下表来列示：

比较要素	传统薪酬管理	现代薪酬管理
工作核心	薪酬的确定和发放	通过建立适应组织发展的薪酬体系，赋能人才，创造价值
工作重点	重视薪酬成本控制	着重于通过薪酬投入增加人力资本、创造新价值
工作内容	工作内容简单，多为薪酬相关的事务性工作	工作内容多样，除了事务性工作外，更多地从事薪酬规划与风险管理等战略与变革管理工作
法律工作	薪酬管理主要是对劳动合同法、社保等政策的执行	合规性工作是薪酬管理工作的基础，但不是全部，在此基础上重点要建立公平与效率并存的薪酬管理制度，然后依此执行
涉税工作	薪酬相关的涉税工作是财务部门的工作，与薪酬管理无关	薪酬管理包括薪酬及薪酬所涉及的税费管理，薪酬所涉及的税收核算与规划工作是薪酬管理非常重要的一项内容

（续表）

比较要素	传统薪酬管理	现代薪酬管理
数字化工作	薪酬管理的数字化工作是信息管理部门的工作，与薪酬管理无关	薪酬的数字化工作是薪酬管理的一项重要内容，薪酬管理平台是薪酬数字化管理与应用的重要载体
岗位性质	薪酬管理是后勤保障岗位、支持性岗位	薪酬管理是重要的管理岗位、战略性岗位
跨部门合作	薪酬管理是人力资源部门薪酬管理岗位的工作	薪酬管理是指以薪酬管理岗位为主导的跨部门的协同管理工作
工作主体	薪酬管理人员只需要具备薪酬管理专业知识	薪酬管理人员需要以薪酬管理专业知识为基础，结合战略及创新管理、人力资源与人力资本管理、税务、法律、计算机应用技术等多个学科知识，并将专业知识应用于实践
工作职责	薪酬管理仅处理企业内部“软性”问题，不需要对企业绩效负责	薪酬管理对企业绩效的影响必须被量化衡量，薪酬管理人员必须学会如何使他们的工作转化为企业绩效
作用	对企业战略的推进作用较差	契合企业战略要求，对企业发展的推进作用较强
	对员工的激励缺乏个性化和长期性	注重对员工进行个性化激励和长期性激励
	管理制度人性化程度较低，薪酬的激励作用较差	管理制度高度人性化，薪酬的激励作用较强
	对团队协作的促进作用较弱	通过团队激励手段促进团队协作
	薪酬幅度窄，不适合现代企业组织扁平化趋势	实施宽幅薪酬，适应扁平型组织和创新型的企业

1.2.4 现代薪酬管理的发展趋势

现代薪酬管理是一个持续发展的动态过程，其目前的发展趋势有：

（1）全面薪酬制度

薪酬既不是单一的工资，也不是纯粹的货币形式的报酬，它还包括精神方面的激励，比如优越的工作条件、良好的工作氛围、培训机会、晋升机会等，这些方面也需要融入到薪酬体系。内在薪酬和外在薪酬应该完美结合，物质和精神并重，偏重任何一方都是跛脚走路。全面薪酬制度是现代薪酬管理的发展趋势之一。

（2）激励长期化、薪酬股权化

目前很多企业特别是创新型企业，更多地采取长期化的员工激励方式，使用股权化薪酬如股票期权、限制性股票、股票增值权、虚拟股票等，目的是为了留住关键的人才和技术，稳定员工队伍。

(3) 弹性福利制度

公司在福利方面的投入在总成本里所占的比例是比较高的,但这一部分的支出往往被员工忽视;而且,员工在福利方面的偏好也是因人而异、非常个性化。解决这一问题的方法是采用弹性福利,即让员工在规定的范围内选择自己喜欢的福利组合。

(4) 宽带型薪酬结构

宽带型薪酬结构可以说是为配合组织扁平化而量身定做。在这种薪酬结构下,薪酬的等级减少,而各种职位等级的薪酬之间可以交叉,打破了传统薪酬结构所维护的等级制度,有利于企业引导员工将注意力从职位晋升或薪酬等级的晋升转移到个人发展和能力的提高方面,给予绩效优秀者比较大的薪酬上升空间。

(5) 团队薪酬

以团队为基础开展项目、强调团队协作的工作方式正越来越流行。与之相适应的是针对团队设计专门的激励方案和薪酬计划,其激励效果比简单的单人激励效果好。

(6) 薪酬信息日益得到重视

薪酬信息包括外部信息和内部信息。外部信息主要有相同地区和行业、相似性质和规模的企业的薪酬水平、薪酬结构、薪酬价值取向等。外部信息主要是通过薪酬调查获得的,能使企业在制定和调整薪酬方案时有可以参考的资料。内部信息主要是指员工满意度调查和员工合理化建议等。足够的薪酬信息可以为企业制定合理的薪酬制度提供数据支持。

(7) 从“人力成本”向“人力资本”转化

现代薪酬管理认为薪酬是员工绩效的回报,也是一种人力资本。传统薪酬管理将企业支付给员工的薪酬作为一种成本,即人力成本。现代薪酬管理认为企业要生存、发展和壮大,必须依靠高素质的人才,将企业的员工作为能获取收益的一种资源——人力资源。薪酬不仅仅是一种成本支出,更应是一种投入,一种能带来更多价值回报的投资,因此,企业支付给员工的薪酬应该是一种“人力资本”而非“人力成本”。薪酬在企业决策支持分析时不仅要考量成本,还需要考量作为人力资本的投资回报率。

1.3 薪酬管理从业人员的职业道德及行为规范

薪酬管理从业人员都应遵循以下职业道德与行为规范:

(1) 遵纪守法,恪尽职守。

(2) 诚实守信,实事求是。

(3) 赋能人才,和谐共进。

(4) 持续学习,追求卓越。

(5) 创新共享,造福社会。

本章相关视频资料(扫码看视频)。

第1章　相关视频

本章课后练习

一、单选题

1. 教育部依据(　　)文件明确将《薪酬管理职业技能等级证书》项目纳入教育部1+X目录。

A. 教职所〔2020〕257号　　B. 教职所〔2020〕17号

C. 教职所〔2020〕206号　　D. 教职所〔2020〕34号

2. 下列(　　)不属于薪酬管理工作的特点。

A. 合法性　　B. 公正性　　C. 专业性　　D. 无偿性

3. 下列不属于薪酬管理从业人员的职业道德及行为规范的是(　　)。

A. 持续学习　　B. 赋能人才　　C. 和谐共进　　D. 利益至上

二、多选题

下列属于薪酬管理从业人员的职业道德及行为规范的有(　　)。

A. 遵纪守法,恪尽职守　　B. 诚实守信,实事求是

C. 持续学习,追求卓越　　D. 创新共享,造福社会

第2章　人力资源管理基础知识

美国知名管理学者——托马斯·彼得斯说过，企业或事业单位唯一真正的资源是人，管理就是充分开发人力资源以做好工作。在人类所拥有的一切资源中，人力资源是第一宝贵资源。从组织诞生的那一刻起，人力资源管理就存在了，它是组织发展的动力源泉，是组织可持续发展的根本保障。

2.1　人力资源规划

2.1.1　人力资源管理概述

2.1.1.1　人力资源及其构成

1. 人力资源的基本概念

人力资源是指能够促进国民经济和社会发展、具有智力劳动和体力劳动能力的人的总和，它包括数量和质量两个方面，宏观和微观两个层次。

2. 人力资源的构成

人力资源由数量和质量两个方面构成。人力资源数量又分为绝对数量和相对数量两种。主要由适龄就业人口、未成年就业人口、老年就业人口、待业人口和就学人口等组成。

2.1.1.2　人力资源管理的内涵与意义

1. 人力资源管理的内涵

人力资源管理是指根据企业发展战略的要求，有计划地合理配置人力资源，通过对企业中员工的招聘、培训、使用、考核、激励、调整等一系列过程，调动员工的积极性，发挥员工的潜能，为企业创造价值，给企业带来效益，确保企业战略目标的实现，是企业的一系列人力资源政策及相应的管理活动。这些活动主要包括人力资源战略的制订、员工的招募与选拔、培训与开发、绩效管理、薪酬管理、员工流动管理、员工关系管理、员工安全与健康管理等。即企业运用现代管理方法，对人力资源的获取（选人）、开发（育人）、保持（留人）和利用（用人）等方面进行规划、组织、指挥、控制和协调等，最终达到实现企业发展目标的一种管理行为。

2. 人力资源管理的意义

人力资源管理在企业中的地位和作用日益突出，主要表现在以下几个方面：第一，通过人力资源管理，合理配置、使用和开发有限的人力资源，满足企业的生存和发展需要，提高效率；第二，应对外部环境的变化，赢得竞争优势；第三，适应企业组织内部结构、管理方式变化的需要，打造企业的核心竞争能力；第四，营造和谐的工作氛围，塑造良好的企业文化，调动员工积极性、主动性和创造性，为企业的永续经营创造条件。

2.1.1.3 人力资源管理的职能

人力资源管理主要有以下职能：

1. 吸引

根据企业目标和发展需要确定的所需员工条件，通过规划、招募、测评和选拔获取企业所需人员。

2. 录用

按照企业的要求，测评和选拔人才，采用合适的录取决策，为企业和岗位找到合适人才，确保人尽其才，事尽其功，人岗匹配。

3. 保持

通过薪酬、考核、晋升等一系列管理活动，保持员工的积极性、主动性和创造性，维护劳动者的合法权益，保证员工在工作场所的安全、健康，提供舒适的工作环境，以增进员工满意度，使之安心工作，降低员工流失率。

4. 发展

通过员工培训、工作丰富化、职业生涯规划与开发，促进员工知识、技能和其他各方面素质的提高，使其劳动能力得到增强和发挥，最大限度地实现其个人价值和对企业的贡献，达到员工个人和企业共同发展的目的。

5. 评价

对员工的劳动态度、技能水平、工作成果以及其他方面作出全面考查、鉴定和评价，为相应的奖惩、升降、去留等决策提供依据。评价职能包括工作评价、绩效考评、满意度调查等。其中绩效考评是核心，它是奖惩、晋升等人力资源管理及其决策的依据。

6. 调整

根据企业的发展目标和发展状况，基于员工的职业发展情况，采取晋升、降职、调岗、辞退等相应的调整措施，保持人岗的动态匹配。

2.1.2 组织概述

2.1.2.1 组织的本质

组织是由分工协作和不同层次的权力和责任制度所形成的，以实现某些特定目标的人的集合。组织具有以下特点：

（1）组织必须具有目标。

（2）组织必须具有分工与合作。

（3）组织必须具有不同层次的权力与责任制度。

社会系统学派的巴纳德提出：组织是两人或两人以上有意识加以协调的活动或效力系统。系统学派提出：组织是开放的社会系统，具有许多相互影响共同工作的子系统，当一个子系统发生变化时，必然影响其他子系统和整个系统的工作。

2.1.2.2　正式组织与非正式组织

组织可以分为正式组织和非正式组织。正式组织和非正式组织有区别，但它们之间又是相互联系的。正式组织的产生往往伴随着与正式组织有关的非正式组织的产生，而非正式组织的存在，又常常为正式组织的存在创造良好的条件。

1. 正式组织

正式组织是具有一定结构、同一目标和特定功能的行为系统。任何正式组织都是由许多要素、部分、成员，按照一定的联结形式排列组合而成的，它有明确的目标、任务、结构，相应的机构、职能和成员的权责关系以及成员活动的规范。作为社会组织设计出来的正式组织，不论其规模大小和从事什么样的活动，其组建、运行都需要有三个基本要素：协作意愿、共同目标和信息沟通。

2. 非正式组织

非正式组织是“正式组织”的对称。最早由美国管理学家梅奥通过“霍桑实验”提出，是人们在共同的工作过程中自然形成的以感情、喜好等情绪为基础的松散的、没有正式规定的群体。人们在正式组织所安排的共同工作和相互接触中，必然会以感情、性格、爱好为基础形成若干人群，这些群体不受正式组织的行政部门和管理层次等的限制，也没有明确规定的正式结构，但在其内部也会形成一些特定的关系结构，自然涌现出自己的领导，形成一些不成文的行为准则和规范。

2.1.2.3　组织的基本要素

1. 协作的意愿

所谓协作的意愿，就是组织成员愿意为组织的目标做出贡献的意志。没有协作的意愿，就无法把每个人的努力集合起来，也无法使每个人的努力持久下去。

2. 共同的目标

共同的目标是协作系统的第二个基本要素，是协作意愿的必要前提。如果协作意愿不是指一种想同别人联合的模糊感觉或愿望，而是准备付诸实施的具体意愿，那么，没有共同的目标是发展不起来的。

3. 信息沟通

组织的一端是共同的目标，另一端是参与组织的具有协作意愿的成员，只有通过信息沟通把这两端连接起来，才能成为有机的整体。

2.1.3 组织结构类型

2.1.3.1 组织结构概念

组织结构是反映组织各部分排列顺序、空间位置、聚散状态、联系方式以及各要素之间相互关系的一种模式，是整个管理系统的“框架”。组织结构是组织的全体成员为实现组织目标，在管理工作中进行分工协作，在职务范围、责任、权利方面所形成的结构体系。组织结构是组织在职、责、权方面的动态结构体系，其本质是为实现组织的战略目标而采取的一种分工协作体系，组织结构必须随着组织的重大战略调整而调整。

2.1.3.2 组织结构的类型

环境的复杂化和多样性导致企业在成长过程中要相应进行组织结构演化。企业在长期发展过程中逐渐形成了以下几种组织结构类型：

1. 直线型

早期企业组织结构类型往往是直线型，它要求企业各层级从上到下实行一长制的垂直管理，没有专业分工，不设置职能部门。这种组织结构形式简单、职责分明，但管理人员要通晓各种知识和技能。因此，适用于产品简单、规模较小、技术工艺单一的企业。

2. 职能型

按照专业分工管理的原则设立机构，各职能机构承担不同的职责，并对下级机构实行专业管理。职能型组织结构合乎社会分工协作的原则，有利于提高专业化管理水平，但会造成多头领导，导致下级无所适从，降低工作效率。职能型组织首先由泰勒提出。

3. 直线——职能型

直线——职能型组织结构吸收了上述两种类型的优点，既发挥了职能部门专业管理的作用，又避免了多头指挥同一个下级。但不同的职能部门之间缺乏信息交流，意见不统一，往往缺乏全局观念，高层协调工作量大。

4. 事业部型

事业部组织结构是企业对具有独立产品和市场、独立责任和利益的部门实行独立核算、分权管理的组织结构类型。由美国通用汽车公司的斯隆于 20 世纪 20 年代创立，现常见于一些大中型企业。

5. 矩阵型

矩阵型组织结构又称目标结构，它是借用数学上的术语，从职能部门指派若干成员介入到产品、项目或服务等需要分别成立的临时或长期的项目(工作)组中结合起来而组成的结构。

2.1.4　工作设计

2.1.4.1　工作设计的概念

工作设计又称岗位设计，是指根据组织需要，并兼顾个人的需求，规定各岗位的任务、职责、权力以及在组织中与其他岗位关系的过程。工作设计将工作内容、资格条件和报酬结合起来，以满足员工和组织的需要。

2.1.4.2　工作设计的原则

工作设计要遵循专业分工原则、协调成本最小原则、不相容职务分离原则和整分合原则。

1. 专业分工原则

专业分工原则追求深度知识与市场经验的积累，在此原则下的岗位设置是对组织细分的过程，岗位成为组织中工作内容自成体系、职责独立的最小业务单元。在专业分工原则下，工作设计的第一步为工作内容细分，其表现形式为岗位最小化。

2. 协调成本最小原则

协调成本最小原则是为减少不同职位间的协调，降低运作成本。其在岗位设计方面的应用是通过工作关系分析和工作定量分析的步骤来实现的。

3. 不相容职务分离原则

不相容职务分离的核心是内部牵制。不相容职务是指那些如果由一个人担任，既可能发生错误和舞弊行为，又可能掩盖其错误和弊端行为的职务。

4. 整分合原则

在企业组织整体规划下应实现岗位的明确分工，而在分工基础上又能有效地综合，使各岗位职责明确的同时又能使其同步协调，以发挥企业的最大效能。

2.1.4.3　工作设计的内容

工作设计的主要内容包括工作内容、工作职责和工作关系的设计三个方面。

1. 工作内容

工作内容的设计是岗位设计的重点，一般包括工作的广度、深度、自主性、完整性以及反馈性等五个方面。

2. 工作职责

工作职责设计主要包括工作的责任、权力、方法及工作中的相互沟通和协作等方面。

3. 工作关系

组织中的工作关系，表现为协作关系、汇报关系和监督关系等方面。

2.1.4.4　工作设计的方法

1. 组织分析法

这是一个广泛的工作设计方法。首先从整个组织的远景和使命出发，设计一个基本的组织模型，然后根据具体的业务流程需要，设计不同的岗位。

2. 关键使命法

关键使命法仅集中应用于对组织的成功起关键作用的岗位。通常适用于由于时间和预算的限制，对整个组织的岗位设计不可行的情况时。

3. 流程优化法

流程优化法是根据新的信息系统或新的流程对岗位进行优化的方法。该方法可以确定新的岗位，适用于较小的项目，主要应用在实施一个新的管理信息系统时。

4. 标杆对照法

标杆对照法是参照本行业典型企业现时的岗位设置进行设计的方法，适用于不太精确的项目。

2.1.5 人力资源规划

2.1.5.1 人力资源规划概念

人力资源规划是企业根据其战略目标、发展战略和内外部环境，科学规范地分析和预测人力资源的需求和供给，制订相应的吸引、留住、使用和激励计划，为企业的发展提供所需的人才，以完成企业发展目标的过程。人力资源规划的实质是促进企业实现其目标，因此它必须具有战略性、前瞻性和目标性，要体现组织的发展要求。一般来说，按照规划的时限划分，人力资源规划分为长期（战略）规划、中期规划和短期规划。

2.1.5.2 人力资源规划内容

企业的人力资源规划按照影响的范围，可以分为两个层次：

1. 人力资源总体规划

主要是指在计划期内人力资源管理的总目标、总政策、实施步骤和总预算安排，它是连接人力资源战略和人力资源具体行动的桥梁。

2. 人力资源业务计划

人力资源业务计划包括人员补充计划、分配计划、提升计划、教育培训计划、工资计划、保险福利计划、劳动关系计划和退休计划等。这些业务计划是总体计划的展开和具体化，每一项业务计划都由目标、任务、政策、步骤及预算等部分构成。

2.1.5.3 人力资源需求预测

人力资源需求预测是指根据企业的发展规划和内外条件，选择适当的预测技术，对人力资源需求的数量、质量和结构等进行预先的判断和测算的过程。人力资源需求预测是人力资源规划中最重要、最复杂的方面之一。人力资源需求预测受外部环境因素和内部因素影响。外部环境因素主要有劳动力市场的变化，政府相关政策的变化，行业发展状况的变化。内部因素主要有企业发展战略和发展目标的变化，员工素质的变化，组织形式的变化，企业最高领导层的理念。

人力资源需求预测的方法分为定性方法和定量方法两类。

1. 定性方法

（1）德尔菲法。德尔菲法是 20 世纪 40 年代末由美国的智库兰德公司发展起来的。德尔菲法是一种特别的专家意见咨询方法，是一种能避免专家之间的相互影响及"从众行为"，并能够逐步达成一致意见的结构化方法。专家们的选择依据是专家们对影响组织的内部因素的了解程度。专家可以是组织内部的专家，也可以是外聘专家。

（2）经验预测法。经验预测法是企业根据以往的经验对人力资源进行预测的方法，简便易行。采用经验预测法是根据以往的经验进行预测，预测的效果受经验的影响较大。

（3）现状规划法。现状规划法是假定企业保持原有的生产技术不变，则企业的人力资源也应处于相对稳定的状态，即企业各种人员的配备比例和人员的总数将完全能适应预测规划期内人力资源的需要。在此预测方法中，人力资源规划人员所要做的工作是先测算出在规划期内有哪些岗位上的人员将得到晋升、降职、退休或调出本组织，然后再准备调动人员去弥补。

（4）分合性预测法。这种方法的第一步是企业组织要求下属各个部门、单位根据各自的生产任务、技术设备等的变化情况对本单位将来各种人员的需求数进行综合预测，在此基础上，把下属各部门的预测数进行综合平衡，从而预测出整个组织将来某一时期内对各种人员的需求总数。

（5）描述法。描述法是人力资源规划人员对本企业组织在未来某一时期的有关因素的变化进行描述或假设，并从描述、假设、分析和综合中对将来人力资源的需求进行预测规划。

（6）标杆法。标杆法是选取国内外本行业中最先进的企业作为标杆，与其主要的经济和人力资源管理指标进行对照比较，找出差距，明确追赶发展方向的方法。

2. 定量方法

（1）回归分析法。回归分析法是一种定量的预测方法，是通过建立人力资源需求与其影响因素之间的函数关系，从影响因素的变化来推测人力资源需求量变化的一种数学方法。

（2）趋势外推法。趋势外推法是时间序列法中最简单的一种方法，当企业人力资源需求量在时间上表现出明显的均等趋势时才使用的方法。具体的做法是将企业人力资源需求量作为纵轴，时间作为横轴，在坐标轴上直接绘出人力资源需求曲线。根据人力资源需求曲线可以预测企业未来某一时点的人力资源需求量。

（3）比率分析法。比率分析法是以组织中某些关键因素和所需要的人力资源数量之间的比率为依据。某些关键因素包括销售额、关键技能员工的数量等。需要指出的是，比率分析法假设上述比率不变，这常常影响了预测的准确性。

（4）计算机模拟预测法。计算机模拟预测法是人力资源需求预测中最复杂也是最精确的一种方法。计算机模拟预测法被比喻为在“虚拟的世界”里的实验，能综合考虑各种因素对企业人员需求的影响。该方法主要应用在计算机模拟的虚拟环境中，对组织可能面临的外部环境的变化及自身复杂的动态进行分析，从而得到未来人力资源需求的配置方案。

2.1.5.4 人力资源供给预测

人力资源供给预测是预测在未来某一时期，企业内部所能供应的（或经由培训可能补充的）及外部劳动力市场所提供的一定数量、质量和结构的人员，以满足企业为达成目标而产生的人员需求。从供给来源看，人力资源供给分为外部供给和内部供给两个方面。人力资源的供给主要受到外部的人力资源市场和企业内部的人力资源市场两个市场因素的影响。

人力资源供给预测分为企业内部人力资源供给预测和企业外部人力资源供给预测。

1. 企业内部人力资源供给预测

（1）技能清单法。一般是将员工技能依次罗列出来，体现员工的特征和能力，包括所接受的培训课程、以前的经验、持有的证书、通过的考试、监督判断能力，甚至包括对其实力或耐心的测试情况。技能清单能体现各种关键能力，便于对公司人力资源的充分了解和对人力资源的协调，尤其是在公司裁员或者改变组织结构时尤为重要。

（2）马尔可夫分析法。马尔可夫分析方法是找出过去人事变动的规律，以此来推测未来人事变动趋势的一种常用方法。政策越稳定，根据过去人员变动所推测的未来人员变动就越准确。

2. 企业外部人力资源供给预测

预测外部人力资源供给所面对的影响因素有很多，如技术进步，消费模式及消费者行为、喜好、态度的改变，本地及国际市场的变化，经济环境及社会结构的转变，政府政策法规的修订等。企业外部的人力资源供给受整个社会经济及人口结构因素影响，政府的教育政策和劳动、人事政策也有一定的影响力。原则上，统计局应该提供社会整体就业、整体劳动、人事政策及增加的人力资源数量和素质等情况，作为预测人力资源供给的依据。

2.1.5.5 人力资源供求平衡

企业人力资源供求达到平衡（包括数量和质量）是人力资源规划的目的。企业人力资源供求关系有三种情况：人力资源供求平衡；人力资源供大于求，导致组织内部人浮于事，内耗严重，生产或工作效率低下；人力资源供小于求，企业设备闲置，固定资产利用率低，也是一种浪费。人力资源规划就是要根据企业人力资源供求预测结果，制定相应的政策措施，使企业未来人力资源供求实现平衡。

1. 企业人力资源供求平衡

企业人力资源供求完全平衡这种情况极少见，甚至不可能，即使是供求总量上达到平衡，也会在层次、结构上发生不平衡。企业应依具体情况制订供求平衡规划。

2. 企业人力资源供不应求

当预测企业的人力资源在未来可能发生短缺时，要根据具体情况选择不同方案以避免短缺现象的发生。

(1) 将符合条件而又处于相对富余状态的人调往空缺职位。

(2) 如果高技术人员出现短缺，应拟订培训和晋升计划，在企业内部无法满足要求时，应拟订外部招聘计划。

(3) 如果短缺现象不严重，且本企业的员工又愿延长工作时间，则可以根据有关法规，制订延长工时适当增加报酬的计划，这只是一种短期应急措施。

(4) 提高企业资本技术有机构成，提高员工劳动生产率。

(5) 聘用临时工。如返聘已退休者或聘用小时工等。

总之，以上这些措施，虽是解决组织人力资源短缺的有效途径，但最为有效的方法是通过科学的激励机制，以及培训提高员工生产业务技能，改进工艺设计等方式，来调动员工积极性，提高劳动生产率，减少对人力资源的需求。

3. 企业人力资源供大于求

解决企业人力资源供大于求的常用方法如下：

(1) 永久性辞退某些劳动态度差、技术水平低、劳动纪律观念差的员工。

(2) 合并和裁撤臃肿的机构。

(3) 鼓励提前退休或内退，对一些接近而还未达退休年龄者，应制定一些优惠措施，如提前退休者仍按正常退休年龄计算养老保险工龄，有条件的企业，还可一次性发放部分奖金(或补助)，鼓励提前退休。

(4) 提高员工整体素质，如制订全员轮训计划，使员工始终有一部分在接受培训，为企业扩大再生产准备人力资本。

(5) 加强培训工作，使企业员工掌握多种技能，增强其竞争力。鼓励部分员工自谋职业。

(6) 减少员工的工作时间，随之降低工资水平。

(7) 采用由多名员工分担以前只需一名或少数几名员工就可完成的工作和任务，企业按工作任务完成量来计发工资的办法。减少员工工作时间，降低工资水平。

在制定平衡人力资源供求的政策措施过程中，不可能是单一的供大于求、供小于求，经常出现的是某些部门人力资源供过于求，而另几个部门可能供不应求，也许是高层次人员供不应求，而低层次人员却供过于求。所以，应具体情况具体分析，制订出相应的人力资源部门或业务规划，使各部门人力资源在数量、质量、结构、层次等方面达到协调平衡。

2.1.6 人力资源管理制度建设

人力资源管理制度是企业人力资源管理具体操作的规范体系，是确保人力资源部门正常工作，以及各项人力资源管理活动规范运转的重要手段。人力资源管理制度的建设，可以提升人力资源管理工作效率，确保人力资源管理部门为企业发展战略服务。

2.1.6.1 人力资源管理制度的构成

企业人力资源管理制度可以分为基础性管理制度和员工管理制度两个方面。基础性管理制度包括：组织机构和设置调整的规定；工作分析与岗位评价的规定；岗位设置和人员费用预算的规定；对内、外人员招聘的规定（含合同管理规定）；员工绩效管理（目标管理）的规定；人员培训与开发的规定；薪酬福利的规定（含社会保险规定）；劳动防护用品与安全事故处理的规定；其他方面的规定，如职业病防治与检查的规定等。

员工管理制度主要包括工作时间（如加班、轮班、不定时工作）的规定，考勤的规定，休假的规定，女职工劳动保护与计划生育的规定，员工奖惩的规定，员工差旅费管理的规定，员工佩戴胸卡的规定，员工因私出境的规定，员工内部沟通渠道的规定，员工合理化建议的规定，员工越级投诉的规定，以及其他有关规定（如员工满意度调查的规定）等。

2.1.6.2 人力资源管理制度的基本要求

人力资源管理制度的制定必须符合以下几个基本要求：

（1）要以企业的具体情况作为基本出发点。人力资源管理制度的制定要根据企业的具体情况而定，不能为了追求形式而背离人力资源管理为企业发展服务的宗旨。

（2）要能够满足企业的实际需要。只要符合企业的实际状况，有利于企业人力资源工作的制度就是好的，要避免华而不实。

（3）要符合法律和道德规范。人力资源管理制度的内容，比如用工标准、薪酬福利等要符合国家的法律规定和社会的道德规范。

（4）要注重系统性和配套性。在人力资源管理制度制定的过程中，不仅要注意各项具体制度的衔接，也要考虑作为企业制度一部分的人力资源管理制度与整个企业制度的匹配。

（5）要保持合理性和先进性。人力资源管理制度的制定要充分考虑到其先进性，在制定过程中不仅要借鉴国内外人力资源管理理论的先进成果与理念，也要考虑到制度的合理性。

2.1.6.3 人力资源管理制度建设的程序

一项具体的人力资源管理制度一般应由总则、主文和附则等章节组成。在制定人力资源管理制度的具体内容时，可按照如下程序进行：

(1) 概括说明建立本项人力资源管理制度的原因，该制度在人力资源管理中的地位和作用，即在企业单位中加强人力资源管理的重要性和必要性。

(2) 对负责本项人力资源管理的机构设置、职责范围、业务分工，以及各级参与本项人力资源管理活动的人员的责任、权限、义务和要求做出具体的规定。

(3) 明确规定本项人力资源管理的目标、程序和步骤，以及具体实施过程中应当遵守的基本原则。

(4) 说明本项人力资源管理制度制定的依据和基本原理，对数据采集、汇总整理、信息传递的形式和方法，以及具体的指标和标准等做出简要、确切的解释和说明。

(5) 详细规定本项人力资源管理活动的类别、层次和期限(如何时提出计划、何时确定计划、何时开始实施、何时检查、何时反馈汇总、何时总结上报等)。

(6) 对本项人力资源管理制度中所使用的报表格式、量表、统计口径、填写方法、文字撰写和上报期限等提出具体的要求。

(7) 对本项人力资源管理制度应用的原则和要求，以及与之配套的规章制度(如薪酬奖励、人事调整、晋升培训等)的贯彻实施做出明确的规定。

(8) 对各个职能和业务部门在本项人力资源管理制度中的年度总结、表彰活动和要求做出原则规定。

(9) 对本项人力资源管理制度中员工的权利与义务、具体程序和管理办法做出明确详细的规定。

(10) 对本项人力资源管理制度的解释、实施和修改等其他有关问题做出必要的说明。

2.1.6.4　人力资源管理制度建设的步骤

1. 提出人力资源管理制度草案

人力资源管理制度是企业单位组织实施人力资源管理活动的准则和行为规范。它是以企业单位的规章、规范、守则的形式，对人力资源管理的目的、意义、性质和特点，以及组织实施人力资源管理的各种程序、步骤、方法、原则和要求所做的统一规定。

进行人力资源管理制度建设首先要起草人力资源管理制度的大纲，包括基本内容、结构等。人力资源管理制度作为人力资源管理活动的指导性文件，在拟订起草时，一定要从企业现有的生产技术、组织条件和管理工作水平出发，不能脱离实际，注重其科学性、系统性、严密性和可行性。

2. 广泛征求意见，认真组织讨论

人力资源管理制度草案提出后，应由专家和有关人员组成的工作小组，在广泛征询各级主管和被考评人意见的基础上，对其进行深入的讨论和研究，经反复调整和修改后，再上报总经理处待审核批准。当涉及员工工资与福利的相关制度时，还需要遵守法律规定的程序，交给工会或职工代表大会审批。

3. 不断修改调整、充实完善

人力资源管理制度一旦获得批准，人力资源部门应规定一个试行过渡期，使各级主管有一个逐步理解、适应和掌握的过程，在试行过程中如遇有特殊或重大问题，也可以采取一些补救措施，以防止给生产经营活动带来不利的影响。成功企业的人力资源管理制度，不可能一蹴而就，需要经过不断的实践和探索，总结经验教训，扬其长补其短。随着企业生产经营环境和条件的变化，先进的企业文化和经营理念的导入，以及技术水平、管理水平的提高，将定期或不定期地对人力资源管理制度做出适当的补充和修改，使之逐步完善。

2.2 招聘与配置

2.2.1 人员招聘概述

2.2.1.1 人员招聘的概念

人员招聘是组织基于生存和发展的需要，根据组织人力资源规划和工作分析的数量与质量要求，采用一定的方法吸纳或寻找具备任职资格和条件的求职者，并采取科学有效的选拔方法，筛选出符合本组织所需的合格人才并予以聘用的管理活动过程。通过招聘和甄选，组织借以吸收真正适合自己的人员，用以满足和保证组织各项工作的需要。人员招聘管理是组织人力资源管理的重要部分，属于人力资源输入环节。它与人力资源管理中的其他各项业务活动有着十分密切的关系，是后续人力资源管理工作开展的基础，影响着其他业务的开展和效果，同时，其他业务开展中的反馈信息又可以促进招聘工作。

2.2.1.2 人员招聘的基本原则

对员工的招聘活动，是一项经济活动，也是一项社会性、政策性很强的活动，在任何组织中，不管是招聘高级管理人员还是普通员工，无论招聘的人员数量多还是数量少，由组织内部的人力资源部门来完成招聘工作还是外包给专业机构，为了最大可能保证招聘工作的有效性，须遵循下列基本原则：

（1）双向选择。

（2）公平竞争。

（3）合法合规。

（4）能岗匹配。

（5）效率优先。

2.2.1.3　人员招聘的基本流程

组织在进行人员招聘过程中，需要通过一系列的活动来明确需求、吸引应聘者、甄选应聘者、录用合适人才，并总结每次招聘，为更有效地开展下一轮的招聘进行评估。整个招聘过程是一个完整的、系统的、程序化的、循环的操作过程，大致可以分为准备、招募、甄选、录用、评估五个阶段。

1. 准备阶段

要实现有效的人员招聘，需要做好充分的准备工作，从人员招聘的含义可以看到，人员招聘有两项基础性工作——人力资源规划和工作分析，这两项工作也是人力资源管理中的基础工作。

2. 招募阶段

招募阶段是在准备阶段的基础上，结合组织内外部的环境，制订符合组织实际情况的具体的、可行的招聘计划，明确招聘策略，选择合适的招聘渠道，包括外部渠道和内部渠道，构建专业化的招聘团队，明确各自的分工，发布有效的招聘信息，制作规范的、有特色的招聘广告，吸引足够多的应聘者，并进行应聘信息收集整理。

招募阶段的工作目标是通过最小化的投入最大限度地获取符合要求和足够数量的应聘者，为最终招聘到合适的人员提供基本保障。

3. 甄选阶段

甄选阶段是对招募阶段获取的应聘者进行甄别和筛选的过程。根据实际需要这一过程主要由个人履历/申请表筛选、背景调查、面试、知识和心理测验及情境性测评等几个环节组成。

4. 录用阶段

录用阶段是对甄选阶段应聘者测评的结果进行分析、录用的过程。人员录用过程主要包括：录用通知、办理入职手续、签订合同、试用期管理、正式录用。

5. 评估阶段

评估阶段是对整个招聘活动的回顾、总结、检查和审核过程。这一阶段主要是运用各种方法评价招聘活动是否在预算范围内、时间要求下、招聘到了适合于组织需求的人员，通过一些相关的指标来衡量本次招聘工作的有效性。

2.2.2　招聘计划

2.2.2.1　招聘计划的制订过程

招聘计划是组织根据发展要求和人力资源规划的人力净需求，工作说明的具体要求，对招聘的岗位、人员数量、时间限制等因素做出的详细计划。招聘计划是招聘实施的主要依据，目的在于促进招聘工作高效有序地进行，使招聘更趋合理化、科学化。

招聘计划应由用人部门制订，然后由人力资源部门对其进行复核，特别要对人员需求量、费用等项目进行严格复核，签署意见后交由上级主管领导审批。招聘计划的制订过程有调研分析、预测和决策三个步骤。

2.2.2.2　招聘计划的内容与修订

1. 招聘计划的内容

一份招聘计划一般应包括以下内容，不同组织、不同招聘任务还可根据实际情况作相应的增减。

(1) 人员需求清单，包括招聘的职务名称、人数、任职资格要求等。

(2) 招聘信息发布的时间和渠道。

(3) 招聘团队人选，包括团队成员的姓名、职务、职责。

(4) 应聘者的考核方案，包括考核的场所、时间、测试题设计者等。

(5) 招聘的截止日期。

(6) 新员工的上岗时间。

(7) 招聘费用预算，包括资料费、广告费、人才交流会费用等。

(8) 招聘工作时间表。

(9) 招聘广告样稿。

2. 招聘计划的修订

招聘计划制订以后，并非是一成不变的，在实际操作过程中由于组织内外部环境和条件的变化会使招聘遇到一些新问题，需要适时地做出调整和修订，以使招聘计划能真正体现对招聘工作的指导性和预见性。当然，计划一旦被制订，应尽可能保证其稳定性，不能朝令夕改，形同虚设。

2.2.2.3　招聘计划的审批与实施控制

招聘计划制订、修改完成后，还需要提交给上级进行审核、批准，通过审批后才能进行招聘信息的发布。如果待招聘人员是在人员预算范围内，审批程序通常会进行得较快；如果待招聘人员是在人员预算范围外，公司高层管理人员需要对招聘的必要性进行审核和论证。确认招聘需求后，获得审批的招聘计划书会直接发送回人力资源部，人力资源部的工作人员可正式实施招聘准备工作。

2.2.3　招聘来源和渠道

2.2.3.1　内部招聘的概念和方法

1. 内部招聘的含义与原则

内部招聘是指组织采用职位公告、岗位竞聘或部门推荐等方式在组织内部招聘新员工。当组织出现职位空缺时，在组织内部通过各种方式向全体员工公开职位空缺的信息，并招聘具备条件的合适人选来填补空缺。内部招聘作为从总体上对招聘方式和渠道进行划分的类型之一，目前在企业界和其他各类型的组织中都得到了普遍运用，一些调查结果显示，高达 90%的管理职位都是由组织内部提拔的人员来担任的。

内部招聘应遵循以下基本原则：

(1) 机会均等。

(2) 任人唯贤，唯才是用。

(3) 激励员工。

(4) 合理配置，用人所长。

2. 内部招聘的方法

内部招聘的实施方法主要有内部晋升或岗位轮换、内部竞聘、内部员工举荐、临时人员转正等方法。

2.2.3.2　外部招聘的概念和方法

1. 外部招聘的含义与原则

外部招聘是根据一定的标准和程序，从组织外部众多应聘者中选拔获取所需人选的方法。这是组织根据自身发展的需要，向外界发布招聘信息，并对应聘者进行有关的测试、考核、评定及一定时间的试用，综合考虑其各方面条件之后决定是否聘用的常见方式。外部招聘应遵循以下基本原则：

(1) 公正公平原则。

(2) 适用适合原则。

(3) 真实客观原则。

(4) 沟通与服务原则。

2. 外部招聘的方法

外部招聘的主要方式有广告招聘、人才市场招聘会、校园招聘、专业机构招聘、网络招聘等。

2.2.3.3　校园招聘

校园招聘是一种特殊的外部招聘途径。现在很多企业都使用。

狭义的校园招聘是指招聘组织(企业等)直接从学校招聘各类各层次应届毕业生。广义的校园招聘是指招聘组织(企业等)通过各种方式招聘各类各层次应届毕业生。

校园招聘的主要招募方式有以下几类形式：

1. 各种校园活动

校园活动包括开展各种校园招募演讲会宣传组织形象同时吸引优秀毕业生加盟、举行各种校园竞赛活动从中选拔优秀大学生等。当前校园招聘形式不断推陈出新，丰富多样，形成校园中的人才竞争态势。企业通过组织一些职业技能或者商业大赛，模拟实际商业项目的运作，吸引大批学生报名参加，让最优秀的人才在竞赛中脱颖而出。也有企业通过组织目标院校及特定专业的大学生到企业所在城市参观旅游，并进入企业与员工座谈等活动，展示企业品牌，传递企业文化。有些企业还要求学生在回校后撰写报告，帮助其在学校进行宣传，推动今后校园招聘活动的开展。

2. 学生直接去组织中实践

即邀请学生进入组织中进行社会实践、工作实习或者参观访问等，使学生直接而深入地了解组织，对组织产生兴趣。组织也可以借此了解与观察实习学生的综合素质与能力，进行双向选择。

3. 奖学金制度或联合办学

不少希望建立良好校企合作关系的企业，在相对专业对口的学校设立了奖学金制度，用以资助那些学业优秀而生活困难的学生。通常情况下，获得奖学金的优秀学生还可以获得优先进入企业工作的机会，同时，受资助的学生也会对企业心存感激，愿意为企业的发展做出自己的努力，也使学校成为未来员工的培养之地。企业与学校联合办学培养人才的方法，目前也有不少案例。一般这种联合办学培养的人才在毕业后可全部来到培养企业，企业不仅出资而且提供专业实习基地，这种方式通常适合某些特殊专业的专门人才的培养。

2.2.4 招聘广告

招聘广告是招聘的重要准备之一，对外部人员的招聘通常需要以广告为先导，以广告的形式宣传组织的形象，招聘本组织需要的人才，使组织能在较短的时间内，吸引更多合适的招聘对象，便于组织挑选与录用。

2.2.4.1 招聘广告设计的基本原则

招聘广告的核心内容应包括两个方面，即职位所要求的胜任素质和岗位承担的职责。

1. 招聘广告形式原则

要使招聘广告的形式设计得好，一般来说应满足“AIDA”（Attention、Interest、Desire、Action）原则。A 即能引起求职者的注意，广告新颖、独特、与众不同，通过诸如大字体或色彩之类的方式，吸引求职者的注意力；I 即能激起求职者的兴趣，广告的撰写要生动，用激发其共鸣的语言，诸如一些充满激情的广告语；D 即能激发求职者求职的愿望，将愿望和需求联系起来，应用对象需求分析的结果来激发应聘者的愿望；A 即方便求职者的求职行为，包括一些联系方式之类便于促使其行动的信息。

2. 招聘广告内容原则

真实，确保广告内容的客观和承诺的遵守，能兑现招聘广告中所提出的薪酬福利、职业发展等政策；合法，避免类似性别歧视、年龄歧视、种族歧视、城乡歧视等违背我国法律法规的内容，确保不出现违法情况；简洁，确保突出重点，内容准确，避免设计得太单调或过于花哨。

2.2.4.2　招聘广告的内容

1. 在显眼位置标明组织标志和广告性质

招聘广告设计的最基本要求是让阅读者一眼就可以看出这是什么广告，不会与其他广告混同。因此，应在广告的显眼位置注明广告的性质。

2. 组织性质简介

招聘广告的第一段应该写清楚组织性质及经营业务等情况，以便让应聘者对招聘组织有一个初步的了解。不应文字过多、喧宾夺主，而应以简约的语言将组织最吸引应聘者的信息表达出来。

3. 主要职责和任职要求

招聘广告要发布的最重要的信息之一是有关空缺职位的“主要职责”和“任职要求”的信息。“主要职责”告诉应聘者这个职位要做什么，“任职要求”告诉应聘者应聘该职位要具备什么条件。当然这里不需要将该职位的“工作说明书”中的相关条款全部照搬下来，但至少要参考其中的主要条款并以简要的语言注明。

4. 申请资料要求和联系方式

广告的最后部分，要向读者说明投寄申请资料的要求和联系方式。如“有意者请于某月某日前将详细的学习和工作简历、有关学历证书和身份证复印件、免冠近照、要求薪金、联络地址和电话寄至……。”招聘组织提供的联系方式可以有三种：通信地址、电子邮件和传真。可以不提供电话，以免增加人力资源部的人力成本。

2.2.5　人员初选

2.2.5.1　人员初选的意义

人员选拔是指从应聘者中选出企业所需要人员的过程，包括资格审查、背景调查、初选、面试、其他测试、体检、个人资料核实等一系列活动的过程。从企业选拔应聘人员的全过程来看，人员选拔可分为：第一阶段的初步挑选，即粗选；第二阶段的深度筛选，即细选；以及第三阶段的最终甄别，即精选。

人员初选是人员选拔过程中的初始阶段，即为粗选阶段。通过初步甄选中一些基本条件的限定，组织得以去除那些明显不符合要求或是误投的申请表或者简历，让合适的求职应聘者进入下一阶段的考察。有效的人员初选，有利于缩小甄选范围，降低甄选成本，提高甄选效率。

2.2.5.2　人员初选的方法

人员初选基本以求职者提供的一些书面信息作为测评的基础。初选方法包括：

1. 推荐信

推荐信是由既熟识被测者(求职者)又与测评者(雇主方)有密切关系的第三者,以书信形式向测评者(雇主方)介绍被测者的文字材料。

2. 申请表

申请表是由招聘组织设计,包含岗位所需的基本信息,并用标准化的格式表示出来的一种表格。申请表的目的是收集组织需要了解的岗位相关信息,方便对应聘者进行甄选,并从中选出参加后续甄选的人员。申请表一般包括以下内容:个人基本情况,应聘岗位情况,工作经历和经验,教育与培训情况,生活和家庭情况,个人的职业发展设想,个人的任职要求等。

3. 简历

简历是应聘者自己携带的个人介绍材料。简历的内容大体上可以分为主观内容和客观内容两部分。招聘组织的注意力主要应放在客观内容上。客观内容主要分为个人信息、受教育经历、工作经历和个人成绩等几个方面。主观内容包括应聘者对自己的描述,如本人的性格、兴趣、爱好等,主要是应聘者对自己的评价内容。

4. 背景调查

背景调查就是通过应聘者提供的证明人或从其以前的工作单位收集的信息来核实应聘者个人资料的评测方法。这是一种能直接证明应聘者情况的有效方法。全面审核应聘者的所有资料,有助于为组织挑选出合格的候选人。通过背景调查,一方面可以获得求职者更为全面的信息资料,有助于更好地分析其与岗位的匹配度;另一方面也可以对应聘者的诚信度进行考查。对于那些弄虚作假的、不诚信的人,企业应坚决拒收。

5. 电话甄选

在将简历和申请表进行甄选之后,在面试之前,可以通过电话对应聘者进行访谈,即电话甄选。经过电话甄选,可以放弃那些不符合条件的应聘者,缩小候选范围,从而加速了甄选的过程,也节省了大量的时间。通常情况下,电话甄选是和其他甄选方法结合使用。电话甄选是甄选中的一个环节,不能够替代面试和专业测试,电话中只能从应聘者的声音、语气、回答问题的内容来对应聘者作出判断,而应聘者的表情、肢体语言等并不能反映来,结合其他的方法使用会提高人才甄选的效度。

2.2.6 知识测验和心理测验

2.2.6.1 知识测验概述

知识测验,一般是指通过纸笔测验的形式,对应聘者知识的广度、深度和结构进行测评的一种方法。通过考试录用人才虽然有其自身缺陷,但总体来说,是目前最为公正合理、行之有效的甄选人才方法之一。知识测验作为一种重要的甄选方法,可以有效地测试应聘者在基础知识、专业知识、管理知识等相关知识和综合分析、文字表达等方面的情况。

2.2.6.2　知识测验的优缺点

知识测验法具有许多优点，主要体现在以下几个方面：一是可以大规模进行，可以同时对大批应聘者进行测试，成本相对较低，费时少，效率高；二是试题编制可经过深思熟虑，反复推敲，多方咨询，具有较高的信度和效度，科学性强；三是试卷评判比较客观，体现出公平、准确的特点，成为测评人才素质的一个重要依据；四是应聘者的心理压力较小，较易发挥正常水平；五是知识测验能涵盖较多的考点，可以对应聘者的知识、能力进行多方面的测试；六是知识测验的试题和结果可以作为一种档案材料长期保存，以备以后参考查询。

知识测验法也存在局限性，主要表现在：一是知识测验无法考查应聘者的思想品德修养、工作态度、口头表达能力、灵活应变能力、组织管理能力、操作能力等；二是可能出现“高分低能”现象，使组织得不到真正需要的有能力的人才；三是应聘者可能由于猜题、欺骗、舞弊而获得高分；四是对应聘者表达不清的问题不能进行直接询问，以了解应聘者的真实水平。

2.2.6.3　心理测验概述

心理测验主要是通过对人的一组可观测的样本行为进行系统的测量来推断人的心理特征的测评方法。

1. 心理测验的特点

人的心理很复杂，很难像测量质量、高度等客观的物理现象那样被量化测量出来，也不像人的行为那样，可以被直接观察和分析。归纳起来，心理测验有如下特点：间接性，人的心理特质就像一个暗箱，无法被直接观察和测量，心理测验只能测量人的外显行为，即通过测量个体对测验题目的反应，从而推论其心理特质；相对性，在对人的行为做比较时，没有一个绝对的零点，即没有绝对的标准，有的只是一个连续尺度上的行为序列；客观性，心理测验的客观性就是测验的标准化问题。

2. 心理测验对招聘的意义

(1) 提高人才甄选的效度。心理测验可以有效地避免主观性问题，可以相对全面、客观地反映应聘者的个性特征和心理素质，并且有一定的预测作用。

(2) 降低成本，更好地优胜劣汰。采用心理测验方法可以提高对应聘者判断的准确性，并结合招聘要求把条件不适合的应聘者辨识出来，使其不再进入下一轮的甄选程序，为组织节省了成本。

(3) 提高招聘效率，实现批量测评。对于某个招聘岗位，经常会收到大量的应聘简历，虽然初步甄选能够过滤掉一些不合适的应聘者，但有时候剩余的应聘者依然很多。由于心理测验已经可以借助计算机等现代化的工具来实施，因此，可以安排大量的应聘者同时参加测试,有效地节省了甄选的时间,加快了人才甄选的过程。

2.2.6.4 招聘中的心理测验应用类型

心理测验的分类很多,对于不同的用途可以进行不同的选择,在员工招聘的甄选过程中,一般可以从以下几个角度分析应聘者与岗位的匹配性。

1. 人格测验

(1) 人格的含义。人格也称为个性,是指人在心理、行为方面所表现出的不同于其他人的特点,也就是个体在其生理素质基础上,在长期生活实践中形成的具有一定意识倾向性的稳定的心理特征总和。一般而言,人格包括态度、兴趣、动机和性格等内容。

(2) 人格测验的方法。①自陈式量表法。自陈式量表法多以自我报告的形式出现,所以又称问卷法,即对拟测量的个性特征编制若干测题(陈述句),被试者逐项给出书面答案,依据其答案来衡量评价某项个性特征。自陈式量表法不仅可以测量外显行为(如态度倾向、职业兴趣、同情心等),同时也可以测量自我对环境的感受(如欲望的压抑、内心冲突、工作动机等)。②投射测验。投射测验也称投射技术,最早由 Frank 提出。其基本假设是:个体不是被动地接受外界的刺激,而是主动地、有选择地给外界刺激赋予某种意义,然后表现出适当的反应,测试者可以从这些反应中推论被试者的人格。

(3) 比较知名的人格测验量表工具及其应用。人格测验量表非常多,各类组织在招聘中使用比较多的人格测验量表包括卡特尔 16PF、MBTI、DISC、九型人格、霍兰德职业兴趣量表等。

① 卡特尔人格因素测验(16PF)。卡特尔 16PF 是 16 种人格因素问卷的简称,是由美国伊利诺伊州立大学人格及能力测验研究所卡特尔教授编制的,是基于人格特质理论编制的一种测验,共包括了 187 道试题,测量 16 种人格特质。

② MBTI 工作风格测验。Myers Briggs Type Indicators (MBTI)是 Katharine Cook Briggs 与女儿 Isabel Briggs Myers 以瑞士著名心理学家卡尔·荣格(Carl Jung)的心理类型理论为基础开发的人格测评工具。MBTI 方法将人分成四种维度:内向(I)与外向(E)表示注意力集中在内部还是外部;感觉(S)与直觉(N)表示收集信息、感知外界的方式;思维(T)与情感(F)表示作出决定和判断的方式;判断(J)与知觉(P)表示应对外部世界和生活的风格。四个维度组合形成了十六种不同的人格类型。例如,ENFJ,表示该人格类型是外倾、直觉、情感、判断四维的综合,但其所含的意义不只是这四维的叠加,更应被看作是一个整体,只有这样才能提供完整丰富的人格信息。

2. 能力测验

(1) 能力概述。能力是指顺利完成某种活动所必须具备的一种心理特征,是顺利完成某种活动必要的心理条件。从事某种活动必须有一定的能力作为条件和保证,如公关职业从业者应该有较强的口头表达能力,从事编辑工作的从业者要有较强的文字能力。

(2) 一般能力测验。一般能力测验,即通常所说的智力测验,按照施测方式的不同,可分为个别智力测验和团体智力测验。

(3) 特殊能力测验。特殊能力测验也称能力倾向测验，是在某些专业和职业活动中表现出来的能力，体现了经过适当训练或被置于适当环境下完成某种任务的可能性，是一个人能够获得新知识、新技能的一种潜能。目前的特殊能力测验主要包括多重能力倾向测验、特殊能力倾向测验等。多重能力倾向测验包括差异能力倾向测验、一般能力成套倾向测验、职业能力倾向测验等。特殊能力倾向测验包括文书能力测验、机械能力测验、操作能力测验等。

3. 职业适应性测验

职业适应性测验有时也称动力测验，主要关注人对从事某项活动或职业的一种内在倾向，包括诸如职业兴趣测验、职业价值观测验、动机测验等方面。

2.2.7　招聘面试

2.2.7.1　面试的含义

面试是通过主试与被试双方面对面地观察、交流等双向沟通方式，使应聘者能够了解到更全面的组织信息，更是组织了解应聘者的素质状况、能力特征以及应聘动机等信息的一种人员测评技术。

面试根据场景的不同可以分为广义的面试和狭义的面试。广义的面试指的是通过基于情景模拟测验的评估形式，包括了小组讨论、管理游戏、角色扮演等评价中心技术。整个过程中考官处于观察的角度，应聘者处于主动展示的角度，情景性高，模拟性强，考察的内容更加全面有效。狭义的面试指的是考官和应聘者面对面直接以问答形式为主的面试。整个过程中考官处于主导地位，应聘者处于被动地位。

2.2.7.2　面试的主要类型

根据分类标准的不同，面试形式可以划分为不同的类型。

1. 根据面试与应试的人数划分

(1) 一对一面试。即一个面试官对一个应聘者。

(2) 一对多面试。即一个面试官对若干名应聘者。

(3) 多对一面试。即多个面试官对一个应聘者。此种情形包括小组面试和委员会面试两种类型。小组面试是 3～4 个面试官同时对应聘者进行的面试，每个面试官可根据自己的专长提问。委员会面试是 5 个或更多人对应聘者的面试，可借机了解应聘者在压力下的反应。

(4) 多对多面试。即多个面试官对若干名应聘者的面试。这种面试方法通常是由面试的主考官提出一个或几个问题，引导应聘者进行讨论，从中发现、比较应聘者表达能力、思维能力、组织领导能力、解决问题能力等。此面试方法效率较高。

2. 根据面试内容设计的侧重点划分

（1）情境式面试。即通过向应聘者提供一种假定的情境，观察应聘者在情境中的行为反应，主要关注该应聘者与未来行为相关的意向或倾向。情境面试是结构化面试的一种特殊形式，它的试题多来源于工作，或是工作所需的某种素质的体现，通过模拟实际工作场景，反映应聘者是否具备工作要求的素质。

（2）行为描述式面试。这是基于行为的连贯性原理发展起来的面试方式。是一种采用专门设计的问题来了解应聘者过去在特定情况下的行为结构化面试方法。考官通过了解应聘者过去的工作经历，判断他选择本组织发展的原因，预测他未来在本组织中发展所采取的行为模式，并将其行为模式与空缺职位所期望的行为模式进行比较分析。

（3）心理面试。这是由心理学家或人力资源专家主持的，目的在于评价应聘者的某种心理素质（如独立性、责任心）的面试。当某种心理素质对一个职位特别重要时，多采用这种面试方法，一般在选择高级人才时使用。

3. 根据面试的结构化程度划分

（1）结构化面试。即由一系列连续向应聘者提出的与工作相关的问题构成，包括情景问题、工作知识问题、工作样本模拟问题、关键工作内容模拟问题以及工作要求等五类。这些内容在面试之前已经形成一个固定的框架（或问题清单），主考官根据框架对每个应聘者分别作相同的提问。

（2）非结构化面试。即对面试的构成要素不做任何具体的规定、无固定模式、事先无须作太多准备的面试，主考官只要掌握组织、职位的基本情况即可提出一些探索性、无限制的问题。这种面试的主要目的在于给应聘者充分发挥自己能力与潜力的机会。但缺点是发散性强、随意性大，效度较低，应聘者之间也难以比较。

（3）半结构化面试。即结合结构化面试与非结构化面试的特点，形成对面试的构成要素中有的内容作统一要求，而有的内容则不做统一规定的方式，此面试的特点是简单、易组织，但也有一定的随意性，效度也不高。

4. 根据面试的目的划分

（1）压力型面试。即将应试者置于一种不舒适的环境中以考察他对压力的承受能力。考官一开始就可能从应聘者的背景中寻找弱点，提问具有攻击性，如询问他原来的工作中是不是工作不积极、经常缺勤等，以此观察应试者在承受压力、情绪调整上的能力，以及应变和解决紧急问题的能力等。

（2）非压力面试。与压力面试相反，非压力面试中，考官力图创造一种宽松亲切的氛围，使应聘者能够在最小压力下回答问题，以获得录用所需的信息。一般除了那些需要真正在压力下工作的岗位之外，非压力面试适用于绝大多数的情况。

（3）鉴定性面试。即主要是上级主管和同事对应聘者的工作绩效所做的评定。

5. **根据面试借助的介质划分**

（1）普通面试。即不借助任何介质或媒介，面试双方在同一房间内进行的面试。

（2）可视电话面试。即双方通过可视电话进行的面试。

（3）网络（电子）面试。即双方借助网络进行的面试。

（4）其他面试。即除去以上三种面试形式的所有面试形式，如通过闭路电视等设备进行的面试。

2.2.7.3　面试的准备

1. **成立招聘面试小组**

在现代企业中，组织内部的人力资源管理部门和用人部门都要参加重大的招聘工作。人力资源管理部门主持日常性招聘工作并参与招聘的全过程，招聘团队中，仍以人力资源管理部门为主，并吸收有关部门人员参加，用人部门（业务部门）的意见将在很大程度上起决定性作用。另外，作为面试考官代表着组织的形象，是公司文化的象征，又担负着甄选人才的重任，所以需要特别挑选并进行一定的培训方可上阵。

2. **资料准备**

（1）准备岗位职责说明书。面试的准备工作从阅读职位说明书开始，即首先要了解所招聘职位的职责任务、素质技能要求、工作关系、环境特点、工资福利等。对职位的描述和说明是在面试中判断应聘者能否胜任该职位的依据，因此招聘者在进行面试之前必须对职位说明信息了如指掌。

（2）应聘者登记表与简历。仔细阅读应聘者的应聘材料和简历，一来可以熟悉应聘者的背景、经验和资格并将其与职位要求相对照，对应聘者的胜任程度做出初步的判断；二来可以发现应聘者的应聘材料和简历中的问题，供面试时进一步讨论、了解。

（3）前几轮测试情况记录，可能包括：笔试成绩、人机对话的成绩和评价、模拟考试成绩、外语成绩、竞聘演说的演讲稿以及其他收集到的信息。通过对前面测试情况的了解，既可以淘汰一部分应聘者从而筛选出面试对象，也可以预先掌握应聘者的一些情况从而为面试确定提问的重点。

3. **面试场所的选择与布置**

面试的环境首先必须是安静的，为双方的交流提供一个良好的环境氛围。面试场所的选择，一般根据招聘职位的高低、招聘岗位面试的人数、招聘岗位的不同、是否需要听众和听众多少来选择场所的大小。

面试场所的布置应既严肃又有人情味，既紧张又不失温馨。

4. **电话通知和筛选应聘者**

正式面试之前，不妨先进行电话访谈，因为一来可以从中确认应聘者的应聘材料和简历中的信息，初步了解应聘者的职业兴趣和相关素质是否与应聘的职位相符；二来可以确定与应聘者正式面试的时间和地点。

5. 面试评价量表和面试问话提纲的设计

面试评价量表是依据空缺岗位的工作说明制订而成的，是面试过程中考官进行现场评价和记录应聘者各项要素优劣程度的工具，它应该反映工作岗位对人员素质的要求。在设计面试评价量表时，要注意这些评价要素必须是可以通过面试技巧进行评价的。由于面试没有标准答案，评分往往带有一定的主观性，为了使面试评分尽量具有客观性，在设计评价量表时，应使评分具有一个确定的计分幅度及评价标准。

2.2.8 人员录用

2.2.8.1 人员录用原则

一般来说，员工的职位是按照招聘的要求和应聘者的应聘意愿来安排的。为实现用人所长、学以致用，有效利用人力成本的目的，人员录用必须遵循以下原则：

（1）公平竞争原则。

（2）择优录用原则。

（3）人岗匹配的原则。

（4）合法合规的原则。

2.2.8.2 人员录用决策

录用决策是指通过科学的精确测算，对岗位和所招聘的人选相互之间进行权衡，实现人适其岗、岗得其人的合理匹配过程。人员录用决策的成功与否，对招聘工作有着极其重要的影响，如果决策失误，则可能导致整个招聘过程功亏一篑，不仅会使组织蒙受巨大的经济损失，还会因此阻碍组织的发展。录用决策的有效性取决于录用标准是否合理、决策流程是否规范，以及决策方法是否科学。

人员录用标准：一是以岗位为标准，按照岗位要求选择最合适人选；二是以人员为标准，将人员安置到最合适的岗位上，实现人尽其才，才尽其用。两种标准都可以实现局部最优化，但通常将这两种标准结合起来使用，可以互为补充，以便提高组织的整体资源配置效率。

由于组织的需要不同及拟聘的职位不同，因此录用决策的程序会有很大的差别。在进行决策时，一般有两种选择：一是在应聘者之间进行选择；二是在应聘者与招聘标准之间进行选择。当应聘者中没有人符合要求时，也有两种选择：一是重新招聘；二是在原来的招聘者中重新进行选择。

1. 决策方法

（1）人员的录用决策按照决策周期的安排可分为过关淘汰式、汇总评估式及混合式。

① 过关淘汰式。过关淘汰式是指组织在甄选过程中，在每一甄选测试环节都设置一定的淘汰率，应聘者只有通过上一关才能进入下一关。只有通过组织设置的层层关口，

才能参加最后一轮的录用选拔。

② 汇总评估式。汇总评估式是组织在甄选过程中不设置最低的淘汰标准，所有应聘者都参加甄选，最后由组织根据应聘者在各项考察项目上的得分及项目的权重，作出录用决策。

③ 混合式。混合式是组织根据实际情况，对某一轮甄选采用淘汰式，对某几轮甄选采用汇总评估。一般而言，采用混合式决策的组织要多一些。

(2) 人员的录用决策按照决策过程的实施可分为单轮测试决策和汇总评估决策两种。

2. 录用决策模型

一般来说，在进行人员录用决策时有三种模型可供选择，具体如下：

(1) 补偿性模型。录用决策小组首先收集应聘者在选拔过程中的所有信息，然后从岗位所需要的各个方面属性来评价应聘者，得出应聘者有关这一属性的一致性评价意见。

(2) 非补偿性模型。这种模型要求应聘者在被考察的每个方面都必须达到某个最低标准，任何一方面有缺陷都将使应聘者被淘汰。例如，录用项目开发人员时，若应聘者缺乏创新开拓的能力，则不管该应聘者其他能力如何，都不会被录用。

(3) 混合模型。当对应聘者在某几个能力素质方面有最低要求，但在其他几个方面没有最低要求时可以运用混合模型。首先对应聘者采用非补偿模型淘汰一部分，再用补偿模型对应聘者进行综合评价。

2.2.8.3　人员录用实施

1. 人员入职准备

(1) 发放员工录用通知。通知应聘者是录用工作的一个重要部分。通知包括两种：一种是录用通知，另一种是辞谢通知。对准备录用的人员发放的录用通知中，应包含：①该人员的工作岗位、地点、薪酬、工作期限等。②新员工的入职报到时间、地点、所需携带的资料等。③其他公司所要求的事项等。

(2) 取得新员工接受录用通知的确认。

(3) 如需新员工进行入职前体检的，应通知其进行体检、并安排好体检相关事宜。

(4) 与行政等相关部门一起安排好新员工的工位、工作用品、入职表单等物品资料。

(5) 与新员工的用人部门沟通，确定好新员工入职后的对接人员。

2. 办理入职手续

(1) 检查并核对新员工资料。新员工入职时，需收集并核对要求其携带的资料。这些资料可能包括身份证明文件、学历证书、能力证书、原雇主的退工证明、人事档案、体检报告等。核对无误后进行归档。

(2) 新员工填写入职信息登记表，包括个人信息，工作经历，教育培训经历，家庭成员信息等。

(3) 给员工发放员工手册，一般包括企业的规章制度，福利待遇和员工需要了解的工作基本信息等。

3. 与新员工签订劳动合同

劳动合同是劳动者与用人单位为了确定劳动关系，明确双方责任、权利和义务的协议，是企业与员工之间双方合法利益的保障，是预防和处理劳动纠纷的前提。《劳动合同法》规定，建立劳动关系，应当订立书面劳动合同。

在签订劳动合同之前，人力资源部必须查看新员工“与原单位解除劳动关系证明”，以防引起不必要的劳动关系纠纷。

4. 进行新员工培训

新员工通过录用并到组织报到以后，需要在工作前进行一定的培训。这种培训即岗前培训或岗位适应性培训，也称为职前培训，在各类企业中非常普遍，有的企业对新员工的培训长达半年甚至一年。

培训的目的在于将企业录用的人员由社会人转变为组织人。

5. 试用期管理

试用期管理的目的是确保所招聘录用的员工可以满足企业的需要，并在发现招聘的员工不符合岗位要求时能依法与其解除劳动合同。

试用开始后，人力资源部门要安置员工的工作岗位，明确其工作内容和考核要求，部门直接领导要分配其具体工作，进行日常管理，并在试用过程中进行工作记录以便为试用期考核提供依据。

试用期满时，下达期满通知，相关部门进行试用期考核，根据试用期考核结果决定是否转正。对符合要求的员工，经审批通过，办理相关转正手续，成为正式员工。

2.2.9 人员配置与离职管理

2.2.9.1 人员配置的原则

人员配置是组织人力资源管理活动的重要内容之一。人员配置是为了创造组织效能而从事的获取、运用和留任足够数量和质量劳动力队伍的过程。人员配置过程包括招聘、选拔和雇用这几个关键的要素，同时还包含了人员流动过程中发生的步骤和活动。

为实现人员配置的有效性，需遵循以下基本原则：

（1）公平原则。

（2）动态原则。

（3）计划原则。

（4）科学原则。

2.2.9.2 人员配置的匹配原理

人岗匹配是人员配置中的基本原理，在传统的招聘配置中，组织通常比较关注个人与岗位的匹配度，但在实践中发现，仅有人岗匹配还不足以使应聘者在进入组织后取得预期的绩效，甚至使其很快流失。研究发现，由于人本思想的不断发展，员工的个人意识不断增强，社会的用工结构不断变化，知识员工比重越来越大，因此人员配置的匹配原理得到了丰富，除了个人与岗位的匹配以外，同时还应关注个人与团队、个人与组织的多元匹配。

1. 个人与岗位匹配

人岗匹配原理是人员配置的基本原理，指的是个人特征与岗位要求的匹配度。其中包含两个内容：一是指个人的特征完全胜任岗位的要求，即所谓人得其职；二是指个人完全具备岗位要求的能力，即所谓职得其人，表现为个人能在岗位上充分发挥能力，能有效完成岗位工作任务。评估人岗匹配首先要明确岗位特征和个人特征，为了了解和评价岗位，需要工作分析、岗位评价技术；为了评价个人，需要人才测评技术。

2. 个人与团队匹配

个人与团队匹配是指个人与其所属的团队或部门人员之间的匹配度。人作为个体，不可能十全十美，而是各有优缺点，即所谓“金无足赤，人无完人”。在现代组织中，很多岗位任务的实现，需要通过团队完成，这就决定了其他成员的工作效率会影响到团队效能，反过来会影响个人绩效，团队之间的配合显得十分重要，需要通过个体间取长补短从而形成整体优势，达到“1＋1＞2”的效果，以实现组织目标。因此，人员配置时要考虑个人和原有团队的匹配性。这种匹配需要通过各类互补实现，从而实现一个整体优化的人才结构。

3. 个人与组织匹配

个人与组织匹配是个人与组织期望之间的匹配度。组织和员工在进行双向选择时，越来越关心彼此深层次的需求。组织有自己的组织战略、文化和价值观，其期望是通过物质和非物质的(包括心理的和情感的)付出，得到个人预期的行为，达成预期的目标；个人也有自己的职业规划、工作动力，其期望是通过体力、脑力包括心理的付出，得到组织物质和非物质(包括心理的和情感的)的补偿。

从组织来讲，希望员工能认同其发展目标、组织文化，接受其价值观的规范，全身心投入组织的工作中；从员工个人而言，希望组织不仅仅给予一份工作，也更希望能提高自己的综合素质、成就需求、工作满意度，最终实现自己的职业目标。

个人与组织匹配强调员工与组织的整体匹配。一方面，个体能够满足特定工作岗位的要求；另一方面，个体内在的特征与组织的基本特征之间保持一致性。研究表明，员工态度(组织承诺、工作满意度)、员工行为(工作绩效、工作任期、组织公民行为)与个人组织匹配呈正相关，员工的离职意向、离职率与个人组织匹配呈负相关。

2.2.9.3　人员配置的类型

人员配置是企业根据其发展战略、人力资源规划，以及人力资源所具有的职位心理欲求和能力等个人具体条件、情况，不断地、经常性地通过一定的方式和手段，有目的、有计划、合理地对人员的职务进行调整变化，通过个人能力和岗位的最佳结合不仅使企业目标得以实现，同时又有助于企业人员职业发展和能力开发的人力资源管理政策和技术。人员配置的主要类型有人员调配和人员晋升。

1. 人员调配

人员调配是指经主管部门决定而改变员工的职位或职务、工作单位或隶属关系的人事变动，包括在企业之间的变动和企业内部的变动。

(1) 导致人员调配转换的因素。①以人事计划、教育计划为目的的人员调配转换。②基于技术革新和新产品开发经营的人员调配转换。③伴随晋升的调配转换。④通过部门间的人员再分配或将人员调至分公司而进行的调配转换。

(2) 人员调配程序。①因工作需要调配。一般而言，凡因工作需要进行的人员调配，应先由人事部门审核决定，再进行直接调配。在调配前，单位领导应向员工本人说明情况，做好协调工作。②凡因个人原因要求组织调动，一般按下列程序进行：第一步：本人提出申请，填写调动审批表。第二步：组织审核。第三步：调出调入单位双方洽商。第四步：调入单位发出调动通知。第五步：办理调动手续。

2. 人员晋升

人员晋升是指员工在职位上的垂直变动，是一种特殊的人员调配形式，对员工的个人发展和保持企业的活力具有非常重要的意义。

(1) 人员晋升的原则。①德才兼备、选贤任能的原则。②机会均等、用人所长的原则。③有系统、有计划的原则。

(2) 人员晋升方式。①选任制。即用选举方式确定任用对象。②委任制。即由董事会或者经理直接指定下属职位的任用制度。③聘任制。即用人单位通过契约或合同形式聘任干部和员工的一种任用制度。④考任制。即通过公开考试、公平竞争、择优录用，广泛地选择优秀人才的任用制度。

2.2.9.4 离职管理

员工离职，一方面有利于人才的合理流动，有利于人力资源的合理配置。另一方面对企业而言，员工离职情况太严重，流动率太高，会有诸多不良影响。

离职管理是指员工离职过程的管理。离职管理主要包括三方面内容：离职事务管理，即办理离职手续；离职原因分析，并对离职因素进行反馈和处理，改善人力资源管理；离职风险控制，即降低企业在员工离职过程中及离职后可能产生的风险因素。

1. 离职流程

员工离职的基本流程包括：员工填写离职申请、离职面谈、核准离职申请、业务交接、办公用品及公司财产的移交、人员退保、离职生效、资料存档等。不同原因导致的员工离职情况下，企业需注意的要点有：

（1）员工主动辞职。主动提出辞职的员工，应按照《劳动合同法》的规定："用人单位与劳动者协商一致，可以解除劳动合同。劳动者提前三十日以书面形式通知用人单位，可以解除劳动合同。劳动者在试用期内提前三日通知用人单位，可以解除劳动合同"，在规定时间内提出辞职。

提出主动辞职的员工需递交辞职申请，经批准后办理离职手续。

（2）劳动合同到期。根据《劳动合同法》规定，当劳动合同期满时，若无特殊情况或特殊条款说明，劳动合同自动终止，用人单位和劳动者之间的劳动关系解除。

但需注意的是，除用人单位维持或者提高劳动合同约定条件续订劳动合同，劳动者不同意续订的情形外，用人单位终止固定期限劳动合同的，应向劳动者支付经济补偿。

《劳动合同法》第四十六条规定，经济补偿按劳动者在本单位工作的年限，每满一年向劳动者支付一个月工资，六个月以上不满一年的，按一年计算；不满六个月的，向劳动者支付半个月工资。劳动者月工资高于用人单位所在直辖市、设区的市级人民政府公布的本地区上年度职工月平均资三倍的，向其支付经济补偿的标准按本地区上年度职工月平均工资三倍的数额支付，向其支付经济补偿的年限最高不超过十二年。月工资是指劳动者在劳动合同解除或者终止前十二个月的平均工资。

（3）辞退和经济性裁员。辞退和经济性裁员属于用人单位主动与劳动者解除劳动关系。用人单位辞退劳动者，分为因劳动者过失用人单位解除劳动合同，以及劳动者无过失用人单位解除劳动合同两种情况。两种辞退均需经过一定程序，而在后一种辞退情况下，用人单位需提前三十日以书面形式通知劳动者本人或者额外支付劳动者一个月工资，并应按《劳动合同法》第四十六条的规定向劳动者支付经济补偿。在员工给用人单位造成损失的情况下，用人单位有权要求其赔偿。

经济性裁员的程序可参考《劳动合同法》第四十一条规定，即用人单位提前三十日向工会或者全体职工说明情况，听取工会或者职工的意见后，裁减人员方案经向劳动行政部门报告，可以裁减人员。经济性裁员情形下，用人单位需按照《劳动合同法》第四十六条的规定向劳动者支付经济补偿。而且，用人单位裁减人员后在六个月内重新招用人员的，应当通知被裁减的人员，并在同等条件下优先招用被裁减的人员。

（4）退休。员工达到法定退休年龄后，可根据当地劳动行政部门的具体规定，办理退休流程。一般退休流程包括：①员工填写退休申请表；②用人单位向劳动行政部门提交退休申请表及其他相关资料；③劳动行政部门审核同意；④如当地规定需要退休公示的，企业还应进行退休公示。

2. 离职分析

对员工离职进行分析，可以及时了解员工离职原因、掌握影响员工离职的因素，从而及时进行改善或处理，以提高人力资源管理水平。离职分析一般可分为以下三方面：

（1）员工离职原因分析。员工离职原因主要有三种：①个人原因。由于个体自身的特殊原因而产生离职动机。如追求个人物质利益最大化、追求良好人际关系、寻求自我价值实现、职业能力水平与现岗位有差距、个人健康问题等。②企业内部原因。由于企业内部制度或管理上的问题，而产生了离职动机。如薪酬福利不佳、上级领导管理不善、企业对个人职业生涯关注不够等。③企业外部原因。由于企业外部环境因素（社会价值观、竞争对手、政策法规、经济、交通等）而产生的离职动机。如竞争对手的高薪“挖角”促使员工离职。

企业可通过日常观察和沟通、离职面谈、向相关员工了解等方式，掌握员工离职的真实原因，并按照员工岗位职级、员工入职年限、员工所在部门、原因性质等进行分析和归类，进行及时反馈处理。

（2）员工离职后去向分析。了解员工离职后的去向，是离职分析中不可或缺的一步。如果员工去向为同行业甚至是企业的竞争对手，企业可能面对潜在的客户丢失、机密泄露等商业风险，需要引起企业预警。

（3）员工离职预测分析。完善的人力资源管理，应对员工离职情况进行预测分析，从而提前采取措施，对关键人才进行挽留，控制离职率，或者提前储备人才。

3. 离职风险

在员工离职过程中，企业需合规、合理地实施离职流程，以免产生违法解雇员工的风险；如需支付离职员工经济补偿的，用人单位应严格按照法律规定，足额支付经济补偿金。

员工离职后，可能产生泄露商业机密、从事竞争行业等风险。如有必要，企业应与离职员工签订《保密协议》《竞业禁止协议》等。

2.3 培训与开发

2.3.1 培训与开发概述

2.3.1.1 培训与开发的概念

1. 培训的概念

人力资源培训是指为了满足企业不断发展的需要，使员工能胜任本职工作并不断有所创新，在综合考虑企业发展目标和员工个人发展目标的基础上，通过教学或实验等方法对员工进行的一系列有计划、有组织的学习与训练活动。

2. 开发的概念

人力资源开发是指为员工今后发展而开展的正规教育、在职体验、人际互助以及个性和能力的测评等活动。

3. 培训与开发的异同

通过上述定义可以看到，培训是给新员工或现有员工传授其完成本职工作所必需的基本技能。开发主要是指管理开发，指一切通过传授知识、转变观念或提高技能来改善当前或未来管理工作绩效的活动。培训是指培养和训练。开发是指通过一定的途径使潜在的能力得到有效的呈现。严格地讲，培训与开发是一个系统化的行为改变过程，这个行为改变过程的最终目的就是通过工作能力、知识水平的提高以及个人潜能的发挥，明显地表现出工作上的绩效特征。工作行为的有效提高是培训与开发的关键所在。

2.3.1.2 培训与开发的类型

按照不同的分类标志，员工培训与开发可以分成以下几种类型：

(1) 按培训对象：分为决策人员培训、管理人员培训、技术人员培训、业务人员培训和操作人员培训。

(2) 按培训内容：分为员工知识培训、员工技能培训和员工态度培训。

(3) 按培训性质：分为适应性培训(新员工)、提高性培训(老员工)和转岗性培训(不同技能)。

(4) 按培训方式：分为头脑风暴法培训、参观访问法培训、工作轮换法培训、事务处理法培训、情景模拟法培训、研讨会法培训和授课法培训。

(5) 按培训时间：分为在职培训和非在职培训。

(6) 按培训地点：分为组织内培训和组织外培训。

2.3.1.3 培训的基本流程

一个完整的培训系统的运作过程通常应包括培训需求分析、确立培训目标、制订培训计划、实施培训计划和评价培训效果 5 个步骤，见图 2-1。

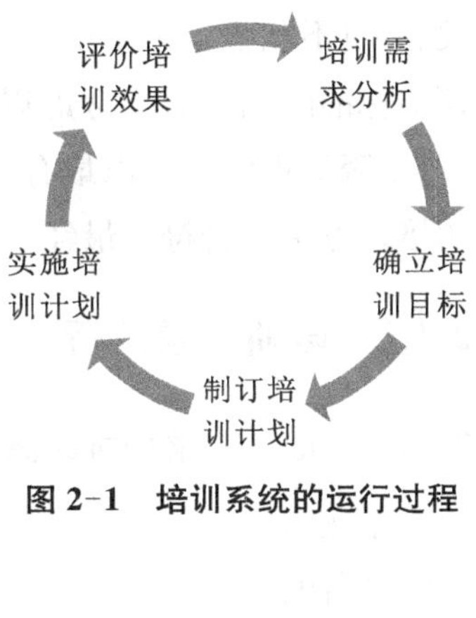

图 2-1 培训系统的运行过程

1. 培训需求分析

培训需求分析是指在规划与制订培训计划之前，由有关人员采用各种方法和技术对企业及其成员的目标、知识和技能等方面进行系统的分析，以确定企业内需要接受培训的人员和需要培训的项目或培训内容。培训需求分析是培训活动的首要环节，在培训中的地位也日趋重要，它是制订培训计划的前提，也是进行培训评估的基础。培训需求包括企业的需求和员工的需求两个方面。分析可分为 3 个层次。

(1) 组织分析。组织分析主要包括组织目标和组织战略分析、组织外部环境分析与内部环境分析等方面。通过以上分析就可以确定培训在整个组织范围内的需求。

(2) 任务分析。任务分析就是试图确定培训的内容，即员工达到令人满意的任务绩效所必须掌握的知识与技能。在培训目标的指引下，采取“缺什么补什么”的原则并适当考虑将来任务对培训的需求。

(3) 人员分析。哪些人需要接受培训是通过对员工的绩效考评确定的。人员分析就是确定每一个员工完成所承担工作任务的效果。一般来讲，实际工作绩效与理想工作绩效之间的差别即培训需求，需要由培训来缩小和弥补。

2. 确立培训目标

根据培训需求分析来确立培训目标，以使培训更加有效。培训目标是指培训活动的目的和预期效果。有了培训目标，才能确定培训对象、内容、方法等具体工作，并可在培训之后对照此目标进行培训效果评估。培训目标一般包括三方面的内容：一是说明员工应该做什么；二是阐明可被接受的绩效水平；三是受训者完成指定的学习成果的条件。

3. 制订培训计划

培训计划是培训目标的具体化，培训计划包括长期计划、中期计划与短期计划。在制订培训计划的同时必须考虑到许多具体的情景因素，例如行业类型、企业规模、用户要求、技术发展水平和趋势及员工现有水平等。

4. 实施培训计划

在培训计划制订好之后，按照既定目标展开培训工作，通过各种培训方法，使学员学有所获。

5. 评估培训效果

培训是否起到作用，无论对培训的组织部门、业务部门的经理还是投资培训的决策层而言，都是一个应该明确回答的问题。否则，就会产生盲目投资的行为，不利于企业的发展，也不利于下一个培训项目的立项和审批。这就需要对培训进行评估。一般来说，评估标准的确立需要考虑以下几个方面：是否达到目标了？培训方案所付出的代价如何，是否值得？是否以最有效的方法达到目的，主要是比较不同的培训方法，评估所采用的培训方法是否符合最经济原则？用于培训的资源是否得到了最佳的分配？

2.3.2 培训需求分析

2.3.2.1 培训需求分析的概念

企业为什么要培训、培训什么，不能由培训管理者凭空臆断。培训需求反映了企业要求具备的理想状态与实际状态之间的差距，这个差距即是培训需求。培训需求分析，就是判断是否需要培训及需要哪些培训内容的一种活动或过程。培训需求分析对企业的培训工作至关重要，是真正有效地实施培训的前提条件，是使培训工作准确、及时和有效实施的重要保证。

培训需求分析主要由两部分工作组成，即培训需求调查和调查结果分析。这两个部分既相互联系又相互独立，在时间上有先后之分。

1. 培训需求调查

培训需求调查即通过一系列的方法和渠道全面、公正、客观地收集与培训主题相关的需求信息。

2. 调查结果分析

通过对培训需求的调查，对其信息进行整理、分析，得出有效培训需求的过程就是培训需求分析的过程。具体来讲，培训需求分析是指在需求调查的基础上，由培训主管部门、部门主管人员及员工个人等采取各种方法与技术，对组织内部各部门及其成员的目标绩效和能力结构与现有绩效和能力结构等进行比较分析，以确定是否需要培训、谁需要培训、何时需要培训、需要何种培训等的一种活动或过程。培训需求分析是整个培训有效进行的前提，也是制订培训计划的基础。

2.3.2.2　培训需求分析的层面

培训需求分析可以从组织、任务和人员三个层面进行分析。

组织分析是指在既定的企业使命、战略条件下决定相应的培训需求，为培训提供可利用的资源及管理者和员工对培训活动的支持。任务分析包括确定重要的任务及需要在培训开发中加以强调的知识、技能和行为方式以帮助员工完成任务。人员分析包括厘清工作绩效不令人满意的原因，是知识、技术、能力的欠缺，还是属于个人动机或工作设计方面的问题；明确适当的培训对象并让培训对象做好培训准备。由于组织分析和培训开发是否适合企业的战略目标与企业是否愿意在培训开发上投入时间和资金的决策相关，因此，组织分析通常要先于任务分析、人员分析进行。任务分析和人员分析通常是同时进行的，这样对于两者都有促进作用。

麦吉(McGehee)和塞耶(Thayer)在 1961 年就提出了培训需求分析的三步体系，见表 2-1。

表 2-1　　麦吉和塞耶的培训需求分析的三步体系

分析	目的	方法
组织分析	决定组织中哪里需要培训	◆根据组织长期、短期目标、经营计划判定知识和技术需要； ◆将组织效率和工作质量与期望水平进行比较； ◆制订人事接续计划，对现有雇员的知识、技术进行审查； ◆评价培训的组织环境。
任务分析	决定培训内容应该是什么	对于个人工作，分析其业绩评价标准、要求完成的任务和成功地完成任务所必需的知识、技术、行为和态度。
人员分析	决定谁应该接受培训和他们需要什么培训	◆通过使用业绩评估，分析造成业绩差距的原因； ◆收集和分析关键事件； ◆对员工及其上级进行培训需求调查。

2.3.2.3 培训需求分析的方法

可以用来进行培训需求分析的方法有许多种，在这里主要介绍七种可供选择使用的培训需求分析方法，包括访谈法、问卷调查法、观察法、关键事件法、绩效分析法、头脑风暴法、书面资料研究法。

1. 访谈法

访谈法是通过访谈员与被访谈对象进行面对面的交谈来获得培训需求信息的方法。

2. 问卷调查法

问卷调查法是以标准化的问卷形式设计一系列的问题，要求调查对象就问题进行打分或是非选择的方法。当调查对象规模较大，而时间和资金又相对有限的情况下，这是一种值得推荐的培训需求分析方法。

3. 观察法

观察法是观察者以旁观者的角度观察员工工作中的行为，以获取希望得到的信息。观察法要求观察者对被观察者的工作有深入的了解，知道其行为的标准。

4. 关键事件法

关键事件是指那些对组织目标的实现起较大的促进或阻碍作用的事件，是工作过程中对组织绩效有重大影响的事件。如系统故障、重要客户的获得或流失、产品的次品率和员工的主动离职率突然上升、重大事故等。关键事件的记录是培训需求分析的重要信息来源。关键事件法的成效在相当程度上取决于关键事件的记录情况。

5. 绩效分析法

绩效分析法就是对员工的既有绩效和组织期望的绩效进行对照，找出差距。然后分析差距产生的原因，确定培训是否能消除这些原因从而提高绩效水平。

6. 头脑风暴法

头脑风暴法的实质是让有关的人员集中在一起，围绕一个问题，群策群力，互相启发，思想碰撞。在讨论时没有批评、没有反驳，意在引出更多的观点，开拓更广的思路。

7.书面资料研究法

书面资料可以是组织各部门现存的有关资料，也可以是组织外部的相关资料。运用这些方法分析培训需求时，需要慎重考虑每一种方法的具体使用效果：其中的一些方法本身可能无法得出“全面客观”的结果；而另一些方法则需要“用到位”才可能产生“全面客观”的结果。

2.3.3 培训方法

在人力资源管理实践中，有很多培训方法，培训方法的不同会产生不同的培训结果，因此，选择适宜的培训方法至关重要。一方面，不同的培训方法存在各自的优点和缺点；另一方面，不同培训方法的适用范围不同，所培训的对象也不同，所以组织应综合考虑具体的培训需求、受训者的特点、培训内容等来选择最恰当的培训方法。

2.3.3.1　讲授法

讲授法是培训者运用语言文字将信息传递给受训者的方法。它是应用最为普遍，也是最传统的一种培训方法。这种培训方法的最大优点是能够在短时间内将信息传递给一个大规模受训群体，无论何种类型的组织基本上都要或多或少采取这种培训方法。

2.3.3.2　研讨法

研讨法也叫会议法，是指培训者就工作中存在或遇到的问题有效地组织受训人员进行讨论，由此让受训人员在讨论过程中互相交流和探讨，以提高受训人员知识和能力的一种培训方法。

2.3.3.3　案例研讨法

案例研讨法是指为参加培训开发的人员提供员工或组织如何处理棘手问题的书面描述，让培训对象分析和评价案例，提出解决问题的建议和方案的培训方法。

2.3.3.4　角色扮演法

角色扮演法指在一个模拟的工作环境中，指定参加者扮演某种角色，借助角色的演练来理解角色的内容，模拟性地处理工作事务，从而提高处理各种问题的能力。它是在管理培训中使用得最广的一种模拟式培训开发方法。角色扮演最常用的方法是让培训对象根据简单的背景资料或规定的情景扮演分配给他们的角色。

2.3.3.5　游戏培训法

游戏培训法是一项具有合作及竞争特性的活动，它综合了案例研究与角色扮演的形式，要求参与者模仿一个真实的动态的情景，参与者必须遵守游戏规则，彼此合作或竞争，以达到某种目标。游戏法的最大优点是其趣味性和竞争性特别吸引学员的参与兴趣，激发学习者的深入思考，提高学习者对问题的敏感度，使员工在不知不觉中巩固所学的知识、技能，开拓思路，提高解决问题的能力。

2.3.3.6　工作轮换法

工作轮换就是将员工轮换到另一个同等水平、技术要求接近的工作职位上去工作。员工长期从事同一职位的工作，特别是从事常规性工作，时间长了会觉得工作很枯燥，缺乏变化和挑战。员工也不希望自己只掌握一种工作技能，而是希望能够掌握更多不同的工作技能以提高对环境的适应能力。因此，工作轮换常常与培养员工多样化的工作技能结合在一起，也被称为交叉培训法。

2.3.3.7　师徒制法

“师徒制”即所谓的学徒式培训，有些企业称之为“导师制”“指导人制度”等，它是一种既有在职培训又有课堂学习的培训方法。在我国，师徒制由来已久，曾一度成为青年掌握技能的重要途径。新式的师徒制要求根据学习的技术程度，制订学习计划，并指定专人负责，采用在职培训和课堂培训相结合的方式分几段进行培训，因而效率大大提高。新式的师徒制不仅适用于技能行业，也适用于工作结构性差的工作，如经理的管理工作就可以使用这种培训方法，做一个阶段的经理助理，可以在很大程度上提高其管理能力。

2.3.3.8 教练法

教练是陈述和分析人们如何使用一项具体技能和帮助人们提高或改善其工作绩效的过程。教练法培训的目的就是将掌握了该领域知识和人际基本技能的雇员训练成高水平、有很强胜任力的雇员。

2.3.3.9 行动学习法

行动学习法即给团队或工作群体一个实际工作中所面临的问题，让团队成员合作应对并制订出行动计划，再由他们负责实施该计划的培训方式。行动学习通常是一个完整培训项目的有机组成部分，是以工作能力的实际提升为导向的。研究表明，通过讲授、演示等方式只能让学员知晓、了解有关的知识、技能和价值观，而无法将这些知识、技能等有效转化为工作行为和工作技能。行动学习的方法给予学员一个在工作中运用新方法和新技能解决实际问题的机会，这不仅可以极大地激发学员的学习热情，而且可以有效地实现培训内容向实际工作技能的转化，有利于发现阻碍团队有效解决问题的一些非正常因素。

行动学习也可以是一种独立的培训方式，让学员和学员团队通过解决工作中的实际问题，自己观察、体悟和总结，以积累工作经验，掌握相应的知识技能。

2.3.3.10 多媒体培训法

多媒体培训是将各种视听辅助设备（或视听媒介，包括文本、图表、动画、录像等）与计算机结合起来进行培训的一种现代技术。多媒体技术是以计算机为中心，综合处理和控制多媒体信息，并按人的要求以多种媒体形式表现出来，同时作用于人的多种感官。因此多媒体培训技术使得原来抽象、枯燥的知识变得生动、形象，能够更加直观地把内容传递给培训对象，激发其学习兴趣和求知欲望。

2.3.3.11 虚拟现实法

虚拟现实是为培训对象提供三维学习方式的计算机技术，即通过使用专业设备（佩戴特殊的眼镜和头套）和观看计算机屏幕上的虚拟模型，让培训对象感受模拟环境并同虚拟的要素进行沟通，且利用技术来刺激培训对象的多重知觉。在虚拟现实中，培训对象获得的知觉信息的数量、对环境传感器的控制力以及培训对象对环境的调试能力都会达到“身临其境”的程度。虚拟现实适用于工作任务较为复杂或需要广泛运用视觉提示的员工培训，这种方式给予培训对象在受控制环境中检验各种假设的机会，这样在操作中既不承担现实世界的后果，又不浪费资源。

2.3.3.12 电子学习(E-Learning)法

E-learning(Electronic Learning)这个概念来自国外,指电子学习。电子学习就是在线学习或网络化学习,即通过建立互联网平台,令培训对象通过网络进行学习的一种全新的学习方式。

不同的培训方法在获得知识、改变态度、解决难题、人际沟通、参与许可、知识保持等方面的效果存在差异,选择培训方法时必须权衡利弊。实际上,没有一种培训方法是万能的,也没有一种方法永远是最佳的。对培训组织者来说,重要的是根据培训目的和内容、培训对象、时间、地点的不同,选择不同的方法或者方法组合。在培训方法选择的过程中,培训组织者重点是了解不同方法的优缺点,了解不同方法在应用中应注意的问题。

2.3.4 培训设计

2.3.4.1 培训目标及其构成要素

培训目标是指培训活动的目的和预期效果,具体而言,是关于培训对象在完成培训后应该表现出的行为(行为改变)、行为赖以发生的特定环境条件和组织可以接受的业绩标准。

培训目标一般包括以下三个构成要素:

1. 内容要素

即组织希望员工做什么(绩效)。培训目标的内容要素主要可以分为三大类:知识的传授,即通过培训使员工具备完成职位工作所必需的基本业务知识,了解组织的基本情况;技能的培养,即通过培训使员工掌握完成职业工作所必需的技术和能力,如谈判技术、操作技术、应变能力、沟通能力和分析能力等;态度的转变,即通过培训使员工具备完成职位工作所要求的工作态度,如合作性、积极性、自律性和服务意识等。

2. 标准要素

组织期望员工以什么样的标准来做这件事情,这种标准应该尽可能界定得具体、清楚、准确。

3. 条件要素

在什么条件下要达到规定的标准。

2.3.4.2 培训目标的确定

1. 培训成果的类别

培训目标所指向或预期的培训成果可以分为认知成果、技能成果、感情成果、绩效成果和投资回报率五大类。

2. 设置培训目标的注意事项

(1) 设置培训目标必须和组织的长远目标相吻合,要与组织资源、培训条件相协调。

培训目标的制订既要有足够的难度和挑战性，又要切合实际，不宜过多过高；要简明扼要、具体明确、便于操作；要具有较完备的体系结构，即在完成员工培训的期望目标下，应有与之相配套的足够的子目标。

（2）培训目标的正确制订还应考虑员工对接受相应培训的准备情况。不仅要了解员工缺少什么（培训需要），而且要清楚员工具有什么（学习基础，适合接受什么性质和水平的培训），只有确保员工为其做好受训准备，培训目标才能被有效实现。

（3）评价员工对培训的准备情况包括：看其所在工作环境是否有助于学习，且不妨碍工作业绩；看其知识能力、态度、信念等个体特征是否具备了完成相应培训的学习基础，以及把培训内容运用到工作之中的技能和条件；看其学习培训内容的愿望或动机的强烈程度。

2.3.4.3 培训计划

培训计划是按照一定的逻辑顺序排列的记录，是从组织的战略出发，在全面、客观的培训需求分析基础上做出对培训时间、培训地点、培训者、培训对象、培训方式和培训内容等的预先系统设定。

培训计划必须满足组织及员工两方面的需求，兼顾组织资源条件及员工素质基础，并充分考虑人才培养的超前性及培训结果的不确定性。

1. 培训计划的分类

（1）长期培训计划。长期培训计划一般是指时间跨度为 3～5 年的培训计划。时间过长则对有些变数无法做出预测，时间过短就失去了长期培训计划的意义。长期培训计划的重要性在于明确培训的方向性、目标与现实之间的差距和资源的配置，此三项是影响培训最终结果的关键性因素，应引起特别关注。

（2）中期培训计划。中期培训计划是指时间跨度为 1～3 年的培训计划。中期培训计划起到了承上启下的作用，是长期培训计划的进一步细化，同时又为短期培训计划提供了参照物，因此并不是可有可无的。

（3）短期培训计划。短期培训计划是指时间跨度在 1 年以内的培训计划。在制订短期培训计划时需要着重考虑的两个要素是可操作性和效果。因为没有短期培训计划的点滴落实，组织的中、长期培训计划就会成为空中楼阁。

2. 培训计划的内容

有人将培训计划的内容概括为“5W1H”原理，用来规划组织培训计划的架构及内容。所谓“5W1H”即 Why（为什么）、Who（谁）、What（内容是什么）、When（时间）、Where（在哪里）、How（如何进行），如果将其所包含的内涵对应到制订的培训计划中来，即要求在培训计划中明确下列要素：

（1）培训的意义。培训者在进行培训前，一定要明确培训的真正意义，并将培训意义与公司的发展、员工的职业生涯紧密地结合起来。这样，培训效果才更有效，针对性也更强。因此，在组织一个培训项目时，要将培训的意义用简洁、明了的语言描述出来，作为培训的纲领。

（2）培训的目标。培训的目标是指培训活动所要达到的目的，从受训者角度进行理解就是指在培训活动结束后应该掌握什么内容。

（3）培训对象。培训对象指的是培训针对的员工，通过对培训对象的界定，避免发生对不适宜对象进行不适宜的培训。在选择培训对象时要考虑两个因素：一是学员接受和掌握培训内容的能力，二是学员的岗位工作是否有机会、有多少机会使用培训给予的知识和技能。

（4）培训负责人。明确培训的负责人和组织者有利于培训工作的顺利开展，能够促使问题得到及时解决，保证培训工作的高质、高效。负责培训的管理者，虽然因组织规模、行业、经营方针、策略的不同而归属于不同的部门，但大体上，规模较大的组织一般都设有负责培训的专职部门，如训练中心等，来对全体员工进行有组织的、系统的持续性训练。

（5）培训内容与形式。在明确了培训的目标和期望达到的学习效果后，接下来就需要确定培训中所应包括的培训内容。培训内容千差万别，一般包括专门技术、技能和知识的学习，改变工作态度的组织文化教育，改善工作意愿等方面问题的教育，究竟该选择哪个层次的培训内容，应根据各个层次培训内容的特点、培训需求分析和受训人员来选择。

（6）培训预算。培训预算是培训的基本保障，也是领导者审批培训计划的重要因素，培训能否有效实施、预算的合理性是重要的因素。

除此之外，培训的时间、地点、评估方式等也都是培训计划中内容的组成部分。

2.3.4.4　培训预算的确定方法

1. 比例预算法

比例预算法是指承袭上年度的经费，再加上一定比例的变动。这种预算法核算较为简单，且核算成本低，所以很多企业都采用这一方法。

2. 零基预算法

所谓零基预算法就是在每个预算年度开始时，将所有还在进行的管理活动都看成重新开始，即以零为基础，根据组织目标重新审查每项活动对实现组织目标的意义和效果，并在成本收益分析基础上，重新排出各项管理活动的优先次序。

3. 比较预算法

最通常的做法是参考同行业关于培训预算的数据。首先是同行业企业培训预算的平均数据，人力资源部经理可以与同行业中的同行关于培训预算问题进行一次沟通，相互了解一下对方企业的情况，然后取平均值。

4. 人均预算法

人均预算法是指预先确定企业内人均培训预算额，然后再乘以在职人员数量的培训预算确定方法。

5. 需求预算法

需求预算法是指根据企业培训需求确定一定时限内必须开展的培训活动，先分项计算经费，再加总求和的培训预算确定方法。

6. 费用总额法

有些企业实行划定人力资源部门全年的费用总额，费用总额包括招聘费用、培训费用、社会保障费用、体检费用等人力资源部门全年的所有费用。其中培训费用的额度可以由人力资源部门自行分配。

2.3.5 培训评估概述

2.3.5.1 培训评估的概念

培训评估就是指依据培训目标，运用科学的评估方法，检测培训效果。没有评估的培训不能算是完整的员工培训，因为培训者和培训管理人员无从知道培训效果，更不知道培训能否达到预定的培训目标。培训评估不仅仅在培训结束时进行，更应该伴随培训全过程进行，甚至延伸到培训结束后的若干时间内进行。

2.3.5.2 培训评估的内容

员工培训评估的内容主要体现在三个方面：培训者、培训本身和培训效果。其中，最重要、最常见的是培训效果的评估。

1. 培训者评估

通过培训者评估，不仅能了解培训者培训工作的好坏程度，更为重要的是能帮助培训者改进培训工作，提高培训水平。其主要的考察内容是培训者的培训时间效益、有效调动学员的学习积极性、培训效果等相关内容。评估方法常用的是学员评估和自我评估两种，其中以学员评估运用最为广泛。

2. 培训本身评估

评估培训本身包括对培训工作进行过程中的准备工作、管理工作、后勤工作等各方面的环节进行评估。评估方法一般有培训者或培训管理人员进行自我评估、闭卷考试评估、学员评估、技能竞赛、外聘专家评估等。

3. 培训效果评估

培训效果指学员将培训过程中所学到的知识、技能运用于工作的程度。培训是组织人力资源开发的一项重要工作，培训有无成效，即员工接受培训后素质的提高是否达到预期目标，是衡量培训工作的唯一尺度。

2.3.5.3 培训效果评估模型

常见的培训效果评估模型包括柯克帕特里克的四级评估模型、CIRO 评估方法等。

1. 柯克帕特里克模型

目前,国内外运用得最为广泛的培训评估方法,是由柯克帕特里克在 1959 年提出的培训效果评估模型。至今,它仍是培训经理人经常使用的经典培训评估模型。柯克帕特里克从评估的深度和难度将培训效果分为四个递进的层次:反应、知识、行为、效果。

(1) 反应层评估。反应层面的评估是对培训表面效果的测评,主要是指征询受训者关于培训的印象、培训的实用性等主观感受。有时候,学员的反应对于决定培训项目是否需要重新设计或继续进行至关重要。

反应层面评估的内容主要包括培训内容、培训师、方法、材料、设施、场地和报名程序等。

(2) 知识层评估。知识层评估通常是通过各种试卷或考试方式,直接测量受训者对原理、事实、技术和技能的掌握程度。

(3) 行为层评估。行为层面的评估是为了确定从培训项目中所学到的技能和知识在多大程度上转化为实际工作行为的改进。它往往发生在培训结束后的一段时间,通常包括学员的主观感觉,上级、同事或客户对其培训前后行为变化的比较以及学员本人的自评。

行为层面评估的主要内容包括:受训者现在能不能做以前做不到的事情?他们能否在工作中表现出新的行为?他们的表现是不是更好了?

(4) 效果层评估。效果评估是从组织高度进行的,即组织是否因为培训而经营得更好了。

效果层面评估的主要内容包括产值、事故率、生产率、员工流动率、质量、员工士气和组织对客户的服务等。

2. CIRO 评估模型

CIRO 评估方法是一个由沃尔、伯德和雷克汉姆发明的四级评估方法,是一个划分评估程序的独特方法。这个方法最初在欧洲使用,与美国传统使用的“评估”一词相比,这个模型的范围更加广泛。

CIRO 评估方法涵盖四种基本的评估级别,由四个单词的首字母 C、I、R、O 组成。

(1) 情景评估(Context evaluation)。即收集和使用关于目前操作环境的信息,以便确定培训需求和培训目标。这种评估将确定培训是否必要。

(2) 输入评估(Input evaluation)。即收集可能使用的培训资源方面的信息,以便为人力资源开发作出合适的选择。这种评估涉及分析可用的资源(包括内部和外部资源),确定如何开发这些资源,以便有最大的可能性来达到预定目标。预算和管理层的要求可能会限制选择的范围,因此,输入评估实际上是收集佐证并利用这些佐证来确定人力资源开发的实施方法。

(3) 反应评估(Reaction evaluation)。即收集和利用学员的反馈信息,改进人力资源开发的运作程序。这类评估的最大特点是，它依赖于学员的主观信息。如果用系统的和客观的方法对这样的信息进行收集和利用，他们的观点将会非常有用。

（4）输出评估（Output evaluation）。即收集和使用人力资源开发培训项目的结果或成果方面的信息，它往往被认为是评估中最重要的一部分。

2.3.6 新员工培训

新员工培训开发，又称职前教育，对新员工来说是一个从局外人转变为企业人的过程，对企业来说是一个吸纳新鲜血液、提升组织活力、开发新的人力资源的过程。

2.3.6.1 新员工入职培训的含义

新员工的来源有两类：一类是首次参加工作的应届毕业生；另一类是有工作经验的人，即在其他企业或组织工作过的员工。

新员工来到企业后，需要进行入职培训，国外将这种培训称为“员工引导”（Employee Orientation）。新员工引导要给新员工提供有关组织的基本背景情况，使之对于新的工作环境、条件、人员关系、工作内容、规章制度、组织期望等有所了解，尽快安下心开始工作。新员工引导是一种组织社会化过程，通过向新员工灌输组织及其团队所期望的主要态度、规范、价值观和行为模式等，培养其组织归属感，即对自己组织的认同、忠诚、承诺和责任感，成为组织的“自己人”。

2.3.6.2 新员工入职培训的意义

（1）减少新员工的压力以及焦虑感。

（2）帮助新员工尽快实现“组织社会化”。

（3）有助于增进新员工的认同感。

2.3.6.3 新员工入职培训的内容

新员工培训开发的具体内容很广泛，主要可以归纳为企业文化、公司制度和政策、部门和岗位职责及能力三个方面，下面分别加以介绍。

（1）企业文化培训：企业文化是企业的灵魂，是推动企业发展的不竭动力，其核心是企业的精神和价值观。

（2）公司制度、政策及工作基础知识的培训：公司的规章制度、奖惩办法、行为规范、员工手册、个人仪表、商务礼仪、电话礼仪等。

（3）部门和岗位职责及能力培训：部门职能、岗位职责、专业知识、操作技能等。

2.3.6.4 新员工入职培训的方法

新员工入职培训内容的先后顺序要事先设计好。应该将薪酬、晋升、培训、企业发展愿景等新员工最关心、最具有吸引力而且关系到员工自身成长的内容放在前面，这样更能激发员工的热情。

2.3.7 管理人员的培训与开发

2.3.7.1 管理人员培训与开发的内容

管理人员培训与开发一般包括以下四个方面的内容：

（1）管理方面：要清楚地了解组织的目标、政策和管理原则。

（2）实务操作方面：要明白工作程序、工作标准和工作细节。

（3）人际关系方面：要了解员工并能够影响他们的工作态度和行为。

（4）思想意识方面：能设想采用不同的工作方法，并预见其所带来的结果。

因此，在对管理人员进行培训时，应加强其在计划、组织、指挥、协调和控制等方面的管理知识的培训，努力提高他们的管理水平。同时，也要着重培训和开发其作为管理者应具备的多种工作能力，这些能力主要体现在以下几个方面：

（1）沟通技能。

（2）倾听技能。

（3）反馈技能。

（4）授权技能。

（5）训导技能。

（6）冲突管理技能。

（7）激励技能。

（8）时间管理技能。

2.3.7.2 管理人员培训开发方法

管理人员的培训开发，一种是针对企业经营管理和发展整体需要的一般性培训，如新任 CEO 的基层实习、在职人员的案例研究和管理竞赛等；另一种是为具体职务（如 CEO）配置人员的个别化培训，如角色扮演、匹配训练等。

常见的培训开发实施方式有以下几种：

1. 实地训练

（1）工作轮换。工作轮换就是让受训者到各部门去实践、学习、锻炼和丰富工作经验，确定其长处和弱点。如新毕业的大学生，在每个部门工作学习几个月，这不仅有助于丰富他们的工作经验，也有助于他们发现自己的长处和弱点，有助于他们职业生涯的规划。工作轮换比较适合于开发一般管理人员，不适合对高级专业人才的培养。随着经济的一体化，跨国公司的工作轮换不仅仅局限于本国，而是面向世界。

（2）辅导与实习。该方法类似师傅带徒弟，受训者直接与“师傅”一起工作，“师傅”负责对徒弟进行辅导。一般说来，受训者不具有经营管理的责任和权力，企业只是为受训者提供学习工作的机会。这种方法是为了保证因管理人员退休、提升、调动、辞职等原因而出现职位空缺时，企业能有适合的人选顶替，也有助于对核心管理人员的培养。

(3) 初级董事会。这种方法是让受训的中级管理人员组成一个“初级董事会”，要求他们对整个公司的发展和政策进行分析并提出建议，目的是为有发展前途的中层管理人员提供分析整个公司问题的机会，培养他们分析和解决高层次问题的能力以及决策的经验。初级董事会可由5～11位受训者组成，成员来自各个部门，他们就高层次管理问题，如企业发展战略、组织结构、经营管理人员的报酬，以及部门之间的冲突协调等提出建议，并将这些建议提交给正式的董事会。

2. 案例研究

案例研究法是为参加培训开发的学员提供一个有关企业问题(案例)的书面描述，让他们各自分析这个案例，诊断问题所在，提出解决方案，然后，在“导师”的指导下，集体讨论各自的研究结果，形成一定的共识。这种方法的主要意义在于通过分析研究和讨论，加之训练有素的“导师”的引导，可以让受训者学习掌握分析和解决复杂问题的方法与过程。其要点为：

(1) 运用企业自身的实际问题作为研究案例。

(2) 尽量让受训者陈述他们的看法，正视不同看法并做出决策。

(3) 将受训者对导师的依赖程度降到最低限度。

(4) 导师尽量少说“对”或“不对”，那些不完善的研究才是真实的。

(5) 尽量创造适当的戏剧场面来推进案例研究，导师应是一种催化剂和教练。

3. 管理竞赛

管理竞赛是几组管理人员通过用计算机模拟真实的公司经营，以做出决策并互相竞争的一种开发和培训方法。在管理竞赛中，受训者被分为若干个不同的“公司”，每个公司都在模拟的市场中与其他公司竞争，每个公司设立一个目标(如最大限度地增加销售)，并授予相应的决策权，如广告宣传方面花多少钱、生产方面投资多少、保持多少库存、哪种产品生产多少等。管理竞赛通常是将两三年间发生的事压缩为几天、几周或几个月。与真实社会一样，每个公司一般都看不到其他公司做出了什么决策，尽管这些决策确实影响他们的销售状况。

管理竞赛是一种良好的培训开发手段。在实际经营活动中，人们的学习效果更好。而管理竞赛可以使人得到这种“实践”的机会。

4. 行为模仿

首先，向受训者提供良好的管理方式或技术，例如，向受训者展示做某件事的正确方式，然后，要求他们在模拟环境中扮演角色，让每个受训者用正确的方式做事。最后，由培训者提供有关他们实际表现的反馈。

5. 内部开发中心

有些企业自己建有培训开发中心，让有发展前途的管理人员去做实际训练，以进一步开发其管理技能。开发中心通常将课堂教学(如讲座和研修)与评价中心、文件筐练习、角色扮演等其他技术结合来帮助开发管理人员。

6. 领导者匹配培训

领导者匹配培训是教育受训者如何确定自己的领导风格并适应特定环境的一种计划。这项培训基于这样的假设：领导者能够控制局面的程度决定了到底是采取“以人为中心”的风格，还是“以任务为中心”的风格。

2.3.8 职业生涯规划

2.3.8.1 职业生涯规划的基本概念

职业生涯就是从事职业的经历，指一个人一生连续担负的工作职业和职务的发展道路。职业生涯规划是指组织或者个人把个人发展与组织发展相结合，对决定个人职业生涯的个人因素、组织因素和社会因素等进行分析，制订有关个人在事业发展上的战略设想与计划安排。

2.3.8.2 职业生涯各阶段的特征

人在职业生涯的不同时期会有不同的需要，根据普遍遇到的典型问题和经历的不同可以将其分为五个阶段，即职业准备阶段、进入组织阶段、职业早期阶段、职业中期阶段和职业晚期阶段。虽然每个人经历这五个阶段的时间不尽相同，但是在各阶段中面临的主要任务和问题具有很大的共性。

1. 职业准备阶段（小于25岁）

此阶段为自出生至职业前期的年龄段。这段时间，大多数人还没有正式参加工作，而是通过各种方式接受教育，确定职业取向和为实际工作做准备。

2. 进入组织阶段（25～30岁）

这一时期同职业准备阶段有所交替，因为此时大多数接受高等教育的人已开始通过各种非正式的形式接触社会了，而没有机会接受高等教育的人更是如此。这一阶段主要是对工作和组织的选择，因为它关系到每个人的前途和命运，且可能影响整个职业生涯。

3. 职业早期阶段（30～40岁）

此阶段的基本任务是在组织和职业中塑造自我，要胜任现时的工作，并力求在选定的具体领域获得成功。这影响到组织和自我工作能力的评价和看法，对个人以后的职业发展起着坚实的基础作用。

4. 职业中期阶段（40～55岁）

职业中期的特征是对其早期的生活方式进行重新确认，提炼出新的生活结构。

5. 职业晚期阶段（55岁至退休）

职业晚期是职业生涯的最后一个阶段，在这个阶段里，一方面要为组织继续发挥余热，另一方面又要做好从工作中解脱出来的准备。从55岁到退休，大多数人对成就和发展期望减弱，而希望维持或保留自己目前的地位和成就，开始注重做有意义的事。他们生活的重心不再是工作，而是工作以外的活动，诸如公益服务。

2.3.8.3 职业生涯相关理论

进行职业生涯规划对组织和员工个人来说都有重要的影响。一个社会存在着多种行业，每个人都将面临选择何种职业、何种行业最适合自己的问题。职业生涯选择理论主要研究的是：一个人如何确认自己适合做什么工作、人们在选择和发展职业生涯时到底应该围绕什么样的中心、一个人应该有怎样的职业生涯等问题。

1.“职业锚”理论

“职业锚”理论是由美国著名的职业指导专家埃德加·施恩教授提出的。他认为，职业生涯规划实际上是一个持续不断的探索过程，在这一过程中，每个人都在根据自己的天资、能力、动机、需要、态度和价值观等慢慢地形成较为明晰的与职业相关的自我概念。随着一个人对自己越来越了解，这个人就会越来越明显地形成一个占主要地位的职业锚。职业锚是指当一个人不得不做出选择的时候，他无论如何都不会放弃的职业中的那种至关重要的东西或价值观。正如其中“锚”的含义一样，职业锚实际上就是人们选择和发展自己的职业时所围绕的中心。

施恩教授提出了八种职业锚：

（1）技术/职能型职业锚。

（2）管理型职业锚。

（3）创造型职业锚。

（4）自主/独立型职业锚。

（5）安全/稳定型职业锚。

（6）服务型职业锚。

（7）挑战型职业锚。

（8）生活型职业锚。

2.职业个性匹配理论

职业个性匹配理论主要建立在差异理论之上。职位类别差异和个体差异的客观存在是职业个性匹配理论存在的前提条件。这一理论认为，在个体的特征与职业的性质相一致或比较一致的情况下，个体将获得较高的工作绩效，职业发展就比较顺利；反之，就会降低工作绩效，阻碍职业生涯的健康发展。

（1）个体特征。个体特征即人的个性是一个综合的、内涵十分丰富的概念，它的核心内容是个体的气质类型、兴趣因素、能力因素和职业价值观等。这些因素的共同特点是具有相对的稳定性，因而对个体的职业发展具有长期的根源性的影响。

（2）约翰·霍兰德的个性与职业匹配理论。美国著名职业指导专家、心理学教授约翰·霍兰德(John Holland)提出了具有广泛社会影响的职业个性理论，认为职业满意度、稳定性和实际成就的取得取决于个性与职业特点的匹配程度。他把人们分成：实际型、研究型、艺术型、社会型、企业型、传统型等 6 种职业性向。根据霍兰德的理论，不同的人具有不同的职业潜能。

霍兰德的职业潜能理论在于强调劳动者的职业潜能与职业类型的适应，适应程度越高，劳动者的才能和积极性就发挥得越好。依据霍兰德的理论，劳动者的职业潜能与职业类型的相关系数越大，两者的适应程度就越高；两者的相关系数越小，适应性就越低。

2.3.8.4　员工自我职业生涯管理

当一个人进入特定的职业生涯领域之后，其经济生活、社会生活都会发生改变。绝大多数人从学生阶段直接进入组织中，需要适应新的环境，不断努力工作，树立最初的职业形象，建立自己的职业地位；除了婚姻、家庭、生儿育女之外，还要在变化的环境中不断地学习、提高、避免知识和技能的老化等。而组织的作用则是在员工自我职业生涯管理中，协调组织与员工的目标，帮助员工制订并实现职业生涯规划。

1. 影响员工职业生涯选择的因素

职业生涯是一个人一生中的重要部分，而且大多数人的职业生涯都不可能是一帆风顺的，它要受到个人因素和环境因素的影响。影响职业生涯选择的因素有很多，概括起来主要有个人因素、社会环境因素和组织环境因素三大方面。

(1) 个人因素：能力；人格特征；生理；职业锚；职业发展阶段。

(2) 社会环境因素：经济；政治环境；社会文化环境。

(3) 组织环境因素：企业文化；管理制度；领导者素质和价值观。

总的来说，组织是通过一定的硬环境（诸如规章制度）和软环境（诸如企业文化）的共同作用来影响一个人的职业生涯发展道路。

2. 员工职业生涯规划的设计

职业生涯规划作为个人人力资源开发的一个重要方面，实际上起到统领的作用。只有有了明确的职业生涯目标与规划，才可能有针对性地进行自我开发和管理。职业生涯规划的设计主要由自我评估、职业生涯发展机会评估、选择职业、设定职业生涯目标、职业生涯路线的选择、制订行动计划与措施、评估和调整七个阶段组成。

2.4　绩效管理（人力资源管理角度）

2.4.1　绩效与绩效管理

2.4.1.1　绩效

1. 绩效的含义

绩效是组织期望的结果，是组织为实现其目标而展现在不同层面上的有效输出，它包括个人绩效和组织绩效两个方面。组织绩效的实现应当以个人绩效的实现为基础，但是个人绩效的实现并不一定保证组织绩效的实现。

2. 绩效的特点

（1）绩效的多因性。绩效的多因性是指一个员工绩效的优劣并不取决于单一因素，而是受制于主、客观的多种因素。并不是所有影响因素的作用都是一致的。在不同的情景下，各类因素对绩效影响的作用各不相同。绩效表现既受到环境因素的影响，又受到工作特征因素的影响。

（2）绩效的多维性。绩效的多维性是指需要从多个维度或方面去分析与考评绩效。

（3）绩效的动态性。绩效的动态性指员工的绩效会随着时间的推移而变化，最初绩效不好的员工，可以通过激励、培训以及岗位轮换等方式，提高其绩效水平。相反，绩效好的员工也可能因为一些干扰因素，例如上下级关系、工作环境的改变等，降低绩效。

2.4.1.2 绩效管理

1. 绩效管理的含义

绩效管理是依据企业战略，通过目标分解、绩效考评并将考评结果用于企业的日常管理活动中，以促进组织和个人绩效的持续改进并最终实现组织战略目标的一种管理方式。

对于绩效管理的含义可以从以下三个方面加以理解：

（1）绩效管理是一个过程。绩效管理是一个包含若干环节的系统，不仅仅是事后的考评，而且强调通过控制绩效周期的整个过程来达到绩效管理的最终目的。因此，绩效管理不仅是目标管理，而且是过程管理。

（2）绩效管理注重持续的沟通。绩效管理不是迫使员工工作的"大棒"，也不是引诱员工工作的"胡萝卜"，而是以人本思想为指导的组织——员工双赢策略。管理者与员工以各种方式沟通实现相互理解、彼此促进。

（3）绩效管理的最终目的在于改进绩效。绩效管理重在实现绩效改进，而不是绩效考评。其根本目的是通过绩效的持续改进实现组织战略目标和培育组织核心竞争力。

2. 绩效管理的特点

（1）激励性：绩效管理发生作用的机制是，通过恰当的激励机制，激发员工主动性、积极性以充分利用组织的内部资源和提高员工能力素质，最大限度的提高个人绩效，从而促进部门和企业绩效提升。

（2）目标性：绩效管理的目的是持续提升个人、部门和企业的绩效。

（3）系统性：绩效管理是一个完整的系统，由若干个独立的组成部分构成，各个组成部分互相依托，互为支撑，共同维系着绩效管理的有效运转。

（4）沟通性：绩效沟通是绩效管理的灵魂和核心，是整个绩效管理过程中耗时最长、最关键、最能产生效果的环节，它包括绩效目标沟通、绩效辅导沟通、绩效反馈沟通和绩效改进沟通。

(5) 可接受性：绩效管理各个环节，尤其是绩效考核的方式、绩效考核的内容、考核周期、评价标准、绩效目标等要能让被考核的组织和个人所接受，取得被考核对象的理解和支持，这样绩效考核实施过程才不会遇到太大的阻力。

(6) 参与性：绩效管理是各级管理者和员工为了达到组织目标，共同参与的绩效计划制定、绩效辅导沟通、绩效考核评价、绩效结果应用、绩效目标提升的持续循环过程。

(7) 人本性：有效的绩效管理要体现以人为本的思想，体现对人的尊重，鼓励创新，保持企业活力，使员工和企业得到同步成长。

2.4.1.3　绩效管理流程

绩效管理是一个循环的动态的系统，这个循环分为五步：绩效计划、绩效实施、绩效考评、绩效反馈以及绩效结果应用。绩效管理所包含的几个环节紧密联系、环环相扣，任何一环的脱节都将导致绩效管理的失败，所以在绩效管理过程中应重视每个环节的工作，并将各个环节有效地整合在一起，力求做到完美。

(1) 绩效计划：作为绩效管理流程的第一个环节，是绩效管理实施的关键和基础所在。绩效计划制订的科学合理与否，直接影响着绩效管理整体的实施效果。

(2) 绩效实施：制订了绩效计划之后，被考评者就开始按照计划开展工作。绩效管理不仅关注于最终任务完成情况、目标完成情况、结果或产出，同时，还要关注绩效形成过程。

(3) 绩效考评：绩效考评可以根据具体情况和实际需要进行月度考评、季度考评、半年度考评和年度考评。绩效考评是一个按事先确定的工作目标及其衡量标准，考察员工实际完成的绩效情况的过程。

(4) 绩效反馈：绩效管理的过程并不是为绩效考评打出一个分数就结束了，主管人员还需要与员工进行一次甚至多次面对面的交谈。通过绩效反馈面谈，使员工了解主管对自己的期望，了解自己的绩效，认识自己有待改进的方面；并且，员工也可以提出自己在完成绩效目标中遇到的困难，请求上级的指导。

(5) 绩效结果应用：当绩效考评完成以后，考评结果并不是可以束之高阁、置之不理的，而是要与相应的其他管理环节相衔接。主要有以下几个管理接口：制订绩效改进计划、组织培训、薪酬奖金的分配、职务调整、员工职业发展开发、人力资源规划、正确处理内部员工关系。

2.4.2　绩效计划

2.4.2.1　绩效计划及其作用

绩效计划是基于公司的发展战略和总目标，通过层层分解，由管理者与员工通过沟通协商共同制订的绩效目标、考评指标和实现绩效实施方案的过程。绩效计划最终落实为订立正式书面协议即绩效计划和考评表，它是双方在明晰责、权、利的基础上签订的一个内部协议，是管理者与员工之间确立的关于绩效标准和绩效目标的契约。

在绩效管理中，绩效计划的重要作用主要体现在以下方面：

(1) 绩效计划具有明确的目标性，既是保证组织目标实现的基础，又能为员工提供努力的方向和目标。

(2) 绩效计划有利于将组织的目标和员工个人发展结合在一起。

(3) 绩效计划能够帮助员工采用适当的工作方法和途径。

(4) 绩效计划是管理者和下属的沟通过程，体现了双方的承诺。

(5) 绩效计划是员工绩效考评和培训的重要依据。

(6) 绩效计划是关于工作目标与标准的契约。

2.4.2.2 绩效计划的主要内容

作为整个绩效管理过程的引导部分，绩效计划通常包括以下内容：

(1) 员工在绩效考评周期内的主要工作内容、工作职责及所要达到的绩效目的和目的本身的重要性。

(2) 在绩效周期结束时，员工所应达到的绩效目标与标准。

(3) 针对制订的绩效目标，员工应该采取怎么样的行动计划来分阶段、分层次地实现目标及实现目标的具体时间限定。

(4) 员工在实现绩效目标的过程中，有可能遇到哪些潜在障碍，员工拥有哪些权限去解决障碍、实现目标。

(5) 为了完成绩效目标，员工所必须接受的培训、辅导或帮助。

(6) 收集员工工作绩效的方法和途径。

2.4.2.3 绩效计划的制订原则

绩效计划作为绩效管理的一种有效的工具，它能够确保公司总体战略目标的逐步实施，能够确保一个绩效考评周期内总体目标的顺利实现。作为如此重要的管理工具，在制订过程中必须遵守以下原则：

(1) 目标导向原则。

(2) 全员参与原则。

(3) 系统化原则。

(4) 可行性原则。

2.4.2.4 绩效目标的设定

1. 绩效目标

绩效目标是在特定时间内，按数量或质量标准对需要实现的结果所进行的陈述。一般来说，绩效目标来源于公司的战略目标、部门目标、所在岗位的工作职责、内部或外部的客户需求等。目标的确定是整个绩效管理的基础，是绩效计划的内容。

绩效目标应该来源于企业战略，从企业的最高层开始层层分解绩效目标。下一级部门根据上一级部门分解的目标及本部门自身的关键绩效指标，制订本部门的绩效目标。然后，部门主管根据下属职位的职位要求和关键绩效指标，将绩效目标层层分解到个人。

2. 绩效目标分解

在绩效目标分解中，企业的目标可以分为可控目标和可影响目标两部分。可控目标是可以通过部门或人员的努力直接实现的；可影响目标则是部门人员通过努力，只能影响其中的一部分，而无法全部实现，这类目标通常需要多个部门或人员来实现。

3. 绩效目标确定

（1）绩效目标设计中的职能分工：绩效目标主要分为组织目标、部门目标、个人目标三个层次。根据绩效目标的三个层次，负责绩效目标制订的责任人应包括公司决策层、人力资源部、部门领导和个人。

（2）绩效目标确定流程：让每位员工都了解企业的未来发展方向、公司战略的真正含义和公司期望员工的行为方式。做到员工心中有数，在实施公司的目标任务时，就不会偏离企业战略，在实施个人目标过程中也能自动校正自己的行为使之符合企业规范。

（3）绩效目标承诺：在绩效目标制订之后，还要用书面确定下来。对目标加以书面化以后，不会引起疑虑和争论，而且有利于目标检查和工作评估。此外，还便于目标的修订。绩效目标书面化一般以绩效合约的形式体现。员工的绩效合约也称为绩效协议，它是直接主管与员工之间对于实现目标的承诺。

2.4.2.5　绩效指标的设计

1. 绩效指标的要素

绩效指标，是目标分解表中需要达到的目标值，是实现目标的一种衡量手段。绩效指标是建立在绩效目标基础之上，是对目标考评内容的衡量或评价。绩效指标通常包括指标名称、指标定义、标志和标度四个要素。

2. 绩效指标的类型

绩效指标按照不同的角度有多种分类的结果。

（1）根据绩效考评的内容分类：可分为业绩指标、能力指标和态度指标。

（2）根据绩效考评方式分类：可分为定量指标和定性指标。

（3）根据绩效考评的形态分类：可分为特质指标、行为指标和结果指标。

（4）根据绩效考评的角度分类：可分为任务绩效、周边绩效和管理绩效。

3. 绩效指标设计的原则

绩效指标在设计过程中需要遵循八项原则。

（1）客观公正性原则。

（2）明确具体性原则。

（3）可操作性原则。

（4）界限清楚原则。

（5）可比性原则。

（6）数量少而精原则。

（7）相对稳定性原则。

（8）差异性和独立性原则。

2.4.3 绩效考评

2.4.3.1 绩效考评及其内容

绩效考评，也称为绩效考核、绩效评估等，是指考评主体对照被考评对象的绩效标准，应用科学的方法对其任务的完成情况、工作职责的履行情况和发展情况进行考评，并将考评结果反馈给员工的过程。绩效考评作为一种衡量，考评，影响组织、团队和个人工作表现的正式系统，可以起到检查及控制的作用，找出组织、团队和个人的不足并督促其改进，从而使员工、团队和组织乃至社会都受益。

一般而言，完整的绩效考评内容应该包括业绩考评、能力考评、态度考评、潜力测评和适应性考评五项内容。

2.4.3.2 绩效考评的原则

对于绩效考评这样的敏感话题，在执行过程中，应注重以下七个原则，才有可能将问题与阻力降低，让工作相对有效地完成。

（1）牵引性原则：引导员工朝什么方向努力，解决做正确的事的问题。

（2）公开性原则：管理者要向被管理者明确说明绩效管理的标准、程序、方法、时间等事宜，使绩效管理有透明度。考评根据不同时期的特征，其侧重点会有所不同，作为管理者，第一时间将考评的侧重点告知被考评者，让他们明白你的要求是什么。

（3）客观性原则：绩效管理要做到以事实为依据，对被管理者的任何考评都应有事实根据，避免主观臆断和个人感情色彩。按事先约定的内容进行考评，以数据为依据，好的考评工具是让考评者与被考评者最终的评分基本一致。

（4）开放沟通原则：在整个绩效管理过程中，管理者和被管理者要开诚布公地进行沟通与交流，考评结果要及时反馈给被考评者，肯定成绩，指出不足，并提出今后应努力和改进的方向。发现问题或有不同意见应在第一时间内进行沟通。考评的目的是提升工作效率，通过考评让员工知道自己的不足，也让员工知道自己的优点，有效地扬长避短。

（5）差别性原则：对不同部门、不同岗位进行绩效考评时，要根据不同的工作内容制订贴切的衡量标准，考评的结果要适当拉开差距，不搞平均主义。

(6) 常规性原则：绩效管理是各级管理者的日常工作职责，对下属做出正确的考评是管理者重要的管理工作内容，绩效管理的工作必须成为常规性的管理工作。

(7) 发展性原则：绩效管理通过约束与竞争促进个人及团队的发展，因此，管理者和被管理者都应将通过绩效管理提高绩效作为首要目标。任何利用绩效管理进行打击、压制、报复他人和搞小团体主义的做法都应受到制度的惩罚。

2.4.3.3 绩效考评的要素

(1) 考评目标：绩效考评作为绩效管理系统中的关键子系统，其核心目标就是通过它的选择、预测和导向作用，实现组织战略目标。不论是组织绩效考评还是员工绩效考评都是基于这个共同目标。

(2) 考评对象：绩效考评一般有组织绩效和员工绩效两个对象。组织绩效考评又可以划分为对于本企业自身的绩效考评和对高层管理者的绩效考评。不同的绩效考评对象选择取决于不同的目的，考评结果对于不同的考评对象产生的影响各不相同。

(3) 考评主体：指的是那些直接参加考评活动的人。

(4) 考评指标：绩效考评指标决定了对绩效对象的哪些方面进行考评。无论组织绩效考评还是员工绩效考评，绩效考评系统关心的是考评对象对公司战略目标有明确相关的行为因素，即关键成功要素。这些关键成功要素更进一步地体现在绩效考评指标上。

(5) 考评标准：绩效考评标准是指用于考评对象绩效优劣的标准。选择什么样的标准取决于考评目的。考评标准可以分为绝对考评标准和相对考评标准两类。

(6) 考评方法：在考评指标、考评标准等要素的基础上形成的具体实施考评过程的程序和方法。

2.4.3.4 绩效考评方法

绩效考评方法是对员工在工作过程中表现出来的绩效进行考评，并用之判断员工与岗位的要求是否相称的方法。

绩效考评就方法而言可以有两种不同的分类方式。第一类，按照考评的相对性或绝对性分，可以分为相对考评法和绝对考评法。相对考评法主要包括简单排序法、交替排序法、配对比较法和强制分布法等；绝对考评法主要包括自我报告法、业绩评定表法、因素考核法和 360°考核法等。第二类，按照考评标准的类型分，可以分为特征导向考评方法、行为导向考评方法和结果导向考评方法。特征导向考评方法主要有图解特征法；行为导向考评方法主要包括行为锚定法和行为观察法等，结果导向考评方法有产量衡量法和目标管理法等。

1. 相对考评法

相对考评法是指在对员工进行相互比较的基础上对其进行排序，提供一个员工工作的相对优劣的评价结果。大部分的绩效考评工具要求评定者依据某些优胜标准来考核员工绩效。然而,使用员工比较系统,员工的绩效是通过与其他员工的绩效相比较来考核的。换句话说,员工比较系统用的是排序而不是评分。排序形式有多种,如:

(1) 简单排序法。简单排序要求评定者依据工作绩效将员工从最好到最差排序。这种方法的主要问题是,当个人的业绩水平相近时难以进行准确排序。

(2) 交替排序法。交替排序法是依次在所有的被考评对象中找到绩效最好的和最差的。这种方法的优点就是简单实用,考核结果令人一目了然,但这种方法容易对员工造成心理压力,在感情上也不易被员工接受。

(3) 配对比较法。配对比较法则是评定者将员工进行相互比较。赢得最多“点数”的员工接受最高等级。配对比较法使排序型的工作绩效法变得更为有效。缺点是,一旦下级人数过多(大于5人),操作起来就比较麻烦,因为配比的次数将是按$[n(n-1)]1/2$(其中$n=$人数)的公式增长。5个下级的配比需要10次,10个下级就要配比45次,50个下级就要配比1 225次。而且这种方法只能评比出下级人员的名次,不能反映他们之间的差距,也不能反映他们的工作能力和品质的特点。

(4) 强制分布法。强制分布法要求评定者在每一个绩效程度档次上(如“最好”“中等”和“最差”)都分配一定比例的员工。强制分布法类似于在曲线上划分等级,一定比例的员工得A,一定比例的员工得B等。这种方法的优点是有利于管理控制,特别是在引入员工淘汰机制的公司中,它能明确地筛选出淘汰对象。由于员工担心因多次落入绩效最低区间而遭解雇,因而这种方法具有强制激励和鞭策功能。当然,它的缺点也同样明显,当一个部门员工的确都十分优秀时,如果强制进行正态分布划分等级,可能会带来多方面的弊端。

2. 绝对考评法

绝对考评法是指对每一个员工自己的工作绩效进行考评,而不是在对员工进行相互比较的基础上评出员工的绩效结果。绝对考评法主要包括:

(1) 自我报告法。自我报告法是利用书面的形式对自己的工作进行总结及考核的一种方法。这种方法多适用于管理人员的自我考核,并且测评的人数不宜太多。自我考核是自己对自己一段工作结果的总结,让被考核者主动地对自己的表现加以反省和考核。

(2) 业绩评定表法。业绩评定表法是一种被广泛采用的考核方法,它根据所限定的因素来对员工进行考核。采用这种方法,主要是在一个等级表上对业绩的判断进行记录。这个等级被分成几类(通常是一个5级或7级的量表),它常常采用诸如优秀、一般和较差这些形容词来定义。当给出全部等级时,这种方法通常可以使用一种以上的业绩考核标准。业绩评定表法受到欢迎的原因之一就是它简单、迅速的特点。

(3) 因素考核法。因素考核法是将一定的分数按权重分配给各项绩效考评指标,使每一项绩效考评指标都有一个考核尺度,然后根据被考核者的实际表现在各考核因素上评分,最后汇总得出的总分就是被考核者的考核结果。此法简便易行,而且比排序更为科学。

(4) 360°考核法。360°考核法同其他考核方法一样，也是基于事先设定的指标和标准进行考评。但是，360°考核法通过多方绩效信息的反馈、补充和比较，能更准确地做出评价。为避免理解上的歧义，很多时候将其称为 360°反馈。360°反馈为了给员工一个最准确的考核结果，它尽可能地去结合所有方面的信息，这些方面包括上司、同事、下属、客户等。

(5) 工作标准法(劳动定额法)。工作标准法(劳动定额法)是先制定工作标准或劳动定额，然后把员工的工作与工作标准相比较以考核员工绩效。工作标准确定了员工在某一工作的岗位上正常的或平均的生产产出。这种工作标准使企业可以支付员工计件工资，但是制定工作标准并不是一项简单的工作。许多现代工作并不是仅仅依靠承担每小时生产多少的任务来衡量的，相反，它们与别人的职责或任务有联系，而这些却是无法直接衡量的。因此，其他绩效考评方法被用得越来越多。

(6) 自我考核法。自我考核法是美国的丹尼逊提出的，将自我考核的因素分为：工作质量、工作数量、创造性、独立性、工作态度、业务知识、交际能力及表达技巧，每个要素又按优劣程度分为 8 个等级。通过一些具体标准，每个自评者可以为自己在这 8 个等级中选择一个合适的等级。这种办法也可以用来考核别人，在具体等级的考核上，既可以依据调查结果，也可以由群众直接考核。

(7) 短文法。短文法是指考核者书写一篇短文以描述员工绩效，并特别举出优缺点的例子。短文法主要适用于以员工开发为目标的绩效考评。由于这种方法迫使考核者关注于讨论绩效的特别事例，它能够减少考核者的偏见和晕圈效应。而且由于考核者需要列举员工表现的特别事例，而不是使用评级量表，因此也能减少趋中和过宽误差。这种方法也存在一个明显的弱点，那就是考核者必须针对每一位员工写出一篇独立的绩效考评短文，这样所花费的时间对考核者而言是难以忍受的。另外，短文法不适用于评价目标，因为没有通用的标准，短文法描述的不同员工的成绩无法与增长和提升相联系。这种方法最适用于小型组织，而且主要目的是开发员工技能和激发员工潜能。

(8) 面谈考核法是一项十分重要的方法，它被广泛应用于人力资源管理的各个环节。比如，企业规定上级管理人员定期与下级面谈，听取下级意见，进行指导教育。除此之外，还有不定期的面谈申诉规定、用于绩效考评的面谈、录用新员工时的面谈测验及晋升考核中的面谈答辩等。

3. 特征导向考评方法

特征导向考评方法主要是图解式考核法。图解式考核法也称图尺度考核法。图解式考核法主要是针对每一项评定的重点或考核项目，预先订立基准，包括以不间断分数程度表示的尺度和依等级间断分数表示的尺度。前者称为连续尺度法，后者称为非连续尺度法。在实际运用中，常以后者为主。

4. 行为导向考评方法

行为导向考评法主要包括行为锚定法、行为观察法和以关键事件为基础的绩效考评。

(1) 行为锚定法。行为锚定法是传统业绩评定表和关键事件法的结合。使用这种方法可以对源于关键事件中有效和非有效的工作行为进行更客观的描述。熟悉一种特定工作的人能够识别这种工作的主要内容,然后请他们对每项内容的特定行为进行排列和证实。此种方法的特点是需要大量的员工参与,所以它可能会被部门主管和下属更快地接受。

(2) 行为观察法。行为观察法是列举出考评指标(通常是期望员工工作中出现的比较好的行为),然后要求考评人在观察的基础上将员工的工作行为同评价标准进行对照,看该行为出现的频率或完成的程度如何(从“几乎没有”到“几乎总是”)的考评方法。行为观察法适用于对基层员工工作技能和工作表现的考察。运用行为观察法,不是要先确定员工工作表现处于哪一个水平,而是确定员工某一个行为出现的频率,然后通过给某种行为出现的频率赋值,从而计算出得分。

(3) 关键事件法。关键事件法就是通过观察,记录下有关工作成败的关键性事件,以此对员工进行考评和评价的方法。当这样一种行为对部门的效益产生无论是积极还是消极的重大影响时,主管都应把它记录下来,这样的事件便称为关键事件。

5. 结果导向考评方法

结果导向考评法主要包括个人绩效合约法、产量衡量法和目标管理法等。

(1) 个人绩效合约法。个人绩效合约并不是一个新鲜事物,它借用了目标管理的核心思想,强调员工绩效目标的实现及员工对组织目标达成的具体承诺。个人绩效合约法是以个人绩效合约为基础进行绩效考评的方法。

(2) 产量衡量法。产量衡量法指纯粹通过产量来衡量绩效的方法。比如,对销售人员,衡量其销售量和销售额;对生产工人,衡量其产品的数量。这种方法与目标管理法的区别在于它事先未必有一个目标;衡量的结果是具体的数字,而不是衡量结果是“高于”“低于”还是“等于”某个特定目标;实施的过程也比较简单,不像目标管理法那样有一个循环的系统;员工的参与度也比较低。

(3) 目标管理法。目标管理法是由员工与主管共同协商制定个人目标,个人的目标依据 企业的战略目标及相应的部门目标而确定,并与它们尽可能一致;该方法用 可观察、可测量的工作结果作为衡量员工工作绩效的标准,以制定的目标作 为对员工考评的依据,从而使员工个人的努力目标与组织目标保持一致,减 少管理者将精力放到与组织目标无关的工作上的可能性。

6. 综合型考评方法

综合型绩效考评方法是综合性的绩效考评方法,融合了多种绩效考评方法的优点,主要有图解式评价量表法、合成考评法、日清日结法和评价中心法。

(1) 图解式评价量表法。图解式评价量表法首先将岗位工作的性质和特点,选择绩效有关的若干评价要素,再以这些评价要素为基础,确定出具体的考评项目(指标),每个项目分成 5～9 个等级,最后制成专用的考评量表。涵盖员工个人的品质特征、行为表现和工作结果，使其具有广泛适应性，同时具有简单易行、设计简单、汇总快捷等优点。在应用过程中，考评者根据对下属的观察和了解，只需在量表的每个项目等级考评的尺度上作出记号，待考评完成后，将各项所得分相加，即得出考评总结果。

（2）合成考评法。合成考评法将几种比较有效的方法综合在一起，采用合成的绩效考评的方法。它考评的是一个团队而不是某个员工，考评的侧重点具有双重性，既考虑岗位职责和现实任务，又考虑团队员工个人潜能的分析与开发，表格简单便于填写，考评量表采用三个等级，即：极好、满意、不满意。

（3）日清日结法。日清日结法亦即 OEC 法，是指全方位地对每人每天每事进行清理控制，做到"日清日毕，日清日高"。其中"O"代表"overall"，意为"全面的"；"E"代表"Everyone，Everything，Everyday"意为"每个人、每件事、每一天"；"C"代表"Control and Clear"，意为"控制和清理"。OEC 管理法是根据企业总体发展战略所确认的方向和目标，在层层分解量化为具体指标的前提下，通过有效的整体控制和员工自我控制，对企业和员工的每一种行为、每一项活动进行精细量化监控与激励性管理的一种方法。

（4）评价中心法。评价中心法是将被考评者置于某种模拟的情境中，通过被考评者的行为表现对其进行评价。评价中心法综合运用了各种测评技术，它的主要特点是使用情境性的考评方法对被考评者的特定行为进行观察和评价。这种方法通常将被考评者置于一个模拟的工作情境中，采用多种评价技术，观察和评价被考评者在这种模拟工作环境中的心理和行为。这种方法具有很高的针对性和有效性，相对于心理测量而言，更加强调针对具体的工作岗位，考察人员的实际的、全面的工作能力。

2.4.4　绩效辅导

绩效辅导是指在绩效监控过程中，管理者根据绩效计划，采取恰当的领导风格，对下属进行持续的指导，确保员工工作不偏离组织战略目标，并提高其绩效周期内的绩效水平以及长期胜任素质的过程。

2.4.4.1　绩效辅导的作用

现代企业内部的专业分工日益明晰，知识型员工的比重不断增加，管理者虽然很难成为各个领域的专家，但是对员工的指导仍然是其工作的重要内容。管理者在绩效辅导过程中所扮演的是"教练"的角色，对员工进行指导，通过监控员工的工作过程，发现员工存在的问题，并及时培养其工作中所需要的技巧和能力。优秀的指导者应该在以下三个层次上发挥作用：

（1）与员工建立一对一的密切联系，帮助他们制订具有挑战性的目标和任务，给他们提供反馈，并在他们需要时提供支持。

（2）营造一种鼓励承担风险、勇于创新的氛围，使员工能够从经验和教训中学习，包括让员工反思他们的经历并从中获得经验，从别人身上学习，不断进行自我挑战并寻找学习新知识的机会。

(3) 积极为员工提供学习机会,把他们与能够帮助他们获得发展的人联系在一起,为他们提供新的挑战性工作,提供借助某些人或情景的机遇,进而为其目标实现和能力提升提供帮助和机会。

2.4.4.2 绩效辅导的时机选择

要进行有效的辅导,必须掌握进行辅导的时机,确保及时、有效地对员工进行指导。一般来说,在以下时机对员工进行辅导会获得较好的效果:

(1) 当员工需要征求一件事时。

(2) 当员工希望解决某个问题时。

(3) 当管理者发现可以改进绩效的机会时。

(4) 当员工通过培训掌握了新技能时。

(5) 当面临新的职业发展机会时。

(6) 当员工工作业绩出现问题时。

2.4.4.3 绩效辅导风格的选择

有关这方面的研究主要集中在组织行为学上的领导权变理论。领导权变理论认为,领导的有效性依赖于情境因素,而这些情境因素可以被分离出来,作为影响领导者行为和业绩结果的中间变量。经常被使用的中间变量包括:领导者成员关系、任务的结构化程度、领导者的职位权力、下属的成熟度、群体规范、下属对领导决策的认可度以及下属的工作士气等。被广泛接受的领导权变理论有领导情境理论、路径—目标理论等。

1. 领导情境理论

保罗·赫西(Paul Hersey)和肯·布兰查德(Ken Blanchard)在1969年提出的领导情境理论是一个影响比较大的领导权变理论,又被称作领导生命周期理论。领导情境理论把领导划分为任务行为和关系行为两个维度,并根据两个维度组合成四种不同的领导风格:指示、推销、参与和授权。

领导情境理论的核心就是将四种基本的领导风格与员工的四种成熟度阶段相匹配的过程,对管理者根据员工的不同绩效表现做出适当回应提供了帮助。随着下属成熟度的提高,领导者不但可以减少对工作任务的控制,而且可以减少关系行为。

2. 路径——目标理论

罗伯特·豪斯(Robert House)提出了另一种领导权变的模型:路径——目标理论。豪斯认为,如果领导者能够弥补下属或工作环境方面的不足,则会提升下属的工作绩效和满意度。有效的领导者可以通过明确指出实现工作目标的途径来帮助下属,并为下属清除在实现目标过程中出现的重大障碍。有效的领导是以能够激励下属达到组织目标以及下属在工作中得到的满足程度来衡量的。

豪斯提出了四种领导风格：

（1）指示型领导：由领导者发布指示，下属不参加决策。

（2）支持型领导：领导者对下属很友善，而且更多地考虑下属的要求，关心下属。

（3）参与型领导：下属参与决策和管理，领导者主动征求并采纳下属意见。

（4）成就指向型领导：领导者为下属设置挑战性的目标，并相信下属能达到这些目标。

2.4.4.4　绩效辅导程序及注意事项

进行辅导时，首先要对员工的工作方法、结果进行及时的评估。这种评估是非正式的，主要是通过描述具体的行为、数据对照目标进行反馈，提出这些行为、数据可能的影响及后果，在此基础上进行辅导。辅导员工时应注意以下问题：

（1）信任员工。

（2）对员工的辅导应该是经常性的，而不是出了问题才进行辅导。

（3）当员工绩效表现出色时也应该进行辅导：一方面认可员工的表现；另一方面鼓励员工以后做得更好，以更大的工作热忱回应管理者。

（4）将创造和启发相结合。管理者不应总是直接告诉员工该怎么做，还应该启发员工自己思考和探索解决问题的方法。

（5）给员工独立工作的机会。管理者应让员工大胆尝试，并对一些过程中的错误表示宽容。

（6）注重提升员工的能力。辅导不应仅仅停留在解决一些具体的问题上，而是应该以提高员工的自身能力为目标。这样，员工以后若遇到类似问题或新问题，就有能力独立应对。

2.4.5　绩效反馈与结果运用

2.4.5.1　绩效反馈

绩效反馈，就是考评者与被考评者通过沟通，考评者将考评结果告知被考评者，并向其解释考评结果，使被考评者能够了解自身的绩效水平。

1. 绩效考评结果反馈的意义

（1）考评结果反馈是考评公正的基础。

（2）考评结果反馈是绩效改进的前提。

（3）考评结果反馈是传递组织期望的手段。

2. 考评结果反馈的原则

（1）坚持具体全面原则。

（2）坚持互动原则。

（3）坚持对事不对人原则。

（4）坚持正面引导原则。

3. 考评结果反馈的内容

考评结果反馈是考评人员特别要慎重的一项工作，在内容选取上，既要做到让员工了解工作的不足之处，又要让员工看到自己的发展前景，对企业和所在的岗位充满希望。

考评结果反馈的内容一般包括九个方面，即个人整体的考评结果、工作表现优秀并值得发扬的地方、存在的不足及改进措施、未来的任务目标、目标执行可提供的资源、目标执行的流程、目标实施的激励机制、目标实施中所有来自内部的支持和创造的组织氛围、在目标实施过程中会遇到的外部障碍等。

2.4.5.2 绩效面谈

绩效面谈是指管理者要对员工的绩效表现进行打分，确定员工本周期的绩效，然后根据结果，与员工进行一对一、面对面的绩效沟通，并通过正式的渠道将员工的绩效表现反馈给员工，使员工能够从好的方面和坏的方面对自己的绩效有一个全面的了解，以便在下一个周期提高绩效，达到改善绩效的目的。

绩效面谈也需要掌握一些技巧：

(1) 双方信任关系的建立。绩效面谈是主管人员和员工之间一个双向交流、沟通的过程。沟通能够顺利进行，最终达成一定的共识并制订出有效的绩效改进计划或方案，双方之间信任关系的建立是前提和基础。

(2) 积极有效的倾听：保持良好的目光接触；展现赞许性的表情；避免分心的动作或举动；避免中间打断员工的谈话等。

(3) 语言表达的技巧：提出开放性的问题；做出适当的回应；适当地给予总结与确认等。

2.4.5.3 绩效申诉机制

绩效管理结果必须公开公正，这不仅仅是绩效考评工作民主化的反映，也是组织管理科学化的客观要求。很多企业绩效管理工作搞得轰轰烈烈，过程错综复杂，但是对结果公开和出现的投诉问题却处理不当，导致绩效考评前功尽弃。当员工对绩效考评结果不满，认为考评者在考评标准的掌握上不公正，或者是员工认为考评者对考评标准的运用不当、有失公平时，都可通过一定的申诉程序，从制度上处理绩效管理出现的各种问题。

2.4.5.4 绩效结果运用

绩效考评结果的应用对于绩效管理的成功与否至关重要。绩效考评结果如果不能得到合理利用，那么绩效管理对员工业绩和能力提升的激励作用就会大大削弱。

1. 绩效考评结果应用的原则

(1) 坚持以人为本，改进和提升员工的绩效，促进员工的职业发展。

(2) 能够将员工个人的利益与组织群体的利益紧密联系起来，使员工和组织共荣辱、共成长。

(3) 绩效考评作为人力资源管理的程序,考评结果应有利于人力资源的管理和决策。

2. 绩效考评结果应用需要防范的问题

(1) 绩效考评结果没有及时反馈给被考评者。

(2) 绩效考评结果没有应用到与员工利益紧密结合的地方。

(3) 绩效考评结果的应用没有针对员工需要培训和改进的地方。

(4) 绩效考评结果应用方式单一,应用形式化严重。

3. 绩效考评结果应用的范围

当绩效考评完成以后,考评结果不应束之高阁、置之不理,而是要与相应的其他管理环节相衔接。主要有以下几个管理应用:

(1) 制订绩效改进计划。

(2) 提供有针对性的培训。

(3) 薪酬奖金的分配。

(4) 进行职务调整。

(5) 进行员工职业生涯规划。

(6) 进行人力资源规划。

(7) 正确处理内部员工关系。

4. 绩效改进的管理

绩效改进是指确认工作绩效的不足和差距,查明产生的原因,制订并实施有针对性的改进计划和策略,不断提高竞争优势的过程。即指采取一系列行动提高员工的能力和绩效。绩效改进是绩效考评的后续应用阶段,是连接绩效考评和下一循环计划目标制订的关键环节。绩效改进:首先要分析工作绩效差距,其次查明产生差距的原因,然后制订改进工作绩效的策略。

2.4.6 绩效管理制度体系建设

绩效管理制度是企业常规性的管理制度。企业一般都要有专门的规章制度约定、规范上述管理活动系统,企业绩效管理水平的高低,其绩效管理制度的水平是一个典型反映。绩效管理制度对整个绩效管理体系进行系统化和程序化,使绩效管理体系思想的落实具有可操作性。

2.4.6.1 绩效管理制度的内容

绩效管理制度体系是保障绩效管理顺利实施、降低绩效管理中的不确定性和风险的必要手段。企业的绩效管理制度一般分为管理制度和考评制度两部分,前者主要说明制定制度的目标和宗旨、绩效管理过程中各类人员承担的职责和分工以及应遵循的原则;后者则强调考评指标确定、考评方法选择以及考评过程的操作流程和考评计划。在实际操作中,可以将两部分合二为一,形成一个整体。

绩效管理制度一般应由总则、主文和附则等章节组成，主要包括以下内容：

（1）概括说明建立绩效管理制度的原因，绩效管理的地位和作用，即在组织中加强绩效管理的重要性和必要性。

（2）对绩效管理的组织机构设置、职责范围、业务分工，以及参与绩效管理活动各级人员的责任、权限、义务和要求做出具体的规定。

（3）明确规定绩效管理的目标、程序和步骤，以及具体实施过程中应当遵守的基本原则和具体要求。

（4）对各类人员绩效考评的方法、设计依据和基本原理、考评指标和标准体系做出简要确切的解释和说明。

（5）详细规定绩效考评的类别、层次和考评期限（何时提出计划，何时确定计划，何时开始实施，何时具体考评，何时面谈反馈，何时上报结果等）。

（6）对绩效管理中所使用的报表格式、考评量表、统计口径、填写方法、评述撰写和上报期限，以及对考评结果偏误的控制和剔除提出具体要求。

（7）对绩效考评结果的应用原则和要求，以及与之配套的薪酬奖励、人事调整、晋升培训等规章制度的贯彻实施和相关政策的兑现办法做出明确规定。

（8）对各职能和业务部门年度绩效管理总结、表彰活动和要求做出原则规定。

（9）对绩效考评中员工申诉权利、具体程序和管理办法做出明确详细的规定。

（10）对绩效管理制度的解释、实施和修改等其他有关问题做出必要的说明。

2.4.6.2 绩效管理制度的设计要求

绩效管理制度作为绩效管理活动的指导性文件，制定时一定要从组织实际条件和管理水平出发，应体现以下要求：

（1）全面性和完整性。

（2）相关性和有效性。

（3）明确性与具体性。

（4）可操作性与精确性。

（5）原则一致性与可靠性。

（6）公正性与客观性。

（7）民主性与透明度。

2.4.6.3 绩效管理制度的建立步骤

（1）制度设计前调查。包括了解国家相关法律、法规及政策；同行业相关制度调查；企业内部制度实施情况调查。

（2）成立制度设计工作组。工作组主要成员包括高层管理人员、人力资源部、部门经理。

（3）设计绩效管理制度。

（4）征求员工意见，对员工合理意见进行修改。

（5）修改后把管理制度方案交至相关部门备案或进行鉴定。

（6）企业内推进管理制度。

绩效管理制度作为企业核心制度应具有一定刚性，不能经常进行调整，但是当公司发生重大变化时，就必须进行相应调整，主要调整内容有：对个别管理制度中少部分条款进行修改，增加或减少个别制度的少部分条款，企业组织架构变化后管理制度应重新修订，制度中的管理流程调整，制度制定原则发生重大调整等。

2.4.6.4　绩效管理制度的执行步骤

绩效管理制度执行的过程是指绩效管理制度切实应用到企业的管理中，包括绩效管理制度的告知、对绩效管理制度的解释及修订整个过程。

2.5　薪酬管理

薪酬对任何企业而言都十分重要，一个企业欲向外界吸引所需要的人才，最根本的是看其所制定的薪酬标准在社会上有无竞争力；一个企业欲留住所需要的人才，最重要的是看其薪酬标准能否为其员工所认可。

2.5.1　薪酬与薪酬管理概述

2.5.1.1　薪酬的概念

本质上说，薪酬表现的是雇佣者（或企业）与被雇佣者（劳动者）的平等交换关系。一方面，雇佣者向被雇佣者支付货币、实物、工作环境和其他服务；另一方面，被雇佣者向雇佣者提供劳动时间、脑力劳动、体力劳动、创造价值等。

薪酬存在三个层次的理解，即狭义的薪酬、一般意义上的薪酬和广义的薪酬。

（1）狭义的薪酬：是企业为员工给企业所做的贡献，包括他们实现的绩效、付出的努力、时间、学识、技能、经验与创造等，支付的相应的报酬。可区分为直接薪酬（包括基本工资、加班加点工资、津贴、绩效奖金、利润分享、股票期权等）和间接薪酬（包括保健计划、非工作时间的付酬、服务及额外津贴等）两类。

（2）一般意义上的薪酬：是指员工所获回报的总和。不仅包括各项货币性和实物性回报，还包括外在的非经济性回报，如偏爱的办公室装潢、宽裕的午餐时间、特定的停车位置、喜欢的工作等。这部分回报仍然是基于员工对公司的贡献，对员工激励是有效的，主要满足的是员工第四层次的需要，即他人对自己认可和自己对自己认可的需要，如名誉、地位、尊严等。

(3) 广义的薪酬：是企业给予员工的内在和外在回报的总和，其中内在回报包括参与决策的权利、较大的工作自主权、较大的责任、较有趣的工作、个人成长机会、活动的多元化等。可以看出，内在回报主要是跟工作本身相关的，是对员工的个人成长的激励，满足的是员工自我实现的需要。尽管内在回报和外在回报有所区别，但两者是紧密相关的。一般来说，提供外在回报的同时也向员工提供了内在回报。例如，员工的薪水增加了，这不仅仅是货币收入的增加，同时意味着企业对员工工作的肯定和鼓励，从而使员工产生成就感，促进其个人成长。

2.5.1.2 薪酬的功能

良好的薪酬体系是以企业发展战略为导向，具有激励性和竞争性而又相对公平，能够促使员工自我努力和发展，以实现企业目标的一种重要手段。

从企业的角度出发，薪酬是一种资本投资，是考评员工绩效，激发员工工作积极性，使企业获得回报，实现经营目标的一种手段。薪酬具有增值、协调、激励和配置的功能。从员工的角度出发，薪酬是他们的劳动所得，是维持生活、提高生活质量的重要前提，是劳动力再生产的保障，是个人价值实现的一种表现。

综合来看，薪酬具有如下功能：

(1) 补偿功能：薪酬通过对员工在劳动过程中体力与脑力消耗的补偿，以及员工为了提高自身素质进行教育投资的补偿，来保证劳动力的再生产和劳动者自身素质的提高。

(2) 激励功能：企业通过有效和合理的薪酬制度，吸引和留住高素质的员工，激励员工，使他们各种劳动的效果更好，提高工作效率。

(3) 调节功能：薪酬的调节职能主要表现在引导劳动者合理流动上。在劳动力市场中，劳动供求的短期决定因素是薪酬。薪酬高，劳动供给数量就大；薪酬低，劳动供给数量就小。因此，科学合理地运用薪酬这个经济参数，就可以引导劳动者向合理的方向流动，使其从不急需的产业(部门)流向急需的产业(部门)；同时，薪酬还能引导劳动者努力学习和钻研企业等经济组织急需的业务知识，从人才过剩的职业向人才紧缺的职业流动，既满足了各行各业的需要，又平衡了人力资源的结构。宏观上如此，在企业的微观环境里，也可利用薪酬这个调节杠杆，引导员工向企业倡导的方向努力和发展。

(4) 效益功能：薪酬投入是为了换来劳动投入，而劳动是经济效益的源泉。在正常情况下，一个劳动者所创造的劳动成果总是大于他的薪酬收入，剩余部分就是薪酬的经济效益。

(5) 统计与监督功能：通过薪酬可以把劳动量与消费量直接联系起来，即对薪酬支付的统计与监督实际上也就是对劳动消耗的统计与监督，进而也是对消费量的统计与监督，这有助于国家从宏观上考虑合理安排消费品供应量与薪酬增长的比例关系以及薪酬增长与劳动生产率增长、国内生产总值增长的比例关系。

(6) 成本控制功能：企业进行有效的薪酬管理，可以节约大量人工成本。企业参考劳动力市场及薪酬制度的研究，可以推行和监察企业的薪酬制度，省去不必要的劳动力成本，保持相等的工作效率。

2.5.1.3　薪酬要素

1. 薪酬的组成

广义的薪酬是企业给予员工的内在和外在回报的总和，具体组成见图 2-2。

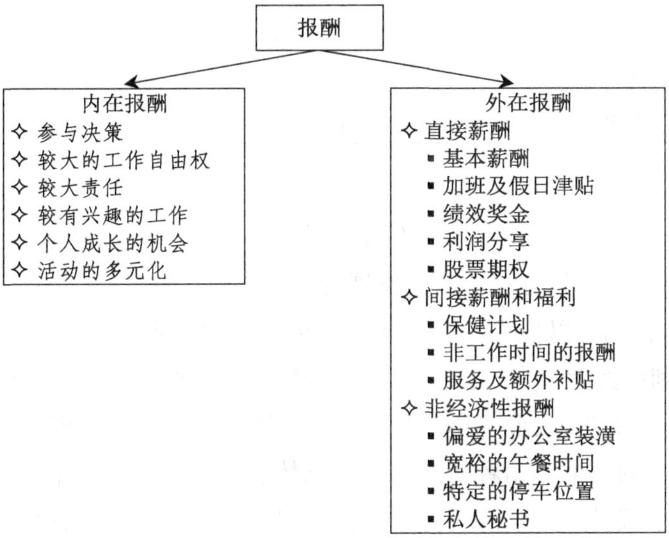

图 2-2　薪酬的组成

一般讲的薪酬指的是狭义薪酬，主要由四个部分组成，即基本薪酬、绩效薪酬、短期和长期激励薪酬及福利。

基本薪酬是企业按照岗位职责或员工的能力付给员工的现金报酬，其作用是补偿员工的劳动付出、保障员工及其家庭的基本生活需要。基本薪酬反映的是工作或技能价值，而往往忽视了员工之间的个体差异。

绩效薪酬是对员工过去工作行为和已取得成就的认可。作为基本薪酬之外的增加，绩效薪酬往往随员工业绩的变化而调整。

激励薪酬也和业绩直接挂钩。它可以是长期的（如股份等），也可以是短期的（如奖金等）；它可以与员工的个人业绩挂钩，也可以与团队的业绩挂钩。激励薪酬和绩效薪酬是不同的。虽然两者都受到员工业绩的影响，但激励薪酬以支付薪酬的方式影响员工将来的行为；而绩效薪酬侧重于对过去突出业绩的认可。绩效薪酬通常会加到基本薪酬上去，是对基本薪酬的永久的增加；而激励薪酬是一次性付出，对劳动成本没有永久的影响。

福利包括假期（带薪休假）、服务和社会保障（如医疗保险、养老金等）。

薪酬形式除了这四种外，还包括挑战性的工作和学习机会、地位、权利等。

不同部分的薪酬作用和地位不一样，具体情况见表 2-2。

表 2-2　　不同薪酬方式比较

薪酬方式	常规性	稳定性	基准性	激励性
基本薪酬	高,按日、周、月发放	强,在一定时间周期内稳定	高,可以作为其他薪酬的基准	一般
绩效薪酬	中等,按考核期计算并发放	中等,随考核期变化	低	中等
奖金	低	弱,随绩效变化	低	高
长期激励方案	低	弱,随绩效变化	低	高
法定福利	高	强	低	一般
自由支配的福利	中等	视企业情况而定	低	较高

2. 福利的类型

鉴于福利在企业生产经营中具有不可忽视的作用和影响,企业除了法律政策规定的福利以外,还可以提供任何有利于员工发展的福利项目。

总体上来说,福利可以分为:法定福利和企业自主福利。

(1) 法定福利的类型。①社会保险和住房公积金。按国家规定,企业的每个劳动者享受养老保险、医疗保险、失业保险、工伤保险和住房公积金。女职工还享有生育保险。②带薪假期。企业的每个劳动者享有带薪休息休假的权利。带薪节假日主要有假日、法定节日、年休假、事假、探亲假等。对于带薪节假日的使用,国家有法定的规定。企业里,尤其是一些专业团队,如果更好地完成了绩效,可用带薪节假日进行奖励,作为福利而不作为奖金,这样也能使这些专业团队更好地休息调整。

(2) 企业自主福利的类型。企业自主福利概括起来主要有以下几种:①实物性福利。如免费单身宿舍、夜班宿舍,免费工作餐,工间免费饮料(如茶水、咖啡或冷饮),食品免费发放,企业自建文体设施(如运动场,游泳池,健身房,阅览室,书法、棋、牌、台球室等)。

有的企业为员工兴建文化、体育、卫生、娱乐等设施,以免费或减费等优惠待遇供员工使用,或者举办各种文化、体育、卫生、娱乐活动,以充实和丰富员工的业余生活,提高员工的生活质量。

② 机会性福利。如企业内在职或短期脱产培训,企业外公费进修(业余、部分脱产或全脱产),俱乐部成员资格,有组织的集体文体活动(晚会、舞会、郊游、夜餐、体育竞赛等),企业内部提升政策,员工参与民主化管理,提供具有挑战性的工作机会等。

③ 优惠性福利。如廉价公房出租或出售给本企业员工,提供购房低息或无息贷款、个人交通工具(摩托车或汽车)低息贷款、低价工作餐、部分公费医疗、优惠疗养等,折扣价电影、戏曲、表演、球赛票券等,优惠车、船、机票等,信用储金、存款户头特惠利率、低息贷款等,优惠价提供本企业产品或服务、优惠的法律咨询服务等。

④ 荣誉性福利。如以本企业员工名义向大学捐助专用奖学金、授予各种引人注目的头衔等。

⑤ 服务性福利。如家庭保健护理，保姆家庭护理，企业接送员工上下班的免费或廉价通勤车服务，食品集体折扣代购，免费提供计算机或其他学习设施服务等，全部公费医疗，免费定期体检及防疫注射，职业病免费防护，免费订票服务，咨询性服务等。

企业可以根据自身的条件和现状，也可以根据不同职位设计不同的福利。例如，有一种叫职务的消费，这种消费不能作为奖金，也不能作为工资支付。那些高级职务者可以驾驶公司的汽车上下班，这是一种福利，而不是奖励，只有达到这种层级的干部才能享受这类的福利。所以企业可以根据自身的条件设置更多激励员工的福利项目。

除了上述对福利的分类方法外，有人根据福利本身是否涉及金钱或实物，简单地将其区分为经济性福利和非经济性福利，它们各自又包含丰富的内容。同时，考虑到保险也是福利的重要部分，可以将福利体系分为以下三类。

1. 经济性福利

经济性福利主要包括：

(1) 额外收入。节假日加薪、节日礼品或优惠实物分配等。

(2) 超时薪酬。超时加班费等。

(3) 住房性福利。以成本价向员工出售住房、房租补贴等。

(4) 交通性福利。为员工提供免费班车，为员工免费购买公共汽车月票等。

(5) 饮食性福利。免费供应午餐、误餐补助，有员工食堂或饮食补助等。

(6) 教育培训性福利。员工的脱产进修、短期培训、员工子女入托补助等。

(7) 医疗保健性福利。免费为员工进行例行体检、打预防针等。

(8) 有薪节假。节日、假日以及事假、探亲假、带薪休假等。

(9) 文化性福利。为员工祝贺生日、集体旅游、提供疗养机会、购置体育锻炼设施等。

(10) 金融性福利。为员工购买住房提供的低息贷款等。

(11) 其他生活性福利。洗理津贴、服装津贴或直接提供的工作服等。

2. 非经济性福利

非经济性福利主要包括：

(1) 咨询性服务。如免费提供法律咨询和员工心理健康咨询等。

(2) 保护性服务。平等就业权利保护(反种族、性别、年龄歧视等)、隐私权保护等。

(3) 工作环境保护。如实行弹性工作时间、缩短工作时间、员工参与民主化管理等。

3. 保险福利

保险包括失业保险、养老保险、医疗保险、工伤保险、生育保险、大病统筹等，在此基础上还有企业年金、员工个人财产保险和员工意外伤害保险等。

2.5.1.4　薪酬管理的概念与原则

薪酬是企业对它的员工给企业所做的贡献，包括他们实现的绩效，付出的努力、时间、学识、技能、经验和创造的相应的回报。在员工的心目中，薪酬不仅是自己的劳动所得，它在一定程度上代表着员工自身的价值、代表企业对员工工作的认同，甚至还代表着员工个人能力和发展前景。科学有效的薪酬机制能够让员工发挥出最佳的潜能，为企业创造更大的价值。如何设计和管理薪酬的整个分配和运作过程，评价员工的工作绩效、促进劳动数量和质量的提高、激励员工的劳动积极性，使企业获得最大限度的回报，就成为企业管理者的重要职责。

薪酬管理，就是企业对本企业员工薪酬的支付标准、发放水平和要素结构进行确定、分配和调整的过程。在这一过程中，企业必须就薪酬水平、薪酬结构、薪酬体系以及特殊员工群体的薪酬做出决策。同时，作为一个持续的组织过程，企业还要持续不断的制订薪酬计划、拟定薪酬预算、就薪酬管理问题与员工进行沟通，同时对薪酬系统的有效性进行评价后予以改善。

薪酬管理在人力资源管理体系中占有重要地位，同时也是企业管理者和员工最为关注的内容。

传统薪酬管理看重物质分配，而现代薪酬管理更加关注人。这表现在：不仅物质分配内容多样化，如福利的丰富化、奖金的多样化等，还更加注重内在报酬，如得到认可、获得更好的发展机会、晋升等。

企业根据什么提供薪酬，员工在工作中的什么行为或结果是企业期望的，这些都可以通过薪酬管理原则表达。有效的薪酬管理应遵循以下原则：

1. 合法性原则

合法性就是企业的薪酬管理政策要符合国家的法律法规和政策的有关规定，这是薪酬管理应遵循的基本原则。随着管理的现代化和法制化，企业推出任何一项政策是否合法合规是首先要考虑的。

2. 公平性原则

公平是企业实施薪酬管理时遵循的最重要的原则。公平性主要包括三个方面：

（1）对外具有竞争性：外部公平性。企业支付薪酬，不仅要考虑到自身的支付水平，更要与劳动力市场的工资水平，尤其是竞争对手的薪酬水平进行比较，支付等于或高于劳动力市场水平的薪酬，可以使企业招聘到高素质的员工，确保企业经营目标的实现；否则，在劳动力市场上企业就会失去吸引力。有学者也将这一点总结为竞争性原则。

（2）对内具有公平性：内部公平性。内部公平性要求企业按照员工岗位的相对价值支付薪酬。在企业内部，不同岗位的薪酬水平应当与这些岗位对企业的贡献相一致，否则会使员工产生不公平感，影响员工的工作积极性。同时，在薪酬制度制定和薪酬日常管理过程中也应该体现公平性。总体上要体现价值公平、机会公平和过程公平。

（3）对员工具有激励性：个人公平性。根据员工的实际贡献付酬，并且适当拉开薪酬差距，使不同业绩的员工能在心理上觉察到这个差距，并产生激励作用，从而使业绩好的员工认为得到了鼓励，业绩差的员工认为值得去改进绩效，以获得更高的回报。

3. 及时性原则

及时性是指薪酬的发放及对员工的激励应当及时。首先，薪酬是员工生活的主要来源，如果不及时发放，势必会影响他们的正常生活。其次，薪酬又是一种重要的激励手段，特别是可变薪酬，是对员工有效行为的一种奖励。而按照激励理论的解释，这种奖励只有及时兑现，才能够充分发挥对员工的激励作用。

4. 经济性原则

作为经济性组织，企业需要根据自身的经济状况和经营状况确定员工薪酬水平。如果企业薪酬水平太高，则会增加企业的人力资源成本，影响企业的竞争水平和盈利水平。企业在确定员工的薪酬水平时要有成本意识。

5. 动态性原则

这主要表现在两个方面，一是企业整体的薪酬水平、薪酬结构和薪酬形式要保持动态性，与其他行业、同行等的薪酬水平保持动态的平衡；二是员工个人的薪酬具有动态性，要根据其工作年限的增加、职位的变动、绩效的表现进行薪酬的调整。

2.5.1.5 薪酬管理的内容

企业薪酬管理主要包含以下方面：

（1）薪酬的目标管理，即薪酬怎样支持企业的战略，适应企业现实和未来的发展，又该如何满足员工的需要。

（2）薪酬的水平管理，即薪酬要满足内部一致性和外部竞争性的要求，并根据员工绩效、能力特征和行为态度进行动态调整，包括确定管理团队、技术团队和营销团队薪酬水平，确定跨国公司各子公司和外派员工的薪酬水平，确定稀缺人才的薪酬水平以及确定与竞争对手相比的薪酬水平。

（3）薪酬的结构管理，包括横向的结构管理，即基础工资、绩效工资、期权期股的管理；还包括纵向的结构管理，即合理划分薪级和薪等，确定合理的级差和等差，适应组织结构扁平化和员工岗位大规模轮换的需要，合理地确定工资宽带；还包括如何给员工提供个人成长、工作成就感、良好的职业预期和就业能力的管理。

（4）薪酬的制度管理，即薪酬决策应在多大程度上向所有员工公开和透明化，谁负责设计和管理薪酬制度，薪酬管理的预算、审计和控制体系又该如何建立和设计，薪酬的评估和沟通如何进行等问题。

2.5.1.6 薪酬管理的影响因素

企业进行薪酬管理受众多因素的影响，其中主要有：

（1）外在环境因素。企业的薪酬管理会受包括政府法律法规、劳动力市场和生活水平等外在环境因素的影响和制约。

（2）企业内在因素。企业的薪酬管理同时会受包括财务能力、预算控制、企业规模、竞争力、企业支付能力和发展目标等企业内在因素的影响和制约。

（3）个人因素。企业的薪酬管理还要考虑包括学历、绩效、经验和发展潜力等个人因素。

2.5.2 战略性薪酬管理

2.5.2.1 战略性薪酬管理的作用与内涵

现代薪酬管理要求企业摒弃原先那种只将薪酬管理作为人力资源管理一个末端环节的传统管理思路，建立起战略性薪酬管理的思路。战略性薪酬管理就是以企业发展战略为依据，根据企业某一阶段的内外部总体情况，相应确定薪酬战略目标、正确选择薪酬策略、系统设计薪酬体系并实施动态管理，使之促进企业战略目标实现的活动。其基本类型如图 2-3 所示。

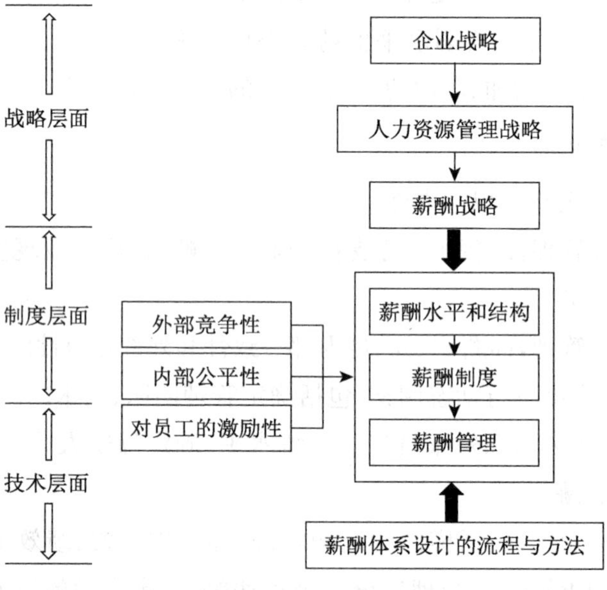

图 2-3 企业战略、人力资源管理战略、薪酬战略和薪酬管理的关系

1. 战略性薪酬管理的作用

在我国国有企业改革的进程当中，企业的薪酬制度改革一直是一个主题。从 1979 年恢复奖金制度，到后来的承包制和租赁制，再到后来的岗位技能工资制、岗位工资制、谈判工资制、员工持股等。然而，许多企业的薪酬制度改革却未见多少成效。其中一个重要的原因是，很多企业在进行薪酬制度改革时，总是把薪酬分配当成目的，而不是从企业战略和人力资源战略出发去关注薪酬制度是否有利于前两者的实现。也就是说，由于企业缺乏战略性薪酬管理的眼光，从而导致薪酬管理活动往往流于技术层面，对企业经营目标的实现却起不到什么作用，推行战略性薪酬管理势在必行。

企业实施战略性薪酬管理，可以起到如下作用：激励个人、团队从而使企业总体绩效得到改善；强化企业的核心价值观与企业文化；推动和方便企业变革的实现；有效降低企业的管理成本；减少员工对薪酬制度的不满，减少矛盾冲突等。

2. 战略性薪酬管理的内涵

企业首先需要确定企业战略和人力资源战略，然后方能做出战略性薪酬管理的一系列决策，包括：

（1）薪酬管理目标的确定，企业首先需要确立战略性薪酬管理的目标，以支持企业战略，并在企业面临战略调整时相应地调整薪酬管理的目标。

（2）薪酬结构策略的选择和确定，即企业如何达成薪酬的内部一致性的问题。

（3）薪酬水平策略的选择和确定，即企业如何达成薪酬的外部竞争性的问题。

（4）薪酬激励模式的设计，即企业如何运用薪酬来激励员工、从而提高员工及团队绩效表现的问题。

（5）薪酬成本投入方案的设计，即企业如何有效控制薪酬成本、提高薪酬成本的有效性的问题。

（6）薪酬体系的设计，即企业根据既定的一系列薪酬管理策略，设计符合自身薪酬战略要求的薪酬体系的问题。

关于战略性薪酬管理如何从企业战略与人力资源战略出发，通过一系列决策的制定和管理的实施，改变员工的态度与行为表现，从而改善企业经营业绩、提高企业竞争力的过程，可以用图 2-4 来描述。

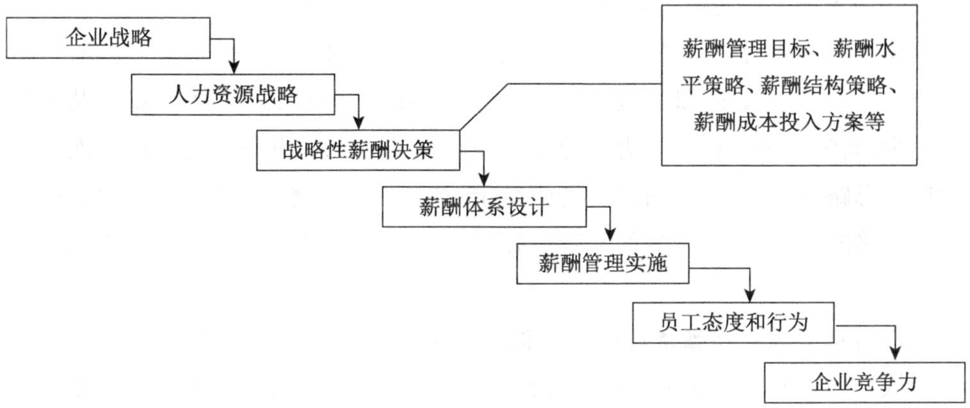

图 2-4　战略性薪酬管理与企业战略及企业竞争力之间的关系

关于薪酬管理与其他人力资源职能之间的战略匹配性问题，可以用图 2-5 来描述。

当今经营环境变革激烈，薪酬管理已不再只是人力资源管理体系中的一个末端环节或者仅仅充当保健因素，它的作用和影响已经超越了人力资源管理乃至企业管理框架的局限，直接影响到企业战略本身。在实践中，越来越多的企业在探讨如何通过加强薪酬战略与企业战略目标之间的联系，从战略层面来看待薪酬以及薪酬管理，意识到薪酬与薪酬管理对于员工以及企业都具有重大影响。虽然薪酬本身不能领导企业的变革过程，也不能决定应当建立何种价值观，更不能取代有效的企业战略，但是作为企业赢得竞争优势的一个重要手段，薪酬以及薪酬管理必须能够支持企业的战略，与企业文化兼容，并且具备对外界压力做出快速反应的能力。

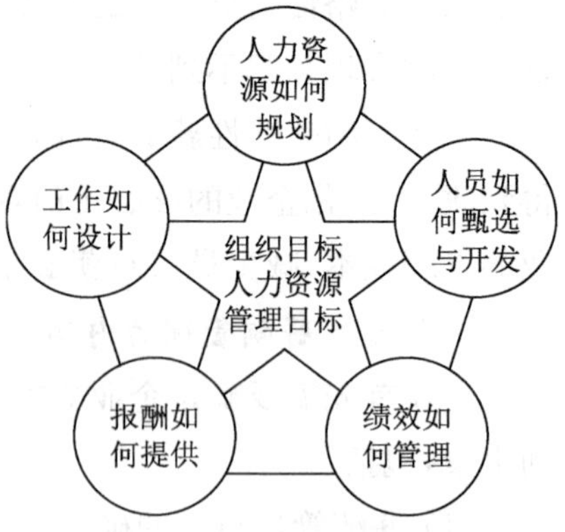

图 2-5　战略性薪酬管理与其他人力资源管理职能之间的战略匹配关系

2.5.2.2　战略性薪酬管理对企业人力资源管理的要求

区别于传统薪酬管理，实行战略性薪酬管理的企业，对于人力资源管理部门以及薪酬管理人员的角色存在一些要求：

1. 薪酬管理目标与企业的战略目标紧密联系

当薪酬管理的目标与企业战略相适应时，它就能有效地实现对员工的激励，增强他们对企业目标的承诺，促使他们帮助企业成功地实现这种经营战略。反之，薪酬管理所激励的方向不同于企业战略要求，将会在很大程度上影响员工对企业战略的认同，从而妨碍企业战略的实施。因此，战略性薪酬管理的第一要义就是要在薪酬管理的目标和企业目标之间建立一种紧密联系。

2. 薪酬管理的重心为战略规划和服务沟通，而非事务性活动

传统薪酬管理活动中，薪酬管理往往侧重于常规性的管理活动，如更新职位说明书、处理绩效考评表格、计算薪酬并处理薪酬数据等，而对薪酬管理的战略规划及服务沟通却关注甚少，薪酬管理只担任人力资源管理中的末端、底层、事务性的工作。而在战略性薪酬管理的思路下，薪酬管理活动将更侧重于战略规划、服务与沟通，会将更多的时间分配在薪酬战略的思考、薪酬策略的选择、薪酬体系的设计与完善、如何向员工提供个性化服务上。

3. 实现薪酬管理事务性活动的自动化与系统化

实行战略性薪酬管理的企业，往往会将薪酬管理与其他人力资源管理及企业管理的活动整合在同一个系统中，并实现事务性活动的自动化管理。这不仅是为了实现减少传统薪酬管理中的事务性活动的时间，也是为了将企业管理各方面的数据进行整合，从而协助管理者从整体层面去分析数据、做出最优决策。

4. 实现薪酬管理人员角色的转换

在实施战略性薪酬管理的企业中，薪酬管理人员的角色定位不再是局限于薪酬或人力资源的后勤支持人员，而是企业战略的制定者、实施者和推动者。他们需要迅速感知企业内外部环境的改变，了解企业经营的策略重心，熟悉企业经营和业务的流程，从而对企业战略提出建设性的意见，并通过薪酬管理支持并推动企业战略的实现。

2.5.2.3 实现战略性薪酬管理的要点环节

1. 通过战略性薪酬管理增强执行力

(1) 要明确思路。从企业科学管理体系出发，找出薪酬管理系统、执行力系统相交环节，理顺二者关系，完善薪酬管理制度，着力解决突出问题，增强执行力。

(2) 要理顺二者关系。一是从企业科学管理体系着眼，把握战略性薪酬管理系统、执行力管理系统在企业科学管理体系中的位置。二是了解这两个系统各自的构成。三是将两个系统相交环节有机结合起来。

执行力系统的目标与薪酬系统策略应衔接，即薪酬策略应服从企业发展战略和执行目标，根据战略执行目标的要求选择薪酬策略；执行力系统的组织结构与薪酬系统的组织结构应一致，即根据企业战略、业务流程优化组织结构，以此作为增强执行力与建立薪酬制度的基础；执行力系统的结果评估、反馈改进系统与薪酬系统的绩效管理制度应一致，即二者的评估对象、评估标准、反馈改进措施应一致，以此作为评估执行结果和实际发放薪酬的共同依据。

(3) 有针对性地调整、改进薪酬制度，以增强执行力。

2. 通过战略性薪酬管理提升企业竞争力

(1) 要明确工作重点。竞争力包含了执行力，但更强调创新能力。通过战略性薪酬管理提升竞争力，主要是在采取薪酬激励措施提升知识能力、开发创新力上下功夫。

(2) 要理顺三者关系。同样，首先需要了解战略性薪酬管理系统、执行力管理系统与竞争力管理系统这三个系统各自的构成，然后将三者相交环节有机结合起来。

(3) 有针对性地调整、改进薪酬制度，促进提升竞争力。一是确立管理、技术、知识、信息等生产要素作用大的观念。二是建立适合管理、技术等生产要素分配的制度、方法。三是分配向关键、重要岗位以及高素质、高技能、高贡献人员倾斜。四是把薪酬分配的短期激励、中长期激励有机结合起来。

2.5.2.4 薪酬战略的定位、特征及内容

1. 薪酬战略定位

薪酬战略是企业根据外部环境存在的机会与威胁及自身的条件所作出的具有总体性、长期性、关键性的薪酬决策。战略性薪酬决策是指在事后期望与强制的约束下，集中确保薪酬计划的设计、实施和调控直接与企业的绩效目标相关的决策。凡是具有战略性的薪酬决策都属于薪酬战略，但不能简单地认为薪酬战略等于薪酬决策。其一，薪酬战

略不仅指薪酬决策，也包含薪酬管理。其二，并非所有的薪酬决策都是薪酬战略，薪酬技术与业务管理方面的决策不属于薪酬战略，只有对企业绩效与发展具有重大影响的战略性薪酬决策才属于薪酬战略。

2. 薪酬战略的特征

（1）薪酬战略是与企业战略相匹配的薪酬决策。薪酬战略作为企业战略系统的一个子系统，它必须与企业战略具有一致性和相同目标，是企业发展模式与趋势的体现，贯穿并凝聚企业文化和经营理念，反映和体现企业不同发展阶段的特征。薪酬战略应依据企业战略来制定，根据企业战略来确定薪酬水平与结构、薪酬的文化理念、薪酬的管理与政策。这样，薪酬战略与企业战略才能形成一种整体协调、相互促进的关系。比如，若企业奉行关注客户的经营战略，则相应选择以客户满意度为基础的激励薪酬制度，以客户满意度为依据评价工作和技能，并以此建立相应的绩效薪酬体系。

（2）薪酬战略是具有总体性、长期性的薪酬决策与薪酬管理。总体性是指薪酬战略从总体上对整个企业的薪酬构建一个系统性的决策管理模式，而不是仅仅对某个部门、某些人员的薪酬决策与管理。长期性是指这种薪酬决策与管理模式的构建不能仅考虑企业的现状，还要考虑企业长远发展的趋势，适应企业长期发展的需要。所以，企业的薪酬战略要特别重视两个原则：一是系统性原则，把企业的薪酬水平、薪酬结构、薪酬管理及企业内各部门、人员的薪酬关系，作为一个系统综合考虑；二是动态发展原则，企业的薪酬战略不是静态的，而是不断改革、完善的过程。

（3）薪酬战略对企业绩效与发展具有关键性作用。薪酬战略对企业绩效与企业发展的关键作用体现为：强化对员工的激励，激发员工的积极性与创造力，增强企业的外部竞争力，强化企业的团队精神与凝聚力，提高薪酬成本的有效性。

3. 薪酬战略的内容

薪酬战略的内容包括两个方面：薪酬战略要素和薪酬政策。最核心的薪酬战略要素有：薪酬基础、薪酬水平、薪酬结构、薪酬文化及薪酬管理。薪酬政策是企业在进行薪酬决策时所遵循的基本规则和原则，它具有多样性，对于同一薪酬要素，由于企业特点不同，管理模式差别，领导风格各异，薪酬政策的选择虽然有共性，但也会有较大差异。在薪酬战略各要素和薪酬政策的相互匹配上，可以从下列角度来思考：

（1）薪酬基础及政策。薪酬基础指确定薪酬的依据与条件，即员工薪酬的确定依据。薪酬基础与相应政策主要考虑两个方面：一方面是薪酬的确定主要依据的要素（年资、技能、岗位、绩效等）及相应的薪酬政策；另一方面是薪酬确定依据的要素在整个薪酬构成中的地位和作用。它决定着薪酬构成中各种要素的报酬率，即各种要素在整个薪酬中所占的比重。

（2）薪酬水平及政策。薪酬水平指企业对自身总体薪酬量的定位。主要需考虑三个要素：其一，市场薪酬水平与竞争对手的薪酬水平；其二，企业自身的绩效与财务状况；其三，企业自身处在的发展阶段，不同的发展阶段薪酬水平定位不同。

(3) 薪酬结构及政策。薪酬结构主要是指薪酬的具体形式及构成。研究薪酬结构及政策最重要的是分析各种薪酬的特征与功能作用，选择能充分体现各类员工的贡献并有利于激励员工和企业发展的薪酬形式。不同的薪酬结构带给员工的感受不同，这可从各种薪酬具体形式的作用来体现：①基本薪酬与可变薪酬。基本薪酬能保障员工的基本需要，但过高会削弱薪酬的激励功能；可变薪酬具有较强的激励作用，但过高一般伴随着基本薪酬过低，会使员工缺乏安全感及保障。②经济性薪酬与非经济性薪酬。前者属于外在性薪酬，主要用来满足员工的物质生活与安全方面的需要；后者属于内在性薪酬，主要用来满足员工心理与精神需要。③短期薪酬与长期薪酬。前者主要满足员工的现实需要；后者主要功能是长期激励。④薪酬与福利。薪酬的作用主要体现员工的劳动贡献与绩效，而福利更利于企业的团队精神与凝聚力。但是，过高的福利因其平均主义色彩而不利于企业效率的提高。

(4) 薪酬文化与政策薪酬文化是指企业的薪酬战略所贯穿的思想理念。薪酬文化与企业。文化相辅相成，前者受后者的指导，并促进后者的发展，同时前者也是后者在薪酬战略中的体现。薪酬文化及政策所讨论的问题主要包括：把薪酬看成是“人力成本”还是“人力资本”；薪酬模式的设计是以人为基础还是以岗位为基础；薪酬理念是“物质报酬”还是“全面报酬”；薪酬的目标倾向是成本控制还是激励；薪酬决策是侧重公平还是效率，强调外部竞争性还是内部公平性。

(5) 薪酬管理与政策。薪酬管理可分为战略性薪酬管理与技术性业务管理，战略性薪酬管理研究企业薪酬管理的总体模式、核心制度与主体方式。薪酬管理及政策要讨论三个方面的内容：其一，薪酬信息的公开透明程度，是实行保密薪酬制度还是公开薪酬制度；其二，薪酬管理权限的划分，即薪酬管理是集权式还是分权式；其三，员工参与薪酬决策的状况，即薪酬决策模式是集权型还是民主型。

2.5.2.5　企业战略与薪酬战略

企业战略通常可划分为两个层次：一是企业发展战略；二是企业经营战略或竞争战略。前者所要解决的是企业的扩张、稳定还是收缩的问题，后者解决的则是如何在既定的领域中通过一定的战略选择来战胜竞争对手的问题。企业发展战略通常包括成长战略、稳定战略、收缩战略三种。企业竞争战略通常包括创新战略、成本领袖战略和客户中心战略。企业所采取的战略不同，企业的薪酬水平和薪酬结构也必然会有所不同。

1. 企业发展战略与薪酬战略

(1) 成长战略。成长战略是一种关注市场开发、产品开发、创新以及合并等内容的战略。它又可以被划分为内部成长战略和外部成长战略两种类型。其中前者是通过整合和利用企业拥有的所有资源来强化企业优势的一种战略，注重的是自身力量的增强和扩张；而后者则试图通过纵向一体化、横向一体化或者多元化来实现一体化战略，这种战略往往是通过兼并、联合、收购等方式来扩展企业的资源或者强化企业的市场地位。

对于追求成长战略的企业来说，它们所强调的重要内容是创新、风险承担以及新市场的开发等。因此与此相联系的薪酬战略往往是：企业通过与员工共同的风险承担，分享企业未来的成功来帮助企业达成自己的目标，同时使员工有机会在将来获得较高的收入。这样，企业需要采用的薪酬方案就是：在短期能提供水平相对较低的固定薪酬，但同时实行奖金或股票期权等计划，从而使员工能在长期得到比较高的回报。

（2）稳定战略。这种战略是一种强调市场份额或者运营成本的战略。稳定战略要求企业在自己已经占领的市场中选择一块自己能够做得最好的部分，把它做得更好。采取稳定战略的企业往往处于较为稳定的环境之中，企业增长率较低，企业维持竞争力的关键在于是否能够保持自己已经拥有的技能。从人力资源角度来说，主要是稳定已经掌握相关工作技能的劳动力队伍。因而这种企业对于薪酬的内部一致性、薪酬管理的连续性以及标准化有较高的要求，因此在薪酬管理方面，薪酬决策的集中度比较高，薪酬的确定基础主要是员工所从事的工作本身。从薪酬构成上来看，采取稳定战略的企业往往不强调企业与员工之间的风险分担，主要采取较为稳定的基本薪酬和福利制度。就薪酬水平来说，这种企业一般追求与市场持平或略高于市场水平的薪酬，但从长期来看，由于增长速度较慢，这种企业长期的薪酬水平不会有太大的增长。

（3）收缩战略。这种通常用于那些因面临严重的经济困难而想缩小一部分经营业务的企业。这种战略往往与裁员、剥离以及清算等联系在一起。由于采用收缩战略企业本身的特点，不难发现，这种企业强烈希望将员工的收入与企业经营业绩挂钩，除了在薪酬中降低稳定薪酬部分所占的比重外，许多企业往往还力图实行员工股份所有权计划，以鼓励员工与企业共担风险。

2. 企业竞争战略与薪酬战略

（1）创新战略。创新战略是以产品创新以及产品生命周期的缩短为导向的一种竞争战略，采取这种战略的企业往往强调风险承担和新产品的不断推出，并把缩短产品由计划到投放市场的时间作为一个重要目标。这种企业的一个重要经营目标在于充当产品市场上的领袖，并且在管理过程中常常会非常强调客户的满意度与个性化需要，而对于企业内部的职位等级结构以及相对稳定的工作评价等则不很重视。因此，这种企业的薪酬系统往往非常注重对产品创新与技术创新等给予足够的报酬与奖励：其基本薪酬通常会以劳动力市场上的同行水平为基准并且会高于市场水平，以帮助企业获得勇于创新、敢于承担风险的人。同时，这种企业会在工作描述方面保持相当的灵活性，从而要求员工能够适应不同环境的工作需要。

（2）成本领袖战略。所谓成本领袖战略，实际上就是低成本战略，即在产品本身的质量大体相同的情况下，企业可以低于竞争对手的价格向客户提供产品的一种竞争战略。因此，追求成本领袖战略的企业是非常重视效率，尤其是对操作水平的要求很高，它们的目标是用较低的成本去做较多的事情，因此面对任何事情，它们首先要问的是，“这种成本的有效性如何？”为了提高生产率，降低成本，企业通常会比较详细地对员工所从事的工作进行描述，强调工作岗位的稳定性。在薪酬水平方面，这种企业会密切关注竞争对手的薪酬状况，本企业的薪酬水平既不能低于竞争对手，最好也不要高于竞争对手，宗旨是尽可能控制薪酬成本支出。在薪酬构成方面，这种企业通常会采取一定的措施提高浮动薪酬或奖金在薪酬构成中的比重，这一方面是为了控制总成本的支出，不至于由于薪酬成本的失控导致产品成本上升，另一方面也是为激励员工降低成本，提高生产效率。

（3）客户中心战略。客户中心战略是一种以提高客户服务质量、服务效率、服务速度等来赢得竞争优势的战略。采取这种战略的企业所关注的是如何取悦客户，它希望自己以及员工不仅能够很好地满足客户的需要，同时还能够帮助客户发现一些他们尚未明晰的潜在需要，而且设法帮助客户去满足这些潜在需要。客户满意度是这种企业最为关心的绩效指标，为了鼓励员工持续发掘服务客户的各种不同途径，以及提高对客户需要做出反应的速度，这类企业往往会根据员工向客户所提供服务的数量和质量来支付薪酬，或是根据客户对员工或员工群体所提供服务的评价来支付薪酬。

总之，企业的发展阶段不同，竞争战略不同，赢利能力也就不同，因此薪酬战略也会不同。企业薪酬战略应与企业战略相适应，表 2-3 说明了如何将薪酬战略与企业竞争战略匹配。

表 2-3　　　　薪酬战略与发展阶段的关系

企业特征	企业发展阶段			
	初创阶段	增长阶段	成熟阶段	衰退阶段
竞争战略	以投资促发展	以投资促发展	保持利润与保护市场	收获利润并开展新领域
风险水平	高	中	低	中～高
薪酬战略	个人激励	个人——集体激励	个人——集体激励	奖励成本控制
短期激励	股票奖励	现金奖励	利润分享、现金奖励	
长期奖励	股票期权（全面参与）	股票期权（有限参与）	股票购买	
基本薪酬	低于市场水平	等于市场水平	高于或等于市场水平	低于或等于市场水平
福利	低于市场水平	低于市场水平	高于或等于市场水平	低于或等于市场水平

在一些处于迅速成长阶段的企业，经营战略是以投资促进企业成长。为了与经营战略保持一致，薪酬战略应该激励有创业性的管理群体。因此，企业应该着重使高额薪酬与高、中等程度的激励相结合（风险越大，薪酬越高）。处于成熟阶段的企业，经营战略基本上以保持利润和保护市场为目标，所以薪酬战略应以奖励市场开拓和新技术开发及管理技巧为主。要达到这一点，就应使平均薪酬水平与中等程度的激励以及标准福利水平

相结合。处于衰退阶段的企业，最恰当的战略是获得利润并向别人投资。要实现这一战略目标，就必须使标准福利与低于中等水平工资相结合，并使适当的激励直接与成本控制联系在一起。

2.5.2.6 薪酬战略与薪酬水平和结构策略

根据企业战略确定薪酬战略后，企业需考虑并制定不同的薪酬水平策略和薪酬结构策略，以应对不同的战略要求。

1. 制定薪酬水平策略

薪酬水平策略是指企业基于自身的薪酬战略而制定的相对于竞争对手的薪酬水平高低策略。常见的薪酬水平策略可以分为四种，分别是市场领先策略、市场跟随策略、市场滞后策略以及混合策略。

(1) 市场领先策略。市场领先策略，也叫市场领袖策略，是指企业采取劳动力市场中较高薪酬水平的策略。这类企业的薪酬水平一般保持在市场薪酬水平的75分位值以上，有时甚至达到90分位值以上。

处于知识密集型、技术密集型或资金密集型行业的龙头企业，经常采用此类薪酬水平策略。这些企业实力强、利润高、资金充裕，能够通过该策略吸引和留住劳动力市场中的优秀人才。

市场领先策略的优点有：①吸引优秀人才。②提高员工的薪酬满意度，更好地激励员工。③降低薪酬管理中部分环节的管理成本，如通过降低员工离职率降低离职成本、降低招聘和选拔成本等。④提高企业在劳动力市场的形象和影响力。

市场领先策略的缺点有：①整体薪酬成本较高，需要充足的资金，给企业造成一定的财务压力。②行业适用性有限，某些劳动密集型行业不适用这种策略。

(2) 市场跟随策略。市场跟随策略，是指企业采取劳动力市场中处于中间薪酬水平的策略。这类企业的薪酬水平一般保持在市场薪酬水平的50分位值到75分位值间的水平。该策略适用于大部分的行业和企业。

市场跟随策略的优点有：①适用范围较广，各类企业都可采用市场跟随策略。②人力成本较低，但依然可以吸引到市场中的大部分求职者。

市场跟随策略的缺点有：①对行业顶级人才的吸引力较低。②采用该策略的企业需时刻关注市场薪酬水平，及时跟随市场水平调整自身策略，对薪酬管理水平的要求较高。

(3) 市场滞后策略。市场滞后策略，是指企业采取劳动力市场中较低薪酬水平的策略。这类企业的薪酬水平一般保持在市场薪酬水平50分位值以下的水平。

该策略适用于处于衰退期、采取收缩战略的企业。这些企业规模小、利润低、资金紧张，需要严格控制人力成本。

市场滞后策略最主要的优点就是人力成本低，可缓解企业财务压力；而缺点就是较难吸引优秀人才，从而给提高企业竞争力、改善经营状况带来一定困难。

为了避免陷入恶性循环，企业可采取增加员工的远期收益、提高非经济性报酬等措施，使员工保持对企业的信心和满意度，从而留住人才。

（4）混合策略。混合策略，是指企业对于不同岗位或同一岗位中的不同薪酬组成部分，采取不同的薪酬水平策略。如对核心岗位实施市场领先策略、对非核心岗位实施市场跟随策略；或者对同一岗位薪酬中的基本工资部分采取市场跟随策略，而对绩效工资部分采取市场领先策略。

混合策略的优点是既能集中优势力量吸引企业最需要的人才，又能有效控制人力成本，更能贴合企业发展战略的要求；缺点是对企业薪酬管理人员的管理水平要求极高，需要企业有能力实施精细化、差异化的管理工作，否则容易导致员工对薪酬公平性的质疑。采取混合策略的企业应注重以下三方面的工作：①对于企业内部实施不同薪酬水平策略的薪酬差异，应控制在适度、合理的范围内。②对于实施市场跟随策略的岗位或薪酬组成部分，应及时了解并跟进市场薪酬水平。③对于实施市场滞后策略的岗位，应为其补充远期或非经济型报酬作为补偿。

2. 制定薪酬结构策略

薪酬结构是指企业员工之间的各种薪酬比例及其构成，包括企业工资成本在不同员工之间的分配，职务和岗位工资率的确定，员工基本、辅助和浮动工资的比例以及基本工资及奖励工资的调整等，即不同员工之间和同一员工不同工资形式之间的组成。薪酬结构包括纵向和横向两个维度。纵向维度主要是指企业内不同职位、不同能力员工的薪酬等级和标准；横向维度指构成薪酬的固定薪酬（如基本薪酬等）和浮动薪酬（如激励性薪酬、福利等）的比重。

从纵向的维度出发，薪酬结构策略需要解决的是同一企业内薪酬水平等级的多少、不同薪酬水平之间级差的大小、决定薪酬级差的标准等问题。一般来说，纵向的薪酬结构策略有两种方向：

等级化策略。这种策略是指企业内部的薪酬水平等级较多、每个等级间的级差较小，相邻等级间的重叠度较低的结构策略。等级化策略基于企业对不同岗位等级的工作均予以细致的、差异化的描述，并倾向于运用职位晋升来激励员工提高技能和绩效。等级化策略适用于很多重视低成本、以顾客为中心、强调标准化和经验资历的传统企业，优点在于简单易行、标准化较高，但在这种策略下，薪酬等级直接反映的是岗位的要求而非员工能力，员工提高薪酬的前提是岗位和职位的晋升，在晋升等级受限的情况下员工将失去提高技能的动力，因此在公平和效率两方面都不能很好地达到薪酬管理的目标。

扁平化策略。这种策略是指企业在内部设置较少的薪酬水平等级，每个等级间的级差偏大，且相邻等级间的重叠度较高的结构策略。这种策略的理念是大部分员工的工作任务的职责范围比较宽泛，员工拥有更大的决策自主权，因此可以通过比较大的薪酬空间来激励员工提高技能和绩效表现。扁平化策略淡化了等级观念，适应现代企业扁平化管理的发展趋势，也有利于传统企业向学习型、创新型企业的转变战略。扁平化策略的缺点是对企业管理者的管理水平和责任心有较高的要求，否则容易造成员工定薪的随意性，从而导致企业内部公平性的缺失。

从横向的角度出发，根据固定薪酬和浮动薪酬在总薪酬中的比例，可以将薪酬结构策略分为三种类型，高弹性模式、高稳定模式和调和型模式，如图 2-6 所示。

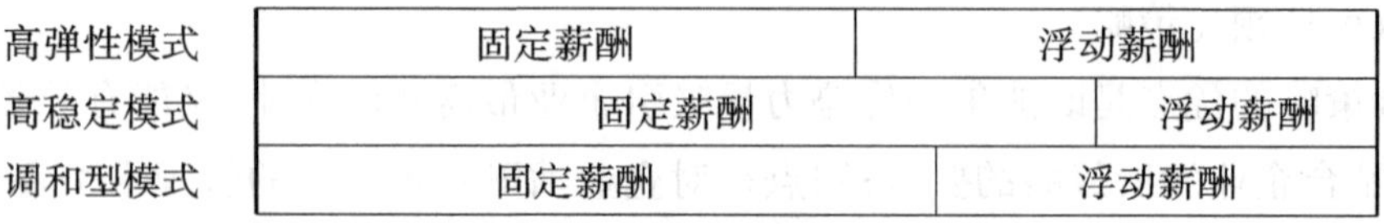

图 2-6　三种类型薪酬结构策略示意图

高弹性模式指的是固定薪酬比例较低（通常小于 40%）、浮动薪酬的比例较高（通常高于 60%）的薪酬结构类型。这种模式通常应用于着力于拓展市场或竞争激烈的企业，以及同公司业绩关联度较大的岗位，比如销售业务人员、负责业绩的高层管理人员等。

高稳定模式指的是固定薪酬比例较高（通常高于 60%）、浮动薪酬比例较低（通常低于 40%）的薪酬结构类型。这种模式通常应用于处于成熟阶段、着力于保持利润的企业，以及同公司业绩关联度较低的岗位，比如行政助理岗位、财务岗位、人力资源管理岗位等。

调和型模式指的是固定薪酬比例和浮动薪酬比例持平、通常是各占 50%或者差别不大的薪酬结构类型。这种模式通常应用在经营状况较稳定的企业，以及公司业绩的关联度和岗位人员的能力素质要求并重的岗位，比如技术研发岗位、生产工艺岗位等。

这三种纵向的薪酬结构策略的比较具体如表 2-4 所示。

表 2-4　　高弹性模式、高稳定模式和调和型模式的比较

类型 比较	高弹性模式	高稳定模式	调和型模式
优点	对员工的激励性较强	给员工的安全感较强	兼有前两者优点
缺点	给员工的压力较大	对员工的激励性较差	兼有前两者缺点
激励效应	较强	较弱	中
员工忠诚度	较弱	较强	中
员工压力	较大	较小	中

3. 制定薪酬策略的考虑要素

制定薪酬策略是薪酬管理后续设计薪酬体系和执行薪酬管理的基础。企业在选择和制定薪酬水平策略和薪酬结构策略时，需要综合考虑的因素有：

（1）企业所处的外部环境。企业的外部环境一般包括宏观环境，如政治法律环境、经济环境、社会文化环境、自然环境和技术环境等，和微观环境，如企业所在的行业和市场的行业结构、产业生命周期、市场结构、市场需求等。企业在制定薪酬策略时，需要考虑当地最低工资的规定、法定福利的规定等，也需考虑同行业竞争对手或行业领头企业的薪酬策略。

（2）企业战略和人力资源战略。薪酬策略的制定应以企业战略和人力资源战略为根据。如某个正处于快速成长期的科技创新型公司，可采取市场领先的薪酬水平策略，在薪酬结构上，采取以高弹性模式为主，将浮动薪酬与员工绩效和企业业绩直接挂钩的做法，可以更好地聚拢人才、激发人才的积极性。

（3）企业文化与企业内部环境。薪酬策略的选择同样要顺应企业文化和企业的内部环境，才能保证其顺利实施。

2.5.3　薪酬调查

企业要提高自身薪酬的市场竞争力，首先需要通过市场薪酬调查获取相关的信息。另外，企业还需定期了解内部员工对薪酬的满意度和期望值，从而进行内部薪酬调查。无论哪一种薪酬调查，都需要遵循调查准备、调查实施和数据分析等模式化的技术规范。

2.5.3.1　薪酬调查的目的和原则

薪酬调查是指通过各种正常的手段来获取相关企业各职务的薪酬水平及相关信息。对薪酬调查的结果进行统计和分析是企业的薪酬管理决策的有效依据。薪酬调查的目的是充分了解和掌握企业内、外部的各种薪酬的影响因素，包括劳动力市场上人才竞争与供给状况、各行业的薪资水平、其他企业所设立的薪酬福利保险项目、企业内部员工对薪酬的满意度和期望值等，以确保企业的薪酬制度对外具有竞争性。

在进行薪酬调查时，要注意以下几点原则：

首先，要在被调查企业或员工自愿的情况下获取薪酬数据。由于薪酬管理政策及薪酬数据在许多企业属于企业的商业秘密，不愿意被其他企业了解，所以，在进行薪酬调查时，要取得被调查企业的同意，本着双方互相交流的精神，协商调查事宜。同样，被调查员工如果不是出自自愿原则参加调查，就难以保证薪酬调查结果的真实性。

其次，调查的资料要准确。由于很多企业对本企业的薪酬情况都守口如瓶，所以，有些薪酬信息很可能是道听途说得来的。这些信息往往不全面，有些甚至是错误的，准确性较差。另外，在取得某岗位的薪酬水平的同时，要比较一下该岗位的岗位职责是否与本企业的岗位职责完全相同，不要因为岗位名称相同就误以为工作内容和工作能力要求也一定相同。

最后，调查的资料要随时更新。随着市场经济的发展和人力资源市场的完善，人力资源的市场变动会越来越频繁，企业的薪酬水平也会随企业的效益和市场中人力资源的供需状况的变化而发生变化。所以，薪酬调查的资料要随时注意更新，如果一直沿用以前的调查数据，很可能会做出错误的判断。

2.5.3.2 外部薪酬调查的范围

外部薪酬调查要考虑以下因素。

1. 区域选择

薪酬调查的区域选择主要考虑以下原则：

(1) 根据调查的目的，选择调查区域。如提升自己企业的竞争力，可以调查企业所在区域。

(2) 根据企业的大小、规模和组织形式，选择调查区域。如一个跨国公司，他们要调整薪酬结构和薪酬水平，就不能仅仅了解总部所在区域的情况，还需要了解各个分支机构所在区域的情况。

(3) 要考虑可操作性和经济性。调查范围大小要考虑经济性和可操作性。如一家区域性的公司调查的区域就不需要跨国。

2. 行业选择

薪酬调查的行业选择，首先是要调查企业所在的本行业的情况，其次还要调查与企业有关联关系的上下游行业，尤其是企业人员流动的方向行业，更应加倍关注。

3. 企业选择

调查企业的选择。选择行业里的标杆企业、与自己规模和发展阶段比较接近的企业及该行业成长比较快的企业。

4. 岗位选择

调查岗位的选择。选择关键性岗位，关键性岗位的确定原则与岗位评价的关键性岗位确定原则相同。

5. 时段选择

调查时段的选择。选择一个薪酬支付周期甚至更长。若时段选择不当，则不具有可比性，甚至会误导企业的定位等。

6. 内容选择

薪酬调查的内容，不仅要有经济性薪酬，还要了解非经济性薪酬；不但要调查短期薪酬，还要关注长期薪酬。要全面掌握被调查基准岗位的薪酬基本信息。

2.5.3.3 外部薪酬调查的方式

(1) 企业之间的相互调查。由于我国的薪酬调查系统和服务还不完善，最可靠和最经济的薪酬调查渠道是企业之间的相互调查。相关企业的人力资源部门可以采取联合调查的形式，共享相互之间的薪酬信息。

这种相互调查是一种正式的调查，也是双方受益的调查。调查可以采取座谈会、问卷调查等多种形式。

(2) 委托专业机构进行调查。在北京、上海和沿海一些城市均有提供薪酬调查的管理顾问公司或人才服务公司。通过这些专业机构调查会减少人力资源部门的工作量，省去企业之间协调的费用。但它需要向委托的专业机构支付一定的费用。

（3）从公开的信息中了解。有些企业在发布招聘广告时，会写上薪金待遇，调查人员稍加留意就可以了解这些信息。另外，某些城市的人才交流部门也会定期发布一些岗位的薪酬参考信息，同一岗位的薪酬信息一般分为高、中、低三档。由于它覆盖面广、薪酬范围大，所以，对有些企业并没有意义。

从其他企业到本企业来的应聘人员也可以了解该企业的薪酬状况。

2.5.3.4　外部薪酬调查方法

外部薪酬调查的方法多种多样，常用的主要有三种：文案调查法、访谈法、问卷调查法。

1. 文案调查法

文案调查法又称资料查阅法、间接调查法、资料分析法或室内研究法。它是利用企业内部和外部各种现有的信息、情报，对调查内容进行分析研究的一种调查方法。对于薪酬调查来说，企业可以利用统计部门、各级各类政府主管部门等发布的信息了解 GDP、CPI、就业率等宏观经济数据和地区薪酬水平，通过行业协会公布的信息、业内权威期刊、竞争对手的年报和网站来了解行业薪酬水平、人才需求状况、竞争对手薪酬动态，还可以借助人力资源专业机构提供的薪酬报告来了解相关的薪酬信息。文案调查法有耗时少、成本低、信息量大、不受时空限制但可经常进行调查的优点，也有它内在的不足，例如信息滞后，而且公开的信息很难完全吻合企业的调查目的，特别是像薪酬这类关于企业成本的信息，任何一个企业是不可能公开。文案调查法在薪酬调查中主要起到提供相关背景信息的作用。

在使用文案调查法时需要注意的事项有：

（1）信息的时效性，如今资料的时效在缩短，只有反映最新情况的资料才是价值最高的。

（2）信息的准确性，因为来自不同渠道的信息会有所差异，最好是选用高级别、官方性质的资料来源。

（3）对调查人员进行专业培训，使他们能准确地收集和科学地加工所获资料。

2. 访谈法

访谈法是询问被访谈对象以获得企业感兴趣的东西。访谈可以是结构性的和非结构性的，可以是面对面的，也可以通过电话、网络进行。访谈法最大的优点是可以获得关于被访谈者高质量和深入的信息，信息的可信度和可靠度都很高，但是成本高，样本最小，所以适用于自浅入深的问题，或复杂的问题。如，询问被调查者“你认为薪酬调整的依据是什么”，当被调查者回答后，可以继续追问“为什么”。

访谈法要取得好的效果，需要做好下面几方面的工作：

（1）拟定访谈提纲。提纲反映了读者的目的以及需要获得信息的类型，它罗列了访谈的问题和主要内容。

(2) 培训访谈人员。访谈人员专业素质和人际交往能力的高低直接影响到访谈信息的质量,甚至是访谈的成败。访谈人员要对访谈的目的、内容有全面、透彻的理解,把握询问技巧、沟通技巧、访谈中可能出现问题的处理技巧等。

(3) 要对被访谈对象事前有初步了解。这样不仅有利于双方建立信任关系,而且能够比较快获得有价值和可靠的信息。

3. 问卷调查法

问卷调查法是薪酬调查中最常采用也是最有效的一种方法。它的特点是成本相对较低,样本的数量比较大,可以全面涉及企业需要了解的薪酬问题,被调查者在填写问卷的时候受干扰的程度较小等。但是,问卷的问题设计如果不明确、用词含糊,使被调查者难以回答或不回答,或者问卷过于冗长使得被调查者不愿花太多时间认真填写,都将影响问卷数据的可靠性,因此,问卷的设计质量直接关系到调查结果的可信度和有效性。

问卷设计主要注意以下几点:

(1) 简洁、简明为总体原则。问卷的问题应该只包括企业想要了解的内容,突出主要想了解的信息,这不仅节约被调查者的时间,使他们乐意接受调查,而且便于企业收集数据。简明的问卷可以使问题得到很好的界定,不至于让被调查者产生歧义或难以回答。

(2) 尽量使用现成的量表。现成量表不仅节约了问卷设计的时间,更大的好处是它的信度和效度得到了很大的保障。如可以采用 Hackman 和 Oldman(1975)设计的工作诊断问卷(JobDiagnostic survey, JDS)来测量工作设计及其对员工的影响。

(3) 问题的设计应该多使用封闭性问题,以方便数据统计。开放性问题多用于在对问题还没有一个明确的认识,需要作一般性了解的情况下进行。比如:你认为公司的薪酬政策对你的工作造成了什么样的影响?

2.5.3.5 外部薪酬调查内容

外部薪酬调查是在明确薪酬调查的目的、选择基准企业和基准岗位的范围后。外部薪酬调查的内容不是越多越好,也不是简化就好,要根据薪酬调查的目的、企业需求和成本综合考虑。不同公司的相似岗位也许薪酬水平相近,但是可能企业所在的城市消费水平不同、该岗位开展工作的复杂程度不同、薪酬组成的结构比例不同、提供的长期激励不同、薪酬政策不同、提供的物质或非物质福利不同等。这些因素都会影响薪酬调查结果的分析。

因此,薪酬调查的维度不应仅限于薪酬水平,为了增加调查结果的有效性,还需要将对标企业信息、岗位信息以及包括薪酬水平在内的所有薪酬信息进行综合统计、汇总和分析。

1. 企业信息

企业信息可以参考基准企业的选择过程,需要了解的信息包括对标企业所属地域和行业、股权情况、财务状况、职工情况、经营面积、组织机构、部门设置、管理模式、运营流程、汇报层级等。了解企业员工情况时,除了员工人数,还可以包括员工整体教育背景、平均工作年限，技术人员占比等。

2. 岗位信息

岗位信息可以参考基准岗位的选择过程，需要了解的信息包括岗位名称、具体工作内容、工作职责、任职要求、上下级关系、岗位等级、管理幅度、开展工作的难易程度、工作环境等。获取对标企业的岗位说明书，有助于快速获取这些信息。

3. 薪酬信息

根据薪酬调查的目的，可以收集的薪酬信息包括以下内容：

(1) 薪酬水平。薪酬水平的信息是薪酬调查中最简单的数据收集形式，主要包括每月、每季度或每年的应发或实发工资。根据数据计算出不同的分位值作为薪酬分析的依据。单纯以岗位薪酬水平为依据进行薪酬调整具有一定的局限性，还应考虑其他因素。

(2) 薪酬结构。如果想通过薪酬调查调整和优化薪酬结构，则需要进一步调查的薪酬信息包括不同岗位每月的薪酬组成，包括但不限于无责任底薪、岗位津贴、浮动工资、绩效工资、提成工资、季度/年度奖金等项目的具体数额以及各部分所占的比例。

有时候两个公司相似岗位的薪酬水平类似，但是 A 公司该岗位薪酬水平中无责任底薪占比为 30%，浮动工资占比为 70%，能不能拿满浮动工资和个人的绩效相关，B 公司该岗位薪酬水平中无责任底薪占比为 80%，浮动工资占比为 20%，绩效达标即可拿满浮动工资。两个相似的岗位拥有两种截然不同的薪酬结构，显然不能简单地通过薪酬水平作判断。

(3) 长期激励。对于中高层岗位和一些关键岗位，除了要调查短期的薪酬水平和薪酬结构外，还应调查是否存在长期的薪酬激励措施，比如股票期权、虚拟股票、股票分红等长期激励计划。

有的公司为了留住关键岗位人才采取了股权激励计划，尽管这些岗位的年薪保持在行业 50 分位值的水平，但股票期权市值在行业中保持领先地位。这种情况一定要纳入薪酬调查的考虑范围，否则调查结果和分析将不能够反映实际情况。

(4) 薪酬政策。如果薪酬调查的成本允许，除了岗位薪酬的现状之外，还应从整体的薪酬政策角度了解对标企业的薪酬状况。获取对标企业的薪酬管理制度，有助于快速获得这类信息。

有的公司各岗位薪酬水平较低，但是公司薪酬政策规定：每年的经营状况达到某个标准时，薪酬至少普调 10%；绩效达到某个标准时，薪酬可调整 20%。计算下来，该公司新员工入职薪酬水平较低，但正常运转 5 年后，该员工薪酬水平至少比入职时增加 60%。

(5) 福利体系。福利体系同样是人力资源费用的重要组成部分，福利的组成和结构影响着对薪酬调查结果的分析。福利体系除了基本的休假日福利外，还有培训机会、福利分房、无息贷款、补充保险、弹性工作制、子女教育以及一些非货币性的福利相关计划。

为了留住人才，有的企业让薪酬水平保持在市场平均或较低水平，但是把福利体系保持在市场领先水平。比如有的企业对部分岗位实行福利分房，工作满一定年限，就可以获得该房屋的所有权。

2.5.3.6 内部薪酬调查方法

内部薪酬调查是指企业为了解企业员工对薪酬的满意程度、对薪酬的期望值等而进行的内部调查，是员工满意度调查的重要内容之一。通过薪酬满意度调查，可以掌握员工对企业薪酬内部公平性的认识和看法，并了解员工对未来薪酬的期望。

一般来说，内部薪酬调查的范围应涉及全公司，覆盖公司全体人员。

内部薪酬调查的方法通常为问卷调查法。由于内部薪酬调查往往侧重于薪酬满意度的调查，因此在设计内部调查问卷时，应与外部调查问卷有所区别，在以下方面加以注意：

（1）内部调查问卷问题以询问员工主观第一感受为主。

（2）内部调查问卷中，问题的答案选项不宜过多，一般以满意程度高低为标准设置3～5个选项。

（3）为提高员工填写问卷的效率，应在问卷中写明填表须知和注意事项；也可组织员工集中填写调查问卷，在正式填写前予以填表的指导讲解，但应避免对员工填表的独立性和自愿性产生影响。

（4）在正式实施内部调查前，可请几位员工试填问卷，以及时改进调查问卷。

2.5.3.7 内部薪酬调查内容

内部员工薪酬调查可以包括以下内容：

（1）对薪酬水平的满意度包括：①员工认为目前的薪酬水平与自身所处的位置和阶段是否匹配。②员工认为目前的薪酬水平能否满足自身或家庭日常生活的基本需要。③员工认为公司薪酬水平与外部市场水平相比是否具备竞争力。

（2）对薪酬公平性的满意度包括：①员工认为薪酬的内部分配是否公平，是否存在相同岗位、相同级别的付出和回报不成比例，同岗不同酬的情况。②员工认为岗位的薪酬设置是否公平，是否存在不同岗位对公司的贡献和价值与其所取得的薪酬不成比例的情况。③员工认为公司分配机制的运行是否公平公正。

（3）对薪酬导向性的满意度包括：①员工认为公司的薪酬制度是否完善，制度中的分配依据是否科学、充分、合理。②员工认为公司的薪酬制度对外部人才的吸引力如何。③员工认为公司员工的离职是否大部分原因是因为薪酬。

（4）对薪酬激励性的满意度包括：①员工认为公司的整体效益和员工薪酬的关系是否密切。②员工认为公司目前的薪酬是否能够起到激励作用。

（5）对薪酬清晰度的满意度包括：①员工认为公司对薪酬收入的计算是否清晰明了。②员工认为公司是否应该对薪酬保密，或者应该保密到什么程度。

(6) 对薪酬可信度的满意度包括：①员工认为公司是否总是能够在规定的时间内及时、准确地发放自己应得的薪酬。②员工认为当对薪酬相关事宜提出异议时，是否能及时得到满意的答复。

根据内部调查侧重点不同、公司具体情况不同，公司可以从以上维度中选择不同的薪酬调查维度完成公司需求的调研问卷。内部薪酬调查也可以和公司整体的员工满意度调查一起做，在调查员工对薪酬满意度的同时，可以调查员工对工作环境、工作氛围、上下级关系、工作和生活平衡等其他事项的满意度。

2.5.3.8 薪酬调查的程序

实施薪酬调查一般来讲分为六个步骤，即确定调查目的、确定基准岗位、确定调查范围、确定调查内容、选择调查方式、整理和分析调查数据。

1. 确定调查目的

首先弄清楚调查的目的和调查结果的用途，然后再制订调查计划。一般而言，调查的结果可为以下工作提供参考和依据：整体薪酬水平的调整，薪酬结果的调整，薪酬晋升政策的调整，某具体岗位评价薪酬水平的调整等。

2. 确定基准岗位

薪酬调查要重视选择基准岗位，从外部市场获取有关这些岗位的薪酬信息。之所以要进行这种选择，是基于两方面的考虑：其一，部分岗位可能是企业独有的，对这些岗位进行调查是没有意义的；其二，节约成本。因此，基准岗位必须是企业内具有代表性的岗位，同时也是行业内普遍存在的通用岗位。

进行薪酬调查时，应选择达到目的所必需的尽可能少的企业和岗位。调查越复杂，可能参加调查的企业越少。选择薪酬调查的岗位通常使用基准岗位确定法。

基准岗位通常具有以下特征：

(1) 岗位内容众所周知、相对稳定，且得到从事该岗位员工的广泛认可。

(2) 这些岗位的供求相对稳定，且不受最近变化的影响。

(3) 这些岗位能代表当前所研究的完整的岗位结构。

(4) 这些岗位上有相当数量的劳动力被雇用。

一般而言，薪酬调查的对象仅包括基准岗位。在调查中应包括基准岗位的描述，以便使用调查结果的企业能把本企业中的岗位与所调查的岗位相比较。

3. 确定调查的范围和对象

根据调查的目的，可以确定调查的范围。调查的范围主要确定以下问题：一是需要对哪些企业进行调查；二是需要对哪些岗位评价进行调查；三是需要调查该岗位评价的哪些内容。

确定调查的范围和对象这个问题重点归结为相关劳动力市场的界定。企业的相关劳动力市场就是与本企业竞争员工的其他企业。这些企业包括同一行业的企业和同一地域具有类似岗位的企业。

在选择调查对象时，还要注意对象的规模大小。薪酬调查包括多少企业没有一个统一的规定。采取领先型薪酬策略的大企业一般仅与几个(6～10个)支付高薪酬的竞争对手交换数据。由2～3人负责的小型组织一般仅调查小的竞争对手。咨询公司进行的全国性调查一般超过100家企业。咨询公司为其客户经常承诺特殊分析，根据所选的行业、地理区域或薪酬水平来报告薪酬率(如最高的10%)。

4. 确定调查的内容和项目

调查的内容和项目通常是在调查问卷、调查表中显示的，包括企业信息、岗位基本信息、薪酬要素信息、调查对象基本信息、任职者基本信息、岗位的总体薪酬结构和水平等。

企业资料通常包括财务信息、企业规模和组织结构。主管岗位或更高岗位的调查还要包括详细的财务和报表之间关系的资料。要包括这些附加资料的原因是这些岗位的薪酬与企业财务业绩的关系更为直接。集团公司的规模可以简单地用营业额或收入来衡量。

调查时薪酬的所有基本形式都应包括在总薪酬数据内，以便比较总薪酬的异同，并且准确地评价竞争对手的薪酬情况。例如，越来越多的企业在支付基本工资的同时，还支付各种各样的变动工资。

薪酬调查中最重要的资料是支付给在职者的实际薪酬率。全部工资报酬、工作日长短、最后增资的日期和幅度、红利及激励工资都应包括在内。

5. 选择调查方法

确定了调查目的和调查范围，就可以选择调查方法了。

采集薪酬数据常用两种基本的方法：访谈(面谈或电话)和邮寄调查问卷。通常调查的目的和采集数据的详细程度决定方法的选择。特殊研究或对比检验经常使用电话访谈法。邮寄问卷法是最常用的方法。

一般来讲，首先可以进行企业之间的相互调查，与相关企业的人力资源部门进行联系，或者通过行业协会等机构进行联系，促成薪酬调查的开展，或者委托专业机构进行调查。具体的调查方法普遍采用的是问卷法和座谈法(也称面谈法)。如果采取问卷法要提前准备好调查表。如果采取座谈法，要提前拟好问题提纲。

6. 整理、修正和分析调查数据

在进行完调查之后，要对收集到的数据进行整理、修正和分析。

整理、修正数据的第一步通常是核对岗位相匹配的程度。调查数据中会包括岗位描述。但是，尽管岗位描述十分匹配，也并不意味着各个公司认为同一岗位的价值相同，或者是它们的薪酬决策参考的是哪个岗位。

如果岗位描述相似但不相同，调查的数据根据相似的匹配很集中，那么可以根据匹配程度重新衡量。这种技巧称为调查数据的修正。如果所调查的岗位承担更大的责任，分析人员可以调整数据(比如乘以 0.8)来使企业的岗位更具有可比性。反之,调查的数据也可以提高。例如,如果认为本企业的程序员岗位比调查中所描述的岗位承担的责任稍大一点,也可以把查得的平均薪酬数据乘以 110%。

在整理中要注意将不同岗位评价和不同调查内容的信息进行分类,并且在整理的过程中要注意识别是否有错误的信息。最后,根据调查的目的,有针对性地对数据进行分析、修正和调整,形成最终的调查结果。

2.5.3.9　薪酬调查结果分析

常用的对薪酬调查结果的分析方法有集中分析法、离散分析法、频率分析法等。这些方法难易程度不一,分别适用于不同的薪酬调查结果。

1. 集中分析法

集中分析法是指将一组数据所趋向的中心数值进行量化的过程,即找出薪酬调查所取得的一系列数据中的中心数据。这种方法比较简单、直观、适用范围较广。集中分析法具体又可分为以下方法:

(1) 简单平均值法。简单平均值法是直接算出一组薪酬调查结果的平均值的方法。具体公式如下:

$$调查结果平均值 = \sum(调查结果) \div 调查个数$$

【例 1】 某公司对某岗位进行薪酬调查,所取得的 5 家公司的 10 个薪酬数据如表 2-5 所示。

表 2-5　　某公司某岗位薪酬调查结果(简单平均值法)

薪酬(元)	公司 A-结果 1	公司 A-结果 2	公司 B	公司 C-结果 1	公司 C-结果 2	公司 D-结果 1	公司 D-结果 2	公司 E-结果 1	公司 E-结果 2	公司 E-结果 3
调查结果	9 500	7 750	18 750	11 250	10 250	15 500	13 500	9 750	10 000	10 250

则该岗位的薪酬的简单平均值=(9 500+7 750+18 750+11 250+10 250+15 500+13 500+9 750+10 000+10 250)÷10=11 650(元)

简单平均值法的优点是计算简单,缺点是有时会受到异常偏离的数据的影响。因此有时候会将过于偏离中心值的最大值和最小值先予剔除,再进行计算。

如上述案例中,剔除最大值和最小值后,该岗位的薪酬的简单平均值=(9 500+11 250+10 250+15 500+13 500+9 750+10 000+10 250)÷8=11 250(元)

(2) 加权平均值法。加权平均值法是对调查所取得的调查结果赋予不同的权重值后,再计算平均值的方法。通常采用同一数据结果的规模个数作为其权重值,用以体现该数据结果对平均值的影响大小。具体计算公式如下:

$$调查结果平均值 = \sum(调查结果 \times 该结果的个数) \div \sum(所有调查结果个数)$$

【例 2】 某公司对某岗位进行薪酬调查，所取得 5 家公司的 20 个薪酬数据如表 2-6 所示。

表 2-6　　某公司某岗位薪酬调查结果(加权平均法)

薪酬(元/月)	公司 A-结果 1	公司 A-结果 2	公司 B	公司 C-结果 1	公司 C-结果 2	公司 D-结果 1	公司 D-结果 2	公司 E-结果 1	公司 E-结果 2	公司 E-结果 3
调查结果	9 500	7 750	18 750	11 250	10 250	15 500	13 500	9 750	10 000	10 250
同一薪酬人员	1	2	1	2	1	2	2	2	5	2

则该岗位的薪酬的加权平均值＝(9 500×1＋7 750×2＋18 750×1＋11 250×2＋10 250×1＋15 500×2＋13 500×2＋9 750×2＋10 000×5＋10 250×2)÷(1＋2＋1＋2＋1＋2＋2＋2＋5＋2)＝11 225(元)

与简单平均值法相比，加权平均值法考虑了规模因素，更具备科学性和准确性。当然，在应用加权平均值法时，也应注意是否存在与中心值产生异常偏离的数据，也可以采用剔除最大值和最小值等方法来消除这些异常数据的影响。

(3) 中位值法。中位值法是将调查数据结果按顺序排列后，找出中间位置数值的方法。如果数据个数是奇数，则取中间位置的数字；如果数据个数是偶数，则取处于中间位置的两个数的平均数。

例如上述[例 1]中，将调查数据排序后，处于中间位置的两个数值均为 10 250，则其中位值＝(10 250＋10 250)÷2＝10 250(元)

这种方法的优点是能够自然剔除所有偏离中心数值的调查结果的影响，缺点是准确度较低。

2. 离散分析法

离散分析法是分析和衡量一组调查数据远离其中心值的程度，即离散程度的方法。在薪酬调查结果分析中，常用的方法有百分位法和四分位法。

(1) 百分位法。百分位法是指把薪酬调查的所有结果数据由高到低排列后分成 100 份。用 N 分位值表示有 N%的数据小于此数值。如当 N 为 100 时，表示有 100%的数据小于此数值，即 100 分位值就是这组数据中的最大值；当 N 为 90 时，表示有 90%的数据小于此数值；当 N 为 50 时，表示有 50%的数据小于此数值……当 N 为 0 时，表示有 0%的数据小于此数值，0 分位值就是这组数据中的最小值。

在薪酬调查中，运用百分位法确定的数据主要为 90 分位值、75 分位值、50 分位值、25 分位值和 10 分位值，它们分别反映了市场的高端水平、较高端水平、中等水平、较低端水平和低端水平。

百分位法的具体计算过程如下：①将薪酬调查结果数据由高到低进行排列，得出数

据项数 M 项。② 找出 N 分位值所在的点位 X，$X=(M+1)\times N\%$。③ 确定 X 点位在这组数据中所对应的数值：如果 X 为整数，N 分位值即这组数据中由小到大的第 X 个数据；如果 X 为分数，其整数部分为 X_1、小数部分为 X_2，则 N 分位值 =[由小到大的第 X_1 项数据 $\times(1-0.X_2)$] + [由小到大的第 (X_1+1) 项数据 $\times 0.X_2$]

【例 3】 某公司对某岗位进行薪酬调查，所取得的 20 个薪酬数据如表 2-7 所示。

表 2-7　　某公司某岗位薪酬调查结果(百分位法)　　单位：元

项数	薪酬调查结果	项数	薪酬调查结果	项数	薪酬调查结果	项数	薪酬调查结果
20	21 500	15	19 760	10	16 000	5	10 250
19	21 020	14	19 300	9	15 500	4	10 000
18	20 400	13	18 750	8	13 500	3	9750
17	20 000	12	18 500	7	11 250	2	9500
16	19 800	11	17 250	6	10 500	1	7 750

这组数据的 90 分位值、75 分位值、50 分位值、25 分位值和 10 分位值可按百分位法确定如下：①数据总项数为 20 项；

② 90 分位值：

90 分位值所对应的点位 =(20+1)×90% =18.90

第 18 项对应的值为 20 400，第(18+1)即第 19 项对应的值为 21 020，因此

90 分位值 =20 400×(1−0.9)+21 020×0.9=20 958(元)

③ 75 分位值：75 分位值所对应的点位 =(20+1)×75% =15.75

第 15 项对应的值为 19 760，第(15+1)即第 16 项对应的值为 19 800，因此

75 分位值 =19 760×(1−0.75)+19 800×0.75=19 790(元)

④ 50 分位值：50 分位值所对应的点位 =(20+1)×50% =10.50

第 10 项对应的值为 16 000，第(10+1)即第 11 项对应的值为 17 250，因此

50 分位值 =16 000×(1−0.5)+17 250×0.5=16 625(元)

⑤ 25 分位值：25 分位值所对应的点位 =(20+1)×25% =5.25

第 5 项对应的值为 10 250，第(5+1)即第 6 项对应的值为 10 500，因此

25 分位值 =10 250×(1−0.25)+10 500×0.25=10 312.50(元)

⑥ 10 分位值：10 分位值所对应的点位 =(20+1)×10% =2.10

第 2 项对应的值为 9 500，第(2+1)即第 3 项对应的值为 9 750，因此

10 分位值 =9 500×(1−0.1)+9 750×0.1=9 525(元)

根据百分位法分析，这次薪酬调查结果揭示的劳动力市场上该岗位薪酬的高端水平、较高端水平、中等水平、较低端水平和低端水平分别为 20 958 元/月、19 790 元/月、

16 625 元/月、10 312.50 元/月和 9 525 元/月。

百分位法能够直观地揭示劳动力市场中不同水平的薪酬数值，以及本公司薪酬水平在劳动力市场中所处的地位。

(2) 四分位法。四分位法与百分法的原理相似，不同之处在于四分位法是把所有结果数据由高到低排列后分成 4 组数据，每组数据中包含数据总数的四分之一(25%)。四分位法也有分位值，此处用 Q 表示，Q 值可以是从 0～4 的任意整数，所以四分位法分出的值理论上可以有 5 个。

当 $Q=4$ 时，代表样本数据的最大值。

当 $Q=3$ 时，代表样本数据的 75 分位值。

当 $Q=2$ 时，代表样本数据的 50 分位值。

当 $Q=1$ 时，代表样本数据的 25 分位值。

当 $Q=0$ 时，代表样本数据的最小值。

3. 频率分析法

频率分析法是统计薪酬调查结果薪酬数据在不同区间出现频率的方法。这种方法可用于企业确定劳动力市场上出现频率最高的薪酬水平区间。

【例 4】 某公司对某岗位进行薪酬调查，所取得的 20 个薪酬数据在不同区间内出现的频率如表 2-8 所示。

表 2-8　　某公司某岗位薪酬调查结果频率分析

区间范围(元/月)	出现次数	出现频率
7 000～7 999	2	10%
8 000～8 999	0	0
9 000～9 999	3	15%
10 000～10 999	8	40%
11 000～11 999	2	10%
12 000～12 999	0	0
13 000～13 999	2	10%
14 000～14 999	0	0
15 000～15 999	2	10%
16 000～16 999	0	0
17 000～17 999	0	0
18 000～18 999	1	5%
合　计	20	100%

除了上述几种常用的数据分析方法，企业还可以运用借助数据处理软件、电子图表等工具，能更方便、更直观、更形象地处理和呈现薪酬调查结果。

2.5.4 工作分析

工作分析是人力资源管理中的一项基础性工作，是构建现代企业制度的重要前提和基础。它的重要作用在于通过岗位测定和分析，不断对岗位进行重新设计和分析，推动各岗位在组织中合理配置，促进组织的科学化，保证生产过程尽可能均衡、协调地进行。实现劳动力与生产要素配置的合理化、科学化，有利于节约生产成本、提高劳动生产率。

2.5.4.1 工作分析的概念

由于历史原因，目前国内对工作分析的称呼并不统一，有的叫工作分析，有的叫职位分析，有的叫职务分析，有的叫工作研究，有的叫岗位研究等。概念上的混乱给教学、研究、实践带来很多不便，一般来说，使用工作分析这一称呼是比较规范的。工作分析(Job Analysis)是指收集所有与职位相关的信息，以科学和系统的方法确定某职务的性质、职责、任务和要求，决定一项工作所应包含的工作项目及从事此项工作的必备知识、技术和能力，并提供与职务本身要求相关的其他信息。

在系统阐述工作分析的基本原理、原则和方法之前，必须明确工作分析所引用的各种概念以及与之相关的一些名词术语的含义。

行为：是指具体的动作。如锯木工锯木头前，从工具箱中拿出一把锯子。

任务：是指为了不同的目的所担负和完成的不同工作，即工作活动中达到某一工作目的的要素集合。任务是对某人做某事的具体描述，即安排一位员工所完成的一项具体工作。例如打文件、从卡车上卸货等，都是不同的任务。

责任：是指分内应做的事，即员工在职务规定的范围内应尽责尽职、保质保量地完成任务。

职责：是指某人在某一方面担负的一项或多项相互联系的任务集合，个体有义务完成这些任务。例如，人事管理人员的职责之一是进行工资调查。这一职责由设计调查问卷，把问卷发给调查对象，将结果表格化并加以解释，把调查结果反馈给调查对象等四项任务组成。

工作义务：是指履行特定任务和职责所必须承担的义务。

职位：又称岗位，是指某人所担负的一项或数项相互联系的职责集合，即一个人所要完成的一组任务。例如，一家公司的办公室主任，同时担负人事调配、文书管理、日常行政事务处理三项职责。在同一时间内，职位数量与员工数量相等。

职务：是指主要职责在重要性和数量上相当的一组职位的集合。职务是由责任、工作内容相似的一组职位构成的，其完成工作所需的条件一样。职务实际上与工作是同义的。

职业：是指不同的时间、不同的组织中，工作要求相似或职责平行(相似、相当)的职位集合。职业由具有共同特点的一组职务组成。

职业生涯：是指一个人在其生活中所经历的一系列职位、职务或职业的集合。

2.5.4.2 工作分析的作用

第一，工作分析是企业招收、选拔和使用员工的基本前提。工作分析所形成的文件，如工作说明书，对某类工作的性质、特征以及担任此类工作应具备的资格、条件做了详尽的说明和规定，这样就使组织人员在考评时，能够正确地选择考试科目和考核形式，避免了盲目性。

第二，工作分析为企业贯彻按劳分配原则、公平合理地支付劳动报酬提供了可靠的保证。企业员工劳动报酬的高低主要取决于其工作的性质、繁简难易程度、劳动强度、工作负荷和责任的大小以及劳动环境的优劣。而工作分析正是从这些基本因素出发，在建立了一套完整的评定指标体系和评定标准，并对各个岗位的相对价值进行衡量后，完成岗位分级等工作，这就有效保证了岗位和担任本岗位职责的劳动者与劳动报酬之间关系的协调和统一。

第三，工作分析为企业准确地编制劳动计划、核算成本提供了依据。工作分析完成以后，企业计划部门和财务部门对各个生产单位、职能科室的工作任务总量，以及人力资源的安排和使用，都有了较为精确的统计和计量，从而为企业劳动计划的编制，产品成本的核算提供了依据，大大提高了计划的可行性和成本核算的准确性。

第四，工作分析使企业员工明确了自己的职责，以及今后努力的方向，可以调动员工生产的积极性、主动性，提高劳动效率。工作分析的作用见表 2-9。

表 2-9　　工作分析的作用

招聘和选择员工	发展和评价员工	薪酬政策	工作和组织设计
·人力资源计划 ·识别内部劳动力 ·市场 ·招聘 ·选择 ·安置 ·公平就业机会 ·实际工作情况	·工作培训和技能发展 ·角度定位 ·员工前程计划 ·业绩考核	·决定工作的报酬标准 ·确保同工同酬 ·确保工作报酬差距公正合理	·工作设计/重新设计以提高效率 ·明确权责关系 ·明确工作族之间的内在联系

2.5.4.3 工作分析的内容

工作分析包括工作任务和职责分析、工作过程分析、工作投入产出分析、工作权限分析、工作关系分析、工作环境条件分析等。

1. 工作任务和职责分析

组织的战略发展目标和年度任务需要层层落实到部门，进而落实到个人的岗位上，这是逐步分解的过程。组织需要明确工作岗位的职责、需要完成什么任务、工作量是否饱满、员工是否有足够的资源在规定时间内完成工作任务和职责、岗位的上下左右关系、工作汇报关系是否合理明确、对该岗位的监督检查职责等问题。

2. **工作过程分析**

工作过程是指工作任务在岗位之间的上下左右连续进行的环节。必须明确从部门目标到工作任务分解到任务完成的过程，中间经过了什么环节，质量如何控制，最后的结果是否达到了预期。

3. **工作投入产出分析**

工作投入产出分析是指为了完成工作目标，要求在岗位上配置什么资格的员工能够最经济、最有效率地担负相应的工作职责，由此需要分析岗位承担者应该具备的专业能力、教育背景、工作经历、价值观念等基本素质，形成岗位规范和岗位任职资格。产出分析是指员工完成任务和职责的结果，表现为年度和项目的绩效，它是可以量化衡量的。

4. **工作权限分析**

工作权限分析是指根据权责利益一致的原则，应该明确岗位职责承担者的员工为了完成工作任务或者工作职责所需要的权限。

5. **工作关系分析**

工作关系分析是指组织中，各岗位之间有内在的联系，通过此种联系形成组织统一的岗位体系来承担完成组织的功能和目标，在组织结构图中，清晰地勾画出岗位之间的工作关系，即对上级的汇报关系、同级的协作关系、晋升发展路线、沟通协调的渠道等正式的组织关系。

6. **工作环境条件分析**

工作环境条件是指员工完成工作职责和任务时面临的特定环境和危险因素，它对员工承担工作岗位的职责的身体条件和组织应该提供的劳动保护条件提出了要求。

2.5.4.4 工作分析的流程

工作分析包括以下基本流程。

1. **明确工作分析的目的和任务**

工作分析主要是为撰写工作说明书做准备的。因此，应该首先列出目的、主要分析范围与工作大纲。

2. **收集足够的信息资料**

静态背景资料包括企业组织结构图、业务流程图、设备状态维护记录、设计图、培训记录和培训手册。动态资料包括使用观察法向员工了解工作的内容及其职责，使用职位分析问卷分析员工岗位价值等。

3. **工作现场调研**

通过现场调查熟悉现场的环境，了解员工使用的工具、设备、机械，工作条件以及主要职责。与岗位工作的实际担任者谈话，了解其履行此岗位所规定的各项任务。

4. **信息资料的分析**

由受过工作分析专业训练的人士对书面资料、现场观察与任职员工的谈话中获得的信息按照谈话、观察、问卷等不同方法的要求进行分析、归纳、整理。为了核实资料信息的真实完整性，需要反复与管理者和岗位任职者交流确认，并向组织报告。

信息资料包括下列内容：工作任务的描述，例如，工作任务是如何完成的，为什么要执行这项任务，什么时候执行这项任务，与其他工作和设备的关系，进行哪些工作的程序，承担这项工作所需要的行为有哪些；工作中使用的机器、工具、设备和辅助设施，例如，使用的机器、工具、设备和辅助设施的清单，应用上述各项加工处理的材料，应用上述各项生产的产品和完成的服务；工作条件方面的信息，例如，工作是在室内还是在户外，组织的有关情况，社会背景，工作进度安排，激励；对员工的要求，例如，与工作有关的特征要求，特定的技能和训练背景，相关的工作经验，身体特征，性格，兴趣，态度等。

5. 工作说明书的撰写

编制工作说明书。阐明工作描述和工作规范。与有关的管理者及任职人员讨论工作说明书是否完整、准确、清晰。

6. 根据工作说明书的使用情况，定期修改检查工作分析信息资料

具体的工作分析步骤应该根据所使用的分析方法和工具不同而有增减，不必拘泥于以上 6 个流程。

2.5.4.5 工作分析的方法

在进行工作分析时，收集工作分析信息的方法很多，每种方法都有自己的优缺点。任何一种方法都不能提供所需要的足够完整的信息，因此必须交错使用这些方法。常用的工作分析信息收集方法包括观察法、访谈法、问卷调查法、关键事件技术法、工作日志法、工作实践法和交叉反馈法等。

1. 观察法

观察法是指有关人员直接到现场，亲自对一个或多个工作人员的操作进行观察、收集，并以文字或图表记录有关工作的内容、任务，工作关系，人与工作的作用，工作环境、条件等信息。观察法对工作内容主要是由身体活动来完成的工作比较合适，对以脑力劳动为主的工作和处理紧急情况的间歇性工作不太合适。观察法采用的条件是事先准备观察提纲，向被测对象讲解观察法的意义，求得理解和配合。观察法与访谈法结合使用的效果比较好。

观察法工作分析的步骤如下：

第一步：初步了解工作信息。查看现有文件，形成工作的总体概念，即工作的使命、任务和作用及工作流程。准备一个初步的任务清单，作为面谈的框架。为数据收集过程中涉及的还不清楚的主要项目作一个注释。

第二步：进行面谈。最好是首先选择一个主管或有经验的员工进行面谈，因为他们了解工作的整体情况以及各项任务是如何配合起来的。确保所选择的面谈对象具有代表性。

第三步：合并工作信息。工作信息的合并是把以下各种信息合并为综合的工作描述：主管、工作者、现场观察者、有关工作的书面材料。在合并阶段，工作分析人员应该可以随时获得补充材料。检查最初的任务或问题清单，确保每一项都已经被回答或确认。

第四步：核实工作描述。核实阶段要把所有面谈对象召集在一起，目的是确定在信息合并阶段得到的工作描述的完整性和精确性。核实阶段应该以小组的形式进行。把工作描述分发给主管和工作的承担者。工作分析人员要逐字逐句地检查整个工作描述，并在遗漏和含糊的地方做出标记。

2. 访谈法

通过个别谈话或小组访谈形式，获取工作信息。面谈前要准备好详细的标准提纲，先由工作者本人对所从事工作的内容、目的、方法进行详细描述，再由上级纠正和补充，面谈过程中要做详细笔录。访谈法比较适合于工作复杂、无法直接观察和亲身实践的工作。访谈法的优点是能够直接迅速地收集大量工作分析资料，缺点是员工容易夸大承担的责任和工作难度，导致工作分析资料不能反映真实情况。

访谈法的形式主要有个别访谈法和群体访谈法两种。

(1) 个别访谈法。个别访谈法主要适用于各个员工的工作有明显差别、做分析的时间又比较充分的情况。

(2) 群体访谈法。群体访谈法适用于多个员工从事同样或相近工作的情况。应当注意的是，使用群体访谈法时，必须请这些工作的承担者的上级主管人员在场，或在事后向主管征求对收集到的材料的看法。

访谈法在实施过程中的步骤如下：

(1) 说明访谈的目的。必须能够使雇员充分地理解访谈的理由，这样他们才不会把访谈诠释为效率评估或薪金审计。大多数雇员对于涉及该信息应当被怎样加以使用的所有细节都不感兴趣。因此，访谈的目的可以被简明扼要地说成“我即将就你的工作访谈你，这样便可以写出一份工作描述”。

(2) 控制访谈。控制访谈要求该雇员用他自己的话描述该工作，详细地描述每项活动，针对自己不理解的术语提问题，要求雇员看自己不熟悉的表格或设备。访谈时应当遵守下述准则：①在时间和主题方面控制住访谈，如果雇员偏离了该题目，可以通过总结在此之前所收集到的信息把他们重新带回正确的话题上。②显示你对目前正在谈的事情由衷地感兴趣，与雇员做目光接触。③经常重述和总结自己认为雇员已经说过的主要观点。④不要对雇员所做的陈述提出异议。⑤不要苛求或试图提议雇员们在工作方法上做任何改变或改进。

(3) 记录访谈。在获得信息时，应当做好记录。记笔记代表一种方法，记笔记时应遵守以下准则：①在聆听雇员正在说的内容时记笔记。②使用某种类型的速记。③在访谈之后立即重写一次自己的笔记。

3. 问卷调查法

问卷调查法是工作分析中最常用的一种方法，其基本过程就是首先设计并分发问卷给事先选定的员工，要求其在一定的时间内填写，从而获取有关工作分析的相关信息。

在实施问卷调查法的时候，首先，必须明确要获取什么信息；其次，要将收集到的信息用问题的形式加以具体化，问题的表达方式要简练、准确，问卷提问的方式要符合员工的思维习惯。

在工作分析中应用的调查问卷可以分为很多种。首先，问卷可以分为普遍性问卷与特定问卷。前者所涉及的内容具有普遍性，适合于各种职务；后者则是针对特定工作职务而设计的。此外，问卷还可以分为职务定向问卷和人员定向问卷两种。职务定向问卷主要强调的是工作本身的条件和结果，人员定向问卷则侧重于了解员工的工作行为。一份只包含封闭式问题的调查问卷被称作一份工作分析清单，一份包含一系列任务陈述的清单被称作一份任务清单，一份包含一系列员工能力要求的清单被称作一份能力清单。工作分析清单要求答卷者按照每个项目对该工作的重要性来评定它，任务清单也要求获得关系到完成每项任务所花费的时间或频率的信息，而能力清单则着重于岗位对员工能力的要求。

问卷调查法的效果取决于问卷的结构化程度。问卷的结构化程度高，可以包括上百项工作职责的细节；问卷比较开放，可以简单地问"请叙述工作的主要职责"。最好是既有结构化问题，也有开放式问题。每个项目都应打分，以便汇总分析。

问卷调查法的优点是快速得到所需资料，节省时间和费用，抽样样本量可以比较大，资料可以数量化，通过计算机处理数据。缺点是设计调查表要花费时间、人力和物力，成本高，被调查者可能不认真反映真实情况，影响资料的质量。工作分析问卷见表 2-10。

表 2-10　　工作分析问卷

日期： 公司名称： 部门： 公司：	职位与职称等： 科室：	主管姓名：
1. 详细描述工作的主要职责		
2. 其他职责		
3. 请列举你所用的工具		
4. 做此工作需要何种教育背景？ □高中以下　□高中　□大专　□大专以上		
5. 从事此工作需要多少年相关经验？ □不需要经验　□3 个月以下　□3 个月到 1 年 □1 到 3 年　□3 到 5 年　□5 到 10 年		

（续表）

6. 你认为要做好此工作，需要多长的教育或时间？

□两周或少于两周　□6 个月　□两年　□3 个月　□1 年

7. 一般此工作需要什么监督？

□经常监督。除去不重要之差异，其余一并交由主管处置。

□每日几次即可，包括呈报，接受意见及指派工作，按照一定的方式与程序进行。例外事项尤应注意。

□偶尔。由于多数职务皆重复且互相牵连，因此只用规则与标准进行管制即可。对于不寻常的问题也要注意，而提供建议与采取行动。

□有限监督。工作一经指派后全权负责，虽有若干工作方法可供采用，不过不妨有自己的一套。

□确定大目标即可。评估工作，可用任何方式。重在整体效果。经常发展一些可获预期成果的方法。

□少量或没有直接监督。工作方法的选择、发展与协调只要在一般政策的范围内皆可任意行之。

8. 你所作的任何独立决策的范畴与性质

你认可的事项在生效前是否经常要经复核？如果要，由谁复核？

你拒绝的事项在生效前是否经常要经复核？如果要，由谁复核？

9. 本工作需要哪方面的才能？需要什么样的精神状态？

例如：

10. 在本工作中可能会产生哪些差错？

这些差错怎样被发现或检查到？

如果差错发生而不被发现，会发生怎样的后果？

11. 工作中，如何与他人保持联系：

□持续不断　□频繁　□偶尔为之

□其他部门的职工

□公司政策执行当局

□社会大众

□政府机关

□其他（请指出）____________________

请举出例子与说明目的

12. 请说明会导致疲惫的肌肉动作、身体移动、工作位置与姿势的改变。并估计每项原因的时间长短。

13. 请指出任何你不愿待的不良工作环境，如脏、嘈杂、湿漉漉、浊气、热度大、处在外面的气候、单调及危险事故等。

你每个月整晚开车的天数大约是多少？怎样安排？

每个月你大约要跑多少公里？

如果你负责他人的工作，请回答下列问题。

14. 请列举在你直接监督下的工作名称及所属人员的数目。

15. 请汇总由你指挥的下属数量。

填写人：

审核人：

职务：

4. 关键事件法

关键事件法又称关键事件技术，是指确定关键的工作任务以获得工作上的成功。关键事件是使工作成功或失败的行为特征或事件（如成功与失败、盈利与亏损、高效与低产等）。关键事件法是要求分析人员、管理人员、本岗位员工将工作过程中的“关键事件”详细地加以记录，在收集到大量信息后，对岗位的特征和要求进行分析研究的方法。

关键事件主要包括：导致事件发生的原因和背景，员工的特别有效或者多余的行为，关键行为的后果，以及员工自己是否能够支配或者控制上述后果。

关键事件法的主要优点是，将关注焦点集中在工作行为上，而且通过这种工作分析的方法可以确定行为的任何可能的利益和作用。但是，这种方法也存在缺点：首先，这种方法比较费时，需要花费大量的时间去收集那些关于关键事件的信息，并且加以概括和分类；其次，由于关键事件是那些能够显著影响到工作有效或者无效的事件，这样就遗漏了平均绩效成绩。也就是说，利用关键事件法，无法对中等绩效水平的员工的工作进行描述，从而无法完成全面的工作分析。

关键事件法的扩展是由工作任职者本人对职位所包含的各项任务、职责进行描述。每个职位包含若干职责（职能），每一个职责又包含若干任务。调查人员要求任职者对每一项任务写出反映三种不同技能水平的事例，每一事例中要包括主要事件的内容、在具体情景下的行为方式及后果。然后，根据任职者提供的信息，可以写出职位内容和要求。之后，再找另外一些任职者来回答他们实际上是否能够完成这些任务，完成的难度、概率、重要性如何。最后，形成职位规范。

5. 工作日志法

工作日志法又称工作写实法，要求各职位人员将工作时间内所有的活动和行为按照时间顺序如实记录下来，累积到必要时间量，作为工作分析的对象。工作日志法是指由工作者在一段时间内连续地每天记下工作的细节，包括时间、方法、工作内容、工作程序等，以此了解工作的性质。工作日志法的优点是直接得到第一手资料。此法与访谈法结合使用效果较好。工作日志填写实例见表 2-11。

表 2-11　　工作日志填写实例

5 月 29 日工作开始时间：8：30 工作结束时间：17：30

序号	工作活动名称	工作活动内容	工作活动结果	时间消耗（单位：分钟）	备注
1	复印	协议文件	4 页	6	存档
2	起草公文	贸易代理委托书	8 页	60	报批
3	贸易洽谈	玩具出口	1 次	40	承办
4	布置工作	对日出口业务	1 次	25	指示

（续表）

序号	工作活动名称	工作活动内容	工作活动结果	时间消耗（单位：分钟）	备注
5	会议	讨论东欧贸易	1 次	90	参与
6	请示	贷款数额	1 次	20	报批
7	计算机录入	经营数据	2 屏	60	承办
8	接待	参观	3 人	35	承办

上述五种工作分析信息收集方法的优缺点比较见表 2-12。

表 2-12　　工作分析信息收集方法优缺点

分析方法	优点和缺点	
观察法	优点	根据工作者自己陈述的内容，再直接到工作现场深入了解状况
	缺点	1. 干扰正常的工作行为或工作者心智活动 2. 无法感受或观察到特殊事故 3. 如果工作本质上偏重心理活动，则成效有限
访谈法	优点	1. 可获得完整的工作数据，免去员工填写工作说明书的麻烦 2. 可进一步使员工和管理者沟通观念，以获取谅解和信任 3. 可以不拘形式，访谈内容较有弹性，又可随时补充和反问，这是填表法所不能办到的 4. 收集方式很简单
	缺点	1. 信息可能受到扭曲——因访谈对象怀疑分析者的动机、无意误解或分析者访谈技巧不佳等因素而造成信息的扭曲 2. 分析项目繁杂时，费时又费钱 3. 占用员工工作时间，妨碍生产
问卷调查法	优点	1. 最便宜，且迅速 2. 容易进行，且可同时分析大量员工 3. 员工有参与感，有助于双方的了解
	缺点	1. 很难设计出一个能够收集完整数据的问卷 2. 一般员工不愿意花时间填表，因而，很少正确地填写问卷表
关键事件法	优点	1. 针对员工工作中的行为，能够深入了解工作的动态性 2. 由于行为是可观察、可衡量的，因而记录的信息应用性强
	缺点	1. 需花大量时间收集、整合、分类资料 2. 不适用于描述日常工作
工作日志法	优点	1. 可充分地了解工作，有助于主管对员工的面谈 2. 逐日或在工作活动后做记录，可以避免遗漏 3. 可以收集到最详尽的数据
	缺点	1. 主要收集描述性资料，分析性较弱 2. 需进行较长时间的资料收集

6. 工作实践法

工作实践法又称工作参与法，是指岗位分析人员直接参与某一岗位的工作，从而细致、全面地体验、了解和分析岗位特征及岗位要求的方法。

与其他方法相比，参与法的优势是可获得岗位要求的第一手真实、可靠的数据资料。获得的信息更加准确。由于分析人员本身的知识与技术的局限性，其运用范围有限，只适用于较为简单的工作岗位分析。

该方法只适用于短期内可掌握的工作，专业性不是很强的职位，不适用于需进行大量的训练或有危险性工作的分析。

7.交叉反馈法

交叉反馈法，即由工作分析专家与从事被分析岗位的骨干人员或其主管人员交谈、沟通，按企业经营需要，确定工作岗位；然后由这些主管人员或骨干人员根据设立的岗位，按预先设计的表式，草拟工作规范初稿；再由工作分析专家与草拟者和其他有关人员一起讨论，并在此基础上起草出二稿；最后由分管领导审阅定稿。访谈对象最好是从事比所需要了解岗位高一个层次的岗位工作的人员或从事该项工作的关键人员，这样反映问题比较全面、客观。

该方法的优点在于，工作规范描述准确，可执行性强；工作关系图、工作流程的描述相对清晰；能够较好地与实际工作相吻合。不足之处在于，所需花费的时间较多，反馈周期较长，工作任务量大。

这种方法适合于发展变化较快，或职位职责还未定型的企业。由于企业没有现成的观察样本，所以只能借助专家的经验来规划未来希望看到的职位状态。

2.5.4.6 工作说明书编制

工作说明书的编制，是对工作分析的结果加以整合以形成具有企业法规效力的正式文本的过程。工作说明书包括工作描述和工作规范两部分。

1. 工作描述

工作描述是指用书面的形式对组织中各类岗位（职位）的工作性质、工作任务、工作职责、工作关系与工作环境等工作特性方面的信息加以规范和描述的文件。工作描述应该说明任职者应做什么、如何去做和在什么样的条件下履行其职责。

2. 工作规范

工作规范又称岗位标准、任职资格，是指任职者要胜任该项工作所必须具备的资格与条件。说明一项工作对任职者在受教育程度、工作经验、知识、技能、体能和个性特征方面的最低要求，而不是最理想的任职者的要求。工作规范通常是工作说明书的重要组成部分，它与工作描述不同，关注的是完成工作任务所需的人的特质。

2.5.5 岗位评价

孔子说："丘也闻有国有家者，不患寡而患不均，不患贫而患不安。盖均无贫，和无寡，安无倾。”企业组织如国如家一样，若让自己的员工感觉分配不均，必将影响员工的积极性，从而影响组织的效率和竞争力。那么如何让员工感受到和认可岗位价值的内部一致就是非常重要的。基于工作分析基础上的岗位评价就是一个重要的手段。

2.5.5.1 岗位评价的含义

岗位评价又称职位评估或工作评价，是企业根据预先设定的岗位的难易程度、责任大小等标准对岗位的相对价值进行评价的过程。

岗位评价的目的是衡量企业内部每一岗位的价值，并建立各岗位价值间的相对关系。岗位评价的主要依据是工作分析的信息。

2.5.5.2 岗位评价的用途

岗位评价主要是用于设计薪酬结构，而不是用于评价任职员工的绩效。岗位评价的一般思路是：首先，列举某一岗位的要求及该职位对组织的贡献，然后，按职位的重要性对其进行分类。对不同岗位之间的相对价值进行评价，是岗位评价活动最基本的特征。当然，尽管岗位评价的主要目的是确定岗位的相对价值，但它还具有其他一些用途。

(1) 确定职位级别的手段：通过岗位评价，明确了岗位之间的相对价值大小，从而可以为岗位分级分等。

(2) 薪酬分配的基础：不同的岗位对应相应的薪酬；使岗位与岗位之间建立起一种联系，这种联系组成了企业整个的报酬支付系统；当有新的岗位时，可迅速找到该岗位的报酬标准。

(3) 员工确定职业发展和晋升的参照体系：企业内部建立起连续性的岗位等级，这些等级便于员工理解企业的价值标准，规划自己的职业生涯。

2.5.5.3 岗位评价的原则

(1) 评价的是岗位而不是岗位中的人(对岗不对人)。在评价过程中要规避因人不同而评价不同。

(2) 让员工积极地参与到岗位评价工作中来，容易让他们对岗位评价的结果产生认同。

(3) 岗位评价的结果应该公开。岗位评价的程序和结果要公开，这也是员工积极参与的前提。并且通过公开，使人们监督评价结果在诸多方面的使用。

(4) 要体现公司的战略发展方向。企业因战略发展方向的不同，会相应调整组织结构，必然会涉及工作岗位的价值变动，因而岗位评价要基于企业战略，体现企业的战略发展方向。

(5) 要兼顾合理性和可操作性。

2.5.5.4 岗位评价的流程

1. **工作分析**

(1) 确定企业战略和组织目标。

(2) 选择适当的分析方法进行工作分析。

(3) 确定工作分析的具体方面，通常包括职责、权限、任职资格和工作环境等。

(4) 形成系统、规范化文件，即岗位说明书。

2. **成立岗位评价小组**

评价小组履行以下职能：

(1) 确定 10～15 个关键岗位作为基准岗位，并进行岗位评价。

(2) 确定其他岗位相对于基准岗位的价值。

(3) 推荐确定薪酬的相关因素(最终由人力资源部审定)。

3. **选择岗位评价的方法**

根据企业规模的大小、岗位的多少、评价的目的等选择不同的评价方法。如企业规模比较小，岗位比较少，就可以选择排序法。企业规模比较大，岗位设置复杂的企业就可选择要素计点法。

4. **信息收集、整理和分析**

通过各种评价方法，收集到各个岗位的相关信息，进行汇总、整理和分析，得出各个岗位的相对价值大小。

5. **确定岗位等级**

根据汇总的信息，给企业的岗位进行分级分等，编出企业的职位分类图。从而指导和规范企业的岗位管理和薪酬管理工作。

2.5.5.5 岗位评价方法

岗位评价的方法有非量化和量化两种。非量化的评价方法是指仅仅从总体上来确定不同岗位之间的相对价值顺序的岗位评价方法。而量化的评价方法则是试图通过一套等级尺度系统来确定一种岗位的价值比另外一种岗位的价值高多少或低多少。非量化的评价方法有排序法和分类套级法等；量化的评价方法有要素比较法和要素计点法等。

1. **排序法**

排序法是最简单的岗位评价方法，通常是依据工作复杂程度等总体指标对每个岗位的相对价值进行排序，通常只是对各部门的岗位进行排列。岗位排序法有很多方法，常用的有以下两种：

一是定限排序法，将企业中相对价值最高和最低的岗位选择出来，作为高低界限的标准，然后在此限度内将所有岗位按其性质与难易程度逐一排列。

二是成对排序法，将企业的所有岗位进行两两比较。重要的计分为 1，不重要的计分为 0。举例见表 2-13。

表 2-13　　　　　　　　　　　　　　成对排序法举例

岗位	行政管理	前台	司机	人事	培训	会计	出纳	市场调研	广告	排序
行政管理		1	1	0	0	0	1	0	0	3
前台	0		0	0	0	0	0	0	0	0
司机	0	1		0	0	0	0	0	0	1
人事	1	1	1		1	1	1	0	1	7
培训	1	1	1	0		0	1	0	0	4
会计	1	1	1	0	1		1	0	11	6
出纳	0	1	1	0	0	0		0	0	2
市场调研	1	1	1	1	1	1	1		1	8
广告	1	1	1	0	1	0	1	0		5

从表中可以看出，通过排序得到行政管理等九个岗位，市场调研的相对价值最高、前台的相对价值最低。因而，市场调研岗位的薪酬水平应该在九个岗位中最高。

排序法的操作步骤如下：

步骤一，获取岗位信息，即进行工作分析，了解岗位的具体职责和岗位承担者所应当具备的能力、技术水平、经验等任职条件。

步骤二，选择报酬要素并对岗位进行分类，通常排序法根据岗位的总体状况对岗位的价值进行排序，但排序依据的既可以是单一要素（如工作复杂程度等），也可以是综合考虑多种要素（如工作压力、工作环境等）。

步骤三，对岗位进行排序，最简单的做法是给每个岗位建立一张索引卡片，每张卡片对岗位进行简短的说明，然后把这些卡片按其代表的岗位价值从低到高进行排序。

步骤四，综合排序结果，在通常情况下，岗位评价是由评价委员会共同进行的。因此，在个人的排序结果出来后，对排序结果取平均值，避免个人的主观偏见和误差。

排序法的优点在于快速、简单、费用比较低，而且容易和员工进行沟通。但是排序法也有很多缺点。首先，排序法没有给出测量每项岗位相对于其他岗位价值的标准，只是笼统地将一个岗位与另一个岗位进行比较，在排序方面很难达成共识，尤其是在一些价值差异不是很明显的岗位之间；其次，不同来源和不同工作背景的人不可避免地会在评价过程中夹杂个人的主观意志甚至偏见；再次，最终的排序结果仅仅揭示了岗位的相对重要性，而具体的岗位之间的差异是多少，却不能显示出来；最后，在岗位的数量太多时排序法的使用难度很高，一般 15 种岗位可能是使用排序法的上限。因此，排序法更适用于同一个部门内部的岗位排列。

2. 分类套级法

分类套级法是指把岗位按照一系列事先确定好的等级进行分组和归类。它把所有的岗位分成几组。如果每一组包含的岗位相似就称为类。如果每组包含的岗位除了复杂程度相似之外,其他的方面都不同,就称为级。比如说,区域销售经理和一般销售人员由于岗位相似,可以归为一类。而销售部门的销售助理其工作复杂程度与办公室的行政助理相似,则可以归为一级。

分类套级法的主要特征是能够快速地对大量的岗位进行评价,该方法在公共部门以及企业中仍然有广泛的运用,尤其是存在于技术类工作的组织中。分类套级法的操作步骤如下:

步骤一,确定合适的岗位等级数量。

步骤二,编写每一岗位等级的定义,通常是对岗位内涵的一种较为宽泛的描述,目的是指明可以被分配到该等级中来的岗位所承担责任的性质、复杂程度以及从事该等级中的岗位所需要的技能或者岗位承担者所应当具备的特征,一般包括以下几个方面:岗位内容概要、所承担的责任、所需的知识和技能、所接受的指导和监督等。

步骤三,根据岗位等级定义对岗位进行等级分类,即将每一个岗位的工作说明书与相关岗位等级定义进行对照,然后将这些岗位分配到一个与该岗位总体情况最贴切的岗位等级之中。

分类套级法的优点是简单,容易解释,执行起来速度快,对评价者的培训要求少。但是该方法存在不足之处,首先,岗位等级描述容易出现范围过宽或过窄的情形;其次,该方法可以通过修改或歪曲工作说明书来操作岗位评价结果;再次,该方法与排序法一样很难说明不同等级的岗位之间的价值差距到底有多大。

3. 要素比较法

要素比较法是在要素相互比较的基础上完成岗位评价的,但是它与要素计点法不同的地方就在于,被评价岗位的报酬因素是与企业中作为评价标准的关键性岗位的报酬因素进行比较的。要素比较法包括以下几个步骤:

步骤一,选择适当的报酬要素。报酬要素一般包括技能、脑力、体力、责任、工作条件等因素。

步骤二,选择 15 个到 20 个关键性岗位。关键性岗位的特点有:它们对员工和组织是非常重要的;它们的工作要求不尽相同;它们有稳定的工作内容;在薪酬调查中,可以对关键性岗位进行市场调查。

步骤三,以报酬要素为基础,对关键性岗位进行排序。由委员会成员先将关键性岗位按每一个要素排列等级。然后根据报酬要素确定每一个岗位的工资率,也就是赋予每个要素在岗位工资水平确定的权重,再根据各个要素在工资确定的权重,将关键性岗位排序。

步骤四,建立要素比较标尺。当每个关键性岗位的工资在各要素之间分配后,就会得出要素比较的数据。关键性岗位报酬要素的标准和工资等级中的位置为其他岗位的评价提供了比较的标准。

步骤五，将每个需要评价的岗位与关键性岗位相比较，赋予相应的数值。

要素比较法的优点就在于它是一种精确、量化和系统的方法，其每一步操作都有详细、可靠的说明，可靠性比较高，减少主观性。但是，要素比较法运用起来难度较高，花费时间较多，而且结构复杂，成本较高，在实践中并不常用。

4. 要素计点法

先确定付酬因素（如工作环境、岗位所需能力、工作复杂性、工作姿势等），接着将每个要素分等，为每个要素的各等赋予不同的点值。因此，一旦确定了岗位中各要素的等级，只需要把岗位中各要素对应的点值加总，就可得该岗位的总点值。

要素计点法包括以下几个步骤：

步骤一，确定待评岗位的报酬要素。报酬要素应当与总体上的岗位价值具有某种逻辑上的关系，必须是能够清晰界定和衡量的，必须是需要评价的所有岗位具有共通性，必须涵盖组织愿意为之支付报酬的、与岗位要求有关的主要内容，而且报酬要素必须是与被评价岗位相关的，报酬要素之间不能交叉和重叠，报酬要素的数量也要便于管理。在实际操作中，最常见的报酬要素是劳动技能、劳动责任、劳动强度和工作环境四类。岗位报酬因素等级划分及分值分配举例见表 2-14。

表 2-14　　岗位报酬因素等级划分及分值分配举例

报酬因素类型	因素指标	等级					
		1	2	3	4	5	小计
劳动技能	文化和技术理论知识	6	8	10	12	14	50
	操作技能	12	14	16	18	20	80
	作业复杂程度	3	6	9	12	14	44
	处理预防事故的复杂程度	1	2	3	4	6	16
劳动责任	质量责任	2	4	6	8	10	30
	原材料消耗责任	2	4	6	8	10	30
	经济效益责任	2	4	6	8	10	30
	安全责任	2	4	6	8	10	30
劳动强度	体力劳动强度	12	14	16	18	20	80
	脑力消耗疲劳程度	3	6	9	12	14	44
	作业姿势	2	4	6	8	10	30
	工时利用率和工作班制	1	2	3	4	6	16
劳动环境	气候条件影响	12	14	16	18	20	80
	作业条件危险性	3	6	9	12	14	44
	有毒有害物危害	2	4	6	8	10	30
	噪声危害	1	2	3	4	5	15

步骤二，对每一种报酬要素的各种程度或水平加以界定。每一种报酬要素的等级数

量取决于组织内部所有被评价岗位在该报酬要素上的差异程度。

步骤三，确定每一个报酬要素在岗位评价体系中所占的权重或者相对价值。

步骤四，确定每一个报酬要素在内部不同等级或水平上的点值。组织需要为即将使用的岗位评价体系确定一个总点值。如果被评价的岗位数量越多，而且价值差异越大，那么需要使用的总点数就越高。总点值确定之后，组织还必须确定每一个报酬要素在内部不同等级上的点值。

步骤五，运用这些报酬要素对每一个岗位进行岗位评价。

步骤六，将所有被评价岗位根据点值高低排序，建立岗位等级结构。

要素计点法的优点在于它是一种较为详细的、有数字表示的、分析性的方法，它提供了精确的评价标准，而不容易受人的主观影响。该方法广泛应用于蓝领和白领岗位。但是，该方法的设计和应用耗费时间，在报酬要素的界定、等级定义以及点数权重确定等方面都存在一定的主观性。

5. **海氏评价法**

海氏评价法又叫“指导图表——形状构成法”，是由美国工资设计专家爱德华·海于1951年研究开发出来的。它有效地解决了不同职能部门的不同职务之间相对价值的相互比较和量化的难题，被企业界广泛接受。

海氏评价法实质上是一种要素计点法。在海氏工作评价系统中，所有职务所包含的最主要付酬要素有三种，每一个付酬要素又分别由数量不等的子要素构成。具体叙述见表2-15。

表2-15　　海氏工作评价系统付酬要素描述

付酬要素	付酬要素释义	子要素	子要素释义
技能水平	使工作绩效达到可接受的水平所必需的专门知识及相应的实际动作技能的总和	专业理论知识	对该职务要求从事的职业领域的理论、实际方法与专门知识的理解。 该子系统分八个等级，从基本的（第一级）到权威专门技术的（第八级）
		管理诀窍	为达到要求的绩效水平而具备的计划、组织、执行、控制、评价的能力与技巧。该子系统分五个等级从起码的（第一级）到全面的（第五级）
		人际技能	该职务所需要的沟通、协调、激励、培训、关系处理等方面主动而活跃的活动技巧。该子系统分“基本的”“重要的”“关键的”三个等级
解决问题的能力	在工作中发现问题，分析诊断问题，提出、权衡与评价对策，做出决策等的能力	思维环境	指定环境对职务行使者的思维限定程度。该子系统分八个等级，从几乎一切按既定规则办的第一级（高度常规的）到只做了含混规定的第八级（抽象规定的）
		思维难度	指解决问题时对当事者创造性思维的要求，该子因素分五个等级，从几乎无需动脑只需按老规矩办的第一级（重复性的）到完全无先例可供借鉴的第五级（无先例的）

（续表）

付酬要素	付酬要素释义	子要素	子要素释义
承担的职务责任	指职务行使者的行动对工作最终结果可能造成的影响，即承担责任的大小	行动的自由度	职务能在多大程度对其工作进行个人性指导与控制，该子因素包含九个等级，从自由度最小的第一级（有规定的）到自由度最大的第九级（一般性无指引的）
		职务对后果形成的作用	该子因素包括四个等级：第一级是后勤性作用，即只在提供信息或偶然性服务上出力；第二级是咨询性作用，即出主意与提供建议；第三级是分摊性作用，即与本企业内其他部门和个人合作，共同行动，责任分摊；第四级是主要作用，即由本人承担主要责任
		职务责任	可能造成的经济性正负后果。该子因素包括四个等级，即：微小的、少量的、中级的和大量的，每一级都有相应的金额下限，具体数额要视企业的具体情况而定

用海氏评价法评价出的分数，比直觉性的主观评价要精确和合理一些，只是评价过程非常复杂，并且需聘请专家进行，因此运用这种方法成本很高。获得评分后，具体工资额的确定要参考外界市场。

笔者已经了解了各个岗位评价的方法，若把海氏作为要素计点法的一种，可以从分析方法和比较方法两个维度，对四种评价方法进行比较。见表 2-16。

表 2-16　　岗位评价方法比较

分析方法比较方法	考虑职位的因素	考虑整个职位
职位与职位比	要素比较法	排序法
职位与某个“度量”比	要素计点法	分类套级法

其中，排序法、分类套级法属于定性评价，要素比较法、要素计点法属于定量评价。

2.5.6　薪酬体系设计

薪酬体系体现的是组织内部一整套的价值观和实践方法，它以自己特有的方式改变着组织的精神面貌，改变企业和员工的关系，以及企业的活力和竞争力。只有设计良好的薪酬体系，才能更好地吸引到人才，留住企业需要的员工，减少企业的内部矛盾，增强企业的凝聚力，提高员工的综合素质，从而提高企业的劳动生产率，完善企业机制。

2.5.6.1　薪酬体系设计的原则

薪酬体系设计要遵循以下三个原则：

1. 效率原则

薪酬管理的首要目标是效率。无论采用什么薪酬模式和体系，衡量其好坏的首要标准就是是否给企业带来了效率的提升、成本的降低和顾客满意度的提高。如果不能给员工带来激励，则上述的效率目标必将很难实现。效率目标包括两个层面：第一个层面站在产出角度来看，薪酬能给组织绩效带来最大价值；第二个层面站在投入角度来看，可以实现薪酬成本控制。薪酬效率目标是用适当的薪酬成本给组织带来最大的价值。

2. **公平原则**

薪酬管理除了要达到效率目标，必须实现公平的目标。中国人传统文化中“不患寡而患不均”的思想比较严重，因而要求企业在薪酬管理中要注重公平目标的实现。公平目标包括三个层次，分配公平、过程公平和机会公平。

分配公平是指组织在进行人事决策、决定各种奖励措施时，应符合公平的原则。如果员工认为受到不公平对待，将会产生不满。员工对于分配公平的认知，来自其对工作的投入与所得进行的主观比较，在这个过程中，还会与过去的工作经验、同事、同行、朋友等进行对比。

分配公平可分为自我公平、内部公平和外部公平三个方面。自我公平即员工获得的薪酬应正比于其各自对企业做出的贡献；内部公平即同一企业中，不同职务的员工获得的薪酬应正比于其各自对企业做出的贡献；外部公平即同一行业、同一地区、或同等规模的不同企业中，类似职务的薪酬应基本相同。

过程公平是指在决定任何奖惩决策时，组织所依据的决策标准或方法符合公正性原则，程序公平一致，标准明确，过程公开等。

机会公平指组织赋予所有员工同样的发展机会，包括组织在决策前与员工互相沟通，组织决策考虑员工的意见，主管考虑员工的立场，建立员工申诉机制等。

3. **合法原则**

合法原则是企业薪酬管理和薪酬体系设计的最基本要求，也就是企业实施的薪酬制度要符合国家、省市（区）的法律法规、政策条例要求，比如不能违反最低工资制度、法定保险福利、工资指导线制度等要求规定，必须按照《中华人民共和国劳动法》（简称《劳动法》）《劳动合同法》《最低工资规定》等相应的法律规章的要求执行。

效率、公平和合法是薪酬管理的三大目标，是每个企业都要追求的。但根据企业的发展目标和发展阶段的不同，优先追求的目标不同。如企业在高速发展阶段，树立了比较大的目标，这时候，会在目标选择上，以合法为基础，更注重效率，公平会放在第二位。反之，则会比较重视公平。当然，没有公论，但总体上，企业在不同的发展阶段和不同的发展目标下，目标的取向会不同。

2.5.6.2 薪酬体系设计的流程

现在社会，竞争无处不在，人才争夺愈加激烈，如果企业想要获取好的发展，就一定要通过薪酬体系设计来让自身的薪酬水平在业内具备竞争力，让薪酬结构更加合理，这样才能留住人才，促进发展。正常情况下，薪酬体系设计流程是：

（1）确定薪酬管理目标。薪酬管理目标根据企业的人力资源战略而定，包括以下几个方面：①建立具有竞争性的薪酬，吸引和留住企业所需要的员工。②对员工的贡献给予相应的回报，激励员工高效工作。③合理控制人力资源成本，确保企业产品和服务的市场竞争力。④通过薪酬制度和薪酬管理将员工利益与企业目标相联系，促进企业文化建设。

（2）选择薪酬政策。薪酬政策就是企业管理者对企业薪酬管理运行的目标、任务和手段的选择和组合，是企业在员工薪酬上所采取的策略。主要包括以下方面：

① 企业薪酬成本投入政策。例如，根据企业发展的需要，采取扩张劳动力成本或紧缩劳动力成本政策。②根据企业自身情况选择合理的工资制度。例如，采取与岗位工资制度相结合的稳定员工收入策略，还是与绩效工资制度相结合的激励员工绩效策略。③确定企业的工资结构以及工资水平。例如，是降低薪酬水平还是提高薪酬水平？薪酬政策是企业管理者审时度势的结果，如果决策正确，企业薪酬机制就会充分发挥作用，运行就会畅通、高效。反之，决策失误，管理就会受到影响，引起一系列的企业管理困扰。

（3）编制薪酬计划。所谓薪酬计划，就是企业预计要实施的员工薪酬支付水平、支付结构及薪酬管理重点等。企业要通盘考虑，同时把握以下两个原则：

① 与企业管理目标相协调的原则。在企业人事管理非规范化阶段，员工的薪酬管理缺乏科学性。一些企业不是根据企业自身发展的需要选择薪酬制度和薪酬标准，而是在很大程度上模仿其他企业。事实上，并不存在一个对任何企业都适用的薪酬模式。对此，一些企业明确指出，企业薪酬计划应该与企业的经营计划相结合。例如，在工资支付水平上，很多企业都不再单纯考虑与同行业工资率的攀比，而主要取决于三个要素的综合考虑：其一，该水平是否能够留住自己需要的人才；其二，企业的支付能力；其三，该水平是否符合企业的发展目标。

② 增强企业竞争力的原则。工资是企业的成本支出，压低工资有利于提高企业的竞争能力，但是，过低的工资又会导致激励的弱化。企业既要根据其外部环境的变化，又要从内部管理的角度，选择和调整适合企业经营发展的薪酬计划。任何薪酬计划都不是固定的，在实施过程中，必须根据需要随时调整。

（4）确定薪酬水平。当岗位的薪酬构成确认后，就要通过薪酬调查确定各个岗位的薪酬标准，即每个岗位到底在现实条件下应该拿多少钱，才能确保企业的薪酬水平具有竞争力。

（5）设计薪酬结构。薪酬结构是指企业员工之间的各种薪酬比例及其构成，包括企业工资成本在不同员工之间的分配，职务和岗位工资率的确定，员工基本、辅助和浮动工资的比例以及基本工资及奖励工资的调整等。即不同员工之间和同一员工不同工资形式之间的组成。

对薪酬结构的确定和调整要掌握一个基本原则，即给予员工最大的激励。公平付薪是企业管理的宗旨，避免员工的报酬不是给得过多，就是给得太少的现象。给多了会造成不称职的员工不努力工作;给少了会造成高素质的人才外流。同时,薪酬结构的确定必须与企业的人力资源结构一致,如果企业中高级员工占的比重较大,那么这一块的工资成本就高。

(6) 薪酬预算、控制和评估。通过薪酬预算控制薪酬成本,并在薪酬管理的过程中加强人工成本、工时等的控制,且不断地进行评估,调整薪酬计划,确保薪酬管理真正地达到预期的效果。

2.5.6.3 薪酬体系设计的模式

薪酬体系设计根据参与主体和决定机制的不同,可分为以下四种模式:

1. 老板拍板模式

企业领导者凭借自己的行政权威和管理经验,硬性地界定该企业与每一员工有关的薪酬体系。采用这种薪酬体系设计模式,薪酬设计的直接成本较低,但薪酬界定的科学性较差,可能导致或加深企业领导与员工之间的矛盾。采用这种薪酬体系设计模式更要老板有必要的领导权威,老板是企业资产所有权或使用权的拥有者为好。往往适合规模较小的、以私有产权为基础的企业。

2. 民主协商模式

通过企业所有员工的协商,确定企业内每一位员工的薪酬,从而确定企业的薪酬体系。该模式在确定每一员工的薪酬及企业的薪酬体系时,能有更周全的考虑,对员工积极性的发挥产生较大的激励力,但薪酬界定的科学性较差,可能会较多导致企业内员工之间的纷争。这种模式比较适合以合作制集体产权为基础的企业。

3. 专家咨询模式

企业委托薪酬体系设计专家,依据理性原则确定员工的薪酬,从而确定企业的薪酬体系。该模式具有较强的科学性,能较好地化解员工与管理者之间的矛盾,可避免员工之间在薪酬界定上的矛盾,薪酬设计的间接成本较低,但具有相对较高的直接成本。这种模式比较适合规模较大的企业。

4. 个案谈判模式

由企业代表和特定员工就员工的薪酬确定展开谈判,以确定员工的基本薪酬(特定员工在某一较短时间内的薪酬)。该模式薪酬确定的结果较充分地考虑到人力资源供求双方的需求,薪酬的设计更为合理,更有效率,但可能会使企业的薪酬管理无序,运作成本较高。这种模式比较适合较大规模企业中极个别的员工薪酬的界定。

另根据付酬因素的不同,薪酬体系设计也可以分为以下五种基本模式:

1. 岗位工资制

以岗位的价值作为支付工资的基础和依据,构建的支付薪酬的方法,即在确定员工的基本工资时,首先对岗位本身的价值作出客观的评价,确定与该岗位价值相当的基本工资。其特点是对岗不对人,岗位工资模式比较适合职能管理类岗位,对这些岗位上的任职者要求有效地履行其职能、职责，岗位的价值才能得以真正体现。

岗位工资制在实施过程中的关键环节一是岗位评价，二是员工能力要与岗位要求基本匹配。劳动条件、劳动强度、劳动责任、劳动技能四项要素是国际通用的岗位评价原则。

优点：①使员工获得与其承担的工作相应的薪酬，实现了真正意义上的同岗同酬。②基本上只考虑岗位本身的因素，很少考虑人的因素，有利于按照职位系列进行薪酬管理，操作比较简单易行。③工作与薪酬的关系清晰，稳定性强，有利于成本控制。

缺点：①由于薪酬和晋升直接挂钩，因此当员工晋升无望时，丧失加薪机会，因此工作积极性会受挫，甚至出现消极怠工或离职的现象。②由于岗位的稳定性较强，因而员工薪酬也就相对稳定，企业对外部环境变换反应迟钝，无法及时、有效激励员工。

2. 能力/技能工资制

能力/技能工资制是以员工所具备的能力/技能作为工资支付的根本基础，认为员工获得报酬的差异主要来自人本身能力水平的差异，而非职位等级的高低、职位价值的高低。能力/技能工资制适用于企业中的技术工人、技师、科技研发人员、专业管理者等。

能力/技能工资制的理论基于人力资本价值的形成，是由投资积累而成，包括医疗保健投资、在职培训投资、正规教育投资、社会教育投资、迁移投资，是蕴涵于劳动者身上的各种知识、技能含量的总和。人力资本投资的过程是劳动者技能增加的过程，是知识积累的过程，一个人的人力资本含量越高，其劳动生产率越高，边际产品价值也就越大。能力/技能工资制在实施的关键环节是如何测评人的能力，包括显性的知识、技能和隐性的自我认知、人格特征和动机，要想全面测评每个人的能力是相当困难的。

优点：①员工注重能力的提升，往往会偏向于合作，而不是过度的竞争。②鼓励员工发展深度技能（在专业领域深入研究）和广度技能（跨职位发展），在职务级别没有获得提升的情况下，同样可以提高薪酬水平。③员工能力的不断提升，使企业能够适应环境的多变，企业的灵活性增强。

缺点：①界定和评价能力/技能不是一件容易做到的事情，管理成本高。②当员工达到企业要求的能力/技能时；造成企业的薪酬成本不易控制。③员工着眼于提高自身能力/技能，可能会忽视组织的整体需要和当前工作目标的完成。④高能力/技能的员工未必有高的产出，即技能工资的假设未必成立，这就要看员工是否投入工作。⑤对于达到能力/技能顶端的人才如何进一步的激励比较困难。

3. 绩效工资制

绩效工资是以工作业绩为基础支付的工资，主要的根据是工作成绩或劳动效率。其特点是将员工的绩效同制订的标准相比较以确定其绩效工资的额度，形式有计件（工时）工资制、佣金制、年薪制等等。绩效工资制适用于生产工人、管理人员、销售人员等。

实施绩效工资制要求企业的绩效管理基础非常牢固。完善职责线和目标线的建设，即岗位职责体系明确、目标分解合理。其中，绩效目标及衡量标准的确定是关键环节。如果不能合理地确定绩效的目标，员工的努力没有明确的方向或者根本实现不了设定的目标，那么，对员工的激励作用就会大打折扣。

优点：①员工的收入和工作目标的完成情况直接挂钩，激励效果明显。②员工的工作目标明确，通过层层目标分解；组织战略容易实现。③企业不用事先支付过高的人工成本，在整体绩效不好时能够节省人工成本。

缺点：①绩效考核难度大。②绩效工资过于强调个人的绩效，不利于团队合作。

4. 市场工资制

市场工资制是根据市场价格确定企业薪酬水平，根据地区及行业人才市场的薪酬调查结果，来确定岗位的具体薪酬水平。其主要考虑企业的盈利状况及人力资源策略，一般适用于企业的核心人员。人才资源的稀缺程度在很大程度上决定了薪酬的水平。

市场工资制实施的关键环节一是企业要有一定的岗位管理基础。二是市场薪酬调查。由于目前国内企业的职位体系不规范，很难和市场标准的职位进行比较，这是影响实施市场导向的薪酬制度的一个基础性因素；另外，中国企业还不太习惯参加专业机构的薪酬调查活动，但是，没有参与就很难分享行业数据，也就很难设计自己的基于市场的薪酬制度。

优点：①企业可以通过薪酬策略吸引和留住关键人才。②企业也可以通过调整那些替代性强的人才的薪酬水平，从而节省人工成本。③参照市场定工资，可以长期让员工接受，降低员工在企业内部的矛盾。

缺点：①市场导向的工资制度要求企业良好的发展能力和盈利水平，否则难以支付和市场接轨的工资水平。②员工要了解市场薪酬水平，才能认同市场工资体系，因此，这种薪酬模式对薪酬市场数据的客观性提出了很高的要求，同时，对员工的职业化素质也提出了要求。③完全按市场付酬，企业内部薪酬差距会很大，会影响组织内部的公平性。

5. 年功序列工资制

年功序列工资制是一种简单而传统的薪酬制度，按照服务期的长短而支付或增加薪酬的一种管理制度，往往与终身雇佣制相关联。员工的企业工龄越长，工资越高。

年功序列工资制的理论基础是“人力资本理论”，它假设随着员工在公司时间的延长，其人力资本存量，包括知识、技能、经验和人际关系方面的积累越多，员工对公司的价值贡献也越大。

优点：培养员工的忠诚度，员工的安全感强。

缺点：工资刚性太强，弹性太弱。中国国有企业过去的工资制度在很大程度上带有年功工资的色彩，虽然强调技能的作用，但在评定技能等级时，实际上也是论资排辈。

2.5.6.4 薪酬水平和薪酬结构的设计

1. 薪酬水平设计

（1）薪酬水平及其外部竞争性决策。薪酬水平指企业之间的薪酬关系，企业相对于其竞争对手薪酬水平的高低。一个企业所支付薪酬水平的高低对于其在劳动力市场上获取劳动力的能力强弱有着直接的影响，所以，薪酬的外部竞争性在实质上是指企业薪酬水平的高低以及由此产生的企业在劳动力市场上所形成的竞争能力大小。

值得注意的是，在现代市场竞争中，企业之间的薪酬水平更多的是体现在类似岗位或者类似岗位族之间的比较，而不是一般意义上两个企业之间全体员工的平均薪酬水平的比较。所以，薪酬的外部竞争性应当落实到岗位或岗位族上，而不能简单地停留在企业层面上。

此外，外部竞争性是与外部劳动力市场联系在一起的，外部劳动力市场对于外部竞争性具有能动作用。根据企业内部岗位评价所决定的薪酬水平，可能与外部劳动力市场因供需关系决定的薪酬水平产生差异。因此，企业确定薪酬水平时需要兼顾这两个因素。

（2）不同薪酬水平策略下的薪酬水平设计过程。战略性薪酬管理中，企业在薪酬战略指导思想下，可以将薪酬水平策略确定为市场领先策略、市场跟随策略、市场滞后策略或混合型策略。不同的薪酬水平策略的实现方式如下：

① 市场领先策略。实施市场领先策略的企业将薪酬水平确定在市场中的较高分位值。如果要实现并保持始终领先于市场薪酬水平，企业需要在每年年底调薪时，考虑到来年市场薪酬水平的全年变动趋势，然后根据预测的下一年度年底的市场薪酬水平，来大致确定本企业下年度的薪酬水平。这样就可以确保本企业的薪酬水平在全年都高于市场平均水平（见图 2-7）。

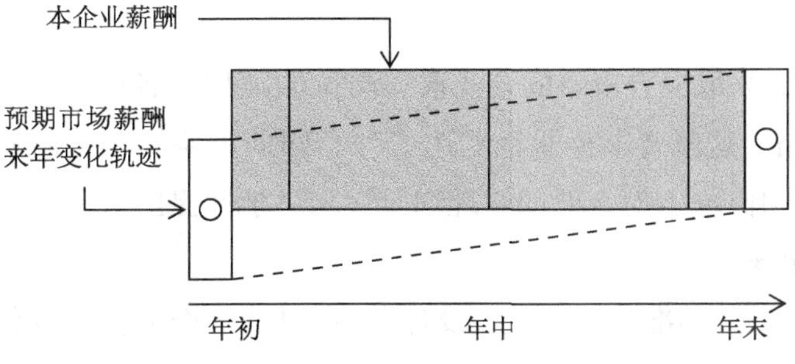

图 2-7　市场领先型企业的薪酬调整思路

② 市场跟随策略。采取市场跟随策略的企业，首先必须坚持做好市场薪酬调查工作，以确切掌握市场薪酬水平，从而确保本企业薪酬水平与市场薪酬水平保持一致。

市场跟随策略的实现方式之一是，在每年年底调薪时，考虑到来年市场薪酬水平的全年变动趋势，然后根据预测的下一年度年中时的市场薪酬的平均水平，来大致确定本企业下年度全年的薪酬水平。这样就可以确保本企业的薪酬水平从全年来看与市场薪酬水平大体持平（见图 2-8）。

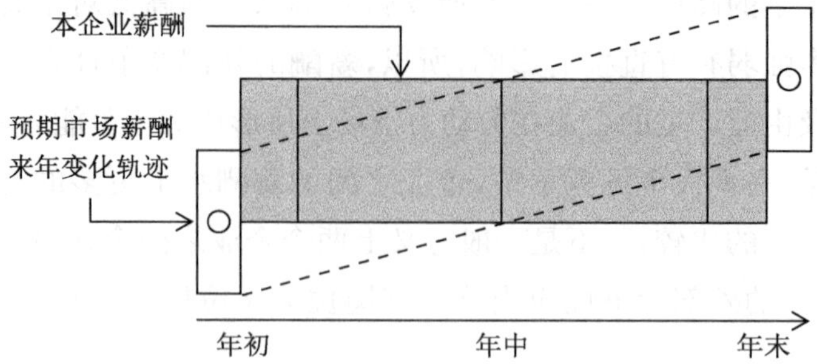

图 2-8　市场跟随型企业的薪酬调整思路

③ 市场滞后策略。采取市场滞后策略的企业将薪酬水平保持在劳动力市场中的较低分位值,这就要求企业在每年年底调薪时,考虑到来年市场薪酬水平的全年变动趋势,然后根据预测的下一年度年初市场薪酬的平均水平,来大致确定本企业下年度的薪酬水平。这样就可以确保本企业的薪酬水平在年初与市场水平持平,年中略低于市场水平,年底低于市场平均水平(见图 2-9)。

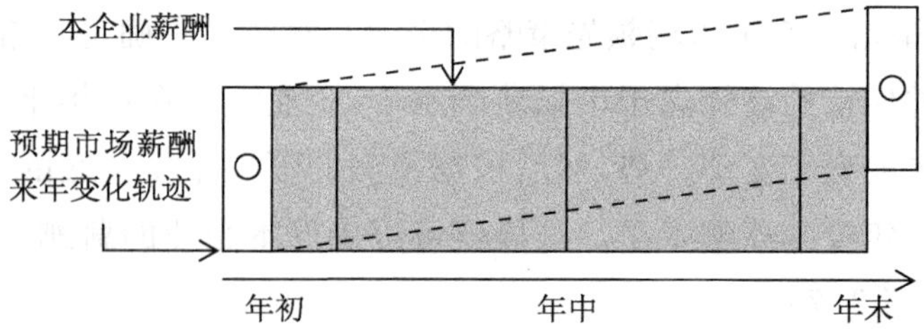

图 2-9　市场滞后型企业的薪酬调整思路

④ 混合策略。采取混合策略的企业根据岗位的类型或者员工的类型来分别制定不同的薪酬水平策略。这就要求企业将上述三种不同的策略实现思路运用到不同岗位或员工的薪酬调整工作中去,对企业的管理细致性和科学性提出更高的要求。

2. 薪酬结构设计

(1) 薪酬结构设计的准备工作。在设计薪酬结构时,企业需要确保薪酬体系策略制定时所要达到的目标,不仅能有效地激励企业员工,还要合理控制企业成本。因此在设计薪酬结构前,需要做好以下几个准备工作:

首先,企业需要根据企业战略和人力资源战略,先制定企业的薪酬结构策略;

其次,企业需做好工作分析及岗位评价,从而得到企业的岗位说明书、岗位群落图或岗位职级表、岗位编制等结果;

最后,企业需进行内部和外部的薪酬调查,以帮助薪酬结构的设计建立在内外部公平的基础之上。

(2) 薪酬结构的横向设计。工作分析和岗位评价的最终结果是一个岗位和岗位群体的划分，从而决定企业的岗位结构。而岗位结构决定了企业的薪酬结构设计。在横向薪酬设计上具体体现在固定薪酬与浮动薪酬、短期薪酬与长期薪酬的比例设计上。

固定薪酬与浮动薪酬之间的比例设计。①固定薪酬与浮动薪酬的不同作用。在薪酬对员工产生的作用上，固定薪酬与浮动薪酬分别作用于不同方面。在薪酬的保障作用方面，固定薪酬可使员工更有安全感，但员工对固定薪酬的预期一般较低，因此在激励性方面受到限制；但浮动薪酬在使员工产生较高的预期时，也容易使员工缺乏安全感。在设计固定薪酬于浮动薪酬的比例时，需要分别考虑这两种薪酬形式在激励性、确定性、灵活性及风险性等方面的不同表现。②固定薪酬与浮动薪酬的组合模式。企业可从岗位评价出发，为不同岗位设定不同的固定薪酬和浮动薪酬比例；也可以参考几种常用的组合模式，结合自身情况进行选择性运用。

a. 从岗位评价的结果出发设计固定薪酬和浮动薪酬的比例。首先，不同类别的岗位，所对应的固定薪酬及浮动薪酬的比例应有所区别。一般来说，管理性岗位的固定薪酬比例会低于激励性的浮动薪酬的比例，而生产及行政性岗位的固定薪酬的比例则会高于浮动薪酬的比例。其次，在同一类别的岗位内部，不同层级的岗位薪酬也可依据相应的技能要求、工作责任、工作环境等，赋予不同的固定薪酬和浮动薪酬比例结构。如同为管理性岗位，总经理的浮动薪酬比例可能高于部门经理浮动薪酬比例，用以更好地发挥浮动薪酬的激励作用。又如，某企业按不同岗位层级来设计薪酬的横向结构，其中，基础层员工的固定薪酬可能占 70%～80%，骨干员工可为 50%～70%，核心员工可能在 40%～60%，如图 2-10 所示。

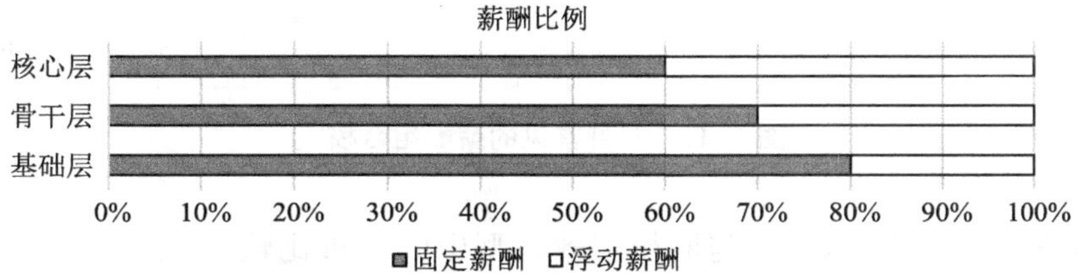

图 2-10　不同层级员工的薪酬横向结构

除了岗位类别和岗位层级外，企业还可根据岗位的具体工作内容来设计固定薪酬和浮动薪酬的比例。例如，同为技术研究类岗位，如果岗位工作成果主要用于近期的生产经营，企业可在岗位薪酬中增加与生产经营结果挂钩的浮动薪酬比例，以激励技术人员从事研发工作的积极性；相反，如果研发工作成果主要用于企业长远的生产经营项目，则企业应适当设置研发岗位的浮动薪酬比例，一方面应使固定薪酬能保证该些员工的基本生活需要，另一方面也可引入员工持股计划来激励员工对企业远景的支持。

b. 几种常见的薪酬组合模式。几种常见的薪酬组合模式见图 2-11，有保障性、效益型、平衡性及市场型等。保障型指的是基本工资占到 80%左右、其余部分薪酬也多为福利形式的组合模式。这种模式追求稳定，主要考虑保障作用，激励性不大。效益型是指奖金、期权等浮动薪酬比例超过30%，主要追求薪酬对员工绩效的驱动效果的组合模式。平衡型组合模式考虑了固定工资和浮动工资比例、基本工资与福利比例的平衡，追求让员工实现工作与生活的平衡。而市场型则是指企业模仿劳动力市场上的竞争对手的薪酬组合模式。

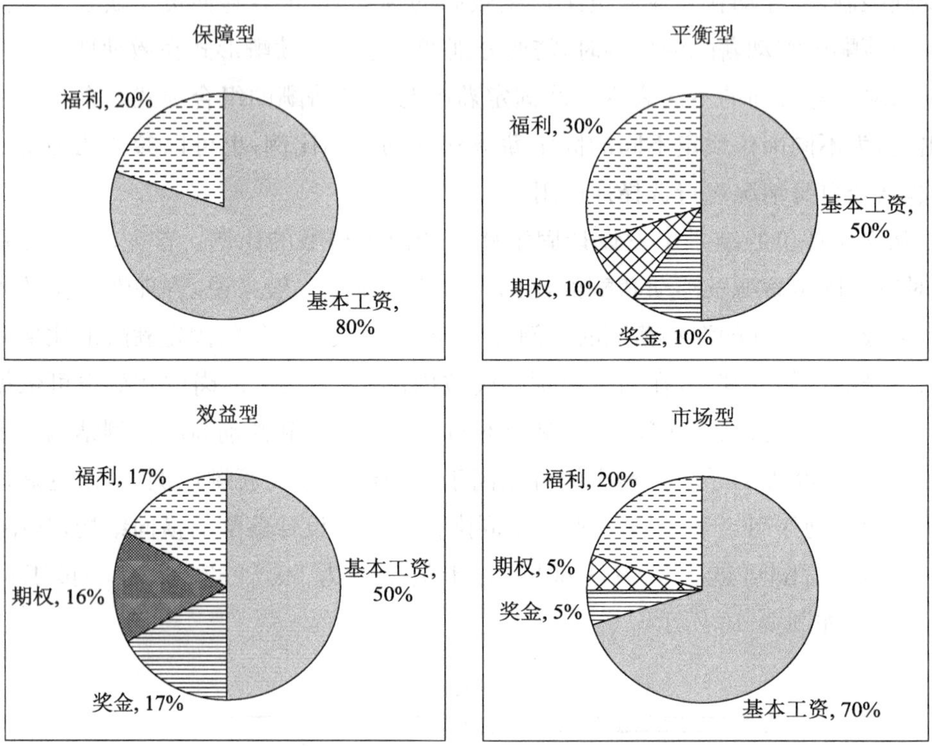

图2-11　几种常见的薪酬组合模式

相对于其他三种方案，奖金与股权在效益型中的比重比较大，市场型主要是模仿竞争对手的薪酬组合，平衡型主要是考虑长期与短期，固定与浮动，激励与保障等各个方面，主要是追求企业内部员工的工作与生活平衡，也可以说是一种新的生活方式选取，而保障型主要是考虑到员工的保健因素，追求稳定，激励性不大。

短期薪酬与长期薪酬之间的比例设计。短期薪酬一般指在员工提供相关服务后一年内需要给付的薪酬，主要包括基本薪酬、短期奖金等；长期薪酬则指给付期限超过一年(通常指3～5年)的薪酬，如长期奖金、股票期权等。短期薪酬与长期薪酬之间的比例，也属于薪酬结构的横向设计时所需要考虑的问题。在确定具体比例时，企业同样可从员工的工作性质、岗位层级、企业所从事的业务性质和所在行业的特点几方面去考虑。

从员工的工作性质出发，一般来说，一线操作性员工的短期薪酬比例较高，侧重于即时激励功效，而管理人员或从事长期研发的技术人员，则需增加长期薪酬的比重。从岗位层级来看，基层员工的短期薪酬往往占薪酬总额的绝大部分，中层管理人员和技术人员的短期薪酬比重则会相应下降，而高层管理人员的短期薪酬比重则更低，有时甚至会低于长期薪酬的比重。从企业的业务性质或行业特点来看，从事基础性行业、经营风险较低的企业，往往给予员工比重较大的短期薪酬，如有长期薪酬，也常属于福利性质的远期保障薪酬，主要是考虑到这类企业的战略会更侧重于稳定发展而非高速发展，因而更强调短期激励和长期保障；相反，一些新兴行业企业或高新技术企业，面对的发展前景广阔，但面临的竞争风险更大，就往往会实施更多的长期激励方式，以强调员工与企业命运的统一性。

总之，在进行薪酬结构的横向设计时，无论是确定固定薪酬与浮动薪酬的组合、还是确定短期薪酬和长期薪酬的比例，关键在于找到与员工职责所对应的薪酬形式，这样才能更好地发挥薪酬的激励作用。

(3) 薪酬结构的纵向设计。薪酬结构的纵向维度指的是企业内部各岗位的薪酬等级和标准如何安排的问题。在进行薪酬结构的纵向设计时，需要考虑四方面因素：薪酬等级的数量、各个薪酬等级之间的差距即“级差”、每个薪酬等级内部的薪酬变动范围即“薪酬区间”、相邻两个薪酬等级之间的重叠度等。这些因素确定后，就可构建起一套完整的薪酬结构，如图 2-12 所示。

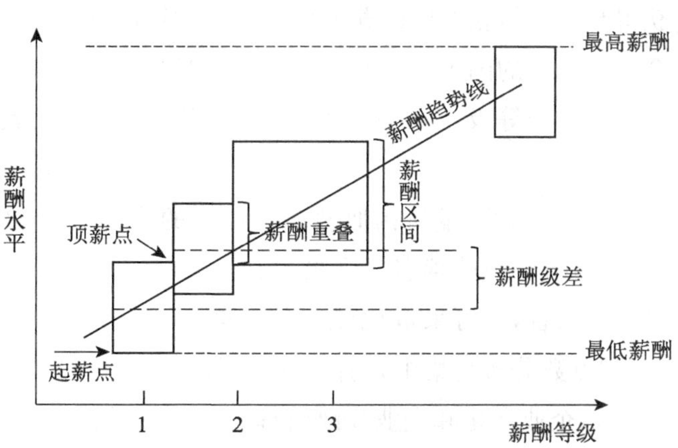

图 2-12　薪酬结构纵向设计

最高薪酬和最低薪酬的确定。一个企业在确定薪酬等级前，首先需要确定企业内部整体薪酬的最低薪酬和最高薪酬。这两者受到企业所在的特定地区或行业的劳动力市场对企业薪酬水平的影响。在确定最低薪酬时，首先要考虑的是当地的法定最低工资标准，企业可在最低工资标准之上自行确定自身的最低薪酬，但不能低于法定最低工资标准。在确定最高薪酬时，一般需根据企业的经营状况来确定，而且往往获得最高薪酬的员工应为公司的总裁。

事实上，一般情况下是政府法规和劳动力市场决定最低薪酬水平，而企业的经营状况决定最高薪酬水平，即劳动力市场竞争决定最低薪酬水平，而产品市场决定最高薪酬水平。

薪酬等级数目设计。薪酬等级是指在同一企业当中，薪酬标准由于岗位或者技能等级的不同而形成的一种序列关系或梯次结构形式。一般而言，企业薪酬等级的构成由企业规模、性质、组织结构及工作的复杂程度决定，其数量多少没有绝对的标准。在薪酬管理实践中，不同类型的企业的薪酬等级数目差异较大。

① 薪酬等级类型。薪酬等级的类型与组织结构的扁平化程度有很大关系。根据层级的多少，薪酬等级分为以下类型：

a. 分层式薪酬等级类型。该种薪酬等级类型即所谓等级工资制。其特点是企业薪酬等级呈金字塔形排列，随着个人岗位级别的提升，员工薪酬水平相应提高。成熟、传统的等级型企业常用此等级类型。

b. 宽泛式薪酬等级类型。该类薪酬等级的特点是薪酬等级少，但每一薪酬等级的薪酬差异幅度较宽，员工既可以因为个人岗位级别提升而获得薪酬的提高，也可因岗位技能上升调整而提高薪酬，体现了一种新的薪酬策略，即员工利用所在岗位的技能来发展自己比岗位升迁的方式更重要。这种等级类型适用于扁平式组织结构形式，也可用于不成熟、业务灵活性强的企业中。宽泛式薪酬等级其本质是一种"宽带型薪酬结构"。

② 薪酬等级数量的确定。虽然从理论上说，通过定量化的岗位评价，每个岗位都可获得与其价值相对应的薪酬分值，但事实上如给每个岗位都确定一个独特的薪酬，反而会导致管理的困难和混乱。通常做法是，企业会将岗位价值评估结果相近的岗位归并组合成若干个等级，划分为相对应的薪酬等级。而在具体确定薪酬等级的数量时，需要考虑的因素有：

a. 岗位的数量与相似性。企业中的岗位数量和种类越多、且岗位之间不具备相似性，则薪酬等级就越多。反之，如岗位数量较少，或虽然岗位数量众多、但因相似而很容易进行组合，则可采取比较少的薪酬等级。企业可观察岗位评价结果中点数的聚集情况，如点数分布越集中，则代表岗位较易归并组合，则可设置较少的薪酬等级数量。

b. 企业文化和企业薪酬管理政策。如果企业鼓励比较大的收入差别，则可设置较多的薪酬等级来拉大差距，薪酬结构的纵向趋势就较为陡直；反之，如果企业文化和薪酬政策倾向于比较小的内部薪酬差别，则可设置较少的薪酬等级，并配以较小的级差，从而打造比较平缓的薪酬结构纵向趋势。另外一方面，如果企业薪酬管理政策追求简单、便利，也可设置较少的薪酬等级数量。

c. 晋升政策。如果企业倾向于以晋升来提高员工的积极性，则可采用较多的薪酬等级。

中位值的设定。薪酬区间的中位值又被称为控制点，是一个很重要的薪点，根据各个薪酬等级的中位值，可以建立起企业的薪酬结构线或薪酬趋势线。一般通过岗位对应的薪酬等级中值点来确定岗位价值，而任职者个人能力的价值体现在每个等级内部的薪阶上，这样就形成了以"级"来体现岗位价值、以"阶"来体现个人价值的薪酬结构。

一般来说，中位值是根据外部市场薪酬调查数据和内部岗位评价数据通过回归分析的方法确定，影响因素主要是现行市场薪酬水平。当然，企业在确定每一薪酬等级的中位值时，也不一定完全按照市场平均水平来定位，还应根据企业薪酬策略分别设定。一旦一个薪酬级别（通常为较低等级）的薪酬区间中位值确定后，便可通过薪酬级差去确定其相邻等级的中位值，从而建立起企业完整的薪酬结构线。

薪酬区间中位值确定后，企业可运用薪酬市场比较率等管理工具去分析中位值是否需要调整。薪酬市场比较率表示薪酬区间中位值与薪酬策略相对应的市场薪酬水平分位值之间的关系。一般来说，薪酬市场比较率控制在 100%左右，当某岗位中位值的薪酬市场比较率超过 110%或低于 90%时，企业就应当认真分析是内部的岗位评价出现偏差，还是外部薪酬市场因劳动力供求关系波动等因素而产生的报酬过高或过低。如果根据外部市场标准出现了明显报酬过低的职位，那么企业可能就不得不相应调高该职位所对应的薪酬区间的中位值。

薪酬级差的设计。划分了薪酬等级，还要确定不同等级之间薪酬级别的幅度，即薪酬级差。它常常是指相邻薪酬等级中位值之间的差距，即中位值级差。薪酬级差的设计实际上是确定企业内最高等级与最低等级的薪酬比例关系以及其他各等级之间的薪酬比例关系。级差的确定可以采取统一化的做法，即不同的薪酬等级级差相同，如都是 20%，但更多是将不同的薪酬等级级差差别化。

级差有两种数学表达方式：一种方式是薪酬等级间的绝对薪酬数值差距；另一种方式是薪酬（工资）系数的形式。在第二种方式下，岗位薪级工资标准＝工资基数×工资系数。工资基数水平的高低取决于在一定条件下员工维持本人基本生活所需费用及企业的经济效益状况，工资系数则主要取决于岗位评价、技术评定或能力测评的结果，也反映了薪酬体系中最低和最高薪酬水平之间的差距，如工资系数在 1～5 范围内，则说明最高薪酬水平是最低薪酬水平的 5 倍。

确定合适的薪酬级差，主要存在以下四个主要因素：

① 薪酬级差的大小与等级数的多少成反比关系。在最高薪酬等级的中值和最低薪酬等级的中值一定的情况下，薪酬等级越多，薪酬级差越小。对于分层式薪酬等级类型，由于等级较多，所以薪酬级差一般小一些；对于宽泛式薪酬等级类型，由于等级较少，所以薪酬级差要大一些。

② 等级之间的劳动差别越大，薪酬级差越大。薪酬级差应当反映不同等级之间在劳动强度、复杂程度、责任大小等方面的差别，以达到公平和激励目的。

③ 薪酬级差越大，可能会使薪酬成本超过企业支付能力。薪酬差距太大容易使员工不理解薪酬与岗位等级价值差距之间的关系，并造成员工的不团结，也不利于企业的成本控制。当然，这还是应根据岗位或技能对企业的价值而定，高差必须要与高产出相对应。

④ 薪酬级差主要对低一级的员工产生激励作用，而对高一级员工的激励作用不大。级差较大，员工晋升的动力也大；级差很小，则会失去激励作用，可能会迫使一个企业应

用不止一个薪酬体系，以体现对人才价值重视。

(4) 薪酬变动范围和薪酬变动比率的设计

① 薪酬变动范围与薪酬变动比率的含义。薪酬变动范围，也称为薪酬区间、薪酬全距、薪酬浮动幅度，它实际上是指在某一薪酬等级内部允许薪酬变动的最大幅度。薪酬变动范围说明的是在相同薪酬等级内部，最低薪酬水平（起薪点 L）和最高薪酬水平（顶薪点 H）之间的绝对差距的问题，即：

$$\text{薪酬区间} = \text{顶薪点}(H) - \text{起薪点}(L)$$

当然，也可以指中点档次的薪酬水平[中位值(M)]与起薪点或顶薪点之间的薪酬差距，即：$H-M$ 或 $M-L$。在通常情况下，这两个差值相同，因为事实上薪酬变动范围中的最高值和最低值一般依据中位值确定。

薪酬变动比率通常是指某一薪酬等级内部的最高值减最低值之差与最低值的比率，即：

$$\text{薪酬变动比率} = \frac{\text{薪酬变动范围}}{\text{起薪点}} \times 100\%$$

有时为了方便使用，也以中位值(M)为基础计算薪酬变动比率，即：

$$\text{上半部分薪酬变动比率为}[(H-M) \div M] \times 100\%$$
$$\text{下半部分薪酬变动比率为}[(M-L) \div M] \times 100\%$$

几个关键点的换算关系是：

$$\text{起薪点} = \text{中位值} \div (1 + \text{薪酬变动比率} \div 2)$$
$$\text{顶薪点} = \text{中位值} \times (1 + \text{薪酬变动比率}) \div (1 + \text{薪酬变动比率} \div 2)$$
$$\text{中位值} = (\text{顶薪点} + \text{起薪点}) \div 2$$

例如：假设某薪酬等级中，薪酬的最高值为 4 200 元，最低值为 2 000 元，则，

$$\text{薪酬变动范围} = 4\,200 - 2\,000 = 2\,200(\text{元})$$
$$\text{薪酬变动比率} = 2\,200 \div 2\,000 \times 100\% = 110\%$$
$$\text{中位值} = (4\,200 + 2\,000) \div 2 = 3\,100(\text{元})$$

此外，还可以计算出中位值上下两侧的薪酬变动比率，两者相同：

$$\text{上侧薪酬变动比率} = [(4\,200 - 3\,100) \div 3\,100] \times 100\% = 35.5\%$$
$$\text{下侧薪酬变动比率} = [(3\,100 - 2\,000) \div 3\,100] \times 100\% = 35.5\%$$

在确定薪酬结构的过程中，一般是先确定等级薪酬变动比率，再根据薪酬变动比率和中位值来计算薪酬的上下限。在薪酬水平的中位值确定的情况下，通常某一薪酬等级区间的顶薪点和起薪点会根据薪酬变动比率的改变而改变。随着薪酬区间的变动比率增大，最高薪酬水平变得更高，而最低薪酬水平却变得更低。宽带薪酬设计就是通过增

大薪酬区间或薪酬变动比率加大等级内的差距。

例如，假设某薪酬等级中，中间值是 3 100 元，薪酬变动比率为 50%，则：

起薪点 = 3 100 ÷ (1 + 50% ÷ 2) = 2 480(元)

顶薪点 = 3 100 × (1 + 50%) ÷ (1 + 50% ÷ 2) = 3 720(元)

如果将薪酬变动比率增大为 70%，则：

起薪点 = 3 100 ÷ (1 + 70% ÷ 2) = 2 296(元)

顶薪点 = 3 100 × (1 + 70%) ÷ (1 + 70% ÷ 2) = 3 904(元)

这样，随着薪酬变动比率的增大，薪酬差距加大了。

② 薪酬变动范围或薪酬变动比率的确定。薪酬区间（或薪酬变动范围）的确定有两种做法：一是将薪酬区间统一化，即不同的薪酬等级中的薪酬区间是相同的；二是根据不同的薪酬等级将薪酬区间差别化，具体值主要是根据经验数据来确定。这种情况下，薪酬变动比率通常在 10%～150%之间浮动，在宽带薪酬制度下的薪酬变动比率甚至可以达到 400%。

一般来说，特定岗位所需的技能水平、任职资格等各种综合因素决定着薪酬变动比率。对特定岗位任职资格的要求越高，薪酬等级越高，薪酬变动比率也越高。原因有两方面：一方面在于低岗位对于任职经验、技能、承担的责任以及对企业价值贡献等的要求较低，因此，相对稳定的薪酬变动比率既有益于管理和控制人工成本的同时，又能为低岗位员工提供更多的发展空间。另一方面，高岗位对任职技能、经验、承担的责任以及对企业的价值贡献等要求较高，以至于员工一般难以达到要求，企业不得不采取其他方式如较大的薪酬变动范围来认可其进步，而且岗位高意味着晋升的机会越少且难度越大，企业不得不依据资历或绩效标准在薪酬区间内提升薪酬水平，从而实现对员工的激励。

表 2-17　不同岗位对薪酬变动比率的影响

主要岗位类型	薪酬变动比率
生产工人、维修员、交易员	10%～30%
办公室文员、技术人员、专家助理	20%～40%
一线管理人员、行政管理人员、专业人员	40%～60%
中高级管理人员、专家	50%～100%

表 2-17 列举了一些岗位的薪酬变动比率的差异。从表中可以看出，薪酬变动比率随着任职资格的提高而逐级升高。

③ 薪酬差别。薪酬区间的大小也反映一位新员工成为称职员工所需要的时间和难易程度。两者之间的能力差距越大，薪酬区间就越大。否则，就可能出现有大量的员工处于工资等级的顶部，尤其在一些成熟的大企业。这种情况下，员工认为几乎没有机会

进一步提高工资,工作积极情绪就会受到影响。

④ 薪酬等级包含的岗位范围。薪酬等级所包含的岗位范围较广、职务较多,同时,任职者的能力等个人因素相差较大,因此,工作绩效主要取决于员工的个人能力及努力程度。企业提薪比较频繁时,薪酬区间宜大,这将使那些有能力且经验丰富的员工有较多的提薪机会。

⑤ 企业文化和管理倾向。一般而言,强调拉开收入档次,鼓励或接受收入差距的企业,其薪酬等级较大,其薪酬区间亦会设置比较多。可见,薪酬变动范围与薪酬等级数目、薪酬结构线斜率、相邻等级薪酬范围的重叠程度等因素需统筹兼顾,恰当平衡。

同一薪酬结构中相邻薪酬等级之间的交叉与重叠设计。相邻薪酬等级之间的关系有三种基本类型:分离式、结合式和重叠式,如图 2-13 所示。前面两种是无交叉无重叠。其中,分离式设计使低等级薪酬与高等级薪酬之间的差距拉开得最大。分离式对高职级员工的激励作用也大,但运用这种形式,需要考虑内部员工的心理承受能力与公平感受,并以科学的岗位评价或能力评价为根据来分配薪酬。有时,除了关注相邻两个薪酬等级之间的交叉和重叠情况外,也要考察全部薪酬等级的总体交叉和重叠情况。

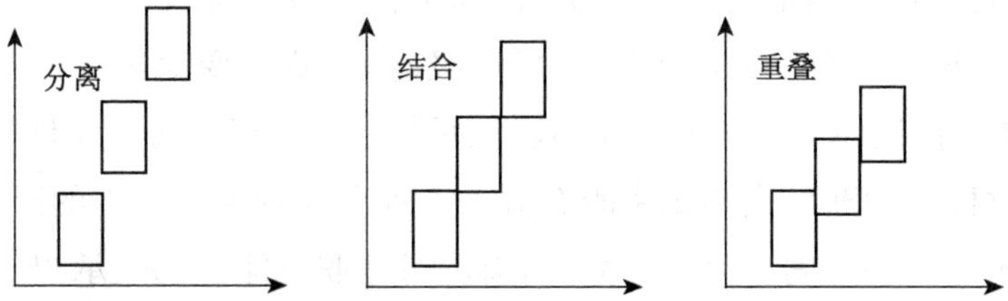

图 2-13 相邻薪酬等级之间的三种模式

企业在选择这三种基本模式时,通常会考虑企业内部不同员工之间以及员工与管理层之间对企业的相对重要性是否存在明显差异。例如,某些高科技制造企业,为了拉大薪酬差异,在科技人员、管理人员与普通工人之间可以采用分离模式。而对大型企业而言,各薪酬等级间还存在更为复杂的关系模式,如在低等级间采用重叠模式,而在高等级公司采用结合模式或分离模式;或者在低等级间采用重叠或结合模式,而在高等级间采用分离模式,等等。

重叠式是最常见的形式,指除了最高薪酬等级的最高值和最低薪酬等级的最低值之外,各薪酬等级的最高值和最低值之间有一段交叉和重叠区域。即较低薪酬等级的最高值可以高于较高薪酬等级的最低值,员工可以凭年资、经验、能力的提升而提高薪酬,甚至可能高于上一薪酬等级的员工。这种情况不仅在机关事业单位常见,在企业中也常见。

重叠式的薪酬结构尤其适用于中层以下的岗位。这是由于企业的岗位等级一般都是金字塔形,职位等级越高,可提供的岗位越少,员工的升迁机会越少。如果相邻两个薪酬等级的薪酬区间差异过大，那么会造成这样一种情况：某人一旦得到晋升，其薪酬水平会立即比原来的薪酬等级所对应薪酬区间的上限还要高出许多，也会比处在下一个薪酬等级上的老员工高出许多。这种只考虑岗位晋升的做法是不公平的，因为有许多如个人性格特点、个人升迁意愿以及上级的好恶等因素会影响岗位晋升，并非完全由能力、经验或绩效决定。在这种情况下，如果因为晋升所导致的薪酬差异很大，就必然导致企业内部员工对晋升的竞争更加激烈，内部矛盾也相应更多。因此，相邻薪酬等级之间的薪酬标准可以适当交叉和重叠。好处有二：一方面可以消除因晋升机会不足而导致未被晋升者的薪酬增长局限，另一方面又为被晋升者提供了更大的薪酬增长空间给予其继续被晋升的动力。此外，在进行人事调整时，这种做法有时还可以起到"降级不降薪"的结果，从而降职者能得到安抚。需要注意的是，重叠的区域也不应该太大，一般不应超过 50%，否则难以体现不同薪酬等级之间的薪酬差异，从而违背内部岗位公平性原则。这样的话，员工不会因为晋升而引起薪酬发生较大变化，从而失去晋升的动力。

相邻薪酬等级的重叠程度反映相邻等级之间公共的薪酬区间，它可用重叠系数来表示，其计算公式为：

$$重叠系数 = (低等级的顶薪点 - 高等级的起薪点) \div 高等级的起薪点$$

同一职系中各薪酬等级容易形成高度重叠，而工作差异大的相邻薪酬等级的重叠程度较小。从薪酬结构本身的规律来看，重叠程度或重叠系数的大小也与薪酬结构线的斜率（即级差）有关，即薪酬结构线越平缓，级差越小，则重叠越大；薪酬结构线越陡，级差越大，则重叠越小。但主要还取决于薪酬等级的薪酬区间或薪酬变动比率。事实上，在确定了所有薪酬等级的薪酬区间后，薪酬等级间的交叉就自然而然地确定。因而，扁平管理模式下的薪酬带宽较大，邻近职级的带宽重叠程度常常大大超过带宽的一半，而传统金字塔管理模式下的薪酬带宽较小，邻近职级的带宽重叠程度一般低于或保持接近带宽的一半。另一方面，薪酬区间的确定也要考虑与相邻等级工资范围的重叠程度。

需要说明的是，一种类型的薪酬结构不可能适用于所有的岗位或企业，对于规模较大和多元化的企业应该根据实际情况采取多元薪酬结构。有时为了确保在具体的经营地区开展对劳动者的有效竞争，也要针对当地劳动力市场的差异建立起各种地域性的薪酬结构。对于不同类型的员工，为了反映企业的管理哲学和经营状况，企业也可以采用不同的薪酬结构，如企业在设计销售人员和技术研发人员的薪酬结构时，完全可以采用两种不同的模式。

2.5.6.5 薪酬制度的建设

薪酬制度是以规则和规章的形式表现的组织薪酬决策、薪酬分配标准和管理方式。它的制定目的主要有：

（1）确定组织内部的公平、合理，确定企业各岗位的相对价值。

（2）吸引外部优秀人才进入企业。企业通过提供具有市场竞争力的薪酬，以吸引有才能的人加入企业。

（3）充分激励、发挥员工的能力，提高企业战略发展所需要的核心竞争力。

薪酬管理制度由企业的人力资源部门制定，并负责监督实施。当然在制定薪酬管理制度的时候，人力资源部门也要听取其他部门的意见，让其他部门充分参与，才能让获得广泛沟通的制度获得广大员工的支持。

薪酬制度制定要遵循：公平性、有效性、合法性和激励有限度等原则。在制度执行过程中要注意一致性和规范性，体现制度的严肃性和公平性。并根据情况，适时进行薪酬制度的优化，改善企业薪酬管理制度的不足；或在内外部环境发生剧烈变化的情况下，增强制度的适应性，而不能一成不变。总体来说，合理的薪酬制度最终以达到为企业留住人才、吸引人才的目的。

2.5.7 宽带薪酬

2.5.7.1 宽带薪酬的基本含义

宽带薪酬始于20世纪90年代，是一种与企业组织扁平化、流程再造等管理战略与理念相配套的新型薪酬结构。

宽带薪酬设计是在企业内用少数跨度较大的薪酬范围来代替原有数量较多的薪酬级别的跨度范围，如将原来十几甚至二十几、三十几个薪酬等级压缩成几个级别，取消原来狭窄的等级差别，同时将每一个薪酬级别所对应的薪酬浮动范围拉大，从而形成一种新的薪酬管理系统及操作流程。宽带中的“带”指薪酬级别，宽带则指薪酬浮动范围比较大。与之对应的则是窄带薪酬管理模式，即薪酬浮动范围小，级别较多。

在宽带薪酬体系设计中，员工不是沿着企业中唯一的薪酬等级层次垂直流动，他们可能在自己职业生涯的大部分或者所有时间里都只处于同一个薪酬宽带之中。他们在企业中的流动是横向的，随着能力的提高而获得更高的薪酬。即使是被安排到低层次的岗位上工作，也一样有机会获得较高的报酬。

2.5.7.2 宽带薪酬模式的优劣势

1. 宽带薪酬模式的优势

（1）改变组织结构和企业文化，提高效率。宽带薪酬模式减少了工作之间的等级差别，有助于企业组织结构向扁平化发展，同时让企业更具有学习型企业文化，使企业的核心竞争优势和企业的整体绩效得到提高。

（2）改变员工的态度，提高员工的工作积极性。宽带薪酬模式不同于传统等级薪酬，不管员工能力有多强只要没有岗位空缺就不能获得高报酬，在宽带薪酬体系下，即使是在同一个薪酬宽带内，只要员工有较高的技术和能力并使其绩效提高，也可以获得较高的报酬。

(3) 有利于培育员工在企业中跨职能成长的能力。宽带薪酬模式不同于传统等级薪酬结构其薪酬与岗位相挂钩，在宽带薪酬体系下，由于薪酬的高低是由能力来决定而不是由岗位来决定，员工乐意通过相关职能领域的职务轮换来提升自己的能力，以此获得更大的回报。

2. 宽带薪酬的劣势

(1) 适用范围有限，不适用于所有企业。主要适用于扁平化的组织结构，鼓励员工注重团队精神，并不断提高自身能力。但是对于劳动密集型企业组织，这样的薪酬体系就不适用。

(2) 增强了管理难度，对管理者的能力要求提高。由于宽带薪酬根据员工自身技能和能力来制定不同的薪酬，这样才能鼓励员工不断提高自己的能力。个人和企业的绩效提高后，必然要求加强绩效管理，这样就增加管理者工作量，这就必然增强了管理难度，要求管理者具有较高的管理能力，善于与员工进行沟通。

(3) 增加了企业的管理成本。企业以市场为导向确定薪酬水平、薪酬结构，就要求企业要紧跟市场步伐，而不是闭门造车，这就加大了企业的管理成本。同时为了配合宽带薪酬所要求的宽松管理，企业必须将薪酬的决策和管理权下放，造成人工成本大大提高。

宽带薪酬是一种全新的薪酬结构模式，它不适用于所有企业，企业必须根据自身特点、内外部环境等因素综合考虑，采取企业最需要的薪酬结构。

2.5.7.3　宽带薪酬结构设计中的关键决策及实施要点

1. 决定宽带薪酬结构设计的因素

(1) 宽带数量的确定。不同企业有不同的薪酬带数量，大多数企业设计 4～10 个薪酬宽带。宽带的数目没有统一的要求，企业在决策时应根据自身实际情况考虑。实践中，一种可行的办法是将岗位评价结果形成的自然级别作为设计宽带级别的基础。企业宽带级别的形成也可能是自然级别合并的结果。多个自然级别合并就形成宽带薪酬级别。

级别合并一般是根据工作带中的一些重要分界点，如在工作或技能、能力要求存在较大差异的地方划分。举个例子，某企业的薪酬宽带划分成助理级(初进企业者)、专业级(有经验、知识丰富的团队成员)、专业主管级(团队或项目监督者)、专业指导级或教练级等。

(2) 宽带的定价。由于员工存在技能或能力的差异，因此同级别由于工作差异薪酬水平也有差异。不同部门同一级别的岗位处于同一个薪酬宽带，但由于不同职能部门人员承担的职责和任职资格等重要薪酬要素不同，不可能获得完全相同的薪酬。比如：同样是助理这个级别，财务部门助理的薪酬水平可能要高于后勤部门的助理。在确定同一级别不同部门的薪酬水平时可以遵循以下两个标准：一是不同职能部门对企业战略的贡献，战略贡献越大，薪酬水平越高；二是不同职能人员的市场价值高低，市场价值越高，薪酬水平越高。

（3）员工薪酬的定位和调整。当薪酬宽带结构建立以后，就要开始确定不同员工在宽带结构中的位置。企业基于不同的考虑，可有不同的定位基准。需要员工提高绩效的企业就根据员工绩效来作为定位基准，而需要员工技能的企业就以员工职业技能来作为评判标准。

宽带化的薪酬模式淡化了级别与岗位的概念，员工在企业里更多的时间是在同一级别的宽带中流动。宽带内部的薪酬调整与传统薪酬结构相同，薪酬区间内的薪酬调整同样可以基于技能、能力或绩效的提高而进行。在不同的薪酬宽带中，为了鼓励不同职能部门的员工跨部门流动，承担更多责任、掌握更多技能，应对其给予适当鼓励，以增强组织的适应性。在这点上，宽带薪酬与传统基于岗位的薪酬价值理念有所区别，但并非完全矛盾。

在宽带薪酬中，员工更多的是在同一级别的宽带内部流动，但企业仍同时要处理员工在不同宽带之间流动的情况，这就需要一个客观、公平的员工薪酬变动标准。为此，企业须构建相应的员工技能或能力评价体系以及绩效管理体系，营造一个以绩效和能力为导向的企业文化氛围。

2. 宽带薪酬结构的实施要点

虽然宽带薪酬相对于传统薪酬体系有非常多好处，但它并不是所有企业及员工都适合这样的薪酬体系。建立宽带薪酬体系要在做好以下相关基础工作的前提下进行。

（1）清晰的企业战略。企业采取的战略不同，人力资源战略也必须进行相应的配合，因此企业的薪酬水平、薪酬结构等也必然会存在差异。宽带薪酬并不是薪酬管理必需的方法，也不是不可改变，宽带薪酬要与企业战略相一致。宽带薪酬是为了帮助人力资源管理，而人力资源的目标是为了服务于企业战略，因此，企业实施宽带薪酬结构必然要求战略清晰，这样才能让宽带薪酬的目标更加明确。

（2）健全的管理体系。薪酬管理是企业人力资源管理，是企业整个管理体系的有机组成部分。薪酬管理必须与其他职能和管理部门相结合，只有这样才能发挥出最大的效用。在宽带薪酬结构中，员工基本薪酬水平的高低首先由某一或几个薪酬决定因素确定的薪等决定，薪等确定后，再由另一或几个因素确定的薪级决定，即在各薪酬等级薪酬变动范围内决定员工的基本薪酬水平。如果岗位价值等因素是确定薪等的重要因素，那么人力资源管理中的岗位管理就决定了薪等的划分和数量。如果绩效或技能是确定薪级的重要因素，那么绩效管理、技能评估等工作就是建立宽带薪酬体系的重要保障。这些工作也都需要其他职能部门和直线部门参与才能有效运行。职能部门及直线部门的配合，对于建立企业绩效考评指标体系、制定绩效目标、建立绩效监督以及绩效考评与反馈机制起到重要作用。因此，企业建立宽带薪酬体系，首先需要建立更为健全的管理体系。

(3) 明确适应对象。宽带薪酬比较适合于技术型、创新型企业以及具有扁平型结构的企业,对技术、营销及管理类员工有较强的激励作用。相反,它在传统型企业或具有直线型结构的企业中并不适用,特别是对于生产操作类员工来说,采用这种方法耗时耗力。同时,企业处于不同的发展阶段,其组织方式、管理模式等都不同,薪酬激励方式也应采取灵活多变的形式,这样才能取得良好的效果。因此,实施宽带薪酬应因时制宜,根据企业内外部状况、企业不同部门的特点以及不同岗位的工作性质,明确适应对象,对不同部门、不同类型的岗位采取不同的薪酬结构及管理模式。

(4) 科学的评估机制。企业要想采用宽带薪酬结构,首先必须要建立科学合理的评估机制,确保按照薪等、薪级的决定因素科学评估员工对企业的价值,合理确定员工的薪等、薪级及薪酬水平,以保证宽带薪酬结构的顺利实施。如果因为没有科学的评估机制,使员工的薪酬水平大起大落,员工就不能产生安全感和归属感,员工的工作积极性就会受到影响。

(5) 畅通的沟通渠道。建立宽带薪酬体系需要企业具有良好的沟通文化,畅通的沟通渠道。首先,企业要让员工清晰地理解并支持企业引入宽带薪酬结构,了解企业的报酬决定因素及发展战略,让员工看到自己未来的发展方向,激励员工重视个人与企业发展的一致性。再者,企业也需要了解员工的想法,广开言路,通过听取各方面的意见,不断完善实施方案,以确保宽带薪酬体系设计科学,实施顺利。最后,部门内部以及各部门之间的及时沟通,明确的责任分工,做好各部门以及各工作模块之间的衔接与配合,也是宽带薪酬体系取得成功的关键。

(6) 完善的配套措施。要想建立宽带薪酬体系就要求企业必须有完善的配套措施。要完善配套措施首先要有一套员工培训计划。由于宽带薪酬体系对于员工技能和能力的鼓励,员工迫切需要提高自身的能力,他们对于新技能新能力的学习有很大渴望,企业应该制定配套的培训计划让员工不断获得企业各薪等或各薪级所需要的新技能,让员工在这种薪酬制度底下生活水平不断提高,企业也因此获得更大的竞争力。再者是建立规范、灵活的用工制度。人员进出自由,职位晋升合理,用工制度灵活,才能达到预期的效果。最后是建立薪酬与市场接轨的措施。如果薪酬发放没有与市场接轨,某类员工或整体薪酬水平的调整可能会出现问题,从而引发矛盾。

【案例】 基于薪点表法的宽带薪酬体系设计。

薪点表是企业内部薪酬等级结构的纵向坐标系。它将企业内的薪酬水平从低到高划分为若干等,再将每个薪等划分为若干薪级。相邻薪级之间的差距为级差,不同薪等内部的级差往往并不相同,薪等越高,薪点的数量就越大。薪点表法可以作为多种薪酬结构设计的基础,是一种广泛采用的、特别有效的薪酬体系。它以量化的、清楚明了的表格列示了企业不同的薪等和薪级的薪酬点数,使薪酬的核算更加科学、合理。

要设计薪点表首先要根据市场薪酬率和企业自身的情况来确定薪点表的起点和每

个等级内部的级差。接下来确定企业内部薪酬的坐标系，这个坐标系的薪级范围必须能够涵盖企业内部的最高和最低薪酬。

薪点表法下的企业宽带薪酬体系设计步骤如下。

1. 进行工作分析和岗位评价，为岗位分层分类

工作分析和岗位评价是薪酬设计的基础。因此在进行薪酬体系设计时应该首先进行工作分析了解各个工作的职责和任务，通过工作分析来确定完成工作所需的知识和技能。接下来进行岗位评价，通过岗位评价来保持内部公平性。要进行岗位评价可以选用要素计点法、排序法、分类套级法以及要素比较法等。根据岗位评价的结果，可以将所有的岗位分层分类。如果在进行评价时使用的是要素计点法，那么一个薪酬等级包括的是点值大致相同的岗位；如果使用的是排序法，那么一个薪酬等级就包括两到三个不同级别的岗位；如果使用的是分类套级法，那么一个薪酬等级就包括同一类或同一级的岗位，等等。如果把所有岗位分为核心层、部门主管层、骨干层和基础员工层四大职层以及管理类、技术类、事务类、销售类和作业类等五大职类，可以画出如表 2-18 所示的薪等表。

表 2-18　　职层、职类薪等表

职层＼职等＼职类		管理类	技术类	事务类	销售类	作业类
核心层	G10					
	G9					
部门主管层	G8					
	G7					
	G6					
骨干层	G5					
	G4					
基础员工层	G3					
	G2					
	G1					

2. 薪点表法下宽带薪酬结构的设计

薪酬体系一般由基本薪酬、绩效薪酬、津贴和福利保险四部分组成。

（1）基本薪酬。基本薪酬是根据员工所承担或完成工作本身的情况、所具备完成工作的技能或能力和资历而向员工支付的稳定性报酬。在薪点表法下，企业根据员工所承担工作本身的重要性、难度或者对企业的价值来确定员工的岗位薪点基本岗位薪酬；根据员工拥有完成工作的知识和技能来确定员工的技能薪酬；根据员工的资历来确定员工的资历薪酬。基本薪酬是员工所得薪酬的固定部分，同时也是计算员工绩效薪酬的基数。

（2）绩效薪酬。绩效薪酬是为了鼓励员工为公司创造出超额业绩而设计，它根据员工的绩效而上下浮动，绩效薪酬根据员工所得的浮动薪点数计算得出。

（3）津贴。津贴是为了补偿和鼓励员工在恶劣的工作环境下劳动而计付的薪资，包括岗位津贴、出差津贴等。

（4）福利保险。福利保险是为了吸引员工到企业工作或维持企业骨干员工的稳定而支付的各种补充项目，包括各类补贴和保险等。

3. 薪点表法下宽带薪酬水平的设计

（1）根据薪等表对职位进行划分。根据设定的四大职层和五大职类，将其设置为宽带薪酬中的四大薪酬带以及薪酬带中的五大职类，并将企业内的岗位按照其重要性划分为十个薪等。由于各个员工的业务技能存在差异，即使是处在相同岗位，承担相同职责，其工作绩效也有很大不同，因此为了激励优秀员工，在薪等不变的情况下，将各个薪等又分为十个薪级，有利于鼓励员工提高自身绩效。

以部门主管层为例，部门主管层薪酬带中包括管理类、事务类、销售类和技术类四大职类，不包含作业类。在每个职类中包含不同层次的薪等，如销售类包含 G6 和 G7 两个薪等，而事务类、技术类和管理类则包含 G6、G7、G8 三个薪等。这主要是因为在各职类中，部门主管层人员的管辖范围和责任大小不同。同时，即使在同一职类中，人员也有不同的薪等，比如人力资源主管和后勤主管的薪等也会不同，而且工作业绩也会因个人绩效和能力的不同而发生变化。所以，他们还会在同一薪等中处在不同的薪级。

（2）设计薪等并确定员工薪酬。薪点表薪等的上限和下限以及级差的确定要根据企业自身的情况而定，但要包括企业内部的最高和最低薪酬水平。假定薪酬等级的上限和下限分别为 500 和 8 500 点，根据适度重叠的原则，规定较高薪等基本薪资的中低级别与较低薪等的中高级别重叠，由此推算出各等各级薪点数额，如表 2-19 所示。

表 2-19　各等各级薪点数额

职层	薪等	薪级									
		R1	R2	R3	R4	R5	R6	R7	R8	R9	R10
核心层	G10	5 800	6 100	6 400	6 700	7 000	7 300	7 600	7 900	8 200	8 500
	G9	4 000	4 240	4 480	4 720	4 960	5 200	5 440	5 680	5 920	6 160
部门主管层	G8	2 800	3 000	3 200	3 400	3 600	3 800	4 000	4 200	4 400	4 600
	G7	2 000	2 160	2 320	2 480	2 640	2 800	2 960	3 120	3 280	3 440
	G6	1 500	1 630	1 760	1 890	2 020	2 150	2 280	2 410	2 540	2 670

（续表）

职层	薪等	薪级 R1	R2	R3	R4	R5	R6	R7	R8	R9	R10
骨干层	G5	1 150	1 250	1 350	1 450	1 550	1 650	1 750	1 850	1 950	2 050
	G4	920	1 000	1 080	1 160	1 240	1 320	1 400	1 480	1 560	1 640
基层员工层	G3	730	790	850	910	970	1 030	1 090	1 150	1 210	1 270
	G2	600	640	680	720	760	800	840	880	920	960
	G1	500	520	540	560	580	600	620	640	660	680

需要说明的是，薪点并不是工资额。工资额＝薪点值×薪点。薪点值主要由企业所处地区的社会平均工资和企业的经营绩效决定。和薪酬一样，薪点和薪点值都包含固定和浮动值。

2.5.8 薪酬激励

有研究表明，在缺乏科学有效激励的情况下，人只能发挥出20％～30％的潜能，科学有效的激励机制能够让员工把另外70％～80％的潜能也发挥出来。所以，能否建立并完善企业的激励机制将直接影响到企业的生存与发展。

激励是管理的核心，而薪酬激励又是企业激励机制中最主要且最传统的激励手段。薪酬管理是管理者比较容易控制的一种激励方式，效果也较易于衡量。良好的薪酬激励机制可以实现企业与员工“双赢”的目的。

2.5.8.1 薪酬激励的分类与设计原则

薪酬及其制度是明显的激励因素之一，激励可以使员工的潜力得到更大程度的发挥，从而大大提高工作效率和效果。通过施行有效的薪酬管理，针对员工的不同绩效给付不同水平的薪酬，企业经营者可提高员工的工作质量，激发员工的工作热情，最终提高企业生产效率。

1. 薪酬激励的分类

薪酬激励的划分方式有以下三种。

（1）按照激励的对象划分。薪酬激励按照激励的对象可以划分为个人激励计划、群体激励计划与全公司激励计划，针对每个对象的层次都可以有长期或短期激励安排。①个人激励计划。这类计划以员工个体作为单位进行奖励，主要针对独立工作的员工。例如计件制度[员工的薪酬取决于他(她)在一段时间内生产的产品数量]和销售提成(营销人员根据销售产品的数量或金额获得一定比例的报酬和奖金)。②团队激励计划。这类计划适用于以团队为单位工作的情况，它鼓励员工之间的互相支持和协作。团队拥有固定的目标，其成员的能力互补，朝着相同的目标努力，通过相互扶持达到目标并且共享团队努力的结果。③全公司激励计划。这类计划将员工的薪酬和公司的短期业绩相联系。这种激励通常是阶段性的短期行为，目的性强。

(2) 按照激励的周期划分。薪酬激励按照支付周期可以划分为短期激励计划和长期激励计划。①短期激励计划。短期激励计划可以针对广大员工也可以针对特定的群体（如销售人员），前提是他们的绩效目标易于设定并且在短期内可测量。这种激励一般采用量化的绩效标准，按月、季度进行支付。例如，某公司的销售人员月销售总额超过 30 万可以获得额外 1%的提成。②长期激励计划。随着社会的发展，员工的期望已不限于获得短期利益，他们还关注长期利益的保障，长期激励计划应运而生。此类计划是以年度为支付周期，奖励往往与股票、股权有关，一般针对高层管理人员或专业技术人员，但也逐渐发展为针对普通员工的股权奖励。

(3) 按照激励的形式划分。激励的形式可以分为外在激励和内在激励。外在激励一般表现为经济性激励，内在激励一般以非经济性激励为主导。

2. 薪酬激励的设计原则

激励性薪酬可以使薪酬在劳动力市场上具有竞争性，不仅能够扩大企业的选人空间，而且可以留住员工，提高员工的工作士气，为企业创造更大的价值。另一方面，通过薪酬激励可以促使员工利益与企业利益的结合，促使员工目标与企业目标一致，最终达到双赢。因此，管理者可以运用先进合理、具有激励作用的薪酬制度有效激发员工的积极性，吸引和留住精干、富有竞争力的员工。

在进行薪酬激励的设计之前，需要了解薪酬激励对不同类型员工的激励效果，金钱的激励对他们有多大影响，是否符合他们的期望。激励措施有很大的风险，在制定和实施激励措施时，一定要谨慎。下面的原则将帮助激励计划设计者提高激励效果和降低风险。

(1) 激励要因人而异。不同的员工有不同的需求和期望，因此，一项激励措施对不同人的激励效果也不同。即使是同一员工，在不同的时间或环境下，也会有不同的需求。激励的效果完全取决于员工的主观感受。

在制定和实施薪酬激励措施前，首先要调查清楚每个员工的期望，他希望得到什么。经济性的还是非经济性的？长期的还是短期的？是薪酬还是福利？企业需要根据不同类型员工的特性设计不同的薪酬激励方案，为了保证效果，事前调查是必须的。

(2) 激励要奖惩适度。奖励和惩罚直接影响薪酬激励效果。奖励过重会使员工产生骄傲和自满情绪，失去自我提升的意愿和追求高薪酬的欲望，同时也会提高员工的期望，间接地提高下次激励的成本并降低激励效果。如果奖励过轻会失去激励效果，甚至起到反效果，即让员工产生不被重视的感觉，甚至产生抵触情绪。通常，建立奖金制度的企业也会设定条件扣发奖金作为惩罚，惩罚不公或过重会让员工失去对企业的认同，甚至产生怠工或破坏情绪；惩罚过轻会让员工轻视错误的严重性，从而可能会犯同样的错误，因此，在激励时候要把握合适的尺度。

（3）激励要公平对待。公平性是薪酬管理中一个很重要的原则，任何不公平的待遇都会影响员工的工作效率和工作情绪，进而影响激励效果，保证同工同酬。同理，犯同等错误的员工，也应受到同等层次的处罚。如果管理者不能做到这一点，宁可不进行奖励或处罚。

2.5.8.2 薪酬激励的相关理论

现代激励理论是在管理实践中逐步发展完善起来的，从管理制度加经济刺激的激励方法（古典管理理论中泰勒），到提出的工作条件、安全、人与人之间的关系等金钱之外的激励因素（人际关系学派，以梅奥教授为代表），激励的内容被不断地丰富和发展。20世纪四五十年代，马斯洛提出著名的需要层次理论之后，基于不同人性假设和不同经济社会背景下的激励理论便不断涌现，形成了今天众多学派、比较成熟的激励理论体系。下面介绍其中比较有现实意义和价值的几种理论。

1. **需要层次理论——亚伯拉罕·马斯洛**（Abraham H. Maslow）

马斯洛的需要层次理论是研究组织激励时应用最广泛的理论。马斯洛认为，人类有五大类基本的需要，即生理需要、安全需要、社交需要、尊重需要和自我实现的需要，呈金字塔形，从最基本的生理需要依次向上发展（如图2-14所示）。

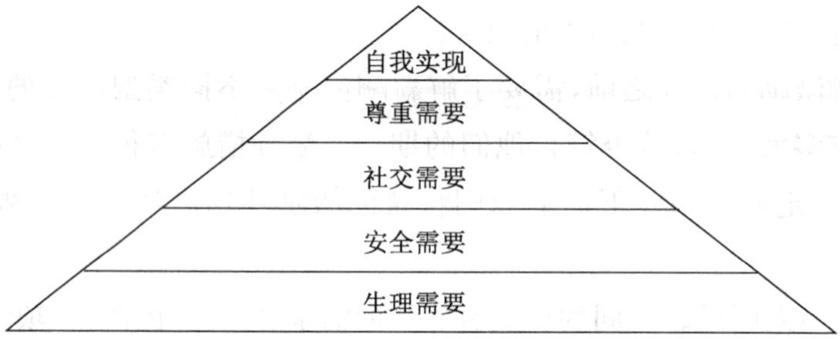

图2-14 需要层次

生理需要是个体保证自身生存、最基本、非习得性的原始需要，包括衣、食、住、行等方面需要。安全需要包括对人身安全、生活稳定以及免遭痛苦、威胁或疾病的需要。社交需要包括对友谊、爱、归属与接纳的需要。尊重需要既包括对成就或自我价值的个人感觉，也包括他人对自己的认可和尊重。自我实现的需要是一种追求个人能力极限的内驱动力，包括成长、发挥自己的潜能和自我实现。

马斯洛在其理论中还指出：第一，人们受到激励去做那些能满足但尚未得到满足需要的事情；第二，一旦人们在较低层次上得到满足，他们将在一个更高层次上追求新的满足；第三，如果人们在低层次上的需要没有得到满足，他们就不可能被高层次上的因素所激励。马斯洛的需要层次理论是最著名的需求激励理论，对企业激励系统的建立具有重要的指导意义。

现代企业的薪酬系统作为企业激励系统最重要的组成部分还需要其他激励制度来补充，特别是非物质报酬的激励手段，如建立起包括保健计划、非工作时间的支付、较宽裕的午餐时间、特定的停车位，还包括参与决策、承担较大的责任、个人成长机会、较大的工作自由，以及活动的多元化、丰富化等等。

2. **双因素理论——弗雷德里克·赫茨伯格**（Fredrick Herzberg）

赫茨伯格认为，组织中存在着两种不同类型的激发因素。一类是能促使人们产生工作满意感的因素，称为激励因素；另一类是促使人们产生不满的因素，称为保健因素。

激励因素指和工作内容紧密联系的因素，如“工作本身的兴趣和挑战性”“工作上的成就感”等。这类因素的改善，往往能给员工以很大程度的激励，产生工作的满意感，有助于充分、有效、持久地调动员工积极性。保健因素指和工作环境或条件有关的因素，如“企业政策和管理”“人际关系”“薪水”等。这些因素处理不当，或者说当这些需要得不到基本满足时，会导致员工的不满，甚至严重挫伤其积极性；反之，满足这些需要则只能防止员工产生不满情绪，并不能带来满意感。

根据赫茨伯格的观点，带来工作满意的因素和导致工作不满意的因素是不相关和截然不同的。因此，管理者若努力消除带来工作不满意的因素，可能会带来平静，能安抚员工，却不能激励他们。如果要在工作中激励员工，就要注重和强调成就、认可、工作本身，责任和晋升等激励因素。

3. **期望理论——维克多·弗隆姆**（Victor Vroom）

弗隆姆认为，一种行为倾向的强烈程度由两个因素决定，一是个体对于这种行为可能带来结果的期望值；二是这种结果对行为者的吸引力。期望理论可以用下公式表示：

激励力量（工作动力）＝效价（工作态度）×期望值（工作信心）

也就是说，激励力量是个人对一个目标的预期价值与他认为实现目标可能性的乘积。

期望理论解释了激励员工的三组关系，如图 2-15 所示。

个人努力 → 个人绩效 → 组织奖酬 → 个人目标

图 2-15　期望理论的期望—激励模式

（1）努力——绩效关系：人们总是通过一定的努力来实现一定的目标。

（2）绩效——奖酬关系：在达到一定绩效后，人们总是希望得到与之相应的报酬和奖励。

（3）奖酬——个人目标关系：人们之所以希望得到报酬奖励，是为了满足一定的需要以及实现一定的目标。

期望理论表明，激励是一个从员工需要出发到员工需要得到满足为止的过程。这个过程包含员工对工作绩效、企业报酬是否满足需要的预期，它为企业的薪酬和奖惩与绩效挂钩提供了理论依据。

4. 公平理论——史坦斯·亚当斯（J. Stancy Adams）

亚当斯认为，激励中的一个重要因素在于个人是否感到自己获得了公平的报酬。通常，员工会进行两种对比：首先，他们把自己对工作的投入和产出进行对比；其次，他们还会把自己的投入产出比与同事的投入产出比进行对比。公式表示如下：

$$\frac{\text{个人的产出(所得报酬等)}}{\text{个人的投入}}=\frac{\text{同事的产出(所得报酬等)}}{\text{同事的投入}}$$

投入可能包括努力程度、教育背景和经验，产出主要包括报酬、福利、被认可程度等。当一个人和另一个人进行比较时，他们的投入产出比应该是平衡的。如果人们觉得他们所获得的报酬偏低，他们就会产生不满，进而降低产出的数量或质量，甚至离开企业；如果人们觉得报酬是公平的，他们可能继续在同样的产出水平上工作；如果人们觉得报酬偏高，他们可能会工作得更加努力。

报酬的公平与否确实是影响员工激励水平的一大因素。通常，员工喜欢不断地拿自己与同事相比较。由于这种比较带有很强的主观色彩，员工常常会抱怨觉得不公平，从而影响其努力水平，甚至离开企业。亚当斯的公平理论虽然没有告诉企业如何做到员工感觉上的公平，但它给以警示：如果忽视员工心理上的不平衡，势必影响员工的绩效从而影响企业目标的实现。要正视这种公平比较的存在，就要通过公正的待遇设计、目标设置、绩效考评来消除员工的不公平感。

5. 目标设置理论——爱德温·洛克（Edwin Locke）

洛克提出，指向一个目标的工作意向是工作激励的主要源泉。该理论认为，以下三个因素有助于提高工作绩效：

（1）明确的目标。与“尽最大的努力”这类空洞的目标相比，明确的、具体的目标效果更好。目标的具体性本身就是一种内部激励因素。

（2）具有挑战性的目标。如果努力与目标的可接受性确定，那么，困难、富有挑战性的目标会带来更好的绩效。

（3）反馈。在人们努力的过程中，如果能及时得到反馈，就能提高绩效。

目标设置理论试图从员工需要以外的因素考察激励产生的元凶。事实证明，目标确实具有激励作用。目标设置理论突出了企业设置目标在企业实施激励过程中的作用，这一点是以上所有理论欠缺的。

统观各种激励理论，虽然流派众多，角度各异，但它们都可以归纳为心理学在管理领域的渗透和发展，各种激励理论都是建立在像“需要——动机——行为——满足”这样的心理模式之上的一些归纳模型和合理的经验公式。由于这些理论均是以人类的一般心理特点和普遍心理规律为基础或起点，因此原则上这些理论是普遍适用的。

2.5.8.3　薪酬激励的发展趋势

薪酬制度对于企业来说是一把“双刃剑”，使用得当能够吸引、留住和激励人才，而使用不当则可能给企业带来危机。建立全新、科学、系统的薪酬管理系统，对于企业在知识经济时代获得生存和竞争优势具有重要意义。改进和完善薪酬制度，也是当前企业面临的一项紧迫任务。

相较于传统薪酬激励制度，现代薪酬激励有以下发展趋势：

1. 薪酬激励的绩效化

单纯的高薪并不能起到激励作用，只有与绩效紧密结合的薪酬才能够充分调动员工的积极性。而从薪酬结构上看，绩效工资的出现丰富了薪酬的内涵，过去单一僵化的薪酬制度已逐渐被淘汰，取而代之的是与绩效紧密联系、日趋灵活的薪酬体系。

薪酬激励的绩效化有如下五个常用方法：

(1) 加大绩效薪酬(奖金)和福利的比例。

(2) 增加浮动薪酬的比例。

(3) 灵活的弹性工时制度。

(4) 把员工作为企业经营的合作者。

(5) 计酬的基础不再是单纯的工作量，而更偏重技能和绩效。

2. 薪酬结构的宽带化

采用宽带型薪酬结构后，薪酬等级减少，各岗位等级之间的薪酬水平可以重叠，适合趋于扁平化的组织。它打破了传统薪酬结构所维护的等级制度，有利于企业引导员工将注意力从岗位晋升或薪酬等级晋升转向个人发展和能力提高方面，给予绩效优秀者较大的薪酬上升空间，从而激励员工提高绩效。

3. 薪酬激励的长期化

薪酬激励长期化的一个重要手段是以股权为基础的奖励性分配。薪酬股权化目的在于稳定员工队伍，尤其是关键员工。其方式主要有员工股票选择计划(ESOP)、股票增值权、虚拟股票计划、股票期权等。

目前，跨职能的项目团队形式逐渐流行，他们重视薪酬与团队的关系、强调团队内的协作，也因此发展出相应以团队为单位的薪酬激励形式。在团队协作的模式下，对团队进行激励与奖励比以个人为单位更加有效，并且利于团队内部人员关系的和谐。团队激励计划尤其适合人数较少，强调协作的组织。薪酬的细化首先是薪酬构成的细化，过去的薪酬结构逐渐被时代淘汰，取而代之的是多元化、多层次、灵活的薪酬构成。

4. 激励形式的多样化

随着员工在企业地位的提升和薪酬水平的不断提高，经济性报酬为主导的外在激励的效果逐渐降低，而以非经济性报酬为主导的内在激励的效果则不断提高，内在激励主要有以下几种形式：

（1）职位消费激励。职位消费是指担任一定职位的员工在任期内为行使经营管理职能所消耗的费用。职位消费主要包括办公费（办公用品、电话费等）、交通费（汽车、油耗等）、招待费（公款宴请、公关等）、培训费（培训、学习班、参观、考察费用等）、信息费（为获得各种信息如参加订货会、信息发布会所耗费用等），及以公干名义进行的其他消费。

职位消费的标准往往是体现员工地位的一种象征，也是对员工成就的认同，因此也成为重要的激励手段。为了确保职位消费对员工的有效激励，企业可以采取以下措施：①实行职位消费定额，对于超出定额的部分由员工自己承担，对于节约的部分归员工所有，同时起到激励和约束作用。②将职位消费货币化，即核定员工的准许职位消费指标，将现金直接打入员工的个人账户，同时取消这些费用的公款列支，这样既可以为企业节约成本，又可以使员工的货币收入提高，从而激励其节约开支。③按企业销售收入等代表公司经营规模指标的一定比例确定员工的职务消费标准定额，使职务消费总量处在受控的状态。一旦经营管理不善，职位消费要相应降低，这可以对员工起到制约作用。

（2）荣誉感激励。荣誉是成就和贡献的象征，更是自身价值的体现。对员工的荣誉感激励主要包括正面表扬、嘉奖、鼓励、授予荣誉称号等。如果员工受教育程度、社会关系、工作性质、价值观念等与其他员工不同，则使他们更具有荣誉感（包括集体荣誉感和个人荣誉感）。因此企业在荣誉感激励设计上应注意三个原则：要有明确的奖励标准，多种奖项的设计要合理，等级分明；表扬要针对个人的心理需求，另外还要强调通过额外努力获得的绩效；除了对员工行为上的表扬，不能忽略其职业道德和素质修养。

（3）参与激励。当代人力资源管理的研究和实践表明，员工都有参与管理的要求和愿望，因此提供甚至创造机会让员工参与管理是调动员工工作积极性的有效方法。通过参与，可以形成员工对企业的归属感、认同感和成就感，可以进一步满足自尊和自我实现的需要。并且，这也有助于培养员工从管理者的角度思考，从而在一定程度上减少管理上的负担。企业管理层倾听普通员工的意见和建议也可视为参与激励。参与的员工越多，激励的效果越明显。还可以通过轮岗参与方式，即让员工选择新岗位，调动其积极性、创造性，也可以通过进入自己不太熟悉的领域发掘员工的潜力，增加压力感和挑战性。

（4）个体成长和职业生涯激励。有些员工更注重个体的成长而非薪酬或企业目标的需要。在此情况下，企业应该注重对员工的人力资本投资，健全人才培养机制，为员工提供教育和自我提高机会，同时也增加员工对企业的忠诚度。其次，要充分了解员工的个人需求和职业发展意愿，为其提供富有挑战性的个人发展机会，创造适合其要求的升迁道路，让员工随着企业的成长而成长（包括个人能力、薪酬、职位）。个体成长和职业生涯激励一方面可以带动员工职业技能的提高，从而提升企业整体人力资源水平；另一方面可以发掘与企业发展目标相同的员工，为培养组织高层经营、管理或技术人员提供人才储备。只有当员工个人需要与企业需要有机统一、员工能够清楚地看到自己在企业中的发展前途时，才有动力为企业尽心尽力地贡献自己的力量。

(5) 创新授权激励。当代企业更加重视发挥员工在工作中自主和创新方面的授权。围绕员工对工作自主性的要求，以 SMT(自我管理式团队)为代表的创新授权机制，通过一个个战略单位的自由组合来挑选自己的成员、领导，确定操作系统和工具，并利用信息技术来制定工作方法。惠普、施乐、通用汽车等国际知名企业均采取了这种组织方式，SMT 已经日益成为企业中的基本组织单位。

SMT 的基本特征是：工作团队做出大部分决策，选拔团队领导人(团队领导人是负责人和协调者，而非管理者和最终决策者)，人与人进行直接沟通，没有中间环节；团队将自主确定并承担相应的责任；由团队来确定并贯彻其工作计划的大部分内容。

SMT 使组织内部的相互依赖性降低到最低程度，员工既可充分发挥自身潜能和创造性，又需要与团队成员相互合作，发挥协同效应。创新授权激励形式对员工本人知识能力与协作能力具有极大挑战性，迎合了员工的高自主性需要，故能起到很好的激励作用。

2.5.8.4　短期激励设计

短期激励的周期一般小于或等于一年，如月度奖金、季度奖金和年终奖金等。从激励的依据来分，也可分为短期绩效奖金、提成奖金、年终奖金等。

1. 绩效奖金

绩效奖金是企业根据员工的绩效表现发放的一种薪酬激励方式，一般与固定薪酬之间存在一定的联系，如很多企业将绩效薪酬总额设计为固定工资总额的 10%～50%，然后通过绩效考评再来确定员工绩效奖金的发放比例。

【例 5】 根据某企业的绩效奖金制度，员工每月进行绩效考评，考评结果从优到劣分为 A～D 四档。绩效考评结果的档次与绩效奖金的发放比例关系见表 2-20。

表 2-20　　绩效考评结果的档次与绩效奖金的发放比例关系

绩效考评结果	A	B	C	D
绩效奖金发放比例	100%	80%	60%	20%

该企业的某员工每月工资总额包括基本工资和绩效奖金。其中，基本工资为 10 000 元，基本绩效奖金为 4 000 元。如果该员工当月绩效考评结果为 B 档，则其当月工资总额应为：

$$\text{基本工资} + \text{绩效奖金} = 10\,000 + 4\,000 \times 80\% = 13\,200(\text{元})$$

绩效奖金也可以根据员工的绩效周期设计为季度绩效奖金、年度绩效奖金，但激励周期一般不超过一年。企业采取绩效奖金的短期激励方法，可以有效地激励员工按照既定的绩效目标努力，提高总体绩效水平，也有利于企业控制薪酬成本。但是在运用这一激励方式过程中，需要注意的是企业应具备一个完整、科学、有效的绩效考评体系，这样才能使激励和员工绩效表现真正地形成正向的、相互促进的关系，否则反而容易引起员工的不满，从而产生负面效果。

2. 提成奖金

提成奖金指的是企业为了激励员工达成某项业绩目标，将激励方式与业绩指标直接挂钩的奖金，如销售人员取得的销售佣金、项目组成员取得的项目利润奖金。与绩效奖金不同，提成奖金的计算方式往往与被激励员工的固定薪酬无关，而与激励指标的达成金额即提成基数相关。

常见的提成基数包括销售额、成本额、毛利额、净利额等，而提成比例则可以设计为一个固定的比例，也可设计为一套浮动比例体系，将随着目标达成金额变化而递增或递减。同样，提成奖金包括月度提成、季度提成、年度提成等。

【例 6】 某企业的销售人员每月工资总额包括基本工资和销售提成奖金。其中销售提成奖金的计算方式如下：

$$销售提成奖金 = 当月实现的销售额 \times 1\% + 当月回款的销售额 \times 1\%$$

某销售人员基本工资为 6 000 元，当月实现销售额 30 万元，当月收回的往期销售款 20 万元，则其当月工资总额应为：

$$基本工资 + 销售提成奖金 = 6\,000 + 300\,000 \times 1\% + 200\,000 \times 1\% = 11\,000(元)$$

【例 7】 某企业的销售人员每月工资总额包括基本工资和销售提成奖金。其中销售提成奖金的政策见表 2-21。

表 2-21　销售提成奖金政策

每月实现销售额	销售提成比例
小于或等于 50 万元	1%
超过 50 万元、不超过 80 万元的部分	1.5%
超过 80 万元、不超过 100 万元的部分	1.8%
超过 100 万元的部分	2%

某销售人员基本工资为 6 000 元，当月实现销售额 106 万元，则其当月工资总额应为：

基本工资 + 销售提成奖金 $= 6\,000 + 500\,000 \times 1\% + 300\,000 \times 1.5\% + 200\,000 \times 1.8\% + 60\,000 \times 2\% = 6\,000 + 5\,000 + 4\,500 + 3\,600 + 1\,200 = 20\,300$(元)

3. 年终奖金

与绩效奖金、提成奖金相比，年终奖金的激励周期固定为一个年度，但在具体发放时可以在年终一次性发放，也可以在其他时间发放或分次方法。从激励依据来看，年终奖金更为综合，在发放时会结合企业的业绩情况、部门/团队和员工个人的绩效情况，以及员工层级、关键事件等各种因素。

一般来说，企业在设计年终奖金时，需先确定年终奖金的总额即“奖金池”，这样有利于从整体上控制薪酬激励的成本。企业奖金池总额确定后，还可再细分为部门/团队奖金池。同时，企业需要根据员工的绩效等个人情况确定年终奖金的享受人群、根据激励目标确定奖金分配的计算方法、还应根据企业的实际经营情况确定奖金的发放时间。

2.5.8.5　长期激励设计(股权激励)

长期激励指激励周期超过 3 年以上的薪酬激励方式。企业与员工约定一个长期目标，当这个长期目标达成时企业才给予员工奖励。这种激励方式有利于企业保证员工长期留在企业、与企业共同成长发展、达成企业长远目标。因此被激励的员工往往包括高层管理人员、关键岗位的专业人员和核心技术人才等。

股权激励是现代企业最常用的长期激励方式，尤其适用于处于创业阶段的企业，不仅能缓解资金压力，还能创造企业和个人的利益共同体，有效地吸引和留住人才。股权激励的设计方式如下。

1. 股票奖励

股票奖励是当被激励员工实现了某个约定的目标后，企业直接赠予员工流通股票或补贴员工购买股票的方式。

2. 限制性股票

限制性股票是指企业实现奖励员工一定数量的股票，但对于这些股票的出售设置一定限制条件，如要求员工在企业服务满一定期限、或员工的绩效达到一定目标。

3. 股票期权

股票期权的激励方式是被激励员工可以在规定的时期内、以事先约定的价格购买一定数量的股票的权利。除了时间条件外，企业业绩、员工绩效等也可作为员工行使股票购买权的条件。当行权条件满足后，员工可选择行权或不行权。

4. 股票增值权

股票增值权是指企业授予被激励员工的一种权利，如果公司股价上升，员工可通过行权获得相应数量的股价升值收益，员工不用为行权付出现金，行权后获得现金、福利或等值的公司股票。

企业还可采用虚拟股票、年薪虚股制、账面价值增值权等虚拟形式的股权工具，来实施股权激励。

企业在实施股权激励时，需要注意的要点有：

(1) 完善公司治理结构。拟实施股权激励的企业首先完善公司的治理结构，健全内部监督机制，从而防止管理层出现从事不正当关联交易、操控企业经营业绩等行为。

(2) 完善公司绩效管理。健全的绩效管理和绩效考评体系是企业实施股权激励的前提之一。股权激励的条件达到与否,需要企业全面、客观、准确地评估被激励员工的工作成效。

(3) 完善股权激励体系。企业实施股权激励时,往往针对的不是单一员工的某项业绩指标,而是希望通过这种激励方式实现企业长远目标的达成和整体绩效的提升。企业不应该将股权激励仅仅当作一个奖金发放工具,而应结合企业不同时期、不同激励对象的特点,搭建完善的激励体系。

2.5.8.6 员工福利设计及弹性福利计划

1. 员工福利的概念及分类

员工福利又叫职业福利或劳动福利,它是企业在基本薪酬之外,向员工本人及其家属提供的货币、实物及某些服务形式。它包括两方面:一是法定福利,是指政府通过立法形式,要求企业必须提供给员工的福利和待遇;二是企业福利,是指企业提供给员工的福利。

企业福利又分为集体福利和个人福利两种形式。集体福利是企业举办或者通过社会服务机构举办的、供员工集体享用的福利性设施和服务,如住宅、集体生活设施、免费旅游等。个人福利主要是指主要企业直接支付给员工个人的福利补贴,如交通费补贴、取暖补贴等。

2. 员工福利的作用

对企业而言,首先员工福利可以帮助企业吸引和留住人才。特别是当企业因某些原因不能单方面提高部分员工的薪酬水平的时候,可以有针对性地为这些员工设计福利,从而成为对这部分员工非常有效的报酬形式。其次,企业合理运用员工福利,可以有助于营造和谐的企业文化,强化员工的忠诚感。

对员工而言,企业提供福利可以满足员工在平等和归属方面的需要,也可运用集体购买的规模效应帮助员工降低取得福利的成本,或帮助员工享受一定税收优惠,从而提高员工的薪酬经济效益。

3. 弹性福利

现代企业薪酬管理中,用何种手段运作福利日益成为企业管理者激励、保留员工关注的焦点之一。而传统福利内容比较单一,操作不够灵活,过于讲求透明平等以及无法兼顾个性化的需求,使得其激励作用无法最大化。弹性福利就是在这种情况下逐渐浮出水面。目前很多大型企业已经开始尝试搭建企业福利运作平台,整合既有各项福利,加强与员工线上沟通,以更好地让福利预算发挥激励和保留员工的激励效应。

(1) 弹性福利的概念。弹性福利又称为“自助餐式福利”“菜单式福利”,因员工可以从组织所提供的一份列有各种福利项目的菜单中自由选择其所需要的福利而得名。弹性福利起源于20世纪70年代,因其在实践中体现出有助于控制企业成本、更符合员工需求、促进员工的满足感、增进员工的士气和忠诚度等优点，日益受到全球各地企业重视，从而被广泛推行。

（2）弹性福利的基本形式。弹性福利是由员工自行选择福利项目的福利管理模式。通常由企业提供一份福利菜单，员工在一定金额限制内可以根据自己的需求和偏好自由选择、组合，每一员工都有自己“专属的”福利组合。它主要有五种形式。

① 标准组件式福利。即由企业同时推出多种固定的“福利组合”，每一种组合所包含的福利项目或优惠水准都不一样，员工只能选择其中的一个组合，不能要求更换组合中的内容。

② 核心加选择型福利。它由“核心福利”和“弹性选择福利”组成，核心福利是每个员工都可以享受的基本福利，不能自由选择。弹性选择福利是员工在获得的福利限额内可以根据自己的需求或喜好随意选择的福利项目，每一个福利项目都附有价格。员工所获得的福利限额是员工所享有的福利总值减去“核心福利”的价值后的余额，如果员工所购弹性福利总值低于其所享有的福利限额，差额可以折发现金；反之，超出福利限额的部分必须从税前薪酬中扣抵。

③ 附加型弹性福利。即在现有的福利计划之外，再提供其他不同的福利措施或扩大现有福利项目的范围，让员工去选择。这是一种最普遍的弹性福利制度，它除了维持现有的福利外，又提供额外的福利项目供员工选择，扩大了员工的选择范围，能够满足员工的多样化需求。

④ 弹性专用账户式福利制度。员工每年可以按照规定的金额（个人专用账户）去选择各种福利项目的福利计划。账户中的金额如果本年度没有用完，一般不能延期到下一年度使用，也不能用现金形式发放，余额归企业所有。

⑤ 自助式福利。即企业提供一份列有各种福利项目的“菜单”，员工在“菜单”中完全自由地选择其所需要的福利。企业应根据员工的不同需求尽量提供多样化的福利项目，以便供员工有余地地选择。

（3）设计弹性福利的一般原则。

① 战略导向性原则。弹性福利制度的设计应与企业的总体战略目标保持匹配，体现企业发展战略的需求，发挥福利对实现企业总体战略的杠杆作用。企业战略目标有所调整或改变，弹性福利计划也应作相应的调整。如哪些采用成本领袖战略的企业，关键问题是如何提高生产效率，控制和降低人工成本，一般不适合实行全面的弹性福利计划；而实施创新战略的企业，要保证提供的产品或服务标新立异，具有独特性，主要需要有创造性的员工。由于该种人才稀缺，因此，除了给予他们高额薪酬外，还要提供适合其个性化需求的弹性福利，以提高他们的工作满意度和企业忠诚度，长期为企业服务。

② 恰当性原则。企业的福利水平对外要具有竞争性，不落后于同行业或同类型的其他企业；对内要符合本企业的发展阶段、规模和实力，福利项目尽量在企业可支付的范围

之内，不要使福利成为企业的财政负担。

③ 激励性原则。弹性福利计划应与员工的能力以及员工对企业的贡献大小联系起来，让能力强、贡献大的员工享有更多的福利，调动每一位员工的工作热情。

④ 灵活性原则。弹性福利也是有刚性的，一旦确定之后，再要改动是比较困难的。因此，弹性福利计划要设计灵活，能够尽量满足各类员工的不同需求，保证员工在不同的职位、年龄阶段选择自己真正需要的福利项目，真正体现弹性福利的优势。同时，要具有根据公司的经营和财务状况进行自我调整的能力。

⑤ 可衡量原则。弹性福利项目尽量可以用价值标准来衡量，以确定福利点数和福利标准服务。弹性福利项目并非让员工毫无限制、随心所欲地挑选福利措施，有的员工需求很怪异，不能用价值衡量，只能给管理工作带来不便，应尽量排除在福利项目之外。

⑥ 易理解和可管理原则。弹性福利项目的设计和描述越详尽越好，能够很容易被大多数员工理解，在选择和享受福利项目时不会产生歧义。弹性福利项目是切合实际、可以实施的，而不仅仅是反映在书面上的"幻想"，应便于公司购买，使公司真正提供给员工所需要的东西。

⑦ 合法性原则。社会立法要求企业为员工提供健康和安全保障，同时还要提供各种各样的福利以弥补员工生病、生育、工伤、失业和退休时的收入损失。法律还对某些特定的福利计划做出了指导性的规定，企业应当无条件提供法律规定的福利项目。

（4）设计弹性福利计划的注意事项。

① 约束协调机制的建立。为了配合福利管理，解决实施过程中发生的各种意外及其他特殊情况，企业需要制定相关的约束协调机制。比如福利项目的选定时间，一旦选定后是否可以修改或取消，本年度未使用完的福利点数能否累计至下年度，试用期内和员工转正后的福利点数如何计算，员工晋升、职位变动、离职等情况引起的福利变动如何处理等。

② 相关配套设施。福利的电子化管理是实施弹性福利计划成功的必要条件之一。弹性福利计划的实施，需要福利管理者使用后端系统进行包括查阅、核对各种管理报表、成本核算、公布福利政策、各种福利项目等福利管理，员工则是用前端系统查阅福利信息、本人薪酬账户详细情况、选择个人福利项目等，这无疑增加了福利管理的工作量和工作难度，企业应将福利管理从日常薪酬管理操作中分离出来，开发相应的软件进行专门管理。另外，寻找合适的福利项目供应商并确认其供应能力、质量，也是弹性福利计划顺利实施的关键性因素之一。

③ 加强与员工的信息沟通。弹性福利计划的直接受益者是广大员工，在制定和实施时，应在不同层次、不同范围内征求员工的意见，收集他们对福利的需求信息，及时向员工清楚地说明所享受的每一福利项目，使他们能对福利项目善加利用。员工也要主动向企业表达自己的需要。

(5) 弹性福利方案的实施步骤。

① 福利总额预算。在每个福利工作年限内,年初由人力资源部进行福利总额预算,确定广义范围内的福利发放总额。这个福利总额包括法定福利必需的支出、原有固定的费用支出以及当年的福利弹性部分的支出总体规模。一种方法是根据上一年度的福利总规模赋予一个增长率来确定,另一种方法是根据今年将要实施的项目进行粗略估计。

② 点值确定与分配。即根据当年的福利总额预算确定当年的单位福利点值总额,可采用两种方法:

方法一:根据上年度的福利点值总额加上一个增长率(该增长率可以是单位上年度的利润增长率),再根据福利总点值和福利财务预算确定两者间的换算比率。这种方法可以形式上更容易让员工理解分享单位的效益增长。这种方式更便于后期引入并深入"福利点值银行"的概念。

方法二:一直使用固定的点值与货币的换算关系。每年直接根据福利预算总额确定福利点值总额。这种方法简单易用,而且能够避免换算比率的变动。

③ 福利需求调查。发放调查问卷了解员工福利需求,也可以放在上一年度的效果调查问卷中一并收集。弹性福利最重要的作用就在于更加关注了员工的个性化福利需求,每年员工的变动以及员工福利需求的变动都会影响福利菜单,人力资源部门需要每年编制调查问卷了解职工需求,更新福利菜单。

④ 福利菜单更新。根据福利需求调查的结果,并核算每一项目的置办成本(成本主要是用来换算该项目的福利点值价格,而不应该作为该项目是否可行的参考依据,因为需要的该项目员工可以花更多的福利点值来购买),将可行且具有必要的福利意义的项目列入新一年的福利菜单中,并明码标价。

⑤ 福利选择与统计。发放福利菜单由每位员工填写,统计各项菜单选项的选择情况。对于特别项目需要调整的,和员工商量后进行调整。

⑥ 福利购置与支付。根据最终确定的福利选项统计情况,在确定的时间,根据确定方式,采购置办并支付各个项目。由于是团体采购,可能有更高的议价能力。

⑦ 成本与效果调查。对当年度的福利实施情况进行成本核算,并以各种方式调查菜单式福利实施的效果。该年度的弹性福利方案实施的实际成本和员工的满意调查结果将用于方案的改进。

(6) 常见福利菜单设计。确定员工福利总额后,首先要依据国家福利补贴发放政策,随后按照上文提到的工作流程进行设计,以下为我国常用的福利菜单。

① 交通补贴。交通费补贴实行以现金按月发放和票据报销两种方式进行补贴。现金按月发放和票据报销都有不同金额的细分项目,员工可以根据个人情况选择适当的细分项目。

② 餐饮补贴。按照实际出勤工作日计发餐饮补贴,考勤情况通过指纹考勤系统得出。

③ 通信补贴。以实报实销和最高限额为原则设计,参考国家通信费用补贴管理规定

设计不同等级，员工可以选择适合的等级。

④ 节假日慰问。在国庆节、春节、中秋节、儿童节、妇女节等假日进行补贴，补贴额度有不同等级，员工可以根据个人情况选择适合自己的项目。

⑤ 防暑降温费和取暖费。国家规定部分按照规定发放，根据实际降温或取暖需要，提供不同等级防暑降温品或取暖补贴，满足职工需要。

⑥ 水电补贴。物价生活成本越来越高，为提高职工生活水准，提供不同等级水电物价补贴。

⑦ 住房补贴。依据职称、职务等因素，为职工提供不同等级的住房补贴，解决或缓解职工购房压力。

⑧ 人身意外伤害保险。为职工提供意外伤害死亡及残疾保险、意外伤害医疗保险、意外伤害住院补贴、航空意外险、疾病医疗保险等，供职工选择，防范风险。

⑨ 补充养老保险和补充医疗保险。为提高职工养老和医疗需求，提供不同档次的补充养老保险和补充医疗保险，职工根据自身需要选择。

⑩ 儿童看护计划和老人护理计划。为了缓解员工照顾家庭成员的困难，建立儿童看护计划或老人护理计划，对员工提供家庭成员护理等服务。

其他还有咨询服务、子女奖学金、免费旅游项目等。

2.5.9 薪酬预算、控制与沟通

要实现薪酬管理的目标，就需要合理控制薪酬成本，需要做好薪酬预算。薪酬预算有助于控制薪酬成本，提高薪酬的使用效率；控制企业的人力资源的使用和管理；提升企业产品的竞争力，保持企业的领先优势。

仅有预算还不行，还需要严格控制执行，应因环境的变化，适时调整，才能保证预算的顺利实施。并在薪酬管理的过程中，根据员工特点等，采用多种手段，加强与员工的沟通，确保薪酬理念深入员工的心里，效果真正得到发挥。

2.5.9.1 薪酬预算

薪酬预算编制从薪酬总额开始。薪酬总额由固定薪酬和可变薪酬组成，其中，固定薪酬要编制刚性预算，可变薪酬要编制弹性预算。不同的薪酬预算，都通过具体的薪酬项目进行。应用薪酬预算方法，对不同薪酬项目进行设计与处理，是薪酬预算管理的工作内容。

1. 薪酬总额的预算

薪酬预算的起点是确定企业分配中员工收入所占的比重。由于预算管理的目的是提高企业投入产出率，而企业投入产出率是随员工工作状况变化的，与员工的工作积极性相关，不能事先确定，同时作为人力资源投入的薪酬总额，也难以事先确定，只能给出一个与企业产出挂钩的计算方式，以此引导员工行为。这就使企业的薪酬总额预算成为一个高度复杂的问题。预算要处理好分配与积累等的关系,预算首先要建立在企业的战略基础上。

(1) 薪酬总额的范围。由于对薪酬性质有不同理解,因此薪酬总额范围也有不同的划分方式。从一般意义上说,凡是与员工劳动力生产与再生产有关的支出,都是员工薪酬。从狭义上说,员工薪酬主要是劳动力价格,即由市场决定的劳动力再生产条件,包括员工的直接薪酬和福利待遇。对此,会计制度设有薪酬科目,并有对科目列支内容的具体规定。

(2) 薪酬总额的提报。在具体实践中,薪酬预算是作为全面预算的组成部分发挥作用的。由于不同企业设立的薪酬项目不一样,因此薪酬预算的涉及面也有差异,但狭义的薪酬始终是薪酬预算的共同内容,它以员工的直接报酬为薪酬预算总额的基础。相应地,关于薪酬总额有以下两种主要的提报方式。①自下而上法。所谓自下而上,是指从基层的薪酬数据开始,层层上报汇总,在此基础上制定整个企业的薪酬预算。②自上而下法。所谓自上而下法,是指从企业战略出发,根据战略布局,确定人力资源的地位与任务,在此基础上测算整个企业所需的人工费用,并将其分解到各部门。

这两种方法各有特点,适用于不同的管理需要,因此在实践中,往往会同时采用这两种方法,把两者以一定方式结合起来。

(3) 薪酬总额的测算。不管采用哪一种薪酬总额提报方式,都必须进行具体测算。薪酬总额的测算必须符合企业实际,支持企业战略与支付能力。在总额测算中,如何把企业竞争要求落实到薪酬预算方案中是一个必须解决好的根本问题,为此需要研究薪酬总额与企业盈亏平衡点之间的关系,以此作为总额测算的依据。

① 根据薪酬费用比推算薪酬总额。在各种薪酬总额预算方法中,这是最简单、最基本的方法。

薪酬费用比率的计算公式如下:

$$\text{薪酬费用比} = \frac{\text{薪酬费用总额}}{\text{销售额}} = \frac{\dfrac{\text{薪酬费用总额}}{\text{员工人数}}}{\dfrac{\text{销售总额}}{\text{员工人数}}}$$

由上式可知,如果要在相同的薪酬费用比率的前提下使薪酬总额上升,就必须增加人均销售额,即提高员工绩效。应该注意的是,这里所说的薪酬费用指的是为员工支付的一切费用,不仅包括固定薪酬、可变薪酬,还包括各种福利待遇。

② 根据盈亏平衡点推算适当的薪酬费用比。薪酬费用比的确定,在薪酬总额预算中是一个关键问题,必须进一步探讨。

一般来说,不管是从企业历史中概括,还是以行业通行指标为依据,这两种方法都是经验方法。其最大的弱点在于,把薪酬费用比当成一种给定的指标,而不是导出的指标,因此难以进行根本的调整,使之体现企业经营战略的需要。为了解决这一问题,需要在薪酬预算中引入盈亏平衡点的概念，通过把薪酬预算与盈亏平衡点约束结合起来，求出符合企业发展需要的薪酬费用比。

2. 薪酬的刚性预算

薪酬总额确定以后，要进行薪酬总额的结构划分，在此基础上分别编制薪酬刚性预算和弹性预算。其中刚性预算由固定薪酬附加业绩薪酬共同构成，在薪酬预算中具有基础地位。

（1）固定薪酬。固定薪酬是不随企业经营效益变化的薪酬，是成本薪酬中固化到每个员工头上的部分，以劳动力市场价格为基础并结合本企业实际加以确定。在具体实践中，固定薪酬包含的主要项目有：

① 基础薪酬。基础薪酬是对员工基本生活的起码保障，这是企业薪酬预算中刚性最大的部分。

② 岗位薪酬。岗位薪酬是从企业分工协作结构中对员工人力资源价值的支付，既要考虑不同职务的人力资源市场价格，又要考虑企业经营管理的需要。可以通过职务薪点表来整合这两个方面的要求，在此基础上进行职务薪酬预算。

③ 技能薪酬。技能薪酬是从企业分工协作结构中对员工人力资源特殊价值的支付。有的企业把技能薪酬分为两个部分：一部分是基础技能薪酬，依据员工的学历、职称等因素确定；另一部分是业务技能薪酬，依据员工的岗位工作能力确定。

④ 年功薪酬。年功薪酬是对员工在本企业工作年限的支付。年功薪酬的计算方式可以依据员工连续服务的时间每年进行调整。例如，某银行以员工在该银行系统工作的年限加上其在系统外工作年限的1/2作为总工龄，在这个基础上以一个固定系数乘以基本薪酬，就可以得出员工的年功薪酬。

⑤ 间接薪酬。有的企业把福利、津贴等刚性较大的内容也放到了固定薪酬预算之中，将其作为间接薪酬的内容，可以在直接薪酬总额的基础上按比例提取。福利津贴的项目设计、组合安排以及额度的测算，是固定薪酬预算的一个重要内容。

上述几个项目属于员工从企业中获得的稳定报酬，为员工的人力资源再生产提供保障，是员工薪酬中起安全保障作用的部分。

（2）业绩薪酬。业绩薪酬来自成本薪酬，是不随企业整体经营效益变化，但随员工个体工作表现变化的薪酬，是人力资源价格中留给企业统一支配、通过工作考核落实到每个员工头上的部分，由总成本薪酬减掉固定薪酬后得出。这也就是说，就企业整体而言，业绩薪酬的总量是不变的，但就每一个员工而言，业绩薪酬数量是变化的。因此，业绩薪酬实际上是企业成本薪酬中活化的部分，其意义在于从成本薪酬中为考核薪酬提供来源。在具体实践中，业绩薪酬通过月奖、年奖、单项奖、综合奖等形式体现出来，需要分别进行测算。

（3）其他项目。作为成本薪酬，还可以列入薪酬刚性预算的内容包括加班薪酬以及某些福利津贴等。

3. 薪酬的弹性预算

企业薪酬的弹性预算与刚性预算不同，不仅要考虑成本薪酬，而且要考虑效益分享，即从企业利润中拿出一部分，作为追加薪酬向员工分配，并且追加的数量与企业经营效益正相关，效益越好，追加越多。这样的方式可以调动员工积极性，提高企业效益，达到企业与员工共同发展的目标。由于效益薪酬随经营绩效而变动，经营绩效具有较大的不确定性，因此弹性预算的编制，比起刚性预算要复杂得多。其中需要特别重视的问题，有如下几个方面。

(1) 目标引导。弹性薪酬预算受经营目标和分配政策的影响极大。编制薪酬的弹性预算，首先要确定企业的经营管理目标，进而确定在目标不同实现情况下的效益分享力度，然后还要考虑效益分享的具体执行办法，把它分解落实到不同的企业员工头上。

由于效益薪酬是对企业剩余效益的分享，因此必须考虑它与企业风险承担以及企业控制机制之间的关系。相应地，效益分享一般在高管人员范围内进行。确定效益分享的对象以及办法是薪酬弹性预算的关键内容。关键绩效指标的设计及其相应的薪酬激励办法能够促使企业关键成员更好地发挥作用，从而推动企业整体效率的提高。也就是说，薪酬弹性预算具有很强的目标引导作用。

(2) 责任划分。效益薪酬作为企业经营效益的分享形式，应该与风险责任相匹配。在薪酬预算时，要把效益分享与风险承担联系起来考虑，并使两者对等。承担的风险越大，效益的分享程度越高，反之亦然。

(3) 分解落实。效益薪酬的分解落实工作要解决的是如何在时间序列中安排效益薪酬的发放问题。与固定薪酬不同，效益薪酬与企业经营状况挂钩。问题在于，企业的经营效益要在一个经营期结束后才能测算出来，而为了更好地调动员工积极性，效益薪酬却不能年终时一次发放。这意味着效益最终评价还未出来时，就要对员工发放一部分效益薪酬。因此必须在时间序列中对效益薪酬发放方式进行分解落实。这一工作的关键在于要处理好效益薪酬发放中及时性与准确性的关系，做出动态的薪酬预算执行方案。

4. 薪酬预算的实施

薪酬预算为薪酬管理提供了努力的目标和量化的依据，而如何把预算方案落实到具体实践之中，则是薪酬预算的运作问题。薪酬预算的运作是一个过程管理，需要企业各部门分工合作。薪酬决算作为过程管理的终点和总结，具有特别重要的意义。

(1) 薪酬决算管理。随着预算期的展开，经营风险和变动因素的出现，员工绩效会出现不同情况，使薪酬预算方案和预算执行结果之间出现差距。预算管理的意义，不仅在于能够对计划与实际之间的差距进行实时监控，而且能对这种差距的原因和结果进行量化的精确处理。这个任务由薪酬决算来完成。

薪酬决算的任务是对薪酬预算方案设计和预算执行结果进行比较，找出差异并分析差异产生的原因。首先应进行刚性预算的决算分析，将刚性预算金额与实际发生的薪酬金额进行差异分析，如人员预算差异、人力资源价格预算差异等，用以提高今后成本薪酬预算的准确性。其次，对弹性预算中的效益薪酬进行预算与实际的差异分析，主要侧重于薪酬投入与效益产出之间效率比的分析。在前两者基础上，还应该进行薪酬总额的决算分析。

（2）薪酬政策调节。整个薪酬预算管理过程都体现着企业价值观，受到薪酬政策的引导。如何进行薪酬预算管理，薪酬预算管理应该服从什么政策，是影响企业分配的重大问题。在实际工作中，薪酬政策的调节作用，通过薪酬关系政策、薪酬水平政策和薪酬激励政策等集中地体现出来。

① 薪酬关系政策。薪酬关系政策主要处理两组矛盾关系，即竞争与协作关系和差异与趋同的关系。

a. 竞争与协作。竞争和协作的关系是指在企业薪酬管理中，是鼓励个体竞争，还是鼓励集体合作。两者具有不同的特征。个体竞争追求市场交易，集体协作注重相互信任。按前一种方式，企业薪酬水平与市场薪酬接轨，员工薪酬主要取决于个体效率；按后一种方式，企业薪酬水平与市场薪酬分离，员工薪酬主要取决于集体效率。

b. 差异与趋同。差异与趋同的关系是指在企业薪酬管理中，是强化员工之间的薪酬差距，还是弱化这种差距。在个体竞争的薪酬政策导向下，员工之间的薪酬差异较大；在集体协作的薪酬政策下，员工之间的薪酬差异较小。

上述两方面的政策定位，直接影响薪酬预算的编制与实施。例如，在固定薪酬和可变薪酬的比重上，强调竞争与差异的薪酬政策会提高可变薪酬的比重，反之，则会降低可变薪酬的比重。

② 薪酬水平政策。薪酬水平政策在实践中可以分为三种类型，即领先政策、滞后政策和跟随政策。

a. 领先政策。薪酬领先政策的特点是使本企业的薪酬水平高于市场平均薪酬水平，其目的是通过人才优势来建立核心竞争力。采取这种政策的企业，通常投资回报率较高，薪酬成本所占的比例较低。首先，投资回报率高的企业具有更多的资金实力；其次，薪酬成本比例较低时，即便是企业成本中一个不那么重要的项目，企业也乐意通过高水平薪酬来减少劳动问题的出现，把精力投入到较薪酬成本控制更为重要的事情当中去。

b. 跟随政策。薪酬跟随政策的特点是使本企业的薪酬水平接近市场平均薪酬水平。采用这种政策的企业，通常希望自己的薪酬成本与产品竞争对手基本一致，不至于在产品市场上因为成本过高陷入不利地位，同时又不至于在劳动力市场上因为不能保留优秀员工而输给竞争对手。一般来说，跟随政策适用于没有独特优势的企业。采用这种政策时要密切关注市场，随时根据市场的变化调整薪酬水平。

c. 滞后政策。薪酬滞后政策的特点是使本企业的薪酬水平接近市场薪酬底线。采用这种政策的企业，通常边际利润率低，成本承受能力弱。当然，也有的企业不是没有支付能力，而是没有支付意愿。不管采用这种政策的原因如何，要想使这种政策成功地支持企业竞争,就必须有相应的弥补办法,如以提高员工未来收益作为补偿等。

③ 薪酬激励政策。薪酬激励政策主要处理两个关系:一个是固定薪酬与可变薪酬的关系;另一个是长期回报与短期回报的关系。

a. 固定薪酬与可变薪酬。固定薪酬与可变薪酬的不同组合方式,会产生不同的员工激励效果。如果固定薪酬比例较大,就能够给予员工安全感和稳定感,产生稳定预期。在重视固定薪酬的企业当中,基本薪酬、技能薪酬、岗位薪酬等构成了员工薪酬的主要部分。在可变薪酬为主的企业当中,员工薪酬与工作绩效关系密切,员工有提高绩效的自觉性与积极性;但由于收入不够稳定,员工可能会缺乏安全感,对企业不够信任。

b. 长期回报与短期回报。长期回报和短期回报的不同处理方式,体现了对员工和企业相互关系的不同定位。强调短期回报的薪酬政策,倾向于把员工与企业之间的关系看成市场交易,讲究双方的当期效应,员工价值增值与企业价值增值之间的联系不紧密。典型设计是特殊绩效奖。强调长期回报的薪酬政策,倾向于把员工与企业之间的关系看成利益共同体,讲究双方的长期合作,员工价值增值与企业价值增值之间存在着双向促进关系。典型设计是员工持股计划。

2.5.9.2 薪酬控制

所谓薪酬控制,是指为确保既定薪酬方案顺利落实而采取的种种相关措施。在企业的实际经营中,正式的控制过程往往包括下面的几个步骤:①确定相关标准以及若干衡量指标。②将实际结果和既定标准进行比较。③如果两者之间存在差距,明确并落实补救措施。具体到薪酬管理方面,企业通过薪酬预算,一般已经对自己的薪酬方面的具体标准和衡量指标有了比较清晰的认识,而薪酬控制的主要功能就在于确保这些预定标准的顺利实现。

1. 薪酬控制的原则

加强对薪酬成本进行控制,围绕企业员工所发生的全部费用进行科学合理的界定、核算、支付和调整薪酬主要应遵循以下基本原则:

(1) 追求人力资源效益最大化。在薪酬总体水平随着企业效益浮动的同时,应该努力提高整个企业绩效,发挥人力资源在企业发展中的重要作用,达到高效率、高效益、低成本。

(2) 以人为本,科学控制。目前一些企业效益不好,薪酬费用比例偏高,并不完全是企业薪酬总额增长过多、平均薪酬水平过高造成的,关键是劳动力成本效益低、劳动生产率低所致。加强对薪酬进行科学控制,并不是单方面压缩或减少薪酬费用的绝对支出水平。正确的做法应该是以人为本充分满足员工当前的需要,利用薪酬的激励作用来提高员工的积极性和创造性,将着眼点放在企业劳动生产率的增长之上,从而实现企业和员工的双赢。

(3) 企业自我约束与标杆管理相结合。在市场经济条件下,薪酬管理是一个系统工程,而薪酬成本控制是企业薪酬政策得以正常运行和实现薪酬管理目标的必要保证。作为薪酬控制实施主体，企业应自我定位、自我约束、因地制宜，根据企业自身发展特点，充分考虑企业经营状况和负担能力，认真分析薪酬内部构成情况，采用科学的控制策略，努力提高企业薪酬投入产出比。同时，企业应逐步实行标杆管理，与同行业的标杆企业相比，对薪酬控制的方式和技术方法进行动态调整，为企业薪酬成本控制明确目标，施加压力，提供动力。

2. 薪酬控制的指标体系

事实上，薪酬和劳动力成本实质上是一个问题的两个方面：薪酬是从员工角度来讲的，而劳动力成本是从企业角度而言的，企业支付给员工的薪酬总和构成了企业的劳动力成本。薪酬的支出并不单纯是成本的问题，也并不一定多支出就是坏事。只有将劳动力成本的各项结构和花费与其产出进行比较，才能说明其是否科学有效。下面简略地描述几个企业在薪酬控制过程中可能会用到的指标。

(1) 平均劳动力成本。该项指标是反映企业薪酬水平的指标，表示企业雇用一名员工要支付的平均薪酬。纵向比较反映企业薪酬水平是上升还是下降，横向比较反映本企业在行业内员工平均薪酬水平的高低。其公式为：

$$\text{平均劳动力成本}=\frac{\text{一定时期内薪酬总额}}{\text{员工人数}}$$

平均劳动力成本指标可向劳动力市场提供企业的劳动力价格信号和表明企业吸引力有多大等。企业要提高员工积极性，增强企业对员工的凝聚力，吸引高素质的员工就需要发挥平均劳动力成本指标的作用，对企业的薪酬成本进行分析和调整。

(2) 劳动力成本利润率。该项指标反映企业经营环境的变动趋势，是加强宏观薪酬调控的指标。纵向比较反映企业劳动力效率是上升还是下降，横向比较反观本企业在同类企业中是否具有劳动力效率的优势及产品竞争力的强弱。

$$\text{劳动力成本利润率}=\frac{\text{一定时期内企业利润总额}}{\text{劳动力成本总额}}$$

(3) 劳动力成本结构指标。劳动力成本结构指标是指劳动力成本各组成部分占劳动力成本总额的比例，它可反映劳动力成本投入构成状况的合理性与否。它包括以下两项主要指标：

第一，工资占劳动成本总额的比重是其主要指标。其公式如下：

$$\text{工资占劳动力成本总额的比重}=\frac{\text{工资总额}}{\text{企业劳动力成本总额}}\times 100\%$$

第二，福利项目费用占企业劳动力成本总额的比重是反映企业福利水平的重要指标，其公式为：

$$\text{福利项目费用占企业劳动力成本总额的比重}=\frac{\text{福利项目费用}}{\text{企业劳动力成本总额}}\times 100\%$$

(4) 薪酬费用比率。该项指标反映劳动力投入占企业总产出的水平，是反映劳动投入产出的指标。纵向比较反映企业薪酬费用比率是上升还是下降，横向比较反映本企业在行业内的薪酬水平及产品竞争力的强弱。

$$\text{薪酬费用比率} = \frac{\text{劳动力成本总额}}{\text{销售收入总额}} \times 100\%$$

可以看出，如果企业的销售业绩较好，销售额较大，即使劳动力成本增加多一些，企业也能承受，这说明企业的支付能力较强，反之就不应该盲目地增加劳动力成本的支出。

2.5.9.3　薪酬评估和沟通

薪酬管理的效果好坏，除了要做好薪酬预算和控制外，很重要的是要做好沟通，做好解释工作，让员工知道企业的价值观，确保大家的思想一致。并采用薪酬满意度调查等多种方式，从员工中获得他们对薪酬的感受和看法，及时对薪酬体系等进行评估和完善。

1. 薪酬满意度调查

薪酬满意度是指员工对获得企业的经济性报酬和非经济性报酬与他们的期望值相比较后形成的心理状态。从广义上看，是员工对其劳动所得的所有报酬的一种态度；从市场的角度看，是人力资源价格给员工造成的心理态度；从分配角度看，是企业对人力资源要素的回报是否符合员工心理的期望值。

薪酬满意度是判断薪酬管理是否成功的一个重要维度。薪酬满意度调查与分析是了解员工对薪酬真实感受、发现问题、优化薪酬管理的有效手段。其目的主要是为了：

第一，完整、准确地评估企业薪酬现状。这是加强与改善企业人力资源管理及薪酬管理的基础。

第二，在总体经营战略与框架下，制订或优化薪酬战略、政策与策略。满意度高的薪酬政策与策略对员工提高个人绩效一般起到正向激励作用，能够体现以人为本、尊重员工、关爱员工的文化理念，有助于增强员工的向心力、凝聚力，从而有利于促进企业整体绩效的提升。

第三，建立薪酬动态监测，及时捕捉员工对薪酬的心理需求，及时发现问题，防微杜渐，预防员工队伍的异常波动，尤其是防止关键、骨干员工的突然流失。

薪酬满意度调查的方式以匿名问卷调查为主。问卷调查的设计主要可以参考以下三种量表：

(1) 薪酬满意度量表(Pay Satisfaction Questionnaire，PSQ)。

(2) 明尼苏达满意度量表(Minnesota Satisfaction Questionnaire，MSQ)。

(3) 工作描述指数量表(Job Descriptive Index，JDI)。

2. 薪酬沟通

薪酬沟通是组织有计划、有目的地就本企业的薪酬战略、薪酬设计思路、薪酬制度、薪酬政策以及其他员工关心的相关薪酬信息与员工进行公开而坦诚的沟通和交流，促使他们正确地理解企业的薪酬体系所要传达的信息以及鼓励的行为、态度和绩效结果，同时提高员工的薪酬满意度。

通过薪酬沟通确保员工完全理解薪酬政策的各个方面、使员工能够认可和接受新的薪酬方案、鼓励员工在新的薪酬体系下做出最大的努力。

薪酬沟通主要内容是企业在薪酬战略体系的设计、决策中就各种薪酬信息（主要指企业薪酬战略、薪酬制度、薪酬水平、薪酬结构、薪酬价值取向等内容以及员工满意度调查）和员工对薪酬体系执行过程中的反馈与建议。

薪酬沟通可采用多种形式结合的方式：

（1）书面沟通。将薪酬设计的理念导向（如薪酬体系的价值导向、薪酬设计原则、薪酬框架，薪酬套改方案等等）以书面方式公布，或者以内部通知的方式“昭示天下”。

（2）面谈交流。各级管理者在书面通知的基础上，可以通过与下属员工个别谈话的方式进行薪酬交流。交流可以包括与员工个人密切相关的薪酬调整以及职业发展等内容。针对薪酬发生变化的不同类型员工进行个性化的沟通，以了解员工的思想动态，对有情绪的员工要做到耐心解释，做好思想安抚工作；对涨薪的员工，可以从组织认可和发展期望的角度来进行沟通，以达到激励目的。

（3）E沟通。通过企业内部网络、E-mail、网上“完全薪酬工具”等媒介将薪酬信息传递给员工。如霍尼韦尔（Honeywell）的电子材料子公司（HEM）推出了个性化的网上“完全薪酬工具”。员工输入密码，就能进入网页，找到他们薪酬的全部内容，包括基本工资、奖金、薪酬及其现金价值等等。

2.5.10 全球化薪酬管理

经济超越了国界，世界经济发展的全球化已经成为不可抗拒的潮流。跨国企业如雨后春笋出现，企业的经营范围扩展到全球。随着我国的入世和改革开放的不断深入，尤其是“一带一路”倡议的推进，我国的经济已与国际经济的发展产生密切的联系，我国的企业也顺应经济全球化的浪潮，走向国际化，如海尔、联想、华为、美的、TCL、宝钢、中国银行等，在国外已拥有一定规模的资产。经营国际化的结果导致企业必须越来越多地实行全球化管理，跨国经营给企业提出了全新的管理课题。国际人力资源管理将在21世纪经济发展中起到重要的作用。

2.5.10.1 全球化人力资源管理的影响因素

影响人力资源管理全球化的因素比较多，但归纳起来主要有文化、经济、劳工关系以及劳动力成本等四个因素。下文逐个剖析这些因素对全球化人力资源管理的意义。

1. 文化因素

不同的国家都有自己传统的、特定的文化。形式各异的文化背景为跨国公司的全球化人力资源策略带来了挑战。

为了尽量降低文化因素对公司业绩的不利影响，跨国公司开始越来越多地采用员工本土化策略，希望借此使公司员工尽可能地适应当地文化，减少不必要的损失。

员工本地化策略就是当公司在外国进行业务拓展时，招聘当地居民作为公司员工的策略。聘请当地居民处理公司日常业务，可以避免文化上的冲突，也可以利用他们的本土优势，提高解决问题的效率。因此，员工本土化已经逐渐成了一种趋势，各跨国公司都乐于采用，普及面越来越广。员工本土化策略不单只适用于聘请低层员工，同时也适用于管理层的聘用。

2. 经济因素

不同国家之间的经济制度会对全球化人力资源管理带来影响。西方国家普遍实行的是资本主义经济制度，信奉的是自由竞争，追求的是效率和利润。这些因素都促使企业倾向于提高员工效率，压缩人手以节约人力资源成本。而在社会主义经济制度下，这种人力资源管理策略未必适用。以中国为例，长期以来，我国的国有企业中，利润最大化并不是他们最重要的目标。诸如社会稳定、收入分配等都有力地左右着国企的人力资源策略。这些因素促使他们的人力资源管理倾向于减少失业，虽然这样做会以牺牲企业利益为代价。

不同经济制度下的政府对人力资源管理也有影响。在西方国家，政府很少对企业的裁员做出反应。而在中国，地方政府为了减少当地的失业数字，往往会以优惠政策去吸引外地企业到当地投资。当企业运作出现困难需要裁员时，政府也会出面帮助企业渡过难关，以避免出现企业大面积裁员的情况。

国家的经济运行情况也会影响公司的人力资源管理策略。一个国家经济运行良好，保持一定的增长率，失业率就平稳在一个较低的水平。对公司而言，无论是增员以图谋更大发展还是裁员以节约成本都易于操作。因为即使是裁员，被裁的员工还是比较容易找到另外一份工作，公司面临的赔偿压力和社会压力不大。而在一个经济低迷、失业率高的国家，裁员将会严峻地考验公司的勇气。跨国公司的裁员会加重市场的悲观气氛，而公司也将面临政府、社会舆论等各方面的压力。

3. 劳动力成本因素

劳动力成本是跨国公司经营的一项重要成本，其高低直接关系到公司的业绩，因而也成为影响全球化人力资源管理策略的因素。

劳动力成本是多方面的，包括薪金、法定工作时间、假期和健康医疗服务等。各个国家和地区由于经济发展程度、法律规定、民族风俗等有所不同，在以上构成劳动力成本的各方面内容也会有所差别。因此，劳动力成本将会导致公司在不同国家和地区人力资源政策的不同。一般来讲，在那些劳动力成本相对较高的国家，公司的人力资源政策都会以提高员工的工作绩效为目标，尽量减少聘请过多的员工。他们会给予员工大量的培训，使员工尽可能地掌握更多更好的技能，但与此同时，员工的工作量也会大量增加。相反，在那些劳动力成本相对较低的国家，企业宁可聘请更多的员工，也不会在提高员工绩效的措施(例如技能培训)上花费金钱。因为极有可能培训的费用比聘请员工的花费还多得多。

4. 劳资关系因素

各国的劳资关系也有很大区别,而这种区别也应该成为跨国公司人力资源经理重点考虑的因素。劳资关系主要指工人、工会和雇主之间的关系,而劳资关系的区别主要是由各国的劳工法例不同造成的。一些国家和地区的劳工法例对劳资关系并没有什么限制,对工会和雇主之间的关系干预不多。例如在对是否规定雇员参与公司管理这一问题上,爱尔兰和意大利都没有正式的规定,任由雇主和工会之间自由谈判去解决。

在个别国家,民族情结也会渗透在劳资关系当中,给全球化人力资源管理带来麻烦。在那些长期存在敌对矛盾的国家,这种问题尤为值得注意。如在马岛战争之后的阿根廷,英资公司长期受劳资关系困扰,甚至还爆发过工人罢工反英示威。

2.5.10.2　全球化人力资源的来源

人力资源管理全球化,首先是雇员的全球化,因而通常意义上人们将跨国公司的人员根据来源国的不同分成不同类型,从而选择、培训和管理。

母国是指一家企业的公司,总部所在的国家。比如,中国是海尔集团的母国。

东道国是母国的某一企业准备,或已经在其中落户的那个国家。这样,中国就是美国通用汽车公司的一个东道国,因为通用汽车公司在那里设立了工厂。

第三国则是指除了母国和东道国之外的其他国家。一家企业可能已经在这个国家落了户,也有可能还没有在该国落户。

相对应于国家的不同,雇员的类型也存在着差别。

外派雇员通常被用来指那些被位于一国境内的某公司派遣到另外一个国家去管理企业的人。

母国本土雇员是指那些在母国出生和居住的雇员。例如海尔集团从大陆地区招聘去外国任职的中国人。

东道国本土雇员是指在东道国出生和居住的雇员,与母国本土雇员相对。比如海尔集团在美国所设实验室所聘用的美国籍技术人员。

第三国本土雇员是指在母国和东道国之外的其他国家出生和居住的那些雇员。

据一项调查表明,对于跨国公司而言,无论是在总部还是在海外分支机构,他们都倾向于聘用当地员工。企业确实可以找到很多理由支持公司采取员工本地化策略。首先,公司很多雇员都不希望舍弃他们温馨的家庭而独自在外国拼搏,而如果举家搬迁的话也会遇到家庭成员意见相左的问题,并且还会增加公司一大笔安家费用。其次,由于外派雇员任期一般比较短,所以他们倾向于看重公司发展的短期目标,而不是着眼于长远发展。另外,如果一家跨国公司在东道国聘用大量的东道国员工,将会受到当地政府和民众的青睐,从而得到各方面的优惠。

当然,企业也能找出很多理由支持派遣母国雇员或者是第三国雇员到东道国去任职。采取这种做法往往是技术性方面的原因,因为公司们发觉在东道国难以找到称职的技术人员。保持对海外分支机构的有效控制也是跨国公司的考虑之一。对公司而言,相对于东道国雇员,母国雇员能更好地接受公司的规章制度和企业文化,对总公司的指令也更容易接受,从而办事方式也和总公司保持一致。当然,海外派员同时也是公司考核和提拔中高层管理人员的一个机会。通过将管理职位候选人派往国外从事管理工作,可以更好地了解候选人的情况,也可以全面地锻炼候选人的能力,为其归国提升做好准备。

2.5.10.3　全球化薪酬管理

公司的全球化,必然造成企业人力资源管理的全球化,薪酬管理的全球化也是其中应有之意。如何设计一套全球化的薪酬计划以在全球范围内支持公司的经营运作,已经成为跨国公司管理中关注的焦点。理想中的全球化薪酬战略应该具备战略匹配、富有吸引力和竞争力、易于人员调配和战略弹性等特点。

全球化薪酬管理可以遵循以下几步来进行:

(1) 开展全球薪酬审慎调查。由于跨国公司所面对的薪酬环境是多元化的,因此,为了在全球范围内对薪酬进行成功的管理,必须开展全球薪酬审慎调查。全球薪酬审慎调查主要包括影响全球薪酬战略的诸多因素:

① 文化背景。爱迪格·谢恩将其定义为群体在适应外界和统一内部成员的过程中形成的逐渐不为成员察觉的隐含性假设。霍夫斯蒂德(Hofstede, 1982)则认为:“文化不是一种个体特征,而是具有相同的教育和生活经验的群体所共有的心理程序”。不同文化背景的员工会表现出不同的行为倾向。比如不同文化背景的人对福利的偏好是不同的,例如中国和日本的员工就更偏好就业保障,而欧美的员工则更喜欢年休假等福利。

② 相关法律法规。各个国家政府在员工管理和薪酬激励方面的法律环境非常不同,主要体现在与公平就业机会相关的法律规定、与最低工资相关的法律条款、与员工福利保障相关的法律条款上。法律具有其天然的强制性和普遍性。中国企业在走出去的过程中,也必须以遵守当地法律为基本前提。从人力资源管理的角度看,全面了解当地国的法律环境,是进行企业正常业务运营的基本前提。

③ 经济水平。不同的地区的经济发展水平以及由此决定的消费水平是不同的,这直接导致不同地区间的薪酬差异。例如,在同一个跨国公司内,不同地区的员工尤其是经理人员之间经常会出现“同工不同酬”的现象。因此,在设计全球化的薪酬战略时,必须去了解各地经济水平的差异以及相应的基准职位的薪酬信息,从而使得设计出的薪酬方案能够兼顾竞争性和经济性。

④ 税收政策。不同国家的个人所得税的征收范围和征收水平是完全不同的。对员工来说他们关注的是扣除税收之后实际可消费的薪酬数额,因此一个有竞争力的薪酬计划应该考虑到税收的有效性,在合法的前提下利用税收政策最大程度地为员工增加实际

所得，是企业和员工的共同期望。

⑤ 工会角色。在不同的国家，工会的定位和影响力差别很大，在很多欧美日韩等发达国家，工会拥有相当强势的力量，对于当地薪酬福利等问题具有很大的影响力。因此，中国企业在进行全球薪酬战略之前，应该对所在国的工会组织，以及它对员工薪酬和其他方面的影响进行系统和全面的掌握。

（2）组建全球薪酬委员会。薪酬委员会成员包括公司的董事、高级管理层和工会代表。薪酬委员会将配合母国和东道国的 HR 人员进行全球薪酬战略的建立、执行和控制。

（3）明确全球化薪酬战略设计宗旨：全球化思考，本土化执行。薪酬战略源于企业的核心价值观和经营战略目标。全球薪酬体系的建立不应该仅仅是一项技术工作，它首先应该是一种战略思考。因此，在设计薪酬体系时，公司首先必须弄清楚其战略目标和宗旨，而不应该局限于解决当前的薪酬问题和 HR 部门的专业工作。否则即使当前的问题得到了暂时的解决，薪酬制度也建立起来了，但是新的问题一旦出现，薪酬制度还是会无法适应，甚至有可能阻碍企业的发展。

（4）制订与全球战略匹配的全球薪酬战略。全球化的薪酬战略是指在社会期望与相关法律法规等强制约束下，跨国公司所制订的确保薪酬计划的设计、实施和调控直接与组织的绩效目标相关的决策。这些决策通常指向与为了实现经营战略而采取的企业层面上的管理活动。概括来说，全球化的薪酬战略包括四个维度：

① 薪酬水平。这一维度即跨国企业为保持外部竞争性而相对于竞争对手或市场一般水平而进行的薪酬水准定位。这一方面可以根据企业的实际情况，采用领先、追随或者低于市场水平的定位等。

② 薪酬决定标准及工资等级划分。这一维度主要是确定以何种标准对员工的薪酬进行等级划分，决定是按照岗位还是技能，绩效还是资历，公司绩效还是部门绩效以及定性还是定量衡量绩效等问题。此外，这一维度还将规定员工薪酬升级的标准，把握不同等级之间的差距，控制企业内部薪酬分布的公平性。

③ 薪酬组合形式。这一维度将决定薪酬以怎样的具体形式发放，例如固定收入与变动收入之间的比例，短期与长期激励的组合，以及经济薪酬与非经济薪酬之间的替代性等。

④ 薪酬制度的管理。即薪酬制度的制定和调整中的行为方式和决策标准，主要包括以下内容：薪酬制度的制定过程是集权还是分权，员工是高参与还是低参与，内部公平还是外部公平，窄带薪酬还是宽带薪酬，公开支付还是秘密支付，制度本身偏弹性还是偏刚性等内容。上述决策的核心就是使跨国企业的全球薪酬系统有助于全球战略目标的实现，具备外部竞争性和内部公平性，合理认可员工的贡献以及提高薪酬管理过程的有效性。

（5）将全球化薪酬战略转化为薪酬实践。将制订出的全球化薪酬战略运用到母国以及各个东道国的实践中。在此过程中，公司可以为每一个分支机构任命一位来自母国的人力资源咨询专家，主要负责结果的传递，同时协调各分支机构的公司经营、为分支机构的日常经营提供解决问题的建议。这种方式将有利于母国公司与子公司之间的信息沟通和计划的一致性。

（6）对于薪酬政策的宣传。在跨国公司按照兼顾本土员工和国外员工的需求设计并实施全球化的薪酬战略时，最容易出现问题的地方仍然是在于员工的不认同、不理解、不支持。在全球化薪酬战略实施的过程中，可能会有相当部分的员工往往会片面看待企业薪酬管理中的一些方式和现象，对于不同地区或者不同岗位之间的差异存在不理解，从而造成不满。如果这样，那对企业来说不但损失了大额的开发费用而且无法从中受益。因此，在设计全球化的总体薪酬计划之前必须做好员工的沟通工作，尤其是与外派人员的沟通，因为他们是受国际化薪酬计划影响最直接的人，他们对该计划的态度直接影响到他们是否愿意接受外派任务以及计划实施的难度。通过有效地沟通确保企业内部每个分支机构的每个雇员都了解在其他国家或地区工作的成本、机会和挑战，此外确保每个雇员都理解获得当地知识、实行竞争性的薪酬计划的必要性。只有这样，员工才能真正理解企业全球化薪酬管理的思想，理解在不同国家和地区工作的差别，也只有这样，才能获得员工的支持，为有效执行跨国企业薪酬管理打下良好的基础，从而更加有效地实现薪酬管理的激励价值。

（7）对于全球化薪酬战略的匹配性进行监控和评价。薪酬系统的设计与实施并不是一劳永逸的事情。跨国企业必须不断对其与战略之间的匹配性进行监控和适时调整、更新，从而使得全球化的薪酬战略能够适应不断变化的经营环境和企业战略。

在全球化薪酬管理过程中，外派人员的报酬管理是一个非常重要的问题。需要重点关注以下几点：

（1）有效工资待遇政策的特点。跨国企业对海外管理人员确定正确的工资方案，不但可以吸引全球各地的优秀人才，而且对企业现有的员工能够发挥行为导向的功能，还对提高工作质量和工作效率、降低经营成本起到重要作用。在理想的情况下，一个有效的、针对外派人员制订的工资待遇政策应该具有以下特点：①增强国外服务工作对员工的吸引力，并能保留合格的员工。②能够对员工顺利地进行在各个子公司之间的调动或子公司与母公司之间的调动。③保持各子公司的工资制度之间的稳定关系。④使子公司的工资制度与主要竞争对手的工资制度相当。

（2）外派人员的报酬。外派人员的工资一般由基本薪酬、津贴、奖金和福利构成。

① 基本薪酬。基本薪酬是与员工所任职务相联系的，通常是确定奖励薪金、津贴及其他报酬的基础。基本薪酬可以用母国货币或所在国货币支付。

② 津贴。津贴是对员工在海外工作时支付的补助，通常包括以下项目：

a. 住房津贴。目的是使外派员工能够保持在母国时的生活水平。外派的员工在国外租到与母国条件相同的住房,可能需要支付较高的房租,跨国企业应该给予补贴。津贴经常是根据估计的或实际的情况来支付。

b. 生活费用津贴。用于弥补所在国与本国在食品、用具、交通、娱乐、服务和个人服务、医疗等费用上的差额。此项津贴的必要性还在于:由于在国外任职的雇员及其家属初到一个国家,语言不精通,环境不熟,不知何处购物,支付的费用要更多;另外,即使他们具有足够的市场信息,要保持正常的生活,也必须支付比在母国高得多的生活成本,因为他们原来的生活习惯、生活方式及消费偏好一时难以改变,而要在不同的国家维持偏好和习惯可能就要更高的开支。

c. 子女教育津贴。为外派人员的子女提供教育津贴也是外派人员薪酬政策的一个组成部分。这些津贴主要用来支付孩子学习的费用、往返的交通费用、入学费用等。

d. 安家津贴。主要用来弥补因到国外工作而发生的重新布置家庭的费用,包括搬家费用、运输费用、购买汽车的费用,甚至包括加入当地俱乐部的费用等。

③ 奖金。国外任职人员获得的奖金通常以津贴的形式发放:

a. 国外任职津贴。这是最普遍的一种奖励项目,用于奖励派出人员到国外工作,数量取决于外派人员的职务、前往国家的类别、时间等因素,一般为基本薪酬的15%～25%。

b. 工作期满津贴。此项奖金在职工按合同工作期满时发放,以鼓励他们在整个合同期间都在国外工作。

c. 探亲津贴。跨国企业支付外派人员及其家属每年一次或多次回母国探亲费用。

d. 艰苦条件津贴。“艰苦条件”指气候、卫生、政局动荡、内战、文化设施匮乏等。

④ 福利。与薪酬相比,福利的管理更加复杂。通常,大部分企业的外派人员均享受母国的福利计划,而有些国家的驻外人员只能选择当地的社会保险计划。在这种情况下,企业一般要支付额外的费用。欧洲的母国人员和其他国人员在欧盟内享受可转移的社会保险福利。还有许多国家的驻外人员会由企业购买商业保险来弥补社会保险保障的不足。

2.6 劳动关系

2.6.1 劳动关系概述

2.6.1.1 劳动关系含义

劳动关系有不同的称谓,如雇佣关系、员工关系、劳资关系、劳工关系和产业关系,这些概念共同点是都强调劳动过程中劳动者与用人单位之间的相互关系。

劳动法是调整劳动关系的法律规范总和。劳动法视劳动关系为劳动法律关系。

通常劳动关系概念包含 3 个方面。第一，是指由劳动者个人与用人单位之间构成的个别劳动关系；第二，是由工会为代表的劳动者与用人单位所构成的集体劳动关系；第三，是指社会劳动关系，即实现劳动过程中劳动者与劳动力使用者以及相关的社会组织之间的社会经济关系。

2.6.1.2　劳动关系的特点

（1）劳动关系是因劳动者与生产资料相结合而产生的社会关系。

（2）劳动关系是一种经济利益关系。

（3）劳动关系是具有人身从属性的社会关系。

（4）劳动关系双方的谈判力量不对等。

（5）劳动关系是冲突与合作的统一。

（6）劳动关系是受法律调整的社会关系

2.6.2　劳动法和劳动合同法

2.6.2.1　劳动法的概念

劳动法是关于企业与员工之间关系的法律。劳动法有狭义与广义两种形式。狭义的劳动法仅指《中华人民共和国劳动法》。广义的劳动法是指调整劳动关系以及与劳动关系有密切联系的其他社会关系的法律规范的总称，即指劳动法律制度，除劳动法外还包括就业促进法、劳动合同法、工会法等其他法律、行政法规。此外广义的劳动法还包括公司法、企业法、侵权法等相关的法律法规。

我国劳动法调整两种法律关系，一是劳动关系，二是与劳动关系密切联系的其他社会关系。

劳动关系不是孤立的社会关系，在社会化大生产条件下，劳动关系的状态直接关系到国民经济的整体运行；同时，由于劳动力的社会性，使其直接影响社会的安定。因此还存在一些以劳动关系为中心，并与劳动关系密切联系的其他社会关系。换言之，这些关系有的是发生劳动关系的必要前提，有的是劳动关系的直接后果，有的是随劳动关系而附带产生的，这些关系包括以下几个方面：处理劳动争议而发生的关系；执行社会保险而发生的关系；监督劳动法令的执行而发生的关系；工会组织与企事业单位、国家机关之间的关系；因劳动行政管理而发生的关系。

2.6.2.2　劳动法的具体存在形式

劳动法的具体存在形式，根据法律效力的高低层次，有宪法、法律、行政法规与规章、地方性法规、司法解释与国际条约。

2.6.2.3　劳动法的主要内容

《中华人民共和国劳动法》已为我国劳动法律体系建立了基本框架。我国劳动法共有 13 章 107 条，包括第一章总则、第二章促进就业、第三章劳动合同和集体合同、第四章工作时间和休息休假、第五章工资、第六章劳动安全卫生、第七章女职工和未成年工特殊保护、第八章职业培训、第九章社会保险和福利、第十章劳动争议、第十一章监督检查、第十二章法律责任和第十三章附则。

劳动关系法主要是实现劳动关系运行协调的各项劳动法律制度，涉及劳动合同制度、企业规章制度、企业民主管理及争议处理等规定。劳动合同和集体合同制度涉及劳动合同的订立、履行、变更、解除、终止，集体合同协商、订立的程序、原则，集体合同履行、监督检查等规则。

劳动法中的企业规章制度是指与劳动人事相关的规章制度，制定规章制度既是用人单位的法定权利也是用人单位的法定义务。规章制度使企业劳动管理行为规范化，特别是规范员工奖惩行为，保障公平、公正的工作环境，保护劳动者合法权利。

工会和职工民主管理制度在于保障劳动者的结社权和民主管理参与权。该项制度规定工会的法律地位，工会的职责与任务，工会的工作方式与活动方式，以及规定劳动者民主参与管理的形式，职工大会、职工代表大会的职权等内容。

劳动争议处理制度是为了保证劳动实体法的实现而制定的有关劳动争议处理的调解程序、仲裁程序和诉讼程序的规范，以及劳动争议处理机构的组成，调解、仲裁程序应遵循的原则等内容。

劳动保障法是保障劳动者实现劳动权利、劳动关系正常运行的社会条件，涉及就业促进、劳动力市场管理、职业培训和社会保险。促进就业法律制度主要内容是规范国家在促进就业方面的职责。劳动力市场规范制度是就业服务和就业管理制度，规范人力资源市场行为。职业培训制度规定政府有关部门和用人单位在发展培训事业和开发劳动者职业技能方面的职责、管理权限、职业分类、通用标准和职业技能考核鉴定制度。这些法律主要是保障劳动者就业权及公平就业。

社会保险制度是使劳动者在年老、患病、工伤、失业和生育等情况下能够获得帮助和补偿。社会保险制度的主要内容包括：社会保险的体制，社会保险的项目、种类，社会保险的适用范围，享受社会保险待遇的资格条件和标准，保险待遇的支付原则以及社会保险基金的筹集、运营和管理等。

劳动行政法由劳动行政与劳动监督等法律构成。其中劳动行政法由行政行为法和行政程序法构成，前者规定政府劳动行政主体和行政权的设定、规范行政权的行使，后者规范行政权的运行程序。劳动监督法律由规范行政权监督的行政监督法和行政救济法等部分组成。

2.6.2.4 劳动合同的概念

劳动合同是劳动者与用人单位之间确立劳动关系、明确双方权利和义务的协议。按照《劳动合同法》第 10 条规定，用人单位与劳动者建立劳动关系，应当订立书面劳动合同。

2.6.2.5　劳动合同的分类

(1) 以劳动者主体为标准的分类：可分为个人劳动合同与集体劳动合同。

(2) 以用工方式为标准的分类：分为一般劳动合同、非全日制劳动合同与劳务派遣合同。

(3) 以合同期限为标准的分类：可将劳动合同分为固定期限劳动合同、无固定期限劳动合同与以完成一定工作为限的劳动合同。

2.6.2.6　劳动合同的签订、履行与变更

1. 劳动合同的签订

根据《劳动合同法》第 3 条第 1 款规定，"订立劳动合同应当遵循合法、公平、平等自愿、协商一致、诚实信用的原则"。它阐明了订立劳动合同所必须遵循的基本原则。

2. 劳动合同的履行

劳动合同的履行，是指合同当事人履行劳动合同约定义务的法律行为，即劳动者与用人单位按照劳动合同的要求，共同实现劳动过程和各自合法权益。劳动合同依法订立就必须履行，这既是劳动合同法赋予合同当事人双方的义务，也是劳动合同对双方当事人具有法律约束力的主要表现。

3. 劳动合同的变更

劳动合同在依法订立后，由于情况变更而引起双方当事人协商一致后对原合同内容做部分改变，称作劳动合同的变更。只要变更的行为和内容不涉及违法行为，变更即为有效。

2.6.2.7　劳动合同的解除与终止

1. 劳动合同解除

劳动合同期限届满之前，当事人单方面或双方提前终止劳动关系的合法行为，称作劳动合同的解除。所谓提前终止，是指劳动合同所规定的当事人的权利与义务关系还没有完全履行前终止合同。

劳动合同的解除必定是基于当事人的意愿而生，否则，尽管在履行劳动合同的过程中出现各种各样的情况，劳动合同还会继续存在下去，一直到当事人的权利完全履行。

(1) 用人单位解除劳动合同。就用人单位单方解除劳动合同的情况，劳动法对三类情形，过失性辞退、无过失性辞退、用人单位经济性裁员作出规定。

(2) 劳动者单方面解除劳动合同。①劳动者主动辞职。②劳动者被动辞职。被动辞职是指劳动者提出辞职的原因是用人单位存在过错。

(3) 关于用人单位不得解除劳动合同的规定。我国《劳动合同法》第 42 条规定即使在许可辞退的情形下也不得辞退的情形，即劳动者有下列情形之一，用人单位不得依据该法第 40 条、第 41 条的规定解除劳动合同。①从事接触职业病危害作业的劳动者未进行离岗前职业健康检查，或者疑似职业病病人在诊断或者医学观察期间的。②在本单位

患职业病或者因工负伤并被确认丧失或者部分丧失劳动能力的。③患病或者非因工负伤，在规定的医疗期内的。④女职工在孕期、产期、哺乳期的。⑤在本单位连续工作满15年，且距法定退休年龄不足5年的。⑥法律、行政法规规定的其他情形。

2. **劳动合同的终止**

劳动合同的终止是指因相关法定事由的出现而导致劳动合同所确定的法律关系依法归于消灭的情形。它不同于劳动合同解除之处是，“终止”是义务履行完毕后结束劳动关系，而不是履行过程中中断劳动关系。《劳动法》第23条规定：“劳动合同期满或当事人约定的劳动合同终止条件出现，劳动合同即行终止。”但是劳动合同法则限制了当事人约定劳动合同终止，目前劳动合同只能在法定情形下得以终止。

2.6.3 职业安全卫生与劳动保护管理制度

2.6.3.1 职业安全卫生

1. **职业安全卫生的含义**

职业安全卫生，又称职业安全健康，传统上也称为劳动保护，其主要任务就是保护劳动者的生命与健康权。职业安全卫生是指劳动者在劳动过程中的安全卫生条件和状态。在现有条件下，劳动者在劳动过程中难以完全避免不安全（危险）和不卫生（肮脏）因素，职业安全卫生作为劳动法的一项重要内容，就是要最大限度地消除劳动过程中的不安全和不卫生因素，保障劳动者的安全和健康。

我国劳动保护工作的方针是“安全第一、预防为主”。安全第一就是在生产与安全的关系中应该将安全放在第一位，在优先满足安全的条件下才允许生产。预防为主是指防重于治，在处理职业伤害时要将重点放在防患于未然，采用安全技术、使用无害设备与工艺，提供有效的劳动保护装备，而不是职业伤害形成后才进行治理和补救。

2. **职业安全卫生的内容**

职业安全卫生内容可以分为劳动安全和劳动卫生两个方面。

(1) 劳动安全。劳动安全是针对劳动过程中的不安全因素，防止中毒、触电、机械外伤、车祸、坠落、塌陷、爆炸等危及劳动者人身安全的事故。在劳动过程中，确实存在发生上述事故的可能性，稍有不慎就会发生伤亡事故。所以劳动法律、法规必须对劳动安全作出规定，切实保障劳动者免受伤亡事故之害。

(2) 劳动卫生。劳动卫生是针对劳动过程中的不卫生因素，指在劳动过程中对不良劳动环境和有毒有害物质危害劳动者身体健康或者引起职业病发生的情况的防范措施。相对于劳动安全而言，劳动卫生容易被忽视。因为不安全因素造成的伤亡事故具有明显、恶性的后果，而不卫生因素对身体的伤害往往比较渐进，症状在开始时并不明显，所以人们往往忽略对不卫生因素的防范治理。事实上，不卫生因素对劳动者及家属带来的危害是极为严重的，如尘肺病在目前极难治愈。因此，劳动卫生与劳动安全都不应偏废。

2.6.3.2 劳动保护管理制度

劳动保护管理制度是指为保护劳动者在劳动生产过程中的健康安全，法律所规定或确认的国家和用人单位实行的各项管理措施的统称。

（1）安全生产责任制度。

（2）安全生产监督管理制度。

（3）安全生产检查制度。

（4）安全生产举报制度。

（5）生产安全事故应急救援制度。

（6）生产安全事故调查处理制度。

2.6.4 职业病防治管理制度

2.6.4.1 职业病危害的预防制度

职业病是指企业、事业单位和个体经济组织等用人单位的劳动者在职业活动中，因接触粉尘、放射性物质和其他有毒、有害因素而引起的疾病。职业病危害是指对从事职业活动的劳动者可能导致职业病的各种危害。

职业病危害因素包括：职业活动中存在的各种有害的化学、物理、生物因素，以及在作业过程中产生的其他职业有害因素。职业病危害因素分类目录由国务院卫生行政部门会同国务院安全生产监督管理部门制定、调整并公布。根据《职业病防治法》第 16 条的规定，用人单位工作场所存在职业病目录所列职业病的危害因素的，应当及时、如实向所在地安全生产监督管理部门申报危害项目，接受监督。

2.6.4.2 职业病危害监测、检测和评价制度

职业病危害的监测，是通过建立一套完整的监测系统，对工作场所存在的职业病危害因素进行监测，以便及时了解有害因素产生、扩散、变化的规律，为采取防护措施提供有效的依据。

检测、评价结果应存入用人单位职业卫生档案，定期向所在地安全生产监督管理部门报告并向劳动者公布。职业病危害因素检测、评价由依法设立的取得国务院安全生产监督管理部门或者设区的市级以上地方人民政府安全生产监督管理部门按照职责分工给予资质认可的职业卫生技术服务机构进行。职业卫生技术服务机构所作检测、评价应当客观、真实。

用人单位应该采用有效的职业病防护设施，并为劳动者提供个人使用的、符合防治职业病的要求的防护用品；不符合要求的，不得使用。发生或者可能发生急性职业病危害事故时，用人单位应当立即采取应急救援和控制措施，并及时报告所在地安全生产监督管理部门和有关部门。安全生产监督管理部门接到报告后，应当及时会同有关部门组织调查

处理；必要时，可以采取临时控制措施。卫生行政部门应当组织做好医疗救治工作。

2.6.4.3 职业病危害的告知制度

职业病危害的告知制度是指用人单位或其他单位，对可能产生职业病危害的作业场所或者设备、材料，应履行如实告知义务，以保障劳动者的知情权。包括：工作场所危害告知；设备、材料危害告知；劳动合同告知。

2.6.4.4 职业病健康监护制度

及时发现劳动者的职业性健康损害，根据劳动者的职业情况，对劳动者进行有针对性的定期或不定期的健康检查和连续、动态的医学观察，记录职业病接触史及健康情况，分析研究劳动者健康与职业病危害因素之间的关系。

2.6.4.5 职业病危害事故的救援制度

在劳动过程中如果发生急性职业病危害事故，用人单位应当立即采取应急救援和控制措施，控制危害事故的发生，不使危害再次扩散；对于尚未发生但可能发生的事故也要积极地采取有效措施，避免危害事故的发生。

2.6.5 女职工和未成年工特殊劳动保护

2.6.5.1 女职工的特殊劳动保护

女职工特殊劳动保护制度，是针对女职工的生理特点的需要，对女职工在劳动过程中的安全和健康依法加以保护。目前，我国关于女职工特殊劳动保护的法律法规主要有：《劳动法》《妇女权益保障法》《女职工劳动保护特别规定》《女职工禁忌劳动范围的规定》等。

2.6.5.2 未成年工特殊劳动保护

未成年工是指年满 16 周岁，未满 18 周岁的劳动者。未成年工特殊劳动保护制度，是针对未成年人的生长发育期的特点以及接受义务教育的需要，依法采取的特殊劳动保护措施。目前，我国关于未成年工特殊劳动保护的法律法规主要有：《劳动法》《未成年人保护法》《未成年工特殊保护》规定。依据相关法律规定，未成年工享有的特殊劳动保护主要有：

1. 未成年工禁忌劳动范围

《劳动法》第 64 条规定，“不得安排未成年工从事矿山井下、有毒有害、国家规定的第四级体力劳动强度的劳动和其他禁忌从事的劳动”。

2. 未成年工定期健康检查制度

《劳动法》第 65 条规定，“用人单位应当对未成年工定期进行健康检查”。

3. 未成年工使用和特殊保护登记制度

用人单位招收使用未成年工，除符合一般用工要求外，还须向所在地的县级以上劳动行政部门办理登记。

2.6.6　劳动规章制度制定和实施

2.6.6.1　劳动规章制度的含义

劳动规章制度，又称企业内部劳动规章、内部劳动规则，是指用人单位依法制定并在本单位内部实施的组织劳动和进行劳动管理的规则。《中华人民共和国劳动合同法》第 4 条第 1、2 款对劳动规章制度的解释为“保障劳动者享有劳动权利、履行劳动义务”“直接涉及劳动者切身利益”的规章制度。这表明，“保障劳动者享有劳动权利、履行劳动义务”的规章制度，即“直接涉及劳动者切身利益”的规章制度，两种解释具有一致性。

企业劳动规章制度与法律法规不同，其特征主要表现在如下：

第一，企业制定劳动规章制度的权利由国家法律法规依法授予，必须在国家法律法规的框架内制定并执行。

第二，企业制定劳动规章制度根据国家法律法规授权，企业作为一种社会组织从其依法成立之日起就被国家授予制定本单位劳动规章制度的权利，用人单位制定劳动规章制度是一种授权的“立法”，在现行法上具有了“准法规”的性质，其法律效力被国家认可。

第三，企业制定的劳动规章制度调整范围仅限于与企业有劳动契约关系的特定劳动者，不能适用于其他不特定的人。

第四，企业制定劳动规章制度，是依据劳动合同而设立，建立在劳动者与企业之间的契约关系之上的，必须经过民主协商程序，兼顾企业与劳动者的合法权益才能具有法律效力。

2.6.6.2　劳动规章制度的内容

劳动规章制度的内容，一般包括劳动条件、劳动纪律与人事程序管理规定三大类。关于劳动条件的规定，如工作时间、工资与劳动报酬。关于劳动纪律的规定则包含劳动者必须遵守的劳动规则和秩序，如时间纪律、组织纪律、岗位纪律、劳动安全卫生、职业道德与操守等；也有岗位规范与要求，如岗位职责、奖励与处罚规定等。关于程序管理的规定，如招聘规定、劳动合同管理，劳动争议处理等。

2.6.7　集体合同管理

2.6.7.1　集体合同的含义

集体协商又称集体谈判，是用人单位工会或者职工代表与相应的用人单位代表为签订集体合同进行商谈的行为。

集体协商主要采取协商会议的形式，是一种高度规范化、程序化的商谈。集体协商的主体一是代表职工利益的工会或者职工代表，二是用人单位。

集体合同与个人劳动合同相对应，是指工会与用人单位或者团体根据法律法规、规章的规定，就劳动报酬、工作时间、休息休假、劳动安全卫生、职业培训、保险福利等事项，通过集体协商签订的书面协议。

集体合同的形式可以分为主件和附件。主件是综合性集体合同，其内容涵盖劳动关系的各个方面；附件是专项集体合同，是就劳动关系的某一特定方面的事项签订的专项协议。

2.6.7.2 集体合同的内容

《中华人民共和国劳动法》和《中华人民共和国劳动合同法》就集体合同的可备条款做出了不完全列举规定，2004 年修订的《集体合同规定》明确规定的为 15 项内容。集体协商双方可以就下列多项或某项内容进行集体协商，签订集体合同或专项集体合同。

(1) 劳动报酬。

(2) 工作时间。

(3) 休息休假。

(4) 劳动安全与卫生。

(5) 补充保险和福利。

(6) 女职工和未成年工特殊保护。

(7) 职业技能培训。

(8) 劳动合同管理。

(9) 奖惩。

(10) 裁员。

(11) 集体合同期限。

(12) 变更、解除集体合同的程序。

(13) 履行集体合同发生争议时的协商处理办法。

(14) 违反集体合同的责任。

(15) 双方认为应当协商的其他内容。

2.6.7.3 集体合同订立的原则

集体协商应当遵循以下原则：遵守法律法规、规章及有关国家规定；互相尊重，平等协商；诚实守信，公平合作；兼顾双方合法权益；不得采取过激行为。

2.6.8 职工民主管理

2.6.8.1 职工民主管理的概念

职工民主管理又称企业民主管理，是指劳动者直接或间接参与管理所在企业内部事务，是企业职工通过职工大会、职工代表大会或其他形式，审议企业重大决策，监督企业行政领导，维护企业和职工合法权益，体现劳动者当家做主的企业管理制度。

企业民主管理有两层含义：一是劳动者扮演管理者与决策者的角色参与企业的决策及管理；二是通过民主管理获得自身权益的保障。企业民主管理的理论假设是，企业的经营管理活动不仅是投资人与管理者的活动，企业内所有成员包括劳动者与企业的利益息息相关，用人单位与劳动者相互依存。没有企业的发展劳动者的职业得不到保障，没有劳动者用人单位也不可能获得良好的经济效益。

2.6.8.2 职工代表大会的性质和职权

职工代表大会制度是我国国有企业实行企业民主的最基本形式，是全体职工行使民主管理权力的机构。职工代表大会是职工参与民主选举、民主决策、民主管理、民主监督，维护员工权力和利益，协调企业内部劳动关系的维权机制。职工代表大会具有如下特点：

(1) 职工代表大会制度具有广泛的代表性和充分的民主性。

(2) 职工代表大会制度是企业内部组织机构的重要组成部分。

(3) 职工代表大会是企业实行民主管理的基本形式。

职工代表大会依法行使审议建议、审议通过、审查监督、民主选举、民主评议等职权。

2.6.8.3 工会概述

1. 工会的性质

工会是职工自愿结合的工人阶级的群众组织，其基本职责是维护职工合法权益。在劳动关系的协调中，工会是职工利益的代表，代表劳动者的一方。工会有许多职责，但其代表和维护职工权益是基本职责，这是工会自身性质决定的。

工会通过平等协商和集体合同制度，协调劳动关系，维护企业职工劳动权益。工会依照法律规定通过职工代表大会或者其他形式，组织职工参与本单位的民主决策、民主管理和民主监督。

2. 工会的职能

(1) 工会的参与职能。

(2) 工会的协助职能。以改进工作质量。

工会通过组织和教育职工依照宪法和法律的规定行使民主权利，发挥国家主人翁的作用，维护社会主义国家政权。通过工会把广大职工群众组织起来，参与国家和社会事务的管理，建立国家政权与职工群众间的联系。

3. 工会的权利与义务

(1) 工会有权利获得经费来源。工会经费主要用于为职工服务和工会活动。

(2) 工会的监督权。

(3) 劳动合同指导、集体合同代签与争议处理。

(4) 工会的建议权。

（5）工会的调查权。

（6）其他权利与义务。

2.7 人力资本投资

2.7.1 人力资本投资理论

人力资本是一种非物质资本，它是体现在劳动者身上的、并能为其带来永久收入的能力，在一定时期内，主要表现为劳动者所拥有的知识、技能、劳动熟练程度和健康状况。

2.7.1.1 人力资本投资理论产生的原因

基于所有劳动者并不是同质的假设，所以不同的劳动者其所产生的价值是不一样的。同时人力资本投资的利益就如同任何投资一样发生在未来，并且通常情况下，这些利益需要持续一段时间，而投入则产生在目前。因此，西奥多·舒尔茨认为人力资本存在于人的身上，表现为知识、技能、体力（健康状况）价值的总和，一个国家的人力资本可以通过劳动者的数量、质量以及劳动时间来度量。人力资本投资是经济增长的主要源泉，也是效益最佳的投资。对人力资本持续进行投资是国家、产业、科技发展的最重要因素。

2.7.1.2 人力资本的特点

（1）是一种无形资本。

（2）具有时效性。

（3）具有投入产出的差异性。

（4）具有收益递增性。

（5）具有累积性。

（6）具有无限的潜在创造性。

2.7.2 人力资本投资的基本模型

2.7.2.1 人力资本投资与组织薪税费投入及个人教育投资的关系

传统的人力资本投资认为最重要的投资是教育投资，本体系认为教育投资是人力资本投资中重要因素。从组织角度来说，职工薪税费成本是组织对于职工的人力资本投资组成部分，组织的人力资本投资同样面临着成本和收益的比较；从个人角度来说，高等教育投资及自付的教育培训支出也是个人对自己人力资本的投资。但不论由组织进行的职工人力资本投资，或是由个人对自己进行的人力资本投资，或是国家对人力资本进行的投资均是人力资本投资的组成部分。从组织角度来说由组织承担的薪税费成本均是人力资本投资的重要部分，其目的是获取持续增长的收益。

2.7.2.2　人力资本投资的衡量方法

人力资本投资的衡量方法包括：净现值法和内部收益率法。

1. **净现值法**

所谓净现值法就是把未来收益与成本按预定的贴现率进行折现后，比较两者的差额。

如果差额为非负值，那么作为追求效用最大化并抱有终身观点的决策主体而言，就有继续投资的意愿；如果差额为负值，则投资中止。

(1) 计算收益现值。假设某项人力资本投资，在未来一段时间内 (t 年) 为投资者带来收益为 B_1，B_2……B_t，贴现率为 γ，t 年内折现的收益为 PV，那么人力资本投资收益现值

$$PV=\frac{B_1}{1+\gamma}+\frac{B_2}{(1+\gamma)^2}+\cdots+\frac{B_t}{(1+\gamma)^t}=\sum_{i=1}^{t}\frac{B_i}{(1+\gamma)^i}$$

(2) 计算成本现值。假设该项人力资本投资的成本为 C，在 n 年之内完成，且每年的投资成本为 C_1，C_2，……C_n，n 年内投资成本的现值为 PVC，那么人力资本投资成本现值

$$PVC=\frac{C_1}{1+\gamma}+\frac{C_2}{(1+\gamma)^2}+\cdots+\frac{C_n}{(1+\gamma)^n}=\sum_{j=1}^{n}\frac{C_j}{(1+\gamma)^j}$$

(3) 计算净现值。

$$Q=PV-PVC=\sum_{i=1}^{t}\frac{B_i}{(1+r)^i}-\sum_{j=1}^{n}\frac{C_n}{(1+r)^j}\geqslant 0$$

$$\sum_{i=1}^{t}\frac{B_i}{(1+r)^i}\text{ 人力资本投资收益现值}$$

$$\sum_{j=1}^{n}\frac{C_n}{(1+r)^j}\text{ 为人力资本投资成本现值}$$

2. **内部收益率法**

内部收益率法又叫做财务内部收益率法或内部报酬率法，是指使用内部收益率来评价项目投资财务效益的方法。而内部收益率，是指资金流入现值总额与资金流出现值总额相等、净现值等于零时的折现率。内部收益率需要用若干个折现率进行试算，直至找到净现值等于零或接近于零的折现率。即根据

$$Q=PV-PVC=\sum_{i=1}^{t}\frac{B_i}{(1+r)^i}-\sum_{j=1}^{n}\frac{C_n}{(1+r)^j}=0\text{ 求出内部收益率 }\gamma\text{。}$$

(1) 首先根据经验确定一个初始折现率 γ。

(2) 根据投资方案的现金流量计算财务净现值 $Q(\gamma)$。

(3) 若 $Q(\gamma)=0$,则内部收益率 $=\gamma$;

若 $Q(\gamma)>0$,则继续增大 γ;

若 $Q(\gamma)<0$,则继续减小 γ。

(4) 重复步骤③,直到找到这样两个折现率 γ_1 和 γ_2,满足 $Q_1>0$, $Q_2<0$,其中 $\gamma_2-\gamma_1$ 一般不超过 2%~5%。

(5) 利用线性插值公式近似计算财务内部收益率 γ。其计算公式为:

$$\frac{\gamma-\gamma_1}{\gamma_2-\gamma_1}=\frac{Q_1}{Q_1-Q_2}$$

如果最高贴现率大于其他投资的报酬率,则人力资源投资计划是可行的,否则,就是不可行的。

本章相关视频资料(扫码看视频)。

第 2 章　相关视频

本章课后练习

一、单选题

1. (　　)是参照本行业典型企业现时的岗位设置进行设计的方法,适用于不太精确的项目。

A. 组织分析法　B. 关键使命法　C. 流程优化法　D. 标杆对照法

2. (　　)仅集中应用于对组织的成功起关键作用的岗位。

A. 组织分析法　B. 关键使命法　C. 流程优化法　D. 标杆对照法

3. 根据组织的需要规定每个岗位的任务、责任、权力及在组织中与其他岗位关系的过程称为(　　)。

A. 工作分析　B. 工作评估　C. 工作设计　D. 组织设计

4. 人力资源需求预测的方法一般分为(　　)。

A. 统计预测方法和概率预测方法　B. 局部预测方法和全面预测方法

C. 宏观预测方法和微观预测方法　D. 定性预测方法和定量预测方法

5. 一个完整的培训系统的运作过程通常不包括(　　)。

A. 培训需求分析　B. 培训成本控制　C. 培训计划实施　D. 培训效果评价

6. 培训目标包括三个基本要素，即内容要素、条件要素和(　　)。

A. 标准要素　B. 业绩要素　C. 需求要素　D. 结果要素

7. 霍兰德提出了职业性向六种类型，把人格划分为“实际型、研究型、艺术型、社会型、(　　)、传统型”等六种与职业相对应的人格类型。

A. 企业型　B. 领导型　C. 开放型　D. 开拓型

8. 绩效管理是一个循环的动态的系统，其第一环节是(　　)，这是绩效管理过程的起点。

A. 绩效改进　B. 绩效计划　C. 绩效评估　D. 绩效反馈

9. 绩效计划在制订过程中必须遵守的原则不包括(　　)。

A. 系统化原则　B. 可行性原则　C. 职位特色原则　D. 全员参与原则

10. (　　)在于保障劳动者的物质帮助权，其功能是使劳动者在年老、患病、工伤、失业和生育等情况下能够获得帮助和补偿。

A. 促进就业制度　B. 劳动标准制度　C. 职业培训制度　D. 社会保险制度

11. (　　)来源于公司的战略目标、部门目标、所在岗位的工作职责、内部或外部的客户需求等。其确定是整个绩效管理的基础，是绩效计划的内容。

A. 绩效指标　B. 绩效目标　C. 绩效考评　D. 绩效评估

12. 根据绩效评估的内容，绩效指标划分不包括(　　)。

A. 业绩指标　B. 行为指标　C. 能力指标　D. 态度指标

13. 强制分布法假设员工的工作行为和工作绩效呈(　　)分布。

A. 偏态　B. 正偏态　C. 正态　D. 负偏态

14. 绩效结果的应用不包括(　　)。

A. 工作分析　B. 组织培训

C. 员工职业发展开发　D. 人力资源规划

15. 适当拉开员工之间的薪酬差距，体现了薪酬管理的(　　)。

A. 竞争力原则　B. 合法性原则　C. 公平性原则　D. 合理性原则

16. 国家实行(　　)保障制度，是国家通过强制手段规定用人单位支付给劳动者的工资下限，以满足劳动者自身及其家庭成员基本生活需求的法律制度。

A. 最低工资　B. 标准工资　C. 平均工资　D. 社平工资

17. 岗位评价的目的在于明确每个岗位的(　　)。

A. 绝对价值　B. 相对价值　C. 排列顺序　D. 实际价值

18. 中国境内劳动者在试用期的工资不得低于本单位相同岗位最低档工资或者劳动合同约定工资的(　　)，并不得低于用人单位所在地的最低工资标准。

A. 50%　B. 60%　C. 70%　D. 80%

19. 一般条件下，对中国境内劳动者延长工作时间的小时数平均每月不得超过(　　)。

A. 30 小时　B. 32 小时　C. 36 小时　D. 20 小时

20. 员工薪酬的组成项目及各自所占的比例称为(　　)。

A. 薪酬水平　　B. 薪酬级差　　C. 薪酬等级　　D. 薪酬结构

21. 在劳动者提供正常劳动的情况下，用人单位应支付给劳动者的工资在剔除(　　)等项目后，不得低于当地最低工资标准。

A. 夜班津贴　　B. 工龄工资　　C. 基本工资　　D. 奖金

22. 为了解决薪酬的内部公平性问题，应进行(　　)。

A. 薪酬调查　　B. 工作分析　　C. 岗位评价　　D. 薪酬预算

23. 薪酬调查主要解决的问题是(　　)。

A. 外部竞争性　　B. 外部公平性　　C. 内部公平性　　D. 个人公平性

24. 内部公平主要是指(　　)。

A. 员工薪酬与市场水平大体相当

B. 员工薪酬在分配程序上的公正合理

C. 员工的薪酬与自己所在部门的绩效相当

D. 与其他岗位相比，员工的薪酬与其所在岗位工作价值大体相当

25. 我国《劳动法》规定，“安排劳动者延长工作时间的，支付不低于工资的(　　)的工资报酬”。

A. 100%　　B. 150%　　C. 200%　　D. 300%

26. 根据《劳动合同法》的规定，劳动合同被确认无效，但劳动者已付出劳动的，用人单位向劳动者支付劳动报酬的数额，应当(　　)。

A. 按照当地最低工资标准支付

B. 按照本单位平均工资支付

C. 参照本单位相同或者相近岗位劳动者的劳动报酬确定

D. 按照当地平均工资支付

27. 对符合年休假条件的职工，因工作需要未能休假或未能休完规定天数者，每少休一天，按照该职工日工资收入的(　　)支付未休年休假工资报酬。

A. 150%　　B. 200%　　C. 250%　　D. 300%

28. 用人单位自用工之日起超过一个月不满一年未与劳动者订立书面劳动合同的，应当向劳动者每月支付(　　)倍的工资。

A. 1　　B. 1.5　　C. 2　　D. 3

29. 合同对劳动报酬和劳动条件等标准约定不明确，引发争议的，用人单位与劳动者可以重新协商；协商不成的，适用(　　)规定。

A. 集体合同　　B. 劳动合同　　C. 社平工资　　D. 企业平均工资

30. 经济补偿按劳动者在本单位工作的年限，不满六个月的，向劳动者支付(　　)的经济补偿。

A. 一个月工资　B. 半个月工资　C. 两个月工资　D. 一年工资

31. “员工多劳多得、少劳少得、不劳不得”，体现的是(　　)

A. 对外公平　B. 对内公平　C. 设计公平　D. 个人公平

32. 以下岗位评价方法中，成本相对较低的是(　　)。

A. 排序法　B. 分类套级法　C. 要素比较法　D. 要素计点法

33. 薪酬市场调查是为了保证企业薪酬的(　　)。

A. 外部公平　B. 内部公平　C. 个人公平　D. 结构公平

34. 职业安全卫生内容包括劳动安全和(　　)两个方面。

A. 劳动健康　B. 劳动定额　C. 劳动保护　D. 劳动卫生

35. 关于人力资本投资的说法，正确的是(　　)。

A. 人力资本投资的成本越高，则越有投资价值

B. 人力资本投资的内部收益越高，则越有投资价值

C. 工作流动方面的支出不属于个人资本投资

D. 人力资本投资的基本要求是投资收益直接相加必须超过成本

二、多选题

1. 人力资源数量主要由(　　)和待业人口等组成。

A. 适龄就业人口　B. 未成年就业人口　C. 就学人口　D. 老年就业人口

2. 人力资源管理主要活动包括(　　)。

A. 培训与开发　B. 公司战略的制订

C. 员工关系管理　D. 员工流动管理

3. 企业人力资源管理的职能包括(　　)。

A. 吸引　B. 录用　C. 保持　D. 发展

4. 组织的本质包括(　　)。

A. 人员的分工与合作关系　B. 实现特定目标

C. 人员的权力与责任关系　D. 效益最大化

5. 工作设计的内容包括(　　)。

A. 工作内容　B. 工作职责　C. 战略目标　D. 工作关系

6. 企业的人力资源规划按照影响的范围，可以分为(　　)两个层次。

A. 总体规划　B. 总体目标　C. 业务计划　D. 业务目标

7. 人员招聘的基本原则包括(　　)。

A. 效率优先　B. 双向选择　C. 能岗匹配　D. 互补增值

8. 下列属于内部招聘方法的有(　　)。

A. 内部竞聘　B. 岗位轮换　C. 招聘广告　D. 人才招聘会

9. 人员的录用决策按照决策周期的安排可分为（　　）。

A. 单轮测试决策　B. 过关淘汰式　C. 汇总评估式　D. 混合式

10. 影响职业生涯选择的因素有很多，概括起来主要有（　　）。

A. 个人因素　B. 社会环境因素　C. 组织环境因素　D. 经济因素

11. 绩效的特点包括（　　）。

A. 多因性　B. 多维性　C. 收益性　D. 可靠性

12. 绩效评估应遵循的原则有（　　）。

A. 客观性原则　B. 公开性原则　C. 开放沟通原则　D. 可操作性原则

13. 工作说明书是由（　　）组成的。

A. 工作描述　B. 工作规范　C. 工作内容　D. 工作报酬

14. 薪酬管理的主要内容包括（　　）。

A. 薪酬的目标管理　B. 薪酬的体系管理

C. 薪酬的结构管理　D. 薪酬的制度管理

15. 按参与主体和决定机制的不同，薪酬体系设计模式分为（　　）。

A. 老板拍板模式　B. 民主协商模式　C. 专家咨询模式　D. 个案谈判模式

16. 工作分析的内容有（　　）。

A. 工作职责分析　B. 工作过程分析　C. 工作权限分析　D. 工作关系分析

17. 根据付酬因素的不同，薪酬体系设计分为（　　）。

A. 岗位工资制　B. 技能工资制

C. 绩效工资制　D. 年功序列工资制

18. 下列关于劳动合同违约金的约定，不符合法律规定的有（　　）。

A. 甲公司与赵某约定服务期 5 年，若服务期未满赵某提出离职则须向甲公司支付违约金

B. 乙公司与钱某约定劳动合同期限 3 年，若劳动合同期未满钱某提出离职则须向乙公司支付违约金

C. 丙公司与孙某约定竞业限制期 2 年，竞业限制期内若孙某违反约定则须向丙公司支付违约金

D. 丁公司与李某签订劳动合同，双方约定李某应服从丁公司的劳务派遣安排，若李某不服从派遣安排则须向丁公司支付违约金

19. 薪酬的功能包括（　　）。

A. 补偿功能　B. 激励功能　C. 调节功能　D. 效益功能

20. 常用的岗位评价方法有（　　）。

A. 排序法　B. 要素比较法　C. 分类套级法　D. 海氏评价法

21. 下列项目中，属于经济性福利的有（　　）。

A. 工作环境保护　B. 交通性福利　C. 培训性福利　D. 住房性福利

22. 工作分析的方法有(　　)。

A. 访谈法　B. 问卷调查法　C. 抽样调查法　D. 观察法

23. 狭义薪酬主要包括(　　)。

A. 基本工资　B. 绩效工资

C. 短期和长期的激励工资　D. 福利

24. 进行岗位评价时,需要遵守的原则有(　　)。

A. 评价的目标是岗位而不是岗位上的员工

B. 让员工积极参与到岗位评价工作中来

C. 岗位评价结果应该公开

D. 体现公司的战略发展方向

25. 工作分析一般通过(　　)方法获取岗位相关信息,从而编制岗位说明书。

A. 问卷调查法　B. 工作实践法　C. 观察法　D. 访谈法

26. 工作分析方法中关键事件法的缺点有(　　)。

A. 不能了解下属如何消除不良绩效　B. 记录和观察费时费力

C. 无法完成全面的工作分析　D. 不能贯穿考评期始终

27. 岗位评价的流程包括(　　)。

A. 成立岗位评价小组　B. 选择方法

C. 进行工作分析　D. 确定岗位等级

28. 赵某 2017 年与甲公司签订了为期三年的劳动合同,甲公司与其约定了 3 个月的试用期。2018 年赵某离职自谋发展但并不顺利。2019 年甲公司因业务发展邀请赵某担任分公司经理,赵某欣然同意,与甲公司重新签订了为期三年的劳动合同,并约定试用期 1 个月。下列说法中正确的有(　　)。

A. 2017 年甲公司的做法符合劳动合同法的有关规定

B. 2017 年甲公司的做法不符合劳动合同法的有关规定

C. 2019 年甲公司的做法符合劳动合同法的有关规定

D. 2019 年甲公司的做法不符合劳动合同法的有关规定

29. 以劳动者主体为标准,劳动合同可分为(　　)。

A. 个人劳动合同　B. 书面合同　C. 固定期间合同　D. 集体劳动合同

30. 其他条件相同,则(　　),进行人力资本投资的合理性越强。

A. 人力资本投资后获得收益的时间越长

B. 人力资本投资的成本越低

C. 人力资本投资后的机会成本越高

D. 人力资本投资的总量越大

第 3 章　薪酬相关税费基础知识

3.1　税收概论

3.1.1　税收的内涵和性质

3.1.1.1　税收概念

税收是政府为了满足社会公共需要，凭借政治权力、强制、无偿地取得财政收入的一种形式。理解税收的内涵需要从税收的分配关系本质、征税的依据和国家课征税款的目的等方面来把握。

3.1.1.2　税收的内涵和性质

1. 税收是国家取得财政收入的一种重要工具，其本质是一种分配关系

国家要行使职能必须有一定的财政收入作为保障。取得财政收入的手段多种多样，如征税、发行货币、发行国债、收费、罚没等，其中税收是大部分国家取得财政收入的主要形式。我国自 1994 年税制改革以来，税收收入占财政收入总的比重大多数年份都维持在 90%左右，近几年随着非税收入(如土地拍卖收入等)的增加，税收收入占财政收入总额的比重有所下降(见表 3-1)。在社会再生产过程中，分配是连接生产与消费的必要环节，在市场经济条件下，分配主要是对社会产品价值的分割。税收解决的是分配问题，是国家参与社会产品价值分配的法定形式，处于社会再生产的分配环节，因而从本质上它体现的是一种分配关系。1994—2017 年我国税收收入、财政收入及其比例见表 3-1。

表 3-1　1994—2017 年我国税收收入、财政收入及其比例

年度	税收收入总额(亿元)	财政收入总额(亿元)	税收收入占财政收入比例
1994	5 070.80	5 305.85	95.57%
1995	5 973.70	6 205.80	96.26%
1996	7 050.60	7 335.97	96.11%

（续表）

年度	税收收入总额（亿元）	财政收入总额（亿元）	税收收入占财政收入比例
1997	8 225.50	8 624.83	95.37%
1998	9 093.00	9 553.48	95.18%
1999	10 315.00	10 820.31	95.33%
2000	12 665.80	13 042.74	97.11%
2001	15 165.50	15 833.16	95.78%
2002	16 996.60	17 682.69	96.12%
2003	20 466.10	21 201.13	96.53%
2004	25 718.00	26 355.07	97.58%
2005	30 865.80	31 649.01	97.53%
2006	37 636.30	39 373.12	95.59%
2007	49 449.29	51 223.21	96.54%
2008	54 219.62	61 330.35	88.41%
2009	63 104.00	68 477.00	92.15%
2010	77 390.00	81 000.00	95.54%
2011	95 729.00	103 700.00	92.31%
2012	110 764.00	117 253.52	94.47%
2013	119 960.00	129 209.64	92.84%
2014	103 768.00	140 370.03	73.92%
2015	110 604.00	152 269.23	72.64%
2016	115 878.00	159 604.97	72.60%
2017	126 000.00	172 567.00	73.02%

资料来源：根据国家税务总局公布的相关数据计算。

2. 国家征税的依据是政治权力，它有别于按生产要素进行的分配

国家通过征税，将一部分社会产品由纳税人所有转变为国家所有，因此征税的过程实际上是国家参与社会产品的分配过程。国家与纳税人之间形成的这种分配关系与社会再生产中的一般分配关系不同。分配涉及两个基本问题：一是分配的主体；二是分配的依据。税收分配是以国家为主体进行的分配，而一般分配则是以各生产要素的所有者为主体进行的分配；税收分配是国家凭借政治权力进行的分配，而一般分配则是基于生产要素进行的分配。

税收是凭借政治权力进行的分配，是马克思主义经典作家的基本观点，也是我国税收理论界长期以来的主流认识。正如马克思指出的“赋税是政府机器的经济基础，而不是其他任何东西”。恩格斯在《家庭、私有制和国家起源》中也指出：“为了维持这种公共权力，就需要公民缴纳费用——捐税”。关于国家征税的依据即国家为什么可以对公民征税这个问题，从税收思想史来看有多种观点，如公需说、保险说、交换说、社会政策说等。随着市场经济的发展，我国税收理论界也有一些学者认为用交换说更能说明政府和纳税人之间的关系，即国家依据符合宪法的税收法律对公民和法人行使一种请求权，体现的关系即为类似公法上的债权债务关系，即政府依据税法拥有公民和法人某些财产或收入的债权，公民或法人则对政府承担了债务，这种债务即是税收。公民或法人缴纳税收即偿还了债务以后即拥有了享受政府提供的公共产品的权利，此时税收相当于一种价格，公民和法人与政府应该具有某种等价交换的关系，国家行使请求权的同时，负有向纳税人提供高质有效的公共产品的义务；从纳税人这方面来讲，在享受政府提供的公共产品的同时，也依法负有纳税的义务。在这种等价交换中，税收体现了一种平等性，即国家和纳税人之间的对等和平等。

3. 国家课征税款的目的是满足社会公共需要

国家在履行其公共职能的过程中必然要有一定的公共支出。公共产品提供的特殊性决定了公共支出一般情况下不可能由公民个人、企业采取自愿出价的方式，而只能采用由国家(政府)强制征税的方式，由经济组织、单位和个人来负担。国家征税的目的是满足提供社会公共产品的需要，以及弥补市场失灵、促进公平分配等的需要。同时，国家征税也要受到所提供公共产品规模和质量的制约。

国家是以履行社会公共职能为基础的行政权力机关，国家在履行其公共职能的过程中必须要有相应的人力和物力消耗，形成一定的支出。国家履行其公共职能的支出，一般具有受益的非排斥性和享用的非竞争性特点，也就是国家提供的公共产品能使社会成员普遍受益，不存在一部分社会成员享用而排斥另一部分社会成员享用，因此，国家履行公共职能的公共支出一般不可能采取自愿出价的方式，而只能采取强制征税方式，由居民和经济组织来负担。因此，税收是政府为了向全体公众提供公共产品而取得财政收入的形式。或者说，税收就是公众为了获得政府提供的公共产品而支付的代价。正如19世纪美国大法官霍尔姆斯所说：“税收是我们为文明社会付出的代价”。

4. 税收须借助于法律形式进行

税法是国家制定的用以调整国家与纳税人之间在征纳税方面的权利及义务关系的法律规范的总称。税法构建了国家及纳税人依法征税、依法纳税的行为准则体系，其目的是保障国家利益和纳税人的合法权益，维护正常的税收秩序，保证国家的财政收入。税法体现为法律这一规范形式，是税收制度的核心内容。一国税收制度是在税收分配活动中税收征纳双方所应遵守的行为规范的总和。其内容主要包括各税种的法律法规以及为了保证这些税法得以实施的税收征管制度和税收管理体制。

税法具有义务性法规和综合性法规的特点。首先，从法律性质上看，税法属于义务性法规，以规定纳税人的义务为主。税法属于义务性法规，并不是指税法没有规定纳税人的权利，而是指纳税人的权利是建立在其纳税义务的基础之上，处于从属地位。税法属于义务性法规的这一特点是由税收的无偿性和强制性特点所决定的。税法的义务性、强制性，不仅有国家权力作为后盾，而且有一系列的制度措施作保障；税法作为强制性规范，即对于一切满足税收要素的纳税人，均应根据税法缴纳税款，而不允许行政机关与纳税人之间达成默契变动法定纳税义务的内容。其次，税法的另一特点是具有综合性，它是由一系列单行税收法律法规及行政规章制度组成的体系，其内容涉及课税的基本原则、征纳双方的权利和义务、税收管理规则、法律责任、解决税务争议的法律规范等。税法的综合性特点是由税收制度所调整的税收分配关系和税收法律关系的复杂性所决定的。

税法的本质是正确处理国家与纳税人之间因税收而产生的税收法律关系和社会关系，既要保证国家税收收入，也要保护纳税人的权利，两者缺一不可。片面强调国家税收收入或纳税人权利都不利于社会的和谐发展。如果国家征收不到充足的税款，就无法履行其公共服务的职能，无法提供公共产品，最终也不利于保障纳税人的利益，从这个意义上讲，税法的核心在于兼顾和平衡纳税人权利，在保障国家税收收入稳步增长的同时，也保证对纳税人权利的有效保护，这是税法的核心要义。

3.1.2 税制要素的概念及内容

3.1.2.1 纳税人

1. 纳税人概念

纳税人即纳税义务人，又称课税主体，是税收制度构成的最基本的要素之一。《税收征收管理法》规定，法律、行政法规规定负有纳税义务的单位和个人为纳税人。按照具体税种的不同，法律、行政法规规定的纳税义务也各不相同，纳税人也有所差异。

2. 纳税人与负税人的区别

负税人是税款的实际承担者或负担税款的经济主体；而纳税人只是负担税款的法律主体。纳税人是直接与税务机关打交道的单位和个人，即税款由纳税人直接向税务机关缴纳，税务机关直接向纳税人征收税款。负税人一般是指税收的实际负担者，即经济意义上的税款最终承担主体(单位或个人)。在实际生活中，有的税收由纳税人自己负担，纳税人本身就是负税人，如所得税；有的税收虽然由纳税人缴纳，但实际却是由别人负担，纳税人并不是负税人，这就是通常所说的税负转嫁，如增值税、消费税、关税等。

3. 单位与个人

从法律角度划分，纳税人包括单位和个人。

单位是指按照法律程序设立，具备必要的生产经营条件，实行独立经济核算并能独立承担经济责任和行使经济权利的组织，一般是指企业、行政单位、事业单位、军事单位、社会团体及其他单位。

个人，一般是指个体工商户和其他个人。在我国现行税法中，其他个人指在法律上可以独立地享受民事权利并承担民事义务的自然人。

4. **其他税务行政管理相对人**

除了纳税人外，税务机关为简化纳税手续，有效地控制税源，方便纳税人，税法还规定了代扣代缴和代收代缴义务人、税务代理人、委托代征人等。

（1）代扣代缴与代收代缴义务人。扣缴义务人是指税法规定的，在向纳税人支付或收取款项时，依法履行代收（扣）代缴应纳税款的单位或个人。这主要包括代扣代缴义务人和代收代缴义务人。

代扣代缴义务人不承担纳税义务，但依照有关规定，在向纳税人支付收入、结算货款、收取费用时有义务代扣代缴其应纳税款。如：出版社代扣作者取得稿酬所应缴纳的个人所得税等。代扣代缴义务人按规定履行扣缴义务，税务机关将支付一定的手续费；反之，未按规定代扣代缴税款，所造成的应纳税款流失或将已扣缴的税款私自截留挪用、不按时缴入国库，则要承担相应的法律责任。

代收代缴义务人是指虽不承担纳税义务，但依照有关规定，在向纳税人收取商品或服务收入时，有义务代收代缴其应纳税款的单位和个人。如消费税条例规定，委托加工的应税消费品，由受托方在向委托方交货时代收代缴委托方应该缴纳的消费税。

（2）税务代理人。税务代理人是指经政府有关部门批准，依照税法规定，在一定的代理权限内，以纳税人、扣缴义务人自己的名义，代为办理各项税务事宜的单位或个人。税务代理是一种民事代理行为，理应享受我国《民法典》所规定的关于代理人的各项权利，履行一定的义务，承担一定的法律责任。

（3）委托代征人。委托代征人是指接受税务机关根据有利于税收控管和方便纳税的原则，按照国家有关规定委托，代征零星分散和异地缴纳的税收的有关单位和人员。委托代征人一般要与税务机关签订《委托代征协议书》并由税务机关发给《委托代征证书》。

受托单位和人员按照《委托代征协议书》的要求，以税务机关的名义依法征收税款，纳税人不得拒绝；纳税人拒绝的，受托代征单位和人员应当及时报告税务机关。

3.1.2.2 征税对象

1. **征税对象概念**

征税对象，又称课税客体、课税对象，是指税法对什么征税，是税法规定的征税的目的物，是确定是否征税的分水岭，是区别一种税与另一种税的重要标志。如消费税的征税对象是消费税条例所列举的应税消费品，房产税的征税对象是房屋等。征税对象是税法最基本的要素，因为它体现着征税的最基本界限，决定着某一种税的基本征税范围。同时，征税对象也决定了各个不同税种的名称。如消费税，土地增值税、个人所得税等，这些税种因征税对象不同、性质不同，税名也就不同。

与课税对象相关的两个基本概念：税基和税目。

2. **税基**

税基又叫计税依据，是据以计算征税对象应纳税款的直接数量依据，它解决对征税对象课税的计算问题，是对课税对象量的规定。如企业所得税应纳税额的基本计算方法是应纳税所得额乘以适用税率，其中，应纳税所得额是据以计算应纳税额的数量基础，为所得税的税基。计税依据按照计量单位的性质划分，有两种基本形态：价值形态和物理形态。价值形态包括应纳税所得额、销售收入、营业收入等；物理形态包括面积、体积、容积、重量等。以价值形态作为税基，又称为从价计征，即按征税对象的货币价值计算，如生产销售化妆品应纳消费税税额是由化妆品的销售收入乘以适用税率计算产生，其税基为销售收入，属于从价计征的方法。另一种是从量计征，即直接按征税对象的自然单位计算，如城镇土地使用税应纳税额是由占用土地面积乘以每单位面积应纳税额计算产生，其税基为占用土地的面积，属于从量计征的方法。

3. **税目**

税目是在税法中对征税对象分类规定的具体的征税项目，反映具体的征税范围，是对征税对象质的界定。设置税目的目的首先是明确具体的征税范围，凡列入税目的即为应税项目，未列入税目的，则不属于应税项目。其次，划分税目也是贯彻国家税收政策调节的需要，国家可根据不同项目的利润水平以及国家经济政策等为依据制定高低不同的税率，以体现不同的税收政策。并非所有税种都需规定税目，有些税种不分课税对象的具体项目，一律按照课税对象的应纳税额采用同一税率计征税款，因此一般无需设置税目，如企业所得税。有些税种具体课税对象比较复杂，需要规定税目，如消费税，一般都规定有不同的税目。

4. **税源**

此外，与征税对象相关的另一个概念是税源。税源是税款的最终来源。征税对象与税源有密切的联系。一般来说，税源来自物质生产部门劳动者创造的国民收入，但每种税的收入都有其各自的经济来源。有些税的税源与征税对象是一致的，例如企业所得税，它的税源与征税对象都是纳税单位的利润所得。有些税的税源与征税对象不一致，例如对财产的征税，征税对象是财产的数量或价值，而税源则是财产带来的收益或财产所有人的收入。国家税收对经济的调节作用一般也是从征税对象入手，而不直接涉及其税源，但是，分析税收负担时，则以征税对象为核心来分析它同税源的关系，这是了解税收负担问题的重要途径。

3.1.2.3　税率

1. **税率概念**

税率是公民为了获得政府提供的公共产品和公共服务而向政府支付的价格，也是对一定征税对象的征收比例或征收额。税率的高低直接关系到国家的财政收入和纳税人的税收负担，是税制要素的核心要素，也是设计税制的主要议题。我国目前的现行税率大致可分为三种形式：比例税率、累进税率和定额税率。

2. 比例税率

比率税率是指对同一征税对象，不论其数额大小，都使用相同征收比例的税率。采用这种税率，税额随着征税对象数量等比例增加（见表3-2），在一般情况下，其名义税率等于实际税率。

表3-2　比例税率（税额随着征税对象的量等比例增加）

收入（元）	边际消费倾向	消费支出（元）	消费税（10%）	消费税占收入的比例
1 000	0.9	900	90	9%
2 000	0.8	1 600	160	8%
3 000	0.7	2 100	210	7%
4 000	0.6	2 400	240	6%
5 000	0.5	2 500	250	5%

比例税率的优点：一是同一征税对象的不同纳税人税收负担相同，具有鼓励先进，鞭策后进的作用，有利于在同等条件下开展竞争；二是计算简便，有利于税收的征收管理。

比例税率的缺点：比例税率的税收负担与负担能力不相适应，不能体现负担能力大者多征，负担能力小者少征的原则，税收负担程度不尽合理，调节收入有局限性，有悖于量能纳税原则，具有累退性。

3. 累进税率

随着征税对象数额增加而提高征收比例的税率。即按征税对象数额大小将计税依据分为若干档次，不同档次适用由低到高的不同税率。

累进税率因计算方法和依据的不同，又可分为以下几种：

（1）全额累进税率，即对征税对象的全额按照与之相应等级的税率计算税额。在征税对象数额提高一个级距时，对征税对象全额都按提高一级的税率征税。全额累进税率，税收负担不合理。特别是在累进分界点上税负呈跳跃式递增，不尽合理。

（2）超额累进税率，即把征税对象按数额大小划分为若干等级，每个等级由低到高规定相应的税率，在征税对象数额提高一个级距时，只对超过部分按照提高一级的税率征税，每个等级分别按该等级的税率计税，各等级税额之和就是纳税人应纳税额。适用于工资、薪金的个人所得税。

超额累进税率的优点在于：税收负担合理，弥补了全额累进税率的不足。所以目前实行累进税率的国家基本上都是采用超额累进税率，而较少采用全额累进税率的形式。

超额累进税率的缺点也显而易见，其计算比较复杂。

（3）全率累进税率。它与全额累进税率的原理相同，只是税率累进的依据不同，全率累进税率的对象是某种比率，如销售利润率、资金利润率等。

(4) 超率累进税率。它与超额累进税率的原理相同，即以征税对象数额的相对率划分若干级距，分别规定相应的差别税率，相对率每超过一个级距的，对超过的部分就按高一级的税率计算征税。目前，采用这种税率的是土地增值税。

全率累进税率和超率累进税率的优缺点与全额累进税率和超额累进税率优缺点基本相同。有利于对纳税人的收入进行弹性调节，符合公平税负、合理负担原则。但计算过程较为复杂，抑制效率的提高。

4. 定额税率

亦称固定税额，是税率的一种特殊形式。它按征税对象的一定计量单位(重量、数量、面积、体积、容积等)规定固定税额，而不是规定征收比例。定额税率适用于从量计征的某些税种，一般对那些价格稳定、质量和规格标准统一的商品课征，如车船税、土地使用税。

定额税率的优点：一是它从量计征，而不是从价计征，有利于鼓励企业提高产品质量和改进包装装潢；二是计算简便；三是税额不受征税对象价格变化的影响，负担相对稳定。

定额税率的缺点：一是收入弹性较差，由于税额一般不随征税对象价值的增长而增长，不能使国家财政收入随国民收入的增长而同步增长，在调节收入和适用范围上有局限性。二是税负不合理，由于税额与征税对象的价格的增加变化无关，所以导致收入越高，税收负担越低，具有累退的特征。

为了分析的需要，税率还可分为名义税率与实际税率、边际税率与平均税率等。

名义税率是指税法规定的税率；实际税率是实际税收负担率。名义税率和实际税率之间由于存在税前的大量扣除优惠、经济的通货膨胀等因素，会产生比较大的差异。

边际税率是指再增加一些收入时，增加的这部分收入所纳税额同增加收入之间的比例。而平均税率是全部应纳税额与收入之间的比率，或称平均负担率。边际税率与平均税率之间存在紧密的联系。在累进税制情况下，平均税率随边际税率的提高而提高，但平均税率低于边际税率；在累退税制的情况下，平均税率随边际税率下降而下降，但平均税率高于边际税率；在比例税制情况下，边际税率就是平均税率。

3.1.2.4　纳税环节

纳税环节主要是指税法规定的征税对象在从生产到消费的流转过程中应当缴纳税款的环节。例如，流转税在生产和流通环节纳税、所得税在分配环节纳税等。它分为一次课征和多次课征。一次课征即同一税种在流转过程中，只选择某一环节征收的制度，如车辆购置税和资源税就是一次征收；多次课征即同一税种在流转过程中，选择两个或两个以上的环节纳税，我国的增值税就是多环节课税的一种税。

合理选择纳税环节，对加强税收征管、有效控制税源、保证国家财政收入的及时、稳定、可靠，方便纳税人生产经营活动和财务核算，灵活机动地发挥税收调节经济的作用，具有十分重要的理论和实践意义。

3.1.2.5 纳税时限

1. 纳税时限概念

纳税时限是指税法规定的纳税人在缴纳税款的时间方面的规范，包括纳税义务发生时间、纳税期限、缴库期限等纳税时间概念。

2. 纳税义务发生时间

纳税义务发生时间，是指应税行为发生的时间。如增值税条例规定采取预收货款方式销售货物的，其纳税义务发生时间为货物发出的当天。

3. 纳税期限

纳税人每次发生纳税义务后，不可能马上去缴纳税款。税法规定了每种税的纳税期限，即每隔固定时间汇总一次纳税义务的时间。如增值税条例规定，增值税的具体纳税期限分别为 1 日、3 日、5 日、10 日、15 日、1 个月或者 1 个季度。纳税人的具体纳税期限，由主管税务机关根据纳税人应纳税额的大小分别核定；不能按照固定期限纳税的，可以按次纳税。

4. 缴库期限

缴库期限，即税法规定的纳税期满后，纳税人将应纳税款缴入国库的期限。如增值税暂行条例规定，纳税人以 1 个月或者 1 个季度为 1 个纳税期的，自期满之日起 15 日内申报纳税；以 1 日、3 日、5 日、10 日或者 15 日为 1 个纳税期的，自期满之日起 5 日内预缴税款，于次月 1 日起 15 日内申报纳税并结清上月应纳税款。

比如甲企业 2019 年 10 月 15 日销售货物，开具发票。此时，甲企业增值税的纳税义务发生。甲企业增值税纳税期限为一个月，甲企业增值税缴库期限为 11 月 15 日。

3.1.2.6 纳税地点

纳税地点是指根据各个税种纳税对象的纳税环节和有利于对税款的源泉控制而规定的纳税人（包括代征、代扣、代收义务人）的具体纳税地点。

3.1.2.7 税收优惠

1. 税收优惠概念

税收优惠是一国政府为了实现某种特定的社会、经济或政治目标而在税收法规中规定的给予纳税人的照顾和鼓励。税收优惠的基本特征是，税收优惠的享受者与其他纳税人相比不承担或只承担较低的税负。从政府和社会的角度看，实施税收优惠意味着政府把本来应该可以收取的一部分税款通过种种税收优惠无偿的转让给了某一部分人，这实际上是一种间接的政府支出。正是如此，西方学者把政府因实施税收优惠而放弃的税收收入称为税收支出，也称为“税式支出”。

从表现形式上看，税收优惠可分为三种基本类型：一是税基式优惠、二是税率式优惠，三是税额式优惠。

2. 税基式优惠

税基式优惠是指通过直接缩小计税依据的方法来实现降低税收负担的目的。常见的方式有起征点、免征额、项目扣除和跨期结转等。

(1) 起征点是指计税依据的数额或数量达到征税的起点。例如，张明的计税收入为 6 000 元，李梅的计税收入为 700 元，当税法规定起征点为 5 000 元时，张明应就其全部计税收入 6 000 元纳税，李梅的收入没有达到起征点要求，就不用纳税。

(2) 免征额是指全部计税依据中可以扣除的某个确定金额，只就超过该金额的部分计税的一种税收优惠方式。承上例，当税法规定免征额为 5 000 元时，张明可以从全部计税收入 6 000 元中扣除 5 000 元，按差额 1 000 元纳税；而李梅的收入低于免征额，仍然不用纳税。从这个例子可以看出，同样的数额采取起征点或者免征额的形式，对于张明这样达到这个数额标准的人来说意义不同，而对于李梅这样低于这个数额标准的人来说，并无实质性差别。

(3) 项目扣除是指在全部计税依据中针对某些特殊项目允许扣除一定数额的税收优惠方式。例如，在个人所得税法中，允许纳税人就其通过政府机构或者非营利性组织向教育等慈善事业的捐赠支出从其应纳税所得额中扣除一定的数额。

(4) 跨期结转是指某些支出未能从本计税期间的应税收入中扣完的部分，可以延续到下一个纳税期间继续扣除。例如，某企业 2018 年度的亏损 300 万元，2019 年度的所得为 200 万元，按照税法规定，上年度的亏损可以从本年及以后年度的所得中扣除，则 2018 年的亏损可以从 2019 年度的所得中扣除 200 万元，未扣除完的 2018 年度的 100 万元的亏损，可以继续从 2020 年及以后年度的所得中扣除。

3. 税率式优惠

税率式优惠是指对某些情形适用低于正常水平的税率。例如，企业所得税的正常税率为 25%，但税法规定某种特殊情况可以减按 20%的税率征收，这就是税率式优惠。这种方法的特点是不改变税基，而是通过降低应纳税额与税基的比率来减轻纳税义务，因此在实施中比较简便和有效。但由于税率的确定和变更一般需通过比较严格的立法程序，故难以作为经常性的灵活手段加以施行。因此，低税率优惠一般适用于需要给予长期鼓励或照顾的情形。

4. 税额式优惠

税额式优惠是指在税基和税率保持不变的情况下直接降低应纳税额的优惠方式。税额式优惠的主要方式有免征、减征、退税、税收抵免等。

(1) 减征。减征是指按规定的减征比例对应纳税额打一个折扣，纳税人只需承担应纳税额扣除折扣额后的差额部分的税负。这种方法的特点是既不改变正常税制结构的税基，也不改变既定税率，而是对应纳税额所作的一种部分免除。因此，它能较好地体现税收政策的灵活性，但如果被滥用，必将丧失税制运行的效率与公正。

（2）退税。退税是指政府将纳税人已经缴纳或实际承担的税款退还给规定的收益人的一种措施。退税有两种原因造成：一种是征纳过程中由于计算上的技术差错，或是因适用税法的差错而多缴纳税款的退回，这种退税不能视作税收优惠措施，因为它只是维持了原有的税负，而并没有减轻税负。另一种是政府出于某种特定的政策目的而对纳税人已纳税款或所承担税款予以退回。如果说减税、免税等税收优惠形式侧重于对于纳税人行为的事前引导、控制或调节的话，那么，退税则着眼于对纳税人行为的事后调节。政府之所以选择退税这种优惠形式，是因为政府事先并不能确定纳税人的行为一定符合其政策意图。只有在事后经过政府的确认之后，才能给予鼓励或照顾。从管理学家的观点看，这种优惠形式具有便于管理和控制的优点，但可能存在时滞问题。

（3）税收抵免。税收抵免是指直接冲抵纳税人应纳税额的一种优惠措施，其最初可能主要是为了消除重复征税，将已经缴纳的税收冲抵应纳税额。例如，准予在税法规定的限度内以其实际已经缴纳的境外税款抵免其全部应纳税款。严格来说，为了消除重复征税的税收抵免，还不是真正的税收优惠。为了实现某种政策目标而准予纳税人按规定直接冲减应纳税额的做法，才是真正的税收激励性措施。例如，我国现行企业所得税法规定，对于企业购置用于环境保护、节能节水、安全生产等专用设备的，可以按其投资额的10%实行税额抵免。

3.1.2.8 税收法律责任

税收法律责任，是指税收法律关系的主体因违反税收法律制度的行为所承担的法律后果。明确规定税收法律责任，不仅有利于维护正常的税收征纳秩序，确保国家的税收收入及时足额入库，而且有利于增强税法的威慑力，为预防和打击税收违法犯罪行为提供有力的法律武器，也有利于维护纳税人的合法权益。根据现行规定，税收法律责任的形式主要有行政法律责任和刑事法律责任。

3.1.3 税收的分类

税收分类是指按照一定的标准，将具有相近或相似特点的税种归并成若干类别。现代经济社会普遍实行复合税制，一国的税收制度通常由多个税种组成。理解和掌握税种的分类标准与依据，不但有助于从理论和实践的角度对各个税种进行对比研究，分析税收的发展演变过程，研究税源的分布和税收负担；还能够通过分类对比不同国家或同一国家不同时期的税收制度，以及各种税收在税制结构中的功能作用及其对社会经济运行的影响程度，为完善税收制度提供依据。

由于对不同的税种可以按照不同的标准。从不同的角度进行比较研究，因此对税收进行分类的方法是多种多样的。这里介绍税收分类的几种主要方法。

3.1.3.1 按征税对象分类

1. 流转税

流转税又称为商品或服务课税，是以商品流转额（销售额）和非商品流转额（营业额）作为征税对象的税收统称。这类税收的经济前提是商品经济，只有在商品经济条件下，才能有商品和非商品流转额。这类税收的税额一般构成商品或服务价格的组成部分，不受商品或服务成本、费用高低的影响，能够及时、稳定地保证财政收入。主要税种有增值税、消费税、关税。

流转税具有以下特点：

（1）以商品交换或提供服务为前提，以商品流转额和非商品流转额为征税对象。

（2）税额与价格密切相关，因此在税率既定的条件下，流转税额的大小直接依赖于商品或服务的价格高低和流转环节的多少，而与成本、费用水平无关。这对保证财政收入的稳定、及时取得，促进企业改善经营管理，加强经济核算及配合价格调节生产与消费等方面有重要作用。

（3）税负可以通过价格转嫁，属于间接税。

2. 所得税

所得税也称为收益税，是指以纳税人的所得额或收益额为征税对象的税收统称。收益额是指纳税人在一定时期内从国民收入总额中，通过各种方式分配到的那部分份额。有总收益和纯收益之分，纯收益即为所得额。主要税种包括对个人收益所得征收的个人所得税和对企业收益征收的企业所得税。

这类税收体现了有所得者征，无所得者不征；所得多者多征，所得少者少征；量能负担和公平税负的特点。但这类税收由于受到企业成本和费用高低的影响，所以企业效益的高低及会计标准水平，会直接影响到税收收入的稳定性。

所得税具有以下特点：

（1）税额的多少直接取决于有无收益和收益多少，而不决定于商品或服务的流转额，即与收入、成本和费用均有关。

（2）税负不能转嫁。由于所得税的征税对象是纳税人的真实收入，不易进行转嫁，因而便于贯彻“区别对待、合理负担”的税收原则。所得税在调节纳税人收入方面具有特殊作用，在实行累进税率的情况下尤为如此。

3. 资源税

资源税是指对开发和利用自然资源，以资源绝对收益和级差收益为征税对象的税收统称。自然资源是自然界赐予人类的宝贵财富，为人类的生存和发展提供极为重要的生产和生活资料。因此，开征资源税，不仅可以为国家增加财政收入，而且有利于调节级差收入，促进资源的合理开采和利用，鼓励企业开展公平竞争。主要税种包括有资源税、城镇土地使用税、耕地占用税和土地增值税。

资源税具有以下特点：

(1) 调节纳税人因利用资源的外部条件不同而形成的级差收入，有利于保证公平竞争。

(2) 征税方法一般实行从量定额或从价定率相结合征收。

4. 财产税

财产税是指以纳税人拥有或支配的各种财产及其价值作为征税对象的税收统称。财产税是一个古老的税种，我国古代就有这种征税形式。财产可分为动产和不动产、有形财产和无形财产等。主要税种有房产税、契税、车船税。

财产税具有以下特点：

(1) 土地、房屋等不动产位置固定，标志明显，作为课税对象具有收入上的可靠性和稳定性。

(2) 纳税人的财产情况，一般当地政府较易了解，适宜由地方政府征收管理，有不少国家把这些税种划作地方税收。

(3) 以财产所有者为纳税人，对于调节各阶层收入，贯彻量能负担原则，促进财产的有效利用，有特殊的功能。

5. 行为税

行为税是以纳税人的某种特定行为作为征税对象的税收统称。这也是目前世界各国普遍开征的一类税。开征行为税，除为国家取得一定财政收入外，更主要目的是通过征税，规范或引导纳税人的某些行为，贯彻国家在一定时期所采取的某些政策。主要税种有印花税、城市维护建设税、烟叶税等。

行为税具有以下特点：

(1) 有明显的政策目的性。国家对财产、行为课税，不仅是为了开辟财源，主要是配合国家贯彻一定的社会经济政策。

(2) 有因时制宜特点。即这些税种的设置和废止，往往时间性很强。

(3) 有因地制宜特点。即税源不广、范围有限，不具备作为主体税种的条件，只能作为辅助性税种。

3.1.3.2 按税收负担是否转嫁分类

1. 直接税

直接税是指税款由法定纳税人缴纳，也由纳税人自己负担，不能转嫁给他人承担的一类税收，如所得税。

由于直接税具有非转嫁性，因而较易掌握税收负担的规模与方向，便于政府了解税源和税收政策的执行情况，及时调整税负。直接税和税负直接挂钩，所有纳税人承担的税负直观、明晰。现代发达国家一直以直接税为主，一方面，符合税收的平等化和合理化，有利于体现税收量能负担的公平原则；另一方面，可较准确地计算纳税人的平均税率，这对制定合理的税收制度至关重要。

2. **间接税**

间接税是指税款由法定纳税人缴纳，但可以通过各种方式将税负转嫁给他人（税收负担人）承担的一类税，如流转税。

3.1.3.3　按税收与价格的关系分类

当为一个产品或者一项服务定价而缺乏同类产品或者服务的市场参考价格时，价格就主要由成本和利润构成。由于产品或者服务的交易要承担税收，因此，在定价时可以把价格包含税收，也可以不包含税收。也就是说，价格的组成可以是含税的，也可以是不含税的，因此，从价税又可分为价内税和价外税两种。

价内税是以含税价格为计税依据的税收。当应税商品或服务的销售额是按照“价格＝成本＋利润＋税金”的公式来确定时，这种税收就是价内税，因为其计税价格包含了税金。价外税就是以不含税价格为计税依据的税收。当应税商品或服务的销售额是按照“价格＝成本＋利润”的公式来确定时，这种税收就是价外税，因为其计税价格不包含税金。

一种税是价内税还是价外税，不可以随便决定，而应由税法事先规定，显然，价内税的税基比价外税的税基大，而且由于税收包含在价格中，消费者很难直接感知税收的存在，所以，价内税比价外税更容易保证税收收入的取得。然而，采用价外税，可以方便地在发票上将价格和税款分列，便于购买者感知税款的实际负担，有助于消费者增强税收意识和税款征收的透明度。税款在价款外单列的做法，在国外很普遍，我国企业应该借鉴。我国实行的货物劳务税中，只有增值税和关税是价外税，消费税、城市维护建设税等都属于价内税。长期以来，即使增值税采用价外税形式，在最终消费环节（零售环节）仍然采用价税合并的方式。自 2016 年 5 月 1 日全面实施“营改增”后最终消费环节已经开始在增值税普通发票上实现了价税分列。

3.1.3.4　按税收计征标准分类

按税收计征标准分类，可将税收划分为从价税和从量税两种。这是按计税依据采用价值量还是实物量为依据进行的分类。按价值量计税的为从价税；反之按实物量计税的为从量税。具体来说，两者的区别在于：

1. **从价税与从量税的概念**

从价税：是以征税对象价格或金额为标准计征的税。我国目前大部分税种为从价税。

从量税：主要以征税对象体积、面积、容积、数量、重量等实物量为标准计征的税。如土地使用税、车船税等。

2. **从经济影响上来看**

（1）计税标准与市场价格之间。从价税的税收额大小与价格有直接联系，即商品或服务价格的变动，直接影响税收额的变动。从量税的税收与价格没有直接联系，即商品或服务价格的变动不会影响税收的变动。目前，我国税种大部分为从价税，只有少部分为从量税，如城镇土地使用税、车船税、耕地占用税。

（2）计税标准与税收负担之间。从价税是商品经济高度发展的产物，普遍征收从价税有利于促进商品经济的发展。征收机关面对千百万个不同类型的征税对象，利用价格统一衡量其价值量，既可方便征管工作，同时也有利于税款的同标准计算。当然价格有时也并不能准确反映计征对象的价值水平，如果出现通货膨胀，即使在税率不变前提下，税负也会随征税对象价格的上升而加重，显然对纳税人来说是不公平的。

3.1.3.5 按税收收入归属分类

1. 中央政府固定收入

中央政府固定收入包括消费税（含进口环节海关代征的部分）、车辆购置税、关税、船舶吨税、海关代征的进口环节增值税等。

2. 地方政府固定收入

地方政府固定收入包括城镇土地使用税、耕地占用税、土地增值税、房产税、车船税、契税、烟叶税等。

3. 中央政府与地方政府共享收入

中央政府与地方政府共享收入包括增值税（不含进口环节由海关代征的部分）、企业所得税、个人所得税、资源税、城市维护建设税、印花税等。

3.1.4 税收的法律关系

3.1.4.1 税法原则

税法原则反映税收活动的根本属性，是税收法律制度建立的基础。税法原则包括税法基本原则和税法适用原则。

1. 税法基本原则

税法基本原则是统领所有税收规范的根本准则，包括税收立法、执法、司法在内的一切税收活动都必须遵守。

（1）税收法定原则。税收法定原则又称为税收法定主义，是指税收主体的权利义务必须由法律加以规定，税法的各类构成要素必须且只能由法律予以明确。税收法定主义贯穿税收立法和执法的全部领域，其内容包括税收要件法定原则和税收合法性原则。税收要件法定原则是指有关纳税人、课税对象、课税标准等税收要件必须以法律形式做出规定，且有关课税要素的规定必须尽量明确。税收合法性原则是指税务机关按法定程序依法征税，不得随意减征、停征或免征，无法律依据不征税。

（2）税收公平原则。税收公平原则包括税收横向公平和税收纵向公平，横向公平指经济能力或纳税能力相同的人应当缴纳相同的税；纵向公平则是经济能力或纳税能力不同的人应当缴纳不同的税。税收公平原则源于法律上的平等性原则，所以许多国家的税法在贯彻税收公平原则时，都特别强调"禁止不平等对待"的法理，禁止对特定纳税人给予歧视性对待，也禁止在没有正当理由的情况下对特定纳税人给予特别优惠。

（3）税收效率原则。税收效率原则一般包括经济效率和行政效率。前者要求税法的制定要有利于资源的有效配置和经济体制的有效运行，后者要求提高税收行政效率。

（4）实质课税原则。实质课税原则是指应根据客观事实确定是否符合课税条件，并根据纳税人的真实负担能力决定纳税人的税负，而不能仅考虑相关外观和形式。张守文教授在《税法原理》一书中指出，实质课税原则是指对于某种情况不能仅根据其外观和形式确定是否应予课税，而应根据实际情况，尤其应当注意根据其经济目的和经济生活的实质，判断是否符合课税要素，以求公平、合理和有效地进行课税。

2. 税法适用原则

税法适用原则是指税务行政机关和司法机关运用税收法律规范解决具体问题所必须遵循的准则。税法适用原则并不违背税法基本原则，而且在一定程度上体现税法基本原则。但是与其相比，税法适用原则含有更多的法律技术性准则，更为具体化。税法适用原则包括以下几个具体原则。

（1）法律优位原则。法律优位原则的基本含义为法律的效力高于行政立法的效力。法律优位原则在税法中的作用主要体现在处理不同等级税法的关系上。法律优位原则明确了税收法律的效力高于税收行政法规的效力，对此还可以进一步推出税收行政法规的效力优于税收部门规章的效力。效力低的税法与效力高的税法发生冲突时，效力低的税法无效。

（2）法律不溯及既往原则。法律不溯及既往原则是绝大多数国家所遵循的法律程序技术原则。其基本含义为：一部新法实施后，对新法实施之前人们的行为不得适用新法，而只能沿用旧法。在税法领域内坚持这一原则，目的在于维护税法的稳定性和可预测性，使纳税人能在知道纳税结果的前提下作出相应的经济决策。只有这样，税收的调节作用才会较为有效。

（3）新法优于旧法原则。新法优于旧法原则也称后法优于先法原则。其含义为：新法、旧法对同一事项有不同规定时，新法的效力优于旧法。其作用在于避免因法律修订使新法、旧法对同一事项有不同的规定而给法律适用带来混乱，为法律的更新与完善提供法律适用上的保障。新法优于旧法原则在税法中普遍适用，但是当新税法与旧税法处于普通法与特别法的关系时，以及某些程序性税法引用"实体从旧，程序从新原则"时，可以例外。

（4）特别法优于普通法的原则。特别法优于普通法的原则是指对同一事项，两部法律分别订有一般规定和特别规定时,特别规定的效力高于一般规定的效力。特别法优于普通法原则打破了税法效力等级的限制,即居于特别法地位、级别较低的税法,其效力可以高于作为普通法的级别较高的税法。

(5) 实体从旧,程序从新原则。实体从旧,程序从新原则是指对于一项新税法公布实施之前发生的纳税义务,在新税法公布实施之后进入税款征收程序的,原则上新税法具有约束力。这一原则的含义包括两个方面,一是实体性税法不具备溯及力,二是程序性税法在特定条件下具备一定的溯及力。即对于新税法公布实施之前发生,却在新税法公布实施之后进入税款征收程序的纳税义务,原则上新税法具有约束力。在一定条件下允许"程序从新",是因为程序税法规范的是程序性问题,不应以纳税人的实体性权利义务发生的时间为准,判定新的程序性税法与旧的程序性税法之间的效力关系。并且,程序性税法主要涉及税款征收方式的改变,其效力发生时间的适当提前,并不构成对纳税人权利的侵犯,也不违背税收合作信赖主义。

(6) 程序优于实体原则。审理税务案件时,税收程序法先于税收实体法适用。它是有关税收争讼的原则,按照这一原则,纳税人通过税务行政复议或税务行政诉讼来寻求法律保护的前提条件之一,是必须事先履行税务行政执法机关认定的纳税义务,而不管其纳税义务实际上是否发生。否则,税务行政复议机关或司法机关对纳税人的申诉不予受理。实行这一原则是为了确保国家课税权的实现,不因争议的发生而影响税款的及时、足额入库。

3.1.4.2 税收法律关系的特点

税收法律关系是国家税务机关与纳税人在税收征纳过程中根据税法的规定形成的权利与义务关系。它是税收关系在法律上的反映,是税法调整税收关系的结果。税收法律关系与其他法律关系一样,是建立在一定经济基础之上的上层建筑。国家对谁征税、对什么征税、在什么环节征税、征多少税等,都由税法做出规定,它直接反映和体现国家的意志,而不依纳税人或其他组织和个人的意志为转移。税收法律关系反映的是一种特殊的社会关系,即国家强制参与国民收入分配和再分配活动而形成的分配关系。税法调整这种特殊的社会分配关系时,便形成了国家有权无偿征税、纳税人有义务无偿纳税的权利与义务关系。

税收法律关系作为特殊社会分配关系的反映,除了具有一般法律关系共有的特征以外,还具有自己的特征:

(1) 税收法律关系中的一方必须是国家(在具体的税收法律关系中,国家征税机关代表国家行使征税权),而另一方可以是不同的单位和个人。这是税收法律关系与一般民事法律关系在主体上的区别。税法调整的税收关系是在国家和纳税人之间发生的,不论其在任何时间、任何地点,征税主体只能是国家行使税收征管权的国家征税机关,而不能是其他单位和个人。

(2) 税收法律关系中的权利与义务不对等。这是税收法律关系与民事法律关系在内容上的区别。在民事法律关系中，当事人之间权利与义务对等是主要特征；而在税收法律关系中，国家(征税机关)依法享有向纳税义务人征税的权利，而不承担给付等价的义务，这是由税收和税法本身的性质所决定的。在税收法律关系中，国家征税机关除了享有依法进行税收征收管理的权利，也承担一定的义务，如应对纳税人的申诉及时作出处理等，但是征纳税主体之间的权利与义务是不对等的。

(3) 税收法律关系具有财产所有权无偿转移的性质。在民事法律关系中，财产所有权的转移应遵循等价有偿原则，而在税收法律关系中，纳税主体发生纳税义务之后，其相应的货币或实物就无偿转让给国家，国家不再直接偿还。

(4) 税收法律关系更为直接地体现国家的意志。这不仅表现在税收法律关系当中，对谁征税、如何征税，都由国家通过税法预先加以规定，只要当事人发生了税法规定的应税行为，就产生了税收法律关系，而不依征纳双方的意志为转移。同时，它也表现在税收既是国家组织财政收入的主要手段，也是调节经济运行的政策工具。税收法律关系从法律上保证了国家职能与意志的实现。

3.1.4.3　税收法律关系的构成

1. 税收法律关系要素概述

税收法律关系要素是构成税收法律关系的必要条件。每一种税收法律关系必须具备这些条件和要素，否则税收法律关系就不存在。其中，各要素发生变化，税收法律关系也随之变化。与其他法律关系一样，税收法律关系也包括主体、客体、内容三个要素。

2. 税收法律关系的主体

税收法律关系的主体是指在税收法律关系中权利的享有者和义务的承担者，其主体资格是由国家通过法律直接规定的。税收法律关系的主体可分为征税主体和纳税主体。

(1) 征税主体。税收法律关系中的征税主体是国家，具体行使职能的是税务机关和其他征税机关(以下统称“征税机关”)。征税机关是国家为了实现其职能、凭借政治权力取得国民收入而设置的，同时又是具有民事权利与义务主体资格的征税管理机关。它既是一种行政机关，也是国家执法机关的组成部分。在税法中，国家是特殊的权利主体，征税机关代表国家行使国家授予的征税权利，是税收法律关系中依法享有权利和承担义务的参与者。征税机关依法具有权利能力，同时也具有行为能力。征税机关通过获得授权成为法律意义上的征税主体，其权利主要表现在征税上；其义务主要表现在保障纳税人的合法权益上。这些权利和义务是相辅相成的。

(2) 纳税主体。税收法律关系中的纳税主体是指税法规定的负有纳税义务的单位和个人。纳税主体是特定的，并非所有的单位或个人都是纳税主体，只是在具有税法规定的应税所得或应税行为的情况下，才成为纳税主体。纳税主体按不同标准可进行不同的分类：①按法律特征的不同，可分为法人和自然人；②按国籍的不同，可分为中国纳税人和外国纳税人；③按所有制的不同，可分为国有企业、集体企业、私营企业、外商投资企业和外国企业、股份制企业、合伙企业、个人。

纳税主体的纳税义务与征税主体的征税权利相辅相成，互为对应。

3. 税收法律关系的客体

税收法律关系的客体是指税收法律关系主体双方的权利和义务所指向的对象。例如，所得税法律关系客体就是生产经营所得和其他所得，财产税法律关系客体即是财产，流转税法律关系客体就是商品或服务收入。税收法律关系客体也是国家利用税收调整和控制的目标，国家在一定时期根据客观经济形势发展的需要，通过扩大或缩小征税范围调整征税对象，以达到限制或鼓励国民经济中某些产业、行业发展的目的。税收法律关系的客体是征纳双方权利与义务的直接体现，没有客体，权利与义务就无所依托，也就无所谓税收法律关系。

4. 税收法律关系的内容

税收法律关系的内容是指税收法律关系主体所享有的权利和承担的义务。这是税收法律关系的核心，它明确了税收法律关系主体的行为模式，即可以做什么，应当做什么，同时也明确了相应的法律后果，即肯定性后果和否定性后果。

(1) 征税主体的权利和义务。从征税主体的权利方面来看，征税主体具有代表国家取得税款的基本权利，还有依法办理税务登记、审核纳税人和扣缴义务人纳税申报的权利；依法核定纳税人应纳税额的权利；依法进行纳税检查、违章处理的权利；依法批准或决定减免税的权利等税法赋予征税主体的各种权利。从征税主体的义务方面来看，征税机关在享有广泛税收征管权利的同时，也承担相应的义务，如依法退回多收的税款，按照规定付给扣缴义务人代扣、代收手续费，进行检查时出示税务检查证件，对纳税人的申诉及时作出处理等义务。

(2) 纳税主体的权利和义务。从纳税主体的权利方面来看，纳税主体享有税法规定的减免税的权利；依法申请退回多缴税款的权利；对征税机关的决定提出申诉的权利；对征税机关及其工作人员的不法行为进行检举、揭发等法律规定的权利。从纳税主体的义务方面来看，纳税主体必须按税法规定办理税务登记，进行纳税申报，并按期缴纳税款；必须及时向征税机关提供会计报表和其他纳税资料，接受征税机关的纳税检查，并如实提供税务检查人员所需了解的情况和资料等。

3.1.4.4 税收立法机关

1. 全国人大和全国人大常委会制定的税收法律

我国税收法律的立法权由全国人民代表大会（简称全国人大）及其常委会行使，其他任何机关都没有制定税收法律的权力。在国家税收中，凡是基本的、全局性的问题，例如，国家税收的性质，税收法律关系中征纳双方权利与义务的确定，税种的设置，税目、税率的确定等，都是由全国人大及其常委会以税收法律的形式制定实施，并且在全国范围内，无论对国内纳税人，还是涉外纳税人都普遍适用。在现行税法中，如《中华人民共和国企业所得税法》（简称《企业所得税法》）、《中华人民共和国个人所得税法》（简称《个人所得税法》）、《中华人民共和国税收征收管理法》（简称《税收征管法》）和《中华人民共和国车船税法》（简称《车船税法》）等都是税收法律。除《宪法》外，在税收法律体系中，税收法律具有最高的法律效力，是其他机关制定税收法规、规章的法律依据，其他各级机关制定的税收法规、规章，都不得与《宪法》和税收法律相抵触。

2. 全国人大或全国人大常委会授权立法

授权立法是指全国人大及其常务委员会根据需要授权国务院制定某些具有法律效力的暂行规定或者条例。授权立法与制定行政法规不同。国务院经授权立法所制定的规定或条例等，具有国家法律的性质和地位，它的法律效力高于行政法规，在立法程序上还需报全国人大常委会备案。1984 年 9 月 1 日，全国人大常委会授权国务院改革工商税制和发布有关税收条例。1985 年，全国人大授权国务院在经济体制改革和对外开放方面可以制定暂行的规定或者条例，都是授权国务院立法的依据。按照这两次授权立法，国务院从 1994 年 1 月 1 日起实施工商税制改革，制定实施了增值税、营业税、消费税、资源税、土地增值税、企业所得税六个暂行条例。授权立法，在一定程度上解决了我国经济体制改革和对外开放工作急需法律保障的当务之急。

3. 国务院制定的税收行政法规

国务院作为最高国家权力机关的执行机关，是最高的国家行政机关，拥有广泛的行政立法权。行政法规作为一种法律形式，在中国法律形式中处于低于宪法、法律但高于地方性法规、规章的地位，也是在全国范围内普遍适用的。行政法规的立法目的是保证宪法和法律的实施。行政法规不得与宪法、法律相抵触，否则无效。国务院发布的《企业所得税法实施条例》《税收征收管理法实施细则》等，都是税收行政法规。

4. 地方人大及其常委会制定的税收地方性法规

省、自治区、直辖市的人民代表大会以及省、自治区的人民政府所在地的市和经国务院批准的较大的市的人民代表大会有制定地方性法规的权力。由于我国在税收立法上坚持“统一税法”的原则。因此地方权力机关制定税收地方性法规不是无限制的，而是要严格按照税收法律的授权行事。目前，除了海南省、民族自治地区按照全国人大授权立法的规定，在遵循宪法、法律和行政法规的原则基础上，可以制定有关税收的地方性法规外，其他省、市都无权制定税收地方性法规。

5. 国务院税务主管部门制定的税收部门规章

我国有权制定税收部门规章的税务主管机关是财政部、国家税务总局及海关总署。其制定规章的范围包括：对有关税收法律、法规的具体解释，对税收征收管理的具体规定、办法等。税收部门规章在全国范围内具有普遍适用效力，但不得与税收法律、行政法规相抵触。例如，财政部颁发的《增值税暂行条例实施细则》、国家税务总局颁发的《税务登记管理办法》等都属于税收部门规章。

6. 地方政府制定的税收地方规章

省、自治区、直辖市以及省、自治区的人民政府所在地的市和国务院批准的较大的市的人民政府，可以根据法律、行政法规和本省、自治区、直辖市的地方性法规，制定规章。按照“统一税法”的原则，地方政府制定税收规章，都必须在税收法律、法规明确授权的前提下进行，并且不得与税收法律、行政法规相抵触。没有税收法律、法规的授权，地方政府是无权制定税收规章的，凡越权制定的税收规章没有法律效力。例如，国务院发布实施的城市维护建设税、房产税等地方性税种的暂行条例，都规定省、自治区、直辖市人民政府可根据条例制定实施细则。

3.2 个人所得税基础知识

3.2.1 个人所得税总述

3.2.1.1 个人所得税概念

个人所得税是以个人(自然人)取得的各项应税所得为征税对象所征收的一种税，是政府利用税收对个人收入进行调节的一种手段。

1. 个人所得税的起源

个人所得税是一个比较年轻的税种。一般认为，个人所得税最早产生于1799年的英国，征税的目的是为战争筹款。1799年，小威廉·皮特引入个人所得税概念，该项收入目的在于为“拿破仑战争”筹集经费。经过议会通过的税收条例规定，所得税纳税人为所有英国公民，课税对象为全部收入所得(国内和国外)，以及非英国公民但从英国境内取得的收入。所得税条例共规定了四类需要缴纳税款的收入：一是不动产收入；二是商业利润和职工薪水、津贴、养老金等；三是在英国境外的所得；四是除上述以外的其余所有收入。另外，还规定仅对年收入总额60英镑以上的公民征收所得税；总收入在60英镑以下的公民免征所得税；总收入在60～200英镑的公民，实行差别税率征收所得税；总收入超过200英镑的公民，则统一按10%的比例税率征收所得税。英国的个人所得税直到1874年才成为一个稳定的税种。美国于1860年南北战争期间开征了个人所得税。日本于1887年设置了个人所得税，1899年对所得税制度进行全面改革，一方面实行分类所得税，扩大征税面；另一方面开始对法人也征收所得税。目前世界上已有140多个国家开征了个人所得税。

个人所得税产生的初期，一般是作为临时性筹措经费措施。第二次世界大战结束后，个人所得税才进一步发展为一个固定的税种，其功能也从筹措战时经费转变为调节经济与收入分配。个人所得税开征初期，多数国家采用的是比例税率，并且实行按项分别计税的分类所得税制。随着个人所得税制度的完善，逐步发展为按累进税率课征及实行综合所得税制或分类与综合相结合的所得税制。个人所得税税制的发展与社会经济发展相适应，随着市场经济的发展，个人所得税的地位和作用也越来越重要，并成为很多国家的主体税种。

2. 我国个人所得税的发展历程

在改革开放前相当长的时期里，我国对个人所得不征税。党的十一届三中全会以后，我国实行对外开放政策，随着对外经济交往的不断扩大，来华工作、取得收入的外籍人员日益增多。为了维护国家的税收权益，第五届全国人民代表大会根据国际惯例，于 1980 年 9 月通过了《中华人民共和国个人所得税法》，开征个人所得税，统一适用于中国公民和在我国取得收入的外籍人员。1986 年，国务院发布了《中华人民共和国城乡个体工商业户所得税暂行条例》和《中华人民共和国个人收入调节税暂行条例》。这样，我国对个人所得的征税制度就形成了个人所得税、城乡个体工商业户所得税和个人收入调节税三税并存的格局。

我国社会主义市场经济体制改革的目标确定后，为了统一、规范和完善对个人所得的课税制度，第八届全国人民代表大会常务委员会在对三部针对个人所得课税的法律、法规进行修改、合并的基础上，于 1993 年 10 月 31 日公布了修改后的《中华人民共和国个人所得税法》(以下简称《个人所得税法》)，自 1994 年 1 月 1 日起施行。国务院于 1994 年 1 月 28 日发布了《中华人民共和国个人所得税法实施条例》(以下简称《个人所得税法实施条例》)。之后，根据我国国民经济和社会发展的情况，全国人大常委会于 1999 年 8 月 30 日、2005 年 10 月 27 日、2007 年 6 月 29 日、2007 年 12 月 29 日、2011 年 6 月 30 日对《个人所得税法》进行了五次修订，国务院相应地对《个人所得税法实施条例》进行了三次修订；2018 年 8 月 31 日，第十三届全国人民代表大会常务委员会第五次会议通过《全国人民代表大会常务委员会关于修改〈中华人民共和国个人所得税法〉的决定》，对个人所得税法再次进行了修订，国务院相应地对《个人所得税法实施条例》进行了修订，并自 2019 年 1 月 1 日起施行。

3. 个人所得税制类型

世界各国的个人所得税制大体可分为三种类型：分类所得税制、综合所得税制和混合所得税制。分类征收制，就是将纳税人不同来源、性质的所得项目，分别规定不同的税率征收。综合征收制，是对纳税人全年的各项所得加以汇总，就其总额进行征税。混合征收制，是将分类所得税和综合所得税的优点综合在一起，实行分项课征和综合计税相结合的一种所得税制度。

从 2019 年 1 月 1 日起，我国个人所得税采用的是综合和分类相结合的个人所得税制。

3.2.1.2　个人所得税的特点和原则

1. **个人所得税的特点**

个人所得税具有课税公平、量能负担、不易形成重复征税等特点。课税公平，是指个人所得税以纯所得为计税依据，实行收入多的多缴税、收入少的少缴税的办法，同时规定基本生计扣除、成本费用扣除以及专项扣除等扣除项目，可以较好地照顾低收入者，符合量能负担的原则。个人所得税还具有不易形成重复征税的特点。与流转税相比，个人所得税是对纳税的最终所得课税，流离在商品流通之外，因而一般不存在重复征税问题。

2. **我国个人所得税的特点**

与其他国家相比，我国个人所得税主要有如下四个特点：

(1) 实行综合与分类相结合的税制。个人所得税按税制设计及其征收方式不同可分为综合税制、分类税制以及综合与分类相结合的税制三种类型。2019 年施行的新《个人所得税法》将我国个人所得税由原先的分类税制改变为分类与综合相结合的税制。对居民个人取得的工资薪金所得、劳务报酬所得、稿酬所得、特许权使用费所得计入综合所得，按年征收、按月(次)预扣预缴；对利息股息红利所得、财产转让所得、财产租赁所得、偶然所得仍实行分类征收。

(2) 累进税率与比例税率并用。比例税率计算简便，累进税率体现公平，可以合理调节收入分配。我国将这两种税率形式都运用于个人所得税制中。2019 年施行的新《个人所得税法》根据各类个人所得的不同性质和特点，对综合所得和经营所得，采用累进税率，实行量能负担；对利息股息红利所得、财产租赁所得、财产转让所得、偶然所得，采用比例税率，实行等比负担。

(3) 费用扣除额范围较宽。我国本着费用扣除从宽从简的原则，采用费用定额扣除和定率扣除等多种方法，如对综合所得，自 2019 年 1 月 1 日起按年扣除 60 000 元；对财产租赁所得，每次收入不超过 4 000 元的减除费用 800 元，超过 4 000 元的减除费用 20%。

(4) 代扣代缴与自行申报相结合。我国个人所得税采取由支付单位源泉扣缴和纳税人自行申报两种方法。新《个人所得税法》规定，对凡是可以在应税所得的支付环节扣缴或预扣个人所得税的，均由扣缴义务人履行代扣代缴或预扣预缴义务。对于取得综合所得需要办理汇算清缴；取得应税所得没有扣缴义务人；取得应税所得，扣缴义务人未扣缴税款；取得境外所得；因移居境外注销中国户籍；非居民个人在中国境内从两处以上取得工资、薪金所得；国务院规定的其他情形的，由纳税人自行申报纳税。此外，对其他不便于扣缴税款的，亦规定由纳税人自行申报纳税。

3. **个人所得税的立法原则**

个人所得税是现行税制中的主要税种之一。1994 年，我国适应发展社会主义市场经济的需要，实施统一后的《个人所得税法》，有着重要的经济、财政和社会意义。个人所得税的立法原则主要有以下方面：

（1）调节收入分配，体现社会公平。在谋求经济增长和实行市场经济体制的发展中国家，社会收入分配差距在一定时期的扩大是不可避免的。改革开放以来，随着经济的发展，我国人民的生活水平不断提高，一部分人已达到较高的收入水平。因此，有必要对个人收入进行适当的税收调节。在保证人们基本生活不受影响的前提下，本着高收入者多纳税、中等收入者少纳税、低收入者不纳税的原则，通过征收个人所得税来缓解社会收入分配不公的矛盾，有利于在不损害效率的前提下，体现社会公平，保持社会稳定。

（2）增强纳税意识，树立义务观念。由于历史的原因和计划经济体制的影响，我国公民的纳税意识一直较为淡薄，义务观念比较缺乏。通过宣传个人所得税法，建立个人所得税的纳税申报、源泉扣缴制度，通过强化个人所得税的征收管理和对违反税法行为的处罚等措施，可以逐步培养、普及全民依法履行纳税义务的观念，有利于提高全体人民的公民意识和法制意识，为社会主义市场经济的发展创造良好的社会环境。

（3）扩大聚财渠道，增加财政收入。个人所得税是市场经济发展的产物，个人所得税收入是随着一国经济的市场化、工业化、城市化程度和人均 GDP 水平提高而不断增长的。目前，一些主要的西方发达国家都实行以所得税为主体的税制，个人所得税的规模和比重均比较大。就我国目前情况看，由于个人总体收入水平不高，个人所得税收入还十分有限。但是，个人所得税仍然不失为一个收入弹性和增长潜力较大的税种，是国家财政收入的一个重要来源。随着社会主义市场经济体制的完善和我国经济的进一步发展，我国居民的收入水平将逐步提高，个人所得税税源将不断扩大，个人所得税收入占国家税收总额的比重也将逐年增加。

3.2.2 个人所得税法的基本要素

3.2.2.1 纳税人和扣缴义务人

1. 个人所得税的纳税人

个人所得税以所得人为纳税人，依据住所和居住时间两个标准，区分为居民个人和非居民个人，分别承担不同的纳税义务。

在中国境内有住所，或者无住所而一个纳税年度内在中国境内居住满一百八十三天的个人，为居民个人，其从中国境内和境外取得的所得，依法缴纳个人所得税。

在中国境内无住所又不居住，或者无住所而一个纳税年度内在中国境内居住不满一百八十三天的个人，为非居民个人，其从中国境内取得的所得，依法缴纳个人所得税。

“住所”是一个特定概念，不等同于实物意义上的住房。在境内有住所的个人，是指因户籍、家庭、经济利益关系而在境内习惯性居住的个人。习惯性居住是判定纳税人是居民个人还是非居民个人的一个法律意义上的标准，并不是指实际的居住地或者在某一个特定时期内的居住地。对于因学习、工作、探亲、旅游等原因而在境外居住，在这些原因消除后仍然回到中国境内居住的个人，则中国为该纳税人的习惯性居住地，即该个人属于在中国境内有住所。对于境外个人仅因学习、工作、探亲、旅游等原因而在中国境内居住，待上述原因消除后该境外个人仍然回到境外居住的，其习惯性居住地则不在境内，即使该境外个人在境内购买住房，也不会被认定为境内有住所的个人。

在中国境内无住所的个人，是否构成中国税收居民身份，需要按照其在中国境内的居住天数来判定。无住所个人一个纳税年度内在中国境内累计居住天数，按照个人在中国境内累计停留的天数计算。在中国境内停留的当天满 24 小时的，计入中国境内居住天数，在中国境内停留的当天不足 24 小时的，不计入中国境内居住天数。

2. 扣缴义务人

支付所得的单位和个人为扣缴义务人。扣缴义务人在支付个人所得时，应当依法扣缴个人所得税。

除经营所得外，境内支付所得的单位和个人均是扣缴义务人，应当在支付个人所得时依法扣缴个人所得税。

居民个人被境内企业、单位、其他组织派往境外工作，取得的工资薪金所得或者劳务报酬所得，由派出单位或者其他境内单位支付或负担的，派出单位或者其他境内单位应按照个人所得税法及其实施条例规定预扣预缴税款。

居民个人被派出单位派往境外工作，取得的工资薪金所得或者劳务报酬所得，由境外单位支付或负担的，如果境外单位为境外任职、受雇的中方机构的，可以由境外任职、受雇的中方机构预扣税款，并委托派出单位向主管税务机关申报纳税。

中方机构包括中国境内企业、事业单位、其他经济组织以及国家机关所属的境外分支机构、子公司、使(领)馆、代表处等。

3.2.2.2　纳税义务和纳税年度

1. 纳税义务

中国境内有住所的居民个人，就其从中国境内和境外取得的所得，依法缴纳个人所得税。

中国境内无住所的居民个人，在中国境内居住累计满 183 天的年度连续满六年的，就其从中国境内和境外取得的所得，依法缴纳个人所得税。

中国境内无住所的居民个人，在中国境内居住累计满 183 天的年度连续不满六年的，经向主管税务机关备案，其来源于中国境外且由境外单位或者个人支付的所得，免予缴纳个人所得税；在中国境内居住累计满 183 天的任一年度中有一次离境超过 30 天的，其在中国境内居住累计满 183 天的年度的连续年限重新起算。

在中国境内无住所的个人，在一个纳税年度内在中国境内居住累计不超过 90 天的非居民个人，其来源于中国境内的所得，由境外雇主支付并且不由该雇主在中国境内的机构、场所负担的部分，免予缴纳个人所得税。

在中国境内无住所的个人，在一个纳税年度内在中国境内居住累计超过90天不超过183天的非居民个人，其从中国境内取得的所得，依法缴纳个人所得税。

2. 纳税年度

个人所得税法规定，纳税年度自公历一月一日起至十二月三十一日止。

居民个人取得境外所得的境外纳税年度与公历年度不一致的，取得境外所得的境外纳税年度最后一日所在的公历年度，为境外所得对应的我国纳税年度。

3.2.2.3 境内所得和境外所得

1. 境内所得

除国务院财政、税务主管部门另有规定外，下列所得，不论支付地点是否在中国境内，均为来源于中国境内的所得：

(1) 因任职、受雇、履约等在中国境内提供劳务取得的所得。

(2) 将财产出租给承租人在中国境内使用而取得的所得。

(3) 许可各种特许权在中国境内使用而取得的所得。

(4) 转让中国境内的不动产等财产或者在中国境内转让其他财产取得的所得。

(5) 从中国境内企业、事业单位、其他组织以及居民个人取得的利息、股息、红利所得。

2. 境外所得

下列所得，为来源于中国境外的所得：

(1) 因任职、受雇、履约等在中国境外提供劳务取得的所得。

(2) 中国境外企业以及其他组织支付且负担的稿酬所得。

(3) 许可各种特许权在中国境外使用而取得的所得。

(4) 在中国境外从事生产、经营活动而取得的与生产、经营活动相关的所得。

(5) 从中国境外企业、其他组织以及非居民个人取得的利息、股息、红利所得。

(6) 将财产出租给承租人在中国境外使用而取得的所得。

(7) 转让中国境外的不动产、转让对中国境外企业以及其他组织投资形成的股票、股权以及其他权益性资产(以下称权益性资产)或者在中国境外转让其他财产取得的所得。但转让对中国境外企业以及其他组织投资形成的权益性资产，该权益性资产被转让前三年(连续36个公历月份)内的任一时间，被投资企业或其他组织的资产公允价值50%以上直接或间接来自位于中国境内的不动产的，取得的所得为来源于中国境内的所得。

(8) 中国境外企业、其他组织以及非居民个人支付且负担的偶然所得。

(9) 财政部、税务总局另有规定的，按照相关规定执行。

3. 无住所个人所得来源地判定

(1) 工资薪金所得来源地的规定。个人取得归属于中国境内工作期间的工资薪金所得为来源于境内的工资薪金所得。境内工作期间按照个人在境内工作天数计算，包括其在境内的实际工作日以及境内工作期间在境内、境外享受的公休假、个人休假、接受培训的天数。在境内、境外单位同时担任职务或者仅在境外单位任职的个人，在境内停留的当天不足 24 小时的，按照半天计算境内工作天数。

无住所个人在境内、境外单位同时担任职务或者仅在境外单位任职，且当期同时在境内、境外工作的，按照工资薪金所属境内、境外工作天数占当期公历天数的比例计算确定来源于境内、境外工资薪金所得的收入额。境外工作天数按照当期公历天数减去当期境内工作天数计算。

(2) 数月奖金以及股权激励所得来源地的规定。无住所个人取得的数月奖金或者股权激励所得按照工资薪金来源地规定确定所得来源地的，无住所个人在境内履职或者执行职务时收到的数月奖金或者股权激励所得，归属于境外工作期间的部分，为来源于境外的工资薪金所得；无住所个人停止在境内履约或者执行职务离境后收到的数月奖金或者股权激励所得，对属于境内工作期间的部分，为来源于境内的工资薪金所得。具体计算方法为：数月奖金或者股权激励乘以数月奖金或者股权激励所属工作期间境内工作天数与所属工作期间公历天数之比。

无住所个人一个月内取得的境内外数月奖金或者股权激励包含归属于不同期间的多笔所得的，应当先分别按照规定计算不同归属期间来源于境内的所得，然后再加总计算当月来源于境内的数月奖金或者股权激励收入额。

数月奖金是指一次取得归属于数月的奖金、年终加薪、分红等工资薪金所得，不包括每月固定发放的奖金及一次性发放的数月工资。股权激励包括股票期权、股权期权、限制性股票、股票增值权、股权奖励以及其他因认购股票等有价证券而从雇主取得的折扣或者补贴。

(3) 董事、监事及高层管理人员取得报酬所得来源地的规定。对于担任境内居民企业的董事、监事及高层管理职务的个人，无论是否在境内履行职务，取得由境内居民企业支付或者负担的董事费、监事费、工资薪金或者其他类似报酬，包含数月奖金和股权激励)，属于来源于境内的所得。

高层管理职务包括企业正、副(总)经理、各职能总师、总监及其他类似公司管理层的职务。

(4) 稿酬所得来源地的规定。由境内企业、事业单位、其他组织支付或者负担的稿酬所得，为来源于境内的所得。

3.2.2.4 税目

1. 综合所得

居民个人取得工资薪金、劳务报酬、稿酬、特许权使用费等四项所得，需要合并计算所得并纳税，新《个人所得税法》中将这四项所得统称为“综合所得”。与旧法相比，新法的变化：

一是由按月(次)计税转向按年计税。改变了居民个人四项所得的计税期间，由按月、按次计税转为按年计税。

二是由分项计税转向合并计税。居民个人的四项所得，不是一项一项独立地按年计税，而是居民个人一个纳税年度内取得的四个所得，需要全部合并起来，集中按年计税。

对非居民个人，取得工资、薪金所得，劳务报酬所得，稿酬所得和特许权使用费所得，仍然是按月或者按次分项计算个人所得税。

(1) 工资、薪金所得。工资薪金所得是指个人因任职或者受雇取得的工资、薪金、奖金、年终加薪、劳动分红、津贴、补贴以及与任职或者受雇有关的其他所得。

一般来说，工资、薪金所得属于非独立个人劳动所得。所谓非独立个人劳动，是指个人和支付所得的单位之间存在任职受雇关系，所从事的是由他人指定、安排并接受管理的劳动，工作或服务于公司、工厂、行政事业单位的人员(私营企业主除外)均为非独立劳动者。

除工资、薪金以外，奖金、年终加薪、劳动分红、津贴、补贴也被确定为工资、薪金范畴。其中，年终加薪、劳动分红不分种类和取得情况，一律按工资、薪金所得课税。津贴、补贴等则有例外。根据我国目前个人收入的构成情况，以下为不征税项目：①独生子女补贴。②执行公务员工资制度未纳入基本工资总额的补贴、津贴差额和家属成员的副食品补贴。③托儿补助费。④差旅费津贴、误餐补助。其中，误餐补助是指按照财政部规定，个人因公在城区、郊区工作，不能在工作单位或返回就餐的，根据实际误餐顿数，按规定的标准领取的误餐费。单位以误餐补助名义发给职工的补助、津贴不能包括在内。

(2) 劳务报酬所得。劳务报酬所得，是指个人从事劳务取得的所得，包括从事设计、装潢、安装、制图、化验、测试、医疗、法律、会计、咨询、讲学、翻译、审稿、书画、雕刻、影视、录音、录像、演出、表演、广告、展览、技术服务、介绍服务、经纪服务、代办服务以及其他劳务取得的所得。

劳务报酬所得是个人对外提供的劳务和服务性活动而取得的所得。这种劳务和服务是个人因其自身能力而对外提供的知识性、技术性、艺术性、体力性、中介性活劳动的业务活动，一般不涉及商品、货物的销售和流转。

(3) 稿酬所得。稿酬所得，是指个人因其作品以图书、报刊等形式出版、发表而取得的所得。

作品，包括文学作品、书画作品、摄影作品，以及其他作品。作者去世后，财产继承人取得的遗作稿酬，亦应征收个人所得税。

个人将其作品与图书出版者签订出版合同，对外复制、发行作品而取得图书出版者支付的报酬；以及个人将其作品向报社、期刊社投稿，以报刊等形式刊登对外发表、转载、摘编，并取得报社、期刊社支付的报酬，应按稿酬所得依法纳税。随着信息技术的发展，个人的作品在网站、电子报、电子期刊、微刊以及其他各种新媒体平台上出版、发表越来越多。这些新媒体平台因使用个人的作品而支付作者的报酬形式也多种多样，包括传统以字数、篇幅的计酬支付方式，也包括按作品点击率计酬支付等。个人取得的这种来自新媒体出版、发表作品的报酬，也属于稿酬的范畴，依法缴纳个人所得税。

同时需要注意：①任职、受雇于报纸、杂志等单位的记者、编辑等专业人员，因在本单位的报刊、杂志上发表作品取得的所得，属于因任职、受雇而取得的所得，应与其当月工资收入合并，按“工资、薪金所得”项目征收个人所得税。

除上述专业人员以外，其他人员在本单位的报纸、杂志上发表作品取得的所得，应按“稿酬所得”项目征收个人所得税。②出版社的专业作者撰写、编写或翻译的作品，由本社以图书形式出版而取得的稿费收入，应按“稿酬所得”项目计算缴纳个人所得税。

(4) 特许权使用费所得。特许权使用费所得，是指个人提供专利权、商标权、著作权、非专利技术以及其他特许权的使用权取得的所得；提供著作权的使用权取得的所得，不包括稿酬所得。

特许权是一种权利。个人所有的特许权利包括个人经发明、创造而依法取得的专利权、商标权、著作权等所有权，个人拥有的可以许可使用的人身权利，如姓名权、肖像权，以及个人拥有的其他的权利等。个人作为权利所有人，许可其他单位和个人使用这些权利而取得的所得，应当按照特许权使用费所得项目纳税。

在我国与其他国家的税收协定中，一般都规定有“特许权使用费”的定义。“特许权使用费”一语是指为使用或有权使用任何文学、艺术或科学著作(包括电影影片、无线电或电视广播使用的胶片、磁带)的版权，任何专利、商标、设计或模型、图纸、秘密配方或程序，或者为有关工业、商业、科学经验的信息所支付的作为报酬的各种款项。

2. 经营所得

经营所得，是指：

(1) 个体工商户从事生产、经营活动取得的所得，个人独资企业投资人、合伙企业的个人合伙人来源于境内注册的个人独资企业、合伙企业生产、经营的所得。

(2) 个人依法从事办学、医疗、咨询以及其他有偿服务活动取得的所得。

(3) 个人对企业、事业单位承包经营、承租经营以及转包、转租取得的所得。

(4) 个人从事其他生产、经营活动取得的所得。

3. 其他分类所得

(1) 利息、股息、红利所得。利息、股息、红利所得，是指个人拥有债权、股权等而取得的利息、股息、红利所得。

(2) 财产租赁所得。财产租赁所得，是指个人出租不动产、机器设备、车船以及其他财产取得的所得。

(3) 财产转让所得。财产转让所得，是指个人转让有价证券、股权、合伙企业中的财产份额、不动产、机器设备、车船以及其他财产取得的所得。

(4) 偶然所得。偶然所得,是指个人得奖、中奖、中彩以及其他偶然性质的所得。个人取得的所得,难以界定应纳税所得项目的,由国务院税务主管部门确定。

3.2.2.5　税率

自 2019 年 1 月 1 日起,纳税人取得综合所得,适用 3%~45%的七级超额累进税率;取得经营所得,适用 5%~35%的五级超额累进税率;取得利息、股息、红利所得,财产租赁所得,财产转让所得和偶然所得,适用 20%的比例税率。

1. 税率形式

(1) 比例税率。在个人所得中,应用比例税率的所得项目包括:利息股息红利所得,财产租赁所得,财产转让所得,偶然所得等。其基本计算公式为:

应纳税额 = 计税依据 × 比例税率

(2) 超额累进税率。自 2019 年 1 月 1 日起,在个人所得税应税项目中,工资薪金所得、劳务报酬所得、稿酬所得、特许权使用费所得以及经营所得,均适用超额累进税率。

使用超额累进税率计算税额,其基本的方法是将应纳税所得额按金额的大小,按照对应的分段税率区间分别计算后合计。在区间级别较多的情况下,分段计算,然后相加的方法比较烦琐。

为了简化计算,通常都会采用速算法。用公式表示为:

应纳税额 = 应纳税所得额 × 适用税率 − 速算扣除数

2. 税率设定

(1) 居民个人取得综合所得,按年计算个人所得税,适用 3%~45%的超额累进税率。

居民个人综合所得个人所得税税率表见表 3-3。

表 3-3　　年度税率表

级数	应纳税所得额	税率	速算扣除数
1	不超过 36 000 元的部分	3%	0
2	超过 36 000 元至 144 000 元的部分	10%	2 520
3	超过 144 000 元至 300 000 元的部分	20%	16 920
4	超过 300 000 元至 420 000 元的部分	25%	31 920
5	超过 420 000 元至 660 000 元的部分	30%	52 920
6	超过 660 000 元至 960 000 元的部分	35%	85 920
7	超过 960 000 元的部分	45%	181 920

(2) 非居民个人取得工资薪金所得、劳务报酬所得、稿酬所得、特许权使用费所得实行按月或按次分项征税,适用按月换算后的 3%~45%的超额累进税率。

非居民个人综合所得个人所得税税率表见表 3-4。

表 3-4　　月度税率表

级数	应纳税所得额	税率	速算扣除数
1	不超过 3 000 元的	3%	0
2	超过 3 000 元至 12 000 元的部分	10%	210
3	超过 12 000 元至 25 000 元的部分	20%	1 410
4	超过 25 000 元至 35 000 元的部分	25%	2 660
5	超过 35 000 元至 55 000 元的部分	30%	4 410
6	超过 55 000 元至 80 000 元的部分	35%	7 160
7	超过 80 000 元的部分	45%	15 160

（3）纳税人取得经营所得，按年计算个人所得税，适用 5%～35%的超额累进税率（见表 3-5）。

表 3-5　　经营所得个人所得税税率表

级数	全年应纳税所得额	税率	速算扣除数
1	不超过 30 000 元的	5%	0
2	超过 30 000 元至 90 000 元的部分	10%	1 500
3	超过 90 000 元至 300 000 元的部分	20%	10 500
4	超过 300 000 元至 500 000 元的部分	30%	40 500
5	超过 500 000 元的部分	35%	65 500

纳税人取得利息、股息、红利所得，财产租赁所得，财产转让所得和偶然所得，按月或者按次计算个人所得税，适用比例税率，税率为 20%。

3.2.2.6　计税依据

个人所得税的计税依据是纳税人取得的应纳税所得额。应纳税所得额是个人取得的各项应税收入减去税法规定的扣除项目或扣除金额后的余额。

1. 所得形式

个人所得的形式，包括现金、实物、有价证券和其他形式的经济利益；所得为实物的，应当按照取得的凭证上所注明的价格计算应纳税所得额，无凭证的实物或者凭证上所注明的价格明显偏低的，参照市场价格核定应纳税所得额；所得为有价证券的，根据票面价格和市场价格核定应纳税所得额；所得为其他形式的经济利益的，参照市场价格核定应纳税所得额。

2. 外币折算

各项所得的计算，以人民币为单位。所得为人民币以外的货币的，按照人民币汇率中间价折合成人民币缴纳税款。

所得为人民币以外货币的，按照办理纳税申报或者扣缴申报的上一月最后一日人民币汇率中间价，折合成人民币计算应纳税所得额。年度终了后办理汇算清缴的，对已经按月、按季或者按次预缴税款的人民币以外货币所得，不再重新折算；对应当补缴税款的所得部分，按照上一纳税年度最后一日人民币汇率中间价，折合成人民币计算应纳税所得额。

3.2.3　扣除

3.2.3.1　居民个人综合所得费用扣除

居民个人取得综合所得，在计算个人所得税应纳税所得额时，可在每一纳税年度的收入额中，减除费用 60 000 元以及专项扣除、专项附加扣除和依法确定的其他扣除。

劳务报酬所得、稿酬所得、特许权使用费所得以收入减除百分之二十的费用后的余额为收入额。稿酬所得的收入额减按百分之七十计算。

专项扣除，包括居民个人按照国家规定的范围和标准缴纳的基本养老保险、基本医疗保险、失业保险等社会保险费和住房公积金等。

专项附加扣除，包括子女教育、继续教育、大病医疗、住房贷款利息或者住房租金、赡养老人等支出。

1. 子女教育

纳税人的子女接受全日制学历教育的相关支出，按照每个子女每月 1 000 元的标准定额扣除。包括学前教育阶段和学历教育阶段：学前教育阶段为年满 3 岁至小学入学前；学历教育阶段包括义务教育（小学、初中教育）、高中阶段教育（普通高中、中等职业、技工教育）、高等教育（大学专科、大学本科、硕士研究生、博士研究生教育）。

父母可以选择由其中一方按扣除标准的 100%扣除，也可以选择由双方分别按扣除标准的 50%扣除，具体扣除方式在一个纳税年度内不能变更。

2. 继续教育

纳税人在中国境内接受学历（学位）继续教育的支出，在学历（学位）教育期间按照每月 400 元定额扣除。同一学历（学位）继续教育的扣除期限不能超过 48 个月。纳税人接受技能人员职业资格继续教育、专业技术人员职业资格继续教育的支出，在取得相关证书的当年，按照 3 600 元定额扣除。

个人接受本科及以下学历（学位）继续教育，符合继续教育规定扣除条件的，可以选择由其父母扣除，也可以选择由本人扣除。

3. 大病医疗

在一个纳税年度内，纳税人发生的与基本医保相关的医药费用支出，扣除医保报销后个人负担（指医保目录范围内的自付部分）累计超过 15 000 元的部分，由纳税人在办理年度汇算清缴时，在 80 000 元限额内据实扣除。

纳税人发生的医药费用支出可以选择由本人或者其配偶扣除；未成年子女发生的医药费用支出可以选择由其父母一方扣除。

纳税人及其配偶、未成年子女发生的医药费用支出，按上述规定分别计算扣除额。

4. 住房贷款利息

纳税人本人或者配偶单独或者共同使用商业银行或者住房公积金个人住房贷款为本人或者其配偶购买中国境内住房，发生的首套住房贷款利息支出，在实际发生贷款利息的年度，按照每月 1 000 元的标准定额扣除，扣除期限最长不超过 240 个月。纳税人只能享受一次首套住房贷款的利息扣除。经夫妻双方约定，可以选择由其中一方扣除，具体扣除方式在一个纳税年度内不能变更。

夫妻双方婚前分别购买住房发生的首套住房贷款，其贷款利息支出，婚后可以选择其中一套购买的住房，由购买方按扣除标准的 100％扣除，也可以由夫妻双方对各自购买的住房分别按扣除标准的 50％扣除，具体扣除方式在一个纳税年度内不能变更。

首套住房贷款是指购买住房享受首套住房贷款利率的住房贷款。

5. 住房租金

纳税人在主要工作城市没有自有住房而发生的住房租金支出，可以按照以下标准定额扣除：直辖市、省会（首府）城市、计划单列市以及国务院确定的其他城市，扣除标准为每月 1 500 元；其他城市市辖区户籍人口超过 100 万的城市，扣除标准为每月 1 100 元；市辖区户籍人口不超过 100 万的城市，扣除标准为每月 800 元。

纳税人的配偶在纳税人的主要工作城市有自有住房的，视同纳税人在主要工作城市有自有住房。

纳税人及其配偶在一个纳税年度内不能同时分别享受住房贷款利息和住房租金专项附加扣除。

6. 赡养老人

纳税人赡养一位及以上被赡养人的赡养支出，统一按照以下标准定额扣除：纳税人为独生子女的，按照每月 2 000 元的标准定额扣除；纳税人为非独生子女的，由其与兄弟姐妹分摊每月 2 000 元的扣除额度，每人分摊的额度不能超过每月 1 000 元。可以由赡养人均摊或者约定分摊，也可以由被赡养人指定分摊。约定或者指定分摊的须签订书面分摊协议，指定分摊优先于约定分摊。具体分摊方式和额度在一个纳税年度内不能变更。

被赡养人是指年满 60 岁的父母，以及子女均已去世的年满 60 岁的祖父母、外祖父母。

3.2.3.2 非居民个人的工资、薪金所得费用扣除

非居民个人的工资、薪金所得，在计算个人所得税应纳税所得额时，以每月收入额减除费用五千元。

3.2.3.3　非居民个人的劳务报酬所得、稿酬所得、特许权使用费所得扣除

非居民个人的劳务报酬所得、稿酬所得、特许权使用费所得，以每次收入额为应纳税所得额。劳务报酬所得、稿酬所得、特许权使用费所得以收入减除百分之二十的费用后的余额为收入额，稿酬所得的收入额减按百分之七十计算。

3.2.3.4　经营所得费用扣除

经营所得，在计算个人所得税应纳税所得额时，每一纳税年度的收入总额应当减除成本、费用以及损失。

3.2.3.5　财产租赁所得费用扣除

财产租赁所得，在计算个人所得税应纳税所得额时，可以扣除一定费用。每次收入不超过 4 000 元的，减除费用 800 元；4 000 元以上的，减除百分之二十的费用。

3.2.3.6　财产转让所得费用扣除

财产转让所得，在计算个人所得税应纳税所得额时，转让财产的收入额应减除财产原值和合理费用。

3.2.3.7　利息、股息、红利所得和偶然所得费用扣除

利息、股息、红利所得和偶然所得，无费用扣除。

3.2.3.8　公益捐赠的扣除

个人将其所得对教育、扶贫、济困等公益慈善事业进行捐赠，捐赠额未超过纳税人申报的应纳税所得额百分之三十的部分，可以从其应纳税所得额中扣除；国务院规定对公益慈善事业捐赠实行全额税前扣除的，从其规定。

个人将其所得对教育、扶贫、济困等公益慈善事业进行捐赠，是指个人将其所得通过中国境内的公益性社会组织、国家机关向教育、扶贫、济困等公益慈善事业的捐赠；所称应纳税所得额，是指计算扣除捐赠额之前的应纳税所得额。

3.2.4　个人所得税额的计算

3.2.4.1　居民个人综合所得的计算

居民个人综合所得，按纳税年度合并计算个人所得税。有扣缴义务人的，由扣缴义务人按月或者按次预扣预缴税款。

1. 扣缴义务人向居民个人支付工资、薪金所得

扣缴义务人向居民个人支付工资、薪金所得时，应当按照累计预扣法计算预扣税款，并按月办理全员全额扣缴申报。具体计算公式如下：

$$\text{本期应预扣预缴税额}=\left(\text{累计预扣预缴应纳税所得额}\times\text{预扣率}-\text{速算扣除数}\right)-\text{累计减免税额}-\text{累计已预扣预缴税额}$$

$$\text{累计预扣预缴应纳税所得额}=\text{累计收入}-\text{累计免税收入}-\text{累计减除费用}-\text{累计专项扣除}-\text{累计专项附加扣除}-\text{累计依法确定的其他扣除}$$

其中：累计减除费用，按照 5 000 元/月乘以纳税人当年截至本月在本单位的任职受雇月份数计算。

预扣率见表 3-6。

表 3-6　　累计预扣预缴税率表

级数	应纳税所得额	税率	速算扣除数
1	不超过 36 000 元的部分	3%	0
2	超过 36 000 元至 144 000 元的部分	10%	2 520
3	超过 144 000 元至 300 000 元的部分	20%	16 920
4	超过 300 000 元至 420 000 元的部分	25%	31 920
5	超过 420 000 元至 660 000 元的部分	30%	52 920
6	超过 660 000 元至 960 000 元的部分	35%	85 920
7	超过 960 000 元的部分	45%	181 920

2. 扣缴义务人向居民个人支付劳务报酬所得

扣缴义务人向居民个人支付劳务报酬所得，以每次收入额为预扣预缴应纳税所得额，按次或者按月预扣预缴个人所得税。劳务报酬所得以收入减除费用后的余额为收入额。劳务报酬所得每次收入不超过 4 000 元的，减除费用按八百元计算；每次收入 4 000 元以上的，减除费用按百分之二十计算。具体计算公式如下：

劳务报酬所得应预扣预缴税额＝预扣预缴应纳税所得额×预扣率－速算扣除数

预扣率见表 3-7。

表 3-7　　劳务报酬预扣预缴税率表

级数	应纳税所得额	税率	速算扣除数
1	不超过 20 000 元的部分	20%	0
2	超过 20 000 元至 50 000 元的部分	30%	2 000
3	超过 50 000 元以上部分	40%	7 000

3. 扣缴义务人向居民个人支付稿酬所得、特许权使用费所得

扣缴义务人向居民个人支付稿酬所得、特许权使用费所得，以每次收入额为预扣预缴应纳税所得额，按次或者按月预扣预缴个人所得税。稿酬所得、特许权使用费所得以收入减除费用后的余额为收入额。其中，稿酬所得的收入额减按百分之七十计算。稿酬所得、特许权使用费所得每次收入不超过 4 000 元的，减除费用按 800 元计算；每次收入 4 000元以上的，减除费用按百分之二十计算。具体计算公式如下：

稿酬所得、特许权使用费所得应预扣预缴税额 ＝ 预扣预缴应纳税所得额 × 预扣率预扣率：20%。

4. 居民个人综合所得年度申报

居民个人的综合所得，以每一纳税年度的收入额减除费用 60 000 元以及专项扣除、专项附加扣除和依法确定的其他扣除后的余额，为应纳税所得额。

居民个人取得综合所得，按年计算个人所得税；有扣缴义务人的，由扣缴义务人按月或者按次预扣预缴税款；需要办理汇算清缴的，应当在取得所得的次年三月一日至六月三十日内办理汇算清缴。

税率见表 3-6。

【案例】 小张是某中国境内 A 公司员工，2019 年全年取得工资薪金收入 120 000 元（已扣除代扣的个人负担的基本养老保险、基本医疗保险和失业保险），同时外派至 B 公司。全年取得工资薪金所得 50 000 元。假定小张可扣除专项附加 12 000 元，且无其他项目的综合所得和依法确定的其他扣除，全年已预扣预缴个人所得税 2 000 元。请计算小张 2019 年度汇算清缴时应补（退）个人所得税的金额。

【解析】 小张是居民纳税人，对其综合所得应按年综合纳税。

应纳税额＝（年度综合所得合计－60 000－专项扣除－专项附加扣除－其他扣除）×税率－速算扣除数－已预扣预缴税款＝[（120 000＋50 000）－60 000－12 000]×10%－2 520－2 000＝5 280（元）。

3.2.4.2　非居民个人取得工资薪金所得、劳务报酬所得、稿酬所得、特许权使用费所得

1. 境内仅有一处工资薪金所得

非居民个人取得工资薪金所得，按月计算个人所得税。

非居民个人的工资、薪金所得，以每月收入额减除费用五千元后的余额为应纳税所得额。具体计算公式如下：

$$扣缴税额 = (本月支付工资薪金 - 5\,000) \times 适用税率 - 速算扣除数$$

【案例】 2019 年 4 月，中国境内某公司因业务需要，聘请一外籍专家加盟公司研发部门，月薪 30 000 元人民币。每年在中国境内工作时间不超过 4 个月，该外籍人员系首次来到中国境内工作。2019 年 4 月，假定无其他扣除项目，请计算公司应代扣代缴该外籍员工的个人所得税。

【解析】 该员工在中国境内无住所，2019 年 4 月入境到扣缴个人所得税时，在一个纳税年度内在中国境内居住不满 183 天，属于非居民纳税人，其取得的工资薪金所得应按月计算并代扣代缴个人所得税。

$$应纳税额 = (30\,000 - 5\,000) \times 20\% - 1\,410 = 3\,590(元)$$

2. 境内两处以上取得工资薪金所得

非居民个人在中国境内从两处以上取得工资、薪金所得的，应当在取得所得的次月十五日内申报纳税。具体计算公式如下：

$$\text{应纳税额} = \left(\begin{matrix}\text{非居民个人境内两处}\\\text{以上工资薪金合计额}\end{matrix} - 5\,000\right) \times \text{适用税率} - \text{速算扣除数} - \begin{matrix}\text{当月工资薪金}\\\text{已扣缴的税额}\end{matrix}$$

3. **取得劳务报酬所得、特许权使用费所得**

非居民个人取得劳务报酬、特许权使用费所得，按次分项计算个人所得税。

非居民个人取得劳务报酬所得、特许权使用费所得，以每次的收入额为应纳税所得额。每次收入减除百分之二十的费用后的余额为收入额。具体计算公式如下：

$$\text{扣缴税额} = \text{当次收入} \times (1-20\%) \times \text{适用税率} - \text{速算扣除数}$$

4. **取得稿酬所得**

非居民个人取得稿酬所得，按次分项计算个人所得税。

非居民个人取得稿酬所得，以每次的收入额为应纳税所得额。每次收入减除百分之二十的费用后的余额为收入额，稿酬所得的收入额减按百分之七十计算。具体计算公式如下：

$$\text{扣缴税额} = \text{当次收入} \times (1-20\%) \times 70\% \times \text{适用税率} - \text{速算扣除数}$$

【案例】 2020 年 4 月，中国境内某出版社出版境外作家杰克的一部小说，一次性支付杰克稿酬 100 万元。杰克未到中国境内。假定无其他扣除项目，请计算出版社应代扣代缴该外籍员工的个人所得税。

【解析】 由境内企业、事业单位、其他组织支付或者负担的稿酬所得，为来源于境内的所得。杰克的稿酬应纳税额应由出版社扣缴，适用月度税率表。

$$\text{应纳税额} = 1\,000\,000 \times (1-20\%) \times 70\% \times 45\% - 15\,160 = 236\,840(\text{元})$$

5. **税率**

适用税率：按月换算后的七级超额累计税率，见表 3-4。

3.2.4.3 纳税人取得利息股息红利所得、财产租赁所得、财产转让所得、偶然所得计税

1. **财产租赁所得**

财产租赁所得，每次收入不超过四千元的，减除费用八百元；四千元以上的，减除百分之二十的费用，其余额为应纳税所得额。财产租赁所得，以一个月内取得的收入为一次。具体计算公式如下：

$$\text{每次扣缴税款} = (\text{本月租赁收入额} - \text{扣除额}) \times 20\%$$

本月租赁收入额：本月内实际收取的租金收入合计

扣除额：财产租赁所得个人所得税前扣除税费的扣除次序如下：一财产租赁过程中缴纳的税费；二向出租方支付的租金；三由纳税人负担的租赁财产实际开支的修缮费用；

四税法规定的费用扣除标准。

2. 财产转让所得

财产转让所得，以每次转让财产的收入额减除财产原值和合理费用后的余额，为应纳税所得额。具体计算公式如下：

扣缴税额 =（本次转让财产收入额 − 财产原值 − 合理费用）× 20%

财产原值，按照下列方法确定：

(1) 有价证券，为买入价以及买入时按照规定缴纳的有关费用。

(2) 建筑物，为建造费或者购进价格以及其他有关费用。

(3) 土地使用权，为取得土地使用权所支付的金额、开发土地的费用以及其他有关费用。

(4) 机器设备、车船，为购进价格、运输费、安装费以及其他有关费用。

(5) 其他财产，参照前款规定的方法确定财产原值。

纳税人未提供完整、准确的财产原值凭证，不能按照上述规定的方法确定财产原值的，由主管税务机关核定财产原值。

合理费用，是指卖出财产时按照规定支付的有关税费。

3. 利息、股息、红利所得和偶然所得

利息、股息、红利所得和偶然所得，以每次收入额为应纳税所得额。利息、股息、红利所得，以支付利息、股息、红利时取得的收入为一次。具体计算公式如下：

每次扣缴税款 = 本次利息股息红利金额 × 20%

【案例】 2019 年 5 月，张某因累积消费达到一定额度，获得某公司给予额外抽奖机会，抽得一台笔记本电脑，市值 6 000 元。请计算张某该项所得应纳税额。

【解析】 依据《财政部国家税务总局关于企业促销展业赠送礼品有关个人所得税问题的通知》（财税〔2011〕50 号）规定，企业对累积消费达到一定额度的顾客，给予额外抽奖机会，个人的获奖所得，按照“偶然所得”项目，全额适用 20%的税率缴纳个人所得税。

张某应纳税额 = 6 000 × 20% = 1 200（元）

3.2.5　无住所个人应纳税额的计算

无住所个人取得工资薪金所得。

3.2.5.1　无住所个人为非居民个人的

非居民个人（非高管人员）取得工资薪金所得，当月工资薪金收入额分别按照以下两种情形计算：

1. 非居民个人境内居住时间累计不超过 90 天的

在一个纳税年度内，在境内累计居住不超过 90 天的非居民个人，仅就归属于境内工作期间并由境内雇主支付或者负担的工资薪金所得计算缴纳个人所得税。当月工资薪金收入额的计算公式如下（公式一）：

$$\text{当月工资薪金收入额}=\text{当月境内外工资薪金总额}\times\frac{\text{当月境内支付工资薪金数额}}{\text{当月境内外工资薪金总额}}\times\frac{\text{当月工资薪金所属工作期间境内工作天数}}{\text{当月工资薪金所属工作期间公历天数}}$$

境内雇主包括雇佣员工的境内单位和个人以及境外单位或者个人在境内的机构、场所。凡境内雇主采取核定征收所得税或者无营业收入未征收所得税的，无住所个人为其工作取得工资薪金所得，不论是否在该境内雇主会计账簿中记载，均视为由该境内雇主支付或者负担。工资薪金所属工作期间的公历天数，是指无住所个人取得工资薪金所属工作期间按公历计算的天数。

公式中当月境内外工资薪金包含归属于不同期间的多笔工资薪金的，应当先分别按照规定计算不同归属期间工资薪金收入额，然后再加总计算当月工资薪金收入额。

2. 非居民个人境内居住时间累计超过 90 天不满 183 天的

在一个纳税年度内，在境内累计居住超过 90 天但不满 183 天的非居民个人，取得归属于境内工作期间的工资薪金所得，均应当计算缴纳个人所得税；其取得归属于境外工作期间的工资薪金所得，不征收个人所得税。当月工资薪金收入额的计算公式如下（公式二）：

$$\text{当月工资薪金收入额}=\text{当月境内外工资薪金总额}\times\frac{\text{当月工资薪金所属工作期间境内工作天数}}{\text{当月工资薪金所属工作期间公历天数}}$$

3.2.5.2 无住所个人为居民个人的

在一个纳税年度内，在境内累计居住满 183 天的无住所居民个人取得工资薪金所得，当月工资薪金收入额按照以下规定计算：

1. 无住所居民个人在境内居住累计满 183 天的年度连续不满六年的

在境内居住累计满 183 天的年度连续不满六年的无住所居民个人，符合实施条例第四条优惠条件的，其取得的全部工资薪金所得，除归属于境外工作期间且由境外单位或者个人支付的工资薪金所得部分外，均应计算缴纳个人所得税。工资薪金所得收入额的计算公式如下（公式三）：

$$\text{当月工资薪金收入额}=\text{当月境内外工资薪金总额}\times\left[1-\frac{\text{当月境外支付工资薪金数额}}{\text{当月境内外工资薪金总额}}\times\frac{\text{当月工资薪金所属工作期间境外工作天数}}{\text{当月工资薪金所属工作期间公历天数}}\right]$$

2. 无住所居民个人在境内居住累计满 183 天的年度连续满六年的

在境内居住累计满 183 天的年度连续满六年后，不符合实施条例第四条优惠条件的无住所居民个人，其从境内、境外取得的全部工资薪金所得均应计算缴纳个人所得税。

3.2.5.3　无住所个人为高管人员的

无住所居民个人为高管人员的，工资薪金收入额按照居民个人规定计算纳税。非居民个人为高管人员的，按照以下规定处理(税收协定另有规定的，可以按照税收协定的规定办理)：

1. 高管人员在境内居住时间累计不超过 90 天的

在一个纳税年度内，在境内累计居住不超过 90 天的高管人员，其取得由境内雇主支付或者负担的工资薪金所得应当计算缴纳个人所得税；不是由境内雇主支付或者负担的工资薪金所得，不缴纳个人所得税。当月工资薪金收入额为当月境内支付或者负担的工资薪金收入额。

2. 高管人员在境内居住时间累计超过 90 天不满 183 天的

在一个纳税年度内，在境内居住累计超过 90 天但不满 183 天的高管人员，其取得的工资薪金所得，除归属于境外工作期间且不是由境内雇主支付或者负担的部分外，应当计算缴纳个人所得税。当月工资薪金收入额计算适用上述公式三。

3.2.5.4　无住所个人税款计算

1. 无住所居民个人税款计算的规定

无住所居民个人取得综合所得，年度终了后，应按年计算个人所得税；有扣缴义务人的，由扣缴义务人按月或者按次预扣预缴税款；需要办理汇算清缴的，按照规定办理汇算清缴，年度综合所得应纳税额计算公式如下(公式四)：

$$\text{年度综合所得应纳税额}=\left(\text{年度工资薪金收入额}+\text{年度劳务报酬收入额}+\text{年度稿酬收入额}+\text{年度特许权使用费收入额}-\text{减除费用}-\text{专项扣除}-\text{专项附加扣除}-\text{依法确定的其他扣除}\right)\times\text{适用税率}-\text{速算扣除数}$$

无住所居民个人为外籍个人的，2022 年 1 月 1 日前计算工资薪金收入额时，已经按规定减除住房补贴、子女教育费、语言训练费等八项津补贴的，不能同时享受专项附加扣除。

年度工资薪金、劳务报酬、稿酬、特许权使用费收入额分别按年度内每月工资薪金以及每次劳务报酬、稿酬、特许权使用费收入额合计数额计算。

2. 非居民个人税款计算的规定

(1) 非居民个人当月取得工资薪金所得，以按照境内居住时间计算的当月收入额，减去税法规定的减除费用后的余额，为应纳税所得额，适用按月换算后的综合所得税率表计算应纳税额。

(2) 非居民个人一个月内取得数月奖金，单独按照境内居住时间计算当月收入额，不与当月其他工资薪金合并，按6个月分摊计税，不减除费用，适用月度税率表计算应纳税额，在一个公历年度内，对每一个非居民个人，该计税办法只允许适用一次。计算公式如下(公式五)：

$$当月数月奖金应纳税额=[(数月奖金收入额\div 6)\times 适用税率-速算扣除数]\times 6$$

(3) 非居民个人一个月内取得股权激励所得，单独按照境内居住时间计算当月收入额，不与当月其他工资薪金合并，按6个月分摊计税(一个公历年度内的股权激励所得应合并计算)，不减除费用，适应月度税率表计算应纳税额，计算公式如下(公式六)：

$$\begin{matrix}当月股权激励\\所得应纳税额\end{matrix}=\left[\left(\begin{matrix}本公历年度内股权\\激励所得合计额\end{matrix}\div 6\right)\times \begin{matrix}适用\\税率\end{matrix}-\begin{matrix}速算\\扣除数\end{matrix}\right]\times 6-\begin{matrix}本公历年度内股权\\激励所得已纳税额\end{matrix}$$

(4) 非居民个人取得来源于境内的劳务报酬所得、稿酬所得、特许权使用费所得，以税法规定的每次收入额为应纳税所得额，适用月度税率表计算应纳税额。

3. 无住所个人适用税收协定

按照我国政府签订的避免双重征税协定、内地与香港、澳门签订的避免双重征税安排(以下称税收协定)居民条款规定为缔约对方税收居民的个人(以下称对方税收居民个人)，可以按照税收协定及财政部、税务总局有关规定享受税收协定待遇，也可以选择不享受税收协定待遇计算纳税。除税收协定及财政部、税务总局另有规定外，无住所个人适用税收协定的，按照以下规定执行：

(1) 无住所个人适用受雇所得条款的规定。无住所个人为对方税收居民个人，其取得的工资薪金所得可享受境外受雇所得协定待遇的，可不缴纳个人所得税。工资薪金收入额计算适用上述公式二。无住所居民个人为对方税收居民个人的，可在预扣预缴和汇算清缴时按前款规定享受协定待遇；非居民个人为对方税收居民个人的，可在取得所得时按前款规定享受协定待遇。

无住所个人为对方税收居民个人，其取得的工资薪金所得可享受境内受雇所得协定待遇的，可不缴纳个人所得税。工资薪金收入额计算适用上述公式一。无住所居民个人为对方税收居民个人的，可在预扣预缴和汇算清缴时按前款规定享受协定待遇；非居民个人为对方税收居民个人的，可在取得所得时按前款规定享受协定待遇。

(2) 无住所个人适用独立个人劳务或者营业利润条款的规定。无住所居民个人为对方税收居民个人，其取得的劳务报酬所得、稿酬所得可享受独立个人劳务或者营业利润协定待遇的，在预扣预缴和汇算清缴时，可不缴纳个人所得税。

非居民个人为对方税收居民个人，其取得的劳务报酬所得、稿酬所得可享受独立个人劳务或者营业利润协定待遇的，在取得所得时可不缴纳个人所得税。

(3) 无住所个人适用董事费条款的规定。对方税收居民个人为高管人员，该个人适用的税收协定未纳入董事费条款，或者虽然纳入董事费条款但该个人不适用董事费条款，且该个人取得的高管人员报酬可享受税收协定受雇所得、独立个人劳务或者营业利润条款规定待遇的，该个人取得的高管人员报酬分别按照适用受雇所得条款、独立个人劳务或者营业利润条款的规定执行。

对方税收居民个人为高管人员，该个人取得的高管人员报酬按照税收协定董事费条款规定可以在境内征收个人所得税的，应按照有关工资薪金所得或者劳务报酬所得规定缴纳个人所得税。

(4) 无住所个人适用特许权使用费或者技术服务费条款的规定。无住所居民个人为对方税收居民个人，其取得的特许权使用费所得、稿酬所得或者劳务报酬所得可享受特许权使用费或者技术服务费协定待遇的，可不纳入综合所得，在取得当月按照税收协定规定的计税所得额和征税比例计算应纳税额，并预扣预缴税款。年度汇算清缴时，该个人取得的已享受特许权使用费或者技术服务费协定待遇的所得不纳入年度综合所得，单独按照税收协定规定的计税所得额和征税比例计算年度应纳税额及补退税额。

非居民个人为对方税收居民个人，其取得的特许权使用费所得、稿酬所得或者劳务报酬所得可享受特许权使用费或者技术服务费协定待遇的，可按照税收协定规定的计税所得额和征税比例计算应纳税额。

3.2.6　公益捐赠扣除计算

个人通过中华人民共和国境内公益性社会组织、县级以上人民政府及其部门等国家机关，向教育、扶贫、济困等公益慈善事业的捐赠，发生的公益捐赠支出，可以按照个人所得税法有关规定在计算应纳税所得额时扣除。

境内公益性社会组织，包括依法设立或登记并按规定条件和程序取得公益性捐赠税前扣除资格的慈善组织、其他社会组织和群众团体。

3.2.6.1　捐赠金额确定

个人发生的公益捐赠支出金额，按照以下规定确定：

(1) 捐赠货币性资产的，按照实际捐赠金额确定。

(2) 捐赠股权、房产的，按照个人持有股权、房产的财产原值确定。

(3) 捐赠除股权、房产以外的其他非货币性资产的，按照非货币性资产的市场价格确定。

3.2.6.2　居民个人公益捐赠的扣除

(1) 居民个人发生的公益捐赠支出可以在财产租赁所得、财产转让所得、利息股息红利所得、偶然所得等分类所得、综合所得或者经营所得中扣除。在当期一个所得项目扣除不完的公益捐赠支出，可以按规定在其他所得项目中继续扣除。

(2) 居民个人发生的公益捐赠支出,在综合所得、经营所得中扣除的,扣除限额分别为当年综合所得、当年经营所得应纳税所得额的百分之三十;在分类所得中扣除的,扣除限额为当月分类所得应纳税所得额的百分之三十。

(3) 居民个人根据各项所得的收入、公益捐赠支出、适用税率等情况,自行决定在综合所得、分类所得、经营所得中扣除的公益捐赠支出的顺序。

(4) 居民个人在综合所得中扣除公益捐赠支出的,应按照以下规定处理:

① 居民个人取得工资薪金所得的,可以选择在预扣预缴时扣除,也可以选择在年度汇算清缴时扣除。居民个人选择在预扣预缴时扣除的,应按照累计预扣法计算扣除限额,其捐赠当月的扣除限额为截止当月累计应纳税所得额的百分之三十(全额扣除的从其规定)。个人从两处以上取得工资薪金所得,选择其中一处扣除,选择后当年不得变更。

② 居民个人取得劳务报酬所得、稿酬所得、特许权使用费所得的,预扣预缴时不扣除公益捐赠支出,统一在汇算清缴时扣除。

③ 居民个人取得全年一次性奖金、股权激励等所得,且按规定采取不并入综合所得而单独计税方式处理的,公益捐赠支出扣除比照分类所得的扣除规定处理。

(5) 居民个人发生的公益捐赠支出,可在捐赠当月取得的分类所得中扣除。当月分类所得应扣除未扣除的公益捐赠支出,可以按照以下规定追补扣除:

① 扣缴义务人已经代扣但尚未解缴税款的,居民个人可以向扣缴义务人提出追补扣除申请,退还已扣税款。

② 扣缴义务人已经代扣且解缴税款的,居民个人可以在公益捐赠之日起 90 日内提请扣缴义务人向征收税款的税务机关办理更正申报追补扣除,税务机关和扣缴义务人应当予以办理。

③ 居民个人自行申报纳税的,可以在公益捐赠之日起 90 日内向主管税务机关办理更正申报追补扣除。

居民个人捐赠当月有多项多次分类所得的,应先在其中一项一次分类所得中扣除。已经在分类所得中扣除的公益捐赠支出,不再调整到其他所得中扣除。

(6) 在经营所得中扣除公益捐赠支出,应按以下规定处理:

① 个体工商户发生的公益捐赠支出,在其经营所得中扣除。

② 个人独资企业、合伙企业发生的公益捐赠支出,其个人投资者应当按照捐赠年度合伙企业的分配比例(个人独资企业分配比例为百分之百),计算归属于每一个人投资者的公益捐赠支出,个人投资者应将其归属的个人独资企业、合伙企业公益捐赠支出和本人需要在经营所得扣除的其他公益捐赠支出合并,在其经营所得中扣除。

③ 在经营所得中扣除公益捐赠支出的,可以选择在预缴税款时扣除,也可以选择在汇算清缴时扣除。

④ 经营所得采取核定征收方式的，不扣除公益捐赠支出。

3.2.6.3　非居民个人公益捐赠的扣除

非居民个人发生的公益捐赠支出，未超过其在公益捐赠支出发生的当月应纳税所得额百分之三十的部分，可以从其应纳税所得额中扣除。扣除不完的公益捐赠支出，可以在经营所得中继续扣除。

非居民个人按规定可以在应纳税所得额中扣除公益捐赠支出而未实际扣除的，可按照上述规定追补扣除。

3.2.6.4　公益捐赠的全额扣除

国务院规定对公益捐赠全额税前扣除的，按照规定执行。个人同时发生按百分之三十扣除和全额扣除的公益捐赠支出，自行选择扣除次序。

可全额扣除的公益捐赠有：

1. 向农村义务教育和教育事业的捐赠

《关于纳税人向农村义务教育捐赠有关所得税政策的通知》(财税〔2001〕103号)规定，个人通过非营利的社会团体和国家机关向农村义务教育的捐赠，准予在缴纳个人所得税前的所得额中全额扣除。农村义务教育的范围，是指政府和社会力量举办的农村乡镇(不含县和县级市政府所在地的镇)、村的小学和初中以及属于这一阶段的特殊教育学校，包括纳税人对农村义务教育与高中在一起的学校的捐赠。

《关于教育税收政策的通知》(财税〔2004〕第39号)规定，纳税人通过中国境内非营利的社会团体、国家机关向教育事业的捐赠，准予在个人所得税前全额扣除。

2. 对中国教育发展基金会的捐赠

《关于中国教育发展基金会捐赠所得税政策问题的通知》(财税〔2006〕68号)规定，对个人通过中国教育发展基金会用于公益救济性捐赠，准予在缴纳个人所得税前全额扣除。

3. 对公益性青少年活动场所的捐赠

《关于对青少年活动场所、电子游戏厅有关所得税和营业税政策问题的通知》(财税〔2000〕21号)规定，对个人通过非营利性的社会团体和国家机关对公益性青少年活动场所(其中包括新建)的捐赠，在缴纳个人所得税前准予全额扣除。公益性青少年活动场所，是指专门为青少年学生提供科技、文化、德育、爱国主义教育、体育活动的青少年宫、青少年活动中心等校外活动的公益性场所。

4. 对老年服务机构的捐赠

《关于对老年服务机构有关税收政策问题的通知》(财税〔2000〕97号)规定，对个人通过非营利性的社会团体和政府部门向福利性、非营利性的老年服务机构的捐赠，在缴纳个人所得税前准予全额扣除。老年服务机构，是指专门为老年人提供生活照料、文化、护理、健身等多方面服务的福利性、非营利性的机构，主要包括：老年社会福利院、敬老院（养老院）、老年服务中心、老年公寓（含老年护理院、康复中心、托老所）等。

5. 向宋庆龄基金会等6家单位的捐赠

《关于向宋庆龄基金会等6家单位捐赠所得税政策问题的通知》（财税〔2004〕172号）规定，对个人通过宋庆龄基金会、中国福利会、中国残疾人福利基金会、中国扶贫基金会、中国煤矿尘肺病治疗基金会、中华环境保护基金会用于公益救济性的捐赠，准予在缴纳个人所得税前全额扣除。

6. 对中国医药卫生事业发展基金会的捐赠

《关于中国医药卫生事业发展基金会捐赠所得税政策问题的通知》（财税〔2006〕67号）规定，对个人通过中国医药卫生事业发展基金会用于公益救济性捐赠，准予在缴纳个人所得税前全额扣除。

7. 向红十字事业捐赠

《关于企业等社会力量向红十字事业捐赠有关所得税政策问题的通知》（财税〔2000〕30号）规定，个人通过非营利性的社会团体和国家机关（包括中国红十字会）向红十字事业的捐赠，在计算缴纳个人所得税时准予全额扣除。

8. 对中国老龄事业发展基金会等8家单位的捐赠

《关于中国老龄事业发展基金会等8家单位捐赠所得税政策问题的通知》（财税〔2006〕66号）规定，对个人通过中国老龄事业发展基金会、中国华文教育基金会、中国绿化基金会、中国妇女发展基金会、中国关心下一代健康体育基金会、中国生物多样性保护基金会、中国儿童少年基金会和中国光彩事业基金会用于公益救济性捐赠，准予在缴纳个人所得税前全额扣除。

9. 对中华快车基金会等5家单位的捐赠

《关于向中华健康快车基金会等5家单位的捐赠所得税税前扣除问题的通知》（财税〔2003〕204号）规定，对个人向中华健康快车基金会和孙冶方经济科学基金会、中华慈善总会、中国法律援助基金会和中华见义勇为基金会的捐赠，准予在缴纳个人所得税前全额扣除。

10. 对北京2022年冬奥会和冬残奥会的捐赠

《关于北京2022年冬奥会和冬残奥会税收政策的通知》（财税〔2017〕60号）规定，个人捐赠北京2022年冬奥会、冬残奥会、测试赛的资金和物资支出可在计算个人应纳税所得额时予以全额扣除。

11. 对支持新型冠状病毒感染的肺炎疫情防控有关捐赠

《关于支持新型冠状病毒感染的肺炎疫情防控有关捐赠税收政策的公告》（财政部税务总局公告2020年第9号）规定，个人通过公益性社会组织或者县级以上人民政府及其部门等国家机关，捐赠用于应对新型冠状病毒感染的肺炎疫情的现金和物品，允许在计算应纳税所得额时全额扣除。个人直接向承担疫情防治任务的医院捐赠用于应对新型冠状病毒感染的肺炎疫情的物品，允许在计算应纳税所得额时全额扣除。

3.2.6.5 公益捐赠的扣除票据

公益性社会组织、国家机关在接受个人捐赠时，应当按照规定开具捐赠票据；个人索取捐赠票据的，应予以开具。

个人发生公益捐赠时不能及时取得捐赠票据的，可以暂时凭公益捐赠银行支付凭证扣除，并向扣缴义务人提供公益捐赠银行支付凭证复印件。个人应在捐赠之日起 90 日内向扣缴义务人补充提供捐赠票据，如果个人未按规定提供捐赠票据的，扣缴义务人应在 30 日内向主管税务机关报告。

机关、企事业单位统一组织员工开展公益捐赠的，纳税人可以凭汇总开具的捐赠票据和员工明细单扣除。

个人通过扣缴义务人享受公益捐赠扣除政策，应当告知扣缴义务人符合条件可扣除的公益捐赠支出金额，并提供捐赠票据的复印件，其中捐赠股权、房产的还应出示财产原值证明。扣缴义务人应当按照规定在预扣预缴、代扣代缴税款时予扣除，并将公益捐赠扣除金额告知纳税人。

个人直接向承担疫情防治任务的医院捐赠用于应对新型冠状病毒感染的肺炎疫情的物品，捐赠人凭承担疫情防治任务的医院开具的捐赠接收函办理税前扣除事宜。

3.2.6.6 公益性捐赠扣除的申报

个人自行办理或扣缴义务人为个人办理公益捐赠扣除的，应当在申报时一并报送《个人所得税公益慈善事业捐赠扣除明细表》。个人应留存捐赠票据，留存期限为五年。

3.2.7 税收优惠

3.2.7.1 法定优惠

1. 免征

下列各项个人所得，免征个人所得税：

(1) 省级人民政府、国务院部委和中国人民解放军军以上单位，以及外国组织、国际组织颁发的科学、教育、技术、文化、卫生、体育、环境保护等方面的奖金。

(2) 国债和国家发行的金融债券利息。

(3) 按照国家统一规定发给的补贴、津贴。

(4) 福利费、抚恤金、救济金。

(5) 保险赔款。

(6) 军人的转业费、复员费、退役金。

(7) 按照国家统一规定发给干部、职工的安家费、退职费、基本养老金或者退休费、离

休费、离休生活补助费。

(8) 依照有关法律规定应予免税的各国驻华使馆、领事馆的外交代表、领事官员和其他人员的所得。

(9) 中国政府参加的国际公约、签订的协议中规定免税的所得。

(10) 国务院规定的其他免税所得。

前款第十项免税规定，由国务院报全国人民代表大会常务委员会备案。

2. 减征

有下列情形之一的，可以减征个人所得税，具体幅度和期限，由省、自治区、直辖市人民政府规定，并报同级人民代表大会常务委员会备案：

(1) 残疾、孤老人员和烈属的所得。

(2) 因自然灾害遭受重大损失的。

国务院可以规定其他减税情形，报全国人民代表大会常务委员会备案。

3.2.7.2 优惠衔接

1. 全年一次性奖金

居民个人取得全年一次性奖金，符合《国家税务总局关于调整个人取得全年一次性奖金等计算征收个人所得税方法问题的通知》(国税发〔2005〕9号)规定的，在2021年12月31日前，不并入当年综合所得，以全年一次性奖金收入除以12个月得到的数额，按照按月换算后的综合所得税率表，确定适用税率和速算扣除数，单独计算纳税。计算公式为：

$$应纳税额 = 全年一次性奖金收入 \times 适用税率 - 速算扣除数$$

居民个人取得全年一次性奖金，也可以选择并入当年综合所得计算纳税。

自2022年1月1日起，居民个人取得全年一次性奖金，应并入当年综合所得计算缴纳个人所得税。

中央企业负责人取得年度绩效薪金延期兑现收入和任期奖励，符合《国家税务总局关于中央企业负责人年度绩效薪金延期兑现收入和任期奖励征收个人所得税问题的通知》(国税发〔2007〕118号)规定的，在2021年12月31日前，参照全年一次性资金政策执行；2022年1月1日之后的政策另行明确。

2. 上市公司股权激励

居民个人取得股票期权、股票增值权、限制性股票、股权奖励等股权激励(以下简称股权激励)，符合规定的相关条件的，在2021年12月31日前，不并入当年综合所得，全额单独适用综合所得税率表，计算纳税。计算公式为：

$$应纳税额 = 股权激励收入 \times 适用税率 - 速算扣除数$$

居民个人一个纳税年度内取得两次以上(含两次)股权激励的，应合并后不并入当年综合所得，全额单独适用综合所得税率表，计算纳税。

2022 年 1 月 1 日之后的股权激励政策另行明确。

3. 保险营销员、证券经纪人佣金收入

保险营销员、证券经纪人取得的佣金收入，属于劳务报酬所得，以不含增值税的收入减除 20%的费用后的余额为收入额，收入额减去展业成本以及附加税费后，并入当年综合所得，计算缴纳个人所得税。保险营销员、证券经纪人展业成本按照收入额的 25%计算。

扣缴义务人向保险营销员、证券经纪人支付佣金收入时，应按照《个人所得税扣缴申报管理办法(试行)》(国家税务总局公告 2018 年第 61 号)规定的累计预扣法计算预扣税款。

4. 个人领取企业年金、职业年金

个人达到国家规定的退休年龄，领取的企业年金、职业年金，符合《财政部 人力资源社会保障部 国家税务总局关于企业年金 职业年金个人所得税有关问题的通知》(财税〔2013〕103 号)规定的，不并入综合所得，全额单独计算应纳税款。其中按月领取的，适用月度税率表计算纳税；按季领取的，平均分摊计入各月，按每月领取额适用月度税率表计算纳税；按年领取的，适用综合所得税率表计算纳税。

个人因出境定居而一次性领取的年金个人账户资金，或个人死亡后，其指定的受益人或法定继承人一次性领取的年金个人账户余额，适用综合所得税率表计算纳税。对个人除上述特殊原因外一次性领取年金个人账户资金或余额的，适用月度税率表计算纳税。

5. 解除劳动关系、提前退休、内部退养的一次性补偿收入

(1) 个人与用人单位解除劳动关系取得一次性补偿收入(包括用人单位发放的经济补偿金、生活补助费和其他补助费)，在当地上年职工平均工资 3 倍数额以内的部分，免征个人所得税；超过 3 倍数额的部分，不并入当年综合所得，单独适用综合所得税率表，计算纳税。

(2) 个人办理提前退休手续而取得的一次性补贴收入，应按照办理提前退休手续至法定离退休年龄之间实际年度数平均分摊，确定适用税率和速算扣除数，单独适用综合所得税率表，计算纳税。计算公式：

$$\text{应纳税额}=\left\{\left[\left(\text{一次性补贴收入}\div\text{办理提前退休手续至法定退休年龄的实际年度数}\right)-\text{费用扣除标准}\right]\times\text{适用税率}-\text{速算扣除数}\right\}\times\text{办理提前退休手续至法定退休年龄的实际年度数}$$

(3) 个人办理内部退养手续而取得的一次性补贴收入，按照《国家税务总局关于个人所得税有关政策问题的通知》(国税发〔1999〕58 号)规定计算纳税。

6. 单位低价向职工售房

单位按低于购置或建造成本价格出售住房给职工，职工因此而少支出的差价部分，符合规定的，不并入当年综合所得，以差价收入除以12个月得到的数额，按照月度税率表确定适用税率和速算扣除数，单独计算纳税。计算公式为：

$$\text{应纳税额}=\text{职工实际支付的购房价款低于该房屋的购置或建造成本价格的差额}\times\text{适用税率}-\text{速算扣除数}$$

7.外籍个人有关津补贴

2019年1月1日至2021年12月31日期间，外籍个人符合居民个人条件的，可以选择享受个人所得税专项附加扣除，也可以选择按照《关于个人所得税若干政策问题的通知》(财税〔1994〕20号)、《关于外籍个人取得有关补贴征免个人所得税执行问题的通知》(国税发〔1997〕54号)和《关于外籍个人取得港澳地区住房等补贴征免个人所得税的通知》(财税〔2004〕29号)规定，享受住房补贴、语言训练费、子女教育费等津补贴免税优惠政策，但不得同时享受。外籍个人一经选择，在一个纳税年度内不得变更。

自2022年1月1日起，外籍个人不再享受住房补贴、语言训练费、子女教育费津补贴免税优惠政策，应按规定享受专项附加扣除。

8.科技成果转化现金奖励

自2018年7月1日起，依法批准设立的非营利性研究开发机构和高等学校，根据《促进科技成果转化法》规定，从职务科技成果转化收入中给予科技人员的现金奖励，可减按50%计入科技人员当月“工资、薪金所得”，依法缴纳个人所得税。

9.远洋船员在船航行减计

自2019年1月1日起至2023年12月31日止，一个纳税年度内在船航行时间累计满183天的远洋船员，其取得的工资薪金收入减按50%计入应纳税所得额，依法缴纳个人所得税。

远洋船员是指在海事管理部门依法登记注册的国际航行船舶船员和在渔业管理部门依法登记注册的远洋渔业船员。在船航行时间是指远洋船员在国际航行或作业船舶和远洋渔业船舶上的工作天数。一个纳税年度内的在船航行时间为一个纳税年度内在船航行时间的累计天数。

远洋船员个人所得税优惠，可选择在当年预扣预缴税款时享受，也可以选择在次年个人所得税汇算清缴时享受。

海事管理部门、渔业管理部门同税务部门建立信息共享机制，定期交换远洋船员身份认定、在船航行时间等有关涉税信息。

10.继续执行沪港通、深港通个人所得税政策

自2019年12月5日起至2022年12月31日止，对内地个人投资者通过沪港通、深港通投资香港联交所上市股票取得的转让差价所得和通过基金互认买卖香港基金份额

取得的转让差价所得，自2019年12月5日起至2022年12月31日止，继续暂免征收个人所得税。

11. 创新企业CDR

自试点开始之日起，对个人投资者转让创新企业CDR取得的差价所得，三年（36个月，下同）内暂免征收个人所得税。自试点开始之日起，对个人投资者持有创新企业CDR取得的股息红利所得，三年内实施股息红利差别化个人所得税政策，具体参照《关于实施上市公司股息红利差别化个人所得税政策有关问题的通知》（财税〔2012〕85号）、《关于上市公司股息红利差别化个人所得税政策有关问题的通知》（财税〔2015〕101号）的相关规定执行，由创新企业在其境内的存托机构代扣代缴税款，并向存托机构所在地税务机关办理全员全额明细申报。对于个人投资者取得的股息红利在境外已缴纳的税款，可按照个人所得税法以及双边税收协定（安排）的相关规定予以抵免。

创新企业CDR，是指符合《国务院办公厅转发证监会关于开展创新企业境内发行股票或存托凭证试点若干意见的通知》（国办发〔2018〕21号）规定的试点企业，以境外股票为基础证券，由存托人签发并在中国境内发行，代表境外基础证券权益的证券。

试点开始之日，是指首只创新企业CDR取得国务院证券监督管理机构的发行批文之日。

3.2.7.3 继续执行的税收优惠

为贯彻落实修改后的新《个人所得税法》，财政部国家税务总局联合印发《关于继续有效的个人所得税优惠政策目录的》（财政部 国家税务总局公告2018年第177号），将继续有效的个人所得税优惠政策涉及的文件目录予以公布，共涉及的文件88个。

3.2.8 境外抵免

居民个人从中国境外取得的所得，可以从其应纳税额中抵免已在境外缴纳的个人所得税税额，但抵免额不得超过该纳税人境外所得依照本法规定计算的应纳税额。

纳税人境外所得依法计算的应纳税额，是居民个人抵免已在境外缴纳的综合所得、经营所得以及其他所得的所得税税额的限额。除国务院财政、税务主管部门另有规定外，来源于中国境外一个国家（地区）的综合所得抵免限额、经营所得抵免限额以及其他所得抵免限额之和，为来源于该国家（地区）所得的抵免限额。

居民个人在中国境外一个国家（地区）实际已经缴纳的个人所得税税额，低于依照前款规定计算出的来源于该国家（地区）所得的抵免限额的，应当在中国缴纳差额部分的税款；超过来源于该国家（地区）所得的抵免限额的，其超过部分不得在本纳税年度的应纳税额中抵免，但是可以在以后纳税年度来源于该国家（地区）所得的抵免限额的余额中补扣。补扣期限最长不得超过五年。

3.2.8.1 境内境外所得应纳税额的计算

居民个人应当依照个人所得税法及其实施条例规定，按照以下方法计算当期境内和境外所得应纳税额：

（1）居民个人来源于中国境外的综合所得，应当与境内综合所得合并计算应纳税额。

（2）居民个人来源于中国境外的经营所得，应当与境内经营所得合并计算应纳税额。居民个人来源于境外的经营所得，按照个人所得税法及其实施条例的有关规定计算的亏损，不得抵减其境内或他国（地区）的应纳税所得额，但可以用来源于同一国家（地区）以后年度的经营所得按中国税法规定弥补。

（3）居民个人来源于中国境外的利息、股息、红利所得，财产租赁所得，财产转让所得和偶然所得（以下称其他分类所得），不与境内所得合并，应当分别单独计算应纳税额。

3.2.8.2 来源于某国家(地区)抵免限额的计算

居民个人在一个纳税年度内来源于中国境外的所得，依照所得来源国家（地区）税收法律规定在中国境外已缴纳的所得税税额允许在抵免限额内从其该纳税年度应纳税额中抵免。

居民个人来源于一国（地区）的综合所得、经营所得以及其他分类所得项目的应纳税额为其抵免限额，按照下列公式计算：

（1）来源于一国（地区）综合所得的抵免限额＝中国境内和境外综合所得依照规定计算的综合所得应纳税额×来源于该国（地区）的综合所得收入额÷中国境内和境外综合所得收入额合计。

（2）来源于一国（地区）经营所得的抵免限额＝中国境内和境外经营所得依照规定计算的经营所得应纳税额×来源于该国（地区）的经营所得应纳税所得额÷中国境内和境外经营所得应纳税所得额合计。

（3）来源于一国（地区）其他分类所得的抵免限额＝该国（地区）的其他分类所得依照规定计算的应纳税额。

（4）来源于一国（地区）所得的抵免限额＝来源于该国（地区）综合所得抵免限额＋来源于该国（地区）经营所得抵免限额＋来源于该国（地区）其他分类所得抵免限额。

3.2.8.3 可抵免的境外所得税税额

可抵免的境外所得税税额，是指居民个人取得境外所得，依照该所得来源国（地区）税收法律应当缴纳且实际已经缴纳的所得税性质的税额。可抵免的境外所得税额不包括以下情形：

（1）按照境外所得税法律属于错缴或错征的境外所得税税额。

（2）按照我国政府签订的避免双重征税协定以及内地与香港、澳门签订的避免双重征税安排（以下统称税收协定）规定不应征收的境外所得税税额。

（3）因少缴或迟缴境外所得税而追加的利息、滞纳金或罚款。

（4）境外所得税纳税人或者其利害关系人从境外征税主体得到实际返还或补偿的境外所得税税款。

（5）按照我国个人所得税法及其实施条例规定，已经免税的境外所得负担的境外所得税税款。

居民个人从与我国签订税收协定的国家（地区）取得的所得，按照该国（地区）税收法律享受免税或减税待遇，且该免税或减税的数额按照税收协定饶让条款规定应视同已缴税额在中国的应纳税额中抵免的，该免税或减税数额可作为居民个人实际缴纳的境外所得税税额按规定申报税收抵免。

3.2.8.4　境外抵免的申报

居民个人一个纳税年度内来源于一国（地区）的所得实际已经缴纳的所得税税额，低于依照法计算出的来源于该国（地区）该纳税年度所得的抵免限额的，应以实际缴纳税额作为抵免额进行抵免；超过来源于该国（地区）该纳税年度所得的抵免限额的，应在限额内进行抵免，超过部分可以在以后五个纳税年度内结转抵免。

居民个人从中国境外取得所得的，应当在取得所得的次年 3 月 1 日至 6 月 30 日内申报纳税。

居民个人取得境外所得，应当向中国境内任职、受雇单位所在地主管税务机关办理纳税申报；在中国境内没有任职、受雇单位的，向户籍所在地或中国境内经常居住地主管税务机关办理纳税申报；户籍所在地与中国境内经常居住地不一致的，选择其中一地主管税务机关办理纳税申报；在中国境内没有户籍的，向中国境内经常居住地主管税务机关办理纳税申报。

居民个人取得境外所得的境外纳税年度与公历年度不一致的，取得境外所得的境外纳税年度最后一日所在的公历年度，为境外所得对应的我国纳税年度。

居民个人申报境外所得税收抵免时，除另有规定外，应当提供境外征税主体出具的税款所属年度的完税证明、税收缴款书或者纳税记录等纳税凭证，未提供符合要求的纳税凭证，不予抵免。

居民个人已申报境外所得、未进行税收抵免，在以后纳税年度取得纳税凭证并申报境外所得税收抵免的，可以追溯至该境外所得所属纳税年度进行抵免，但追溯年度不得超过五年。自取得该项境外所得的五个年度内，境外征税主体出具的税款所属纳税年度纳税凭证载明的实际缴纳税额发生变化的，按实际缴纳税额重新计算并办理补退税，不加收税收滞纳金，不退还利息。

纳税人确实无法提供纳税凭证的，可同时凭境外所得纳税申报表（或者境外征税主体确认的缴税通知书）以及对应的银行缴款凭证办理境外所得抵免事宜。

3.2.9 个人所得税基本征管制度

3.2.9.1 纳税人识别号

个人所得税以所得人为纳税人，以支付所得的单位或者个人为扣缴义务人。纳税人有中国公民身份号码的，以中国公民身份号码为纳税人识别号；纳税人没有中国公民身份号码的，由税务机关赋予其纳税人识别号。扣缴义务人扣缴税款时，纳税人应当向扣缴义务人提供纳税人识别号。

自然人纳税人识别号，是自然人纳税人办理各类涉税事项的唯一代码标识。自然人纳税人办理纳税申报、税款缴纳、申请退税、开具完税凭证、纳税查询等涉税事项时应当向税务机关或扣缴义务人提供纳税人识别号。

扣缴义务人扣缴税款时，纳税人应当向扣缴义务人提供纳税人识别号。扣缴义务人首次向纳税人支付所得时，应当按照纳税人提供的纳税人识别号等基础信息，填写《个人所得税基础信息表（A 表）》，并于次月扣缴申报时向税务机关报送。纳税人在首次办理涉税事项时，都应当向税务机关或者扣缴义务人出示有效身份证件，并报送相关基础信息。

有效身份证件，是指：

（1）纳税人为中国公民且持有有效《中华人民共和国居民身份证》（以下简称居民身份证）的，为居民身份证。

（2）纳税人为华侨且没有居民身份证的，为有效的《中华人民共和国护照》和华侨身份证明。

（3）纳税人为港澳居民的，为有效的《港澳居民来往内地通行证》或《中华人民共和国港澳居民居住证》。

（4）纳税人为台湾居民的，为有效的《台湾居民来往大陆通行证》或《中华人民共和国台湾居民居住证》。

（5）纳税人为持有有效《中华人民共和国外国人永久居留身份证》（以下简称永久居留证）的外籍个人的，为永久居留证和外国护照；未持有永久居留证但持有有效《中华人民共和国外国人工作许可证》（以下简称工作许可证）的，为工作许可证和外国护照；其他外籍个人，为有效的外国护照。

3.2.9.2 综合治税

公安、人民银行、金融监督管理等相关部门应当协助税务机关确认纳税人的身份、金融账户信息。教育、卫生、医疗保障、民政、人力资源社会保障、住房城乡建设、公安、人民银行、金融监督管理等相关部门应当向税务机关提供纳税人子女教育、继续教育、大病医疗、住房贷款利息、住房租金、赡养老人等专项附加扣除信息。

有关部门和单位有责任和义务向税务部门提供或者协助核实以下与专项附加扣除有关的信息：

（1）公安部门有关户籍人口基本信息、户成员关系信息、出入境证件信息、相关出国人员信息、户籍人口死亡标识等信息。

（2）卫生健康部门有关出生医学证明信息、独生子女信息。

（3）民政部门、外交部门、法院有关婚姻状况信息。

（4）教育部门有关学生学籍信息（包括学历继续教育学生学籍、考籍信息）、在相关部门备案的境外教育机构资质信息；

（5）人力资源社会保障等部门有关技工院校学生学籍信息、技能人员职业资格继续教育信息、专业技术人员职业资格继续教育信息。

（6）住房城乡建设部门有关房屋（含公租房）租赁信息、住房公积金管理机构有关住房公积金贷款还款支出信息。

（7）自然资源部门有关不动产登记信息。

（8）人民银行、金融监督管理部门有关住房商业贷款还款支出信息。

（9）医疗保障部门有关在医疗保障信息系统记录的个人负担的医药费用信息。

（10）国务院税务主管部门确定需要提供的其他涉税信息。

上述数据信息的格式、标准、共享方式，由国务院税务主管部门及各省、自治区、直辖市和计划单列市税务局商有关部门确定。

有关部门和单位拥有专项附加扣除涉税信息，但未按规定要求向税务部门提供的，拥有涉税信息的部门或者单位的主要负责人及相关人员承担相应责任。

税务机关核查专项附加扣除情况时，纳税人任职受雇单位所在地、经常居住地、户籍所在地的公安派出所、居民委员会或者村民委员会等有关单位和个人应当协助核查。

3.2.9.3　纳税信用管理

有关部门依法将纳税人、扣缴义务人遵守个人所得税法的情况纳入信用信息系统，并实施联合激励或者惩戒。

1. 全面实施个人所得税申报信用承诺制

税务部门在个人所得税自行纳税申报表、个人所得税专项附加扣除信息表等表单中设立格式规范、标准统一的信用承诺书，纳税人需对填报信息的真实性、准确性、完整性作出守信承诺。信用承诺的履行情况纳入个人信用记录，提醒和引导纳税人重视自身纳税信用，并视情况予以失信惩戒。

2. 建立健全个人所得税纳税信用记录

税务总局以自然人身份证号码为唯一标识，以个人所得税纳税申报记录、专项附加扣除信息报送记录、违反信用承诺和违法违规行为记录为重点，研究制定自然人纳税信用管理的制度办法，全面建立自然人纳税信用信息采集、记录、查询、应用、修复、安全管理和权益维护机制，依法依规采集和评价自然人纳税信用信息，形成全国自然人纳税信用信息库，并与全国信用信息共享平台建立数据共享机制。

3. 建立自然人失信行为认定机制

对于违反《税收征管法》《个人所得税法》以及其他法律法规和规范性文件，违背诚实信用原则，存在偷税、骗税、骗抵、冒用他人身份信息、恶意举报、虚假申诉等失信行为的当事人，税务部门将其列入重点关注对象，依法依规采取行政性约束和惩戒措施；对于情节严重、达到重大税收违法失信案件标准的，税务部门将其列为严重失信当事人，依法对外公示，并与全国信用信息共享平台共享。

4. 完善守信联合激励和失信联合惩戒机制

（1）对个人所得税守信纳税人提供更多便利和机会。探索将个人所得税守信情况纳入自然人诚信积分体系管理机制。对个人所得税纳税信用记录持续优良的纳税人，相关部门应提供更多服务便利，依法实施绿色通道、容缺受理等激励措施；鼓励行政管理部门在颁发荣誉证书、嘉奖和表彰时将其作为参考因素予以考虑。

（2）对个人所得税严重失信当事人实施联合惩戒。税务部门与有关部门合作，建立个人所得税严重失信当事人联合惩戒机制，对经税务部门依法认定，在个人所得税自行申报、专项附加扣除和享受优惠等过程中存在严重违法失信行为的纳税人和扣缴义务人，向全国信用信息共享平台推送相关信息并建立信用信息数据动态更新机制，依法依规实施联合惩戒。

3.2.9.4 税收前置

个人转让不动产的，税务机关应当根据不动产登记等相关信息核验应缴的个人所得税，登记机构办理转移登记时，应当查验与该不动产转让相关的个人所得税的完税凭证。个人转让股权办理变更登记的，市场主体登记机关应当查验与该股权交易相关的个人所得税的完税凭证。

3.3 社会保险、住房公积金、残疾人就业保障金基础知识

社会保险是指国家通过立法，按照权利与义务相对应原则，多渠道筹集资金，对参保者在遭遇年老、疾病、工伤、失业、生育等风险情况下提供物质帮助（包括现金补贴和服务），使其享有基本生活保障、免除或减少经济损失的制度安排。我国的社会保险主要包括：养老保险，医疗保险，失业保险、工伤保险、生育保险等。

住房公积金是指国家机关、国有企业、城镇集体企业、外商投资企业、城镇私营企业及其他城镇企业、事业单位、民办非企业单位、社会团体及其在职职工缴存的长期住房储金。

残疾人就业保障金是指在实施分散按比例安排残疾人就业的地区，凡安排残疾人达不到省、自治区、直辖市人民政府规定比例的机关、团体、企业事业单位和城乡集体经济组织，根据地方有关法规的规定，按照年度差额人数和上年度本地区职工年平均工资计算交纳用于残疾人就业的专项资金。残疾人就业保障金按属地原则缴纳，中央部门所属单位按照所在地地方法规的有关规定办理。

3.3.1　养老保险

3.3.1.1　养老保险概念

养老保险是指国家和社会根据一定的法律和法规，为解决劳动者在达到国家规定的解除劳动义务的劳动年龄界限，或因年老丧失劳动能力退出劳动岗位后的基本生活而建立的一种社会保险制度，一般包括：基本养老保险及补充养老保险。

3.3.1.2　基本养老保险与补充养老保险概念

1. 基本养老保险

基本养老保险亦称国家基本养老保险，它是按国家统一政策规定强制实施的为保障广大离退休人员基本生活需要的一种养老保险制度。在这一制度下，用人单位和劳动者必须依法缴纳养老保险费，在劳动者达到国家规定的退休年龄或因其他原因而退出劳动岗位后，社会保险经办机构依法向其支付养老金等待遇，从而保障其基本生活。

1991 年 6 月 26 日，国务院发布了《关于企业职工养老保险制度改革的决定》(国发〔1991〕33 号)，提出："随着经济的发展，逐步建立起基本养老保险与企业补充养老保险和职工个人储蓄性养老保险相结合的制度"。

社会统筹与个人账户相结合的基本养老保险制度是我国在世界上首创的一种新型的基本养老保险制度。这个制度在基本养老保险基金的筹集上采用传统型的基本养老保险费用的筹集模式，即由国家、单位和个人共同负担；基本养老保险基金实行社会互济；在基本养老金的计发上采用结构式的计发办法，强调个人账户养老金的激励因素和劳动贡献差别。因此，该制度既吸收了传统型的养老保险制度的优点，又借鉴了个人账户模式的长处；既体现了传统意义上的社会保险的社会互济、分散风险、保障性强的特点，又强调了职工的自我保障意识和激励机制。

2. 补充养老保险

企业补充养老保险是企业在国家统一制定的基本养老保险之外，根据自身的经济实力，在履行了缴纳基本养老保险费义务之后，专门为本企业职工建立的附加保险。

1995 年 3 月 17 日，国务院发布了《关于深化企业职工养老保险制度改革的通知》(国发〔1995〕6 号)，明确了补充养老保险性质和经办方式，推动补充养老保险制度进入实践阶段。

3.3.1.3 基本养老保险缴纳

1. **基本养老保险缴纳义务人**

职工应当参加基本养老保险,由用人单位和职工共同缴纳基本养老保险费。用人单位应当按照国家规定的本单位职工工资总额的比例缴纳基本养老保险费,记入基本养老保险统筹基金。职工应当按照国家规定的本人工资的比例缴纳基本养老保险费,记入个人账户。

无雇工的个体工商户、未在用人单位参加基本养老保险的非全日制从业人员以及其他灵活就业人员参加基本养老保险的,应当按照国家规定缴纳基本养老保险费,分别记入基本养老保险统筹基金和个人账户。

2. **基本养老保险缴费数额计算**

基本养老保险缴费数额计算公式为:

企业缴费额 = 核定的企业职工工资总额×企业养老保险缴费比例

职工个人缴费额 = 核定缴费基数×个人养老保险缴费比例

基本养老保险费的征缴范围、费基、费率见表 3-8(费率因统筹地区不同而有所区别)(扫码见详解)。

表 3-8

3.3.1.4 基本养老保险领取

参加基本养老保险的个人,达到法定退休年龄时累计缴费满十五年的,按月领取基本养老金。

参加基本养老保险的个人,达到法定退休年龄时累计缴费不足十五年的,可以缴费至满十五年,按月领取基本养老金;也可以转入新型农村社会养老保险或者城镇居民社会养老保险,按照国务院规定享受相应的养老保险待遇。

参加基本养老保险的个人,因病或者非因工死亡的,其遗属可以领取丧葬补助金和抚恤金;在未达到法定退休年龄时因病或者非因工致残完全丧失劳动能力的,可以领取病残津贴。所需资金从基本养老保险基金中支付。

基本养老金计发办法:

1997 年 7 月 16 日,国务院发布了《关于建立统一的企业职工基本养老保险制度的决定》(国发〔1997〕26 号),实施后参加工作、缴费年限(含视同缴费年限,下同)累计满 15 年的人员,退休后按月发给基本养老金。基本养老金由基础养老金和个人账户养老金组成。退休时的基础养老金月标准以当地上年度在岗职工月平均工资和本人指数化月平均缴费工资的平均值为基数，缴费每满1年发给1%。个人账户养老金月标准为个人账户储存额除以计发月数，计发月数根据职工退休时城镇人口平均预期寿命、本人退休年龄、利息等因素确定。

在国发〔1997〕26号文件实施前参加工作，在国务院发布的《关于完善企业职工基本养老保险制度的决定》(国发〔2005〕38号)实施(2005年12月3日)后退休且缴费年限累计满15年的人员，在发给基础养老金和个人账户养老金的基础上，再发给过渡性养老金。各省、自治区、直辖市人民政府要按照待遇水平合理衔接、新老政策平稳过渡的原则，在认真测算的基础上，制定具体的过渡办法，并报劳动保障部、财政部备案。

3.3.2　医疗保险

3.3.2.1　医疗保险概念

医疗保险是指当劳动者生病或受到伤害后，由国家或社会给予的一种物质帮助，即提供医疗服务或经济补偿的一种社会保障制度，包括基本医疗保险及补充医疗保险。

与其他社会保险相比，医疗保险有其特殊性。首先，在保障形式上，它不同于养老保险的收入保障，而属于支出保障。其次，由于疾病风险的随机性和差异性，每个人所遇到的风险有很大不同，不一定人人都需要获得这种支出保障，需要获得保障时其需要的程度也有很大差异。医疗保险的责任是保障职工因伤病造成的危及生命和生存的大的医疗风险，没有必要将受保人在经济上完全能够承受的一般医疗全部都“保”下来。另外，从保险费性质上来看，医疗保险费是劳动力的维修费用，是排除劳动力再生产障碍的费用。因此，医疗保险费应包含在必要劳动创造的价值之中，是工资收入的一个组成部分，企业缴纳的医疗保险费应计入产品和劳务的成本，作为必要劳动价值的扣除。

3.3.2.2　基本医疗保险与补充医疗保险概念

1. 基本医疗保险

基本医疗保险是为补偿劳动者因疾病风险造成的经济损失而建立的一项社会保险制度。通过用人单位和个人缴费，建立医疗保险基金，参保人员患病就诊发生医疗费用后，由医疗保险经办机构给予一定的经济补偿，以避免或减轻劳动者因患病、治疗等所带来的经济风险。

基本医疗保险制度具有广泛性、共济性、强制性的特点。

1998年12月14日，国务院发布了《关于建立城镇职工基本医疗保险制度的决定》(国发〔1998〕44号)，要求在全国范围内建立以城镇职工基本医疗保险制度为核心的多层次的医疗保障体系。明确了城镇所有用人单位及其职工都要参加基本医疗保险，实行属地管理；基本医疗保险费用由用人单位和职工双方共同负担；基本医疗保险基金实行社会统筹和个人账户相结合。

2. 补充医疗保险

补充医疗保险是相对于基本医疗保险而言的，包括企业补充医疗保险、商业医疗保险、社会互助和社区医疗保险等多种形式，是基本医疗保险的有力补充，也是多层次医疗保障体系的重要组成部分。

与基本医疗保险不同，补充医疗保险不是通过国家立法强制实施的，而是由用人单位和个人自愿参加的。是在单位和职工参加统一的基本医疗保险后，由单位或个人根据需求和可能原则，适当增加医疗保险项目，来提高保险保障水平的一种补充性保险。

3.3.2.3 基本医疗保险缴纳

1. 基本医疗保险缴纳义务人

职工应当参加职工基本医疗保险，由用人单位和职工按照国家规定共同缴纳基本医疗保险费。

无雇工的个体工商户、未在用人单位参加职工基本医疗保险的非全日制从业人员以及其他灵活就业人员可以参加职工基本医疗保险，由个人按照国家规定缴纳基本医疗保险费。

2. 基本医疗保险缴费数额计算

基本医疗保险缴费数额计算公式为：

企业缴费额 = 核定的企业职工工资总额 × 企业医疗保险缴费比例

职工个人缴费额 = 核定缴费基数 × 个人医疗保险缴费比例

城镇居民基本医疗保险实行个人缴费和政府补贴相结合。享受最低生活保障的人、丧失劳动能力的残疾人、低收入家庭、六十周岁以上的老年人和未成年人等所需个人缴费部分，由政府给予补贴。

参加职工基本医疗保险的个人，达到法定退休年龄时累计缴费达到国家规定年限的，退休后不再缴纳基本医疗保险费，按照国家规定享受基本医疗保险待遇；未达到国家规定年限的，可以缴费至国家规定年限。

基本医疗保险的征缴范围、费基、费率见表 3-9（费率因统筹地区不同而有所区别）（扫码见详解）。

表 3-9

3.3.2.4 基本医疗保险支付

符合基本医疗保险药品目录、诊疗项目、医疗服务设施标准以及急诊、抢救的医疗费用，按照国家规定从基本医疗保险基金中支付。参保人员医疗费用中应当由基本医疗保险基金支付的部分，由社会保险经办机构与医疗机构、药品经营单位直接结算。

3.3.3　失业保险

3.3.3.1　失业保险概念

失业社会保险，简称失业保险，是对劳动年龄内有就业能力并有就业愿望的人，由于非本人意愿而失去工作，无法获得维持生活所必需的工资收入，在一定时间内由国家和社会为其提供基本生活保障的社会保险制度。失业保险是由国家法律确定的一种社会保险制度，其目的是通过建立社会保险基金的办法，使职工在失业期间获得必要的经济帮助，保证其基本生活，并通过专业训练、职业介绍等手段为他们重新就业创造条件。

3.3.3.2　失业保险缴纳

1. 失业保险缴纳义务人

职工应当参加失业保险，由用人单位和职工按照国家规定共同缴纳失业保险费。

2. 失业保险缴费数额计算

失业保险缴费数额计算公式为：

企业缴费额 = 核定的企业职工工资总额 × 企业失业保险缴费比例

职工个人缴费额 = 核定缴费基数 × 个人失业保险缴费比例

城镇企业事业单位招用的农民合同制工人本人不缴纳失业保险费。

失业保险费的征缴范围、费基、费率见表 3-10（费率因统筹地区不同而有所区别）（扫码见详解）。

表 3-10

3.3.3.3　失业保险领取

失业人员符合下列条件的，从失业保险基金中领取失业保险金：

（1）失业前用人单位和本人已经缴纳失业保险费满一年的。

（2）非因本人意愿中断就业的。

（3）已经进行失业登记，并有求职要求的。

用人单位应当及时为失业人员出具终止或者解除劳动关系的证明，并将失业人员的名单自终止或者解除劳动关系之日起十五日内告知社会保险经办机构。

失业人员应当持本单位为其出具的终止或者解除劳动关系的证明，及时到指定的公共就业服务机构办理失业登记。

失业人员凭失业登记证明和个人身份证明，到社会保险经办机构办理领取失业保险金的手续。失业保险金领取期限自办理失业登记之日起计算。

失业人员失业前用人单位和本人累计缴费满一年不足五年的，领取失业保险金的期限最长为十二个月；累计缴费满五年不足十年的，领取失业保险金的期限最长为十八个月；累计缴费十年以上的，领取失业保险金的期限最长为二十四个月。重新就业后，再次失业的，缴费时间重新计算，领取失业保险金的期限与前次失业应当领取而尚未领取的失业保险金的期限合并计算，最长不超过二十四个月。

发生下列情况时，应停止领取失业保险：

1. 重新就业

失业保险待遇是用来保障失业人员失业期间的基本生活的，领取失业保险金的人员一旦重新就业，就不再属于失业人员，应当停止其失业保险待遇。

2. 应征服务兵役

失业人员按照兵役法规定的条件、程序应征入伍，成为一名军人，将根据兵役法和军事条令的规定享受权利、承担义务，其生活将得充分保障。所以，失业人员应征入伍后，不再享受失业人员的待遇。

3. 移居境外

根据中国公民出境入境管理法及其实施细则的规定，公民移居境外的，一般在境外有一定的经济基础，而且失业人员移居境外后的就业和生活等情况也难以掌握。从技术上讲，移居境外的失业人员也难以继续享受失业保险待遇。此处所指的移居境外，是指失业人员到境外定居，不包括那些因私短期出境探亲访友的情形。

4. 享受基本养老保险待遇

享受基本养老保险待遇的人员，已经是办理了退休手续的人员，他们并非处于失业的状态，而且可以享受基本养老保险待遇，生活能够得到保障，所以不可以再享受失业保险待遇。

5. 被判刑收监执行或被劳动教养

如果失业人员在其失业期间被判刑收监执行或者被劳动教养，就丧失了选择就业的自由，他们应当在监狱或者劳动教养场所进行改造。在其改造期间，其基本的生活是得到国家保障的，所以不应当享受失业保险待遇。

6. 无正当理由，拒不接受当地人民政府指定的部门或机构介绍的工作

如果失业人员没有正当的理由，拒不接受这些机构介绍的工作，则表明这些失业人员并不是没有就业机会，而是在有机会的情况下放弃了就业。鉴于此，就不应当让他们继续享受失业保险待遇，否则就会有悖于《失业保险条例》关于“促进再就业”的宗旨。

7. 有法律、行政法规规定的其他情形

法律、行政法规规定的其他情形，具体略。

3.3.4　工伤保险

3.3.4.1　工伤保险概念

工伤保险指国家和社会为在生产、工作中遭受事故伤害和患职业性疾病的劳动及亲属提供医疗救治、生活保障、经济补偿、医疗和职业康复等物质帮助的一种社会保障制度。

有下列情形之一的，应当认定为工伤：

(1) 在工作时间和工作场所内，因工作原因受到事故伤害的。

(2) 工作时间前后在工作场所内，从事与工作有关的预备性或者收尾性工作受到事故伤害的。

(3) 在工作时间和工作场所内，因履行工作职责受到暴力等意外伤害的。

(4) 患职业病的。

(5) 因工外出期间，由于工作原因受到伤害或者发生事故下落不明的。

(6) 在上下班途中，受到非本人主要责任的交通事故或者城市轨道交通、客运轮渡、火车事故伤害的。

(7) 法律、行政法规规定应当认定为工伤的其他情形。

有下列情形之一的，视同工伤：

(1) 在工作时间和工作岗位，突发疾病死亡或者在 48 小时之内经抢救无效死亡的。

(2) 在抢险救灾等维护国家利益、公共利益活动中受到伤害的。

(3) 职工原在军队服役，因战、因公负伤致残，已取得革命伤残军人证，到用人单位后旧伤复发的。

职工有前款第 1 项、第 2 项情形的，按照本条例的有关规定享受工伤保险待遇；职工有前款第 3 项情形的，按照本条例的有关规定享受除一次性伤残补助金以外的工伤保险待遇。

职工因下列情形之一导致本人在工作中伤亡的，不认定为工伤：

(1) 故意犯罪。

(2) 醉酒或者吸毒。

(3) 自残或者自杀。

(4) 法律、行政法规规定的其他情形。

3.3.4.2　工伤保险缴纳

1. 工伤保险缴纳义务人

职工应当参加工伤保险，由用人单位缴纳工伤保险费，职工不缴纳工伤保险费。

职工(包括非全日制从业人员)在两个或者两个以上用人单位同时就业的，各用人单位应当分别为职工缴纳工伤保险费。职工发生工伤，由职工受到伤害时工作的单位依法承担工伤保险责任。

2010 年 12 月 20 日，国务院修改了《工伤保险条例》，扩大了工伤保险的适用范围，将不参照公务员法管理的事业单位、社会团体，以及民办非企业单位、基金会、律师事务所、会计师事务所等组织也纳入了工伤保险适用范围。2011 年 1 月 1 日新条例施行后，企业、事业单位、社会团体、民办非企业单位、基金会、律师事务所、会计师事务所等组织和有雇工的个体工商户都需参加工伤保险。

2. 工伤保险缴费数额计算

工伤保险缴费数额计算公式为：

$$企业缴费额 = 核定的本单位职工工资总额 \times 企业工伤保险缴费比例$$

国家根据不同行业的工伤风险程度确定行业的差别费率，并根据使用工伤保险基金、工伤发生率等情况在每个行业内确定费率档次。行业差别费率和行业内费率档次由国务院社会保险行政部门制定，报国务院批准后公布施行。

社会保险经办机构根据用人单位使用工伤保险基金、工伤发生率和所属行业费率档次等情况，确定用人单位缴费费率。

工伤保险费的征缴范围、费基、费率见表 3-11（费率因统筹地区不同而有所区别）（扫码见详解）。

表 3-11

3.3.4.3 工伤保险支付

职工因工作原因受到事故伤害或者患职业病，且经工伤认定的，享受工伤保险待遇；其中，经劳动能力鉴定丧失劳动能力的，享受伤残待遇。

1. 因工伤发生的下列费用，按照国家规定从工伤保险基金中支付

（1）治疗工伤的医疗费用和康复费用。

（2）住院伙食补助费。

（3）到统筹地区以外就医的交通食宿费。

（4）安装配置伤残辅助器具所需费用。

（5）生活不能自理的，经劳动能力鉴定委员会确认的生活护理费。

（6）一次性伤残补助金和一至四级伤残职工按月领取的伤残津贴。

（7）终止或者解除劳动合同时，应当享受的一次性医疗补助金。

(8) 因工死亡的,其遗属领取的丧葬补助金、供养亲属抚恤金和因工死亡补助金。

(9) 劳动能力鉴定费。

2. 因工伤发生的下列费用,按照国家规定由用人单位支付

(1) 治疗工伤期间的工资福利。

(2) 五级、六级伤残职工按月领取的伤残津贴。

(3) 终止或者解除劳动合同时,应当享受的一次性伤残就业补助金。

工伤职工符合领取基本养老金条件的,停发伤残津贴,享受基本养老保险待遇。基本养老保险待遇低于伤残津贴的,从工伤保险基金中补足差额。

3.3.5　生育保险

3.3.5.1　生育保险概念

生育保险是指通过国家立法规定,在劳动者因生育子女而导致劳动力暂时中断时,由国家和社会及时给予物质帮助以确保劳动者基本生活及孕产期的医疗保健需要的一项社会保险制度。

生育保险待遇包括生育医疗费用和生育津贴。

3.3.5.2　生育保险缴纳

1. 生育保险缴纳义务人

职工应当参加生育保险,由用人单位按照国家规定缴纳生育保险费,职工不缴纳生育保险费。

2. 生育保险缴费数额计算

生育保险缴费数额计算公式为:

企业缴费额 = 核定的本单位职工工资总额 × 企业生育保险缴费比例

生育保险费的征缴范围、费基、费率见表 3-12(费率因统筹地区不同而有所区别)(扫码见详解)。

表 3-12

3.3.5.3　生育保险申领

用人单位已经缴纳生育保险费的,其职工享受生育保险待遇;职工未就业配偶按照国家规定享受生育医疗费用待遇。所需资金从生育保险基金中支付。

职工有下列情形之一的,可以按照国家规定享受生育津贴:

(1) 女职工生育享受产假。

(2) 享受计划生育手术休假。

(3) 法律、法规规定的其他情形。

生育津贴按照职工所在用人单位上年度职工月平均工资计发。

生育医疗费用包括下列各项：

(1) 生育的医疗费用。

(2) 计划生育的医疗费用。

(3) 法律、法规规定的其他项目费用。

享受生育保险的要求为：

(1) 所在单位按照规定参加生育保险并为该职工连续足额缴费一年以上。“连续足额缴费一年以上”是指职工分娩前连续足额缴纳生育保险费一年以上的。

(2) 生育或施行计划生育手术符合国家计划生育政策。

(3) 生育或施行计划生育手术时的所在单位按照规定参加并履行了缴费义务，且为其缴纳生育保险费累计满3个月的企业职工。

生育保险作为一项社会保险制度，只适用于达到法定婚龄的已婚女性劳动者，并且还必须符合和服从国家计划生育的规定。不符合法定年龄的已婚女性劳动者的生育和不符合或不服从国家计划生育规定的生育，都不能享受生育保险待遇。

3.3.6 住房公积金

3.3.6.1 住房公积金概念

住房公积金是指国家机关、国有企业、城镇集体企业、外商投资企业、城镇私营企业及其他城镇企业、事业单位、民办非企业单位、社会团体及其在职职工缴存的长期住房储金。

3.3.6.2 补充住房公积金概念

补充住房公积金制度是住房公积金制度的一种补充，基本特征与住房公积金相同，是一种长期的住房储金，用于职工的住房消费，属于职工个人所有。缴存住房公积金的单位可以按照自愿原则参加补充住房公积金制度。职工本人和单位补充住房公积金缴存比例上下限由各地主管部门规定，具体比例由各单位根据实际情况确定。

3.3.6.3 住房公积金缴存

1. 住房公积金缴纳义务人

职工个人缴存的住房公积金和职工所在单位为职工缴存的住房公积金，属于职工个人所有。单位应当到住房公积金管理中心办理住房公积金缴存登记，经住房公积金管理中心审核后，到受委托银行为本单位职工办理住房公积金账户设立手续。每个职工只能有一个住房公积金账户。

住房公积金管理中心应当建立职工住房公积金明细账，记载职工个人住房公积金的缴存、提取等情况。

职工个人缴存的住房公积金，由所在单位每月从其工资中代扣代缴。单位应当于每月发放职工工资之日起 5 日内将单位缴存的和为职工代缴的住房公积金汇缴到住房公积金专户内，由受委托银行计入职工住房公积金账户。

职工缴存的补充住房公积金，由单位在职工每月工资收入中代为扣除；单位为职工缴存的补充住房公积金，由单位承担。单位为职工缴存的和代扣的补充住房公积金，存入补充住房公积金专户内，并且计入职工个人补充住房公积金账户。

2. 住房公积金缴费数额计算

住房公积金缴费数额计算公式为：

$$企业缴费额 = 核定的企业职工工资总额 \times 企业住房公积金缴费比例$$

$$职工个人缴费额 = 核定缴费基数 \times 个人住房公积金缴费比例$$

住房公积金的月工资基数不得高于职工工作地所在设区城市统计部门公布的上一年度职工月平均工资的 3 倍。

职工和单位住房公积金的缴存比例均不得低于职工上一年度月平均工资的 5%；有条件的城市，可以适当提高缴存比例，但上限最高不得超过职工上一年度月平均工资的 12%。

3.3.6.4　住房公积金提取

职工有下列情形之一的，可以提取职工住房公积金账户内的存储余额：

(1) 购买、建造、翻建、大修自住住房的。

(2) 离休、退休的。

(3) 完全丧失劳动能力，并与单位终止劳动关系的。

(4) 出境定居的。

(5) 偿还购房贷款本息的。

(6) 房租超出家庭工资收入的规定比例的。

职工提取住房公积金账户内的存储余额的，所在单位应当予以核实，并出具提取证明。

职工应当持提取证明向住房公积金管理中心申请提取住房公积金。住房公积金管理中心应当自受理申请之日起 3 日内作出准予提取或者不准提取的决定，并通知申请人；准予提取的，由受委托银行办理支付手续。

缴存住房公积金的职工，在购买、建造、翻建、大修自住住房时，可以向住房公积金管理中心申请住房公积金贷款。申请人申请住房公积金贷款的，应当提供担保。

3.3.7　残疾人就业保障金

3.3.7.1　残疾人就业保障金概念

残疾人就业保障金是指在实施分散按比例安排残疾人就业的地区，凡安排残疾人达不到省、自治区、直辖市人民政府规定比例的机关、团体、企业事业单位和城乡集体经济组织，根据地方有关法规的规定，按照年度差额人数和上年度本地区职工年平均工资计算交纳用于残疾人就业的专项资金。残疾人就业保障金按属地原则交纳，中央部门所属单位按照所在地地方法规的有关规定办理。

3.3.7.2 残疾人就业保障金缴纳

1. **残疾人就业保障金缴纳义务人**

用人单位应按规定时限向保障金征收机关申报缴纳保障金。在申报时，应提供本单位在职职工人数、实际安排残疾人就业人数、在职职工年平均工资等信息，并保证信息的真实性和完整性。

2. **残疾人就业保障金缴费数额计算**

用人单位安排残疾人就业达不到所在地省、自治区、直辖市人民政府规定比例的，应当缴纳残保金。

残疾人就业保障金缴费数额计算公式为：

残疾人就业保障金=(上年用人单位在职职工人数×所在地省、自治区、直辖市人民政府规定的安排残疾人就业比例－上年用人单位实际安排的残疾人及就业人数)×上年用人单位在职职工年平均工资。

自 2018 年 4 月 1 日起，将残疾人就业保障金征收标准上限，由当地社会平均工资的 3 倍降低至 2 倍。其中，用人单位在职职工平均工资未超过当地社会平均工资 2 倍(含)的，按用人单位在职职工年平均工资计征残疾人就业保障金；超过当地社会平均工资 2 倍的，按当地社会平均工资 2 倍计征残疾人就业保障金。

2017 年 4 月 1 日起，自工商注册登记之日起 3 年内，在职职工总数 30 人(含)以下的企业，免征残疾人就业保障金。对 2017 年 4 月 1 日起工商注册登记未满 3 年、在职职工总数 30 人(含)以下的企业，可在剩余时期内按规定免征残疾人就业保障金。

自 2020 年 1 月 1 日起至 2022 年 12 月 31 日，对残疾人就业保障金实行分档减缴政策。其中：用人单位安排残疾人就业比例达到 1%(含)以上，但未达到所在地省、自治区、直辖市人民政府规定比例的，按规定应缴费额的 50%缴纳残疾人就业保障金；用人单位安排残疾人就业比例在 1%以下的，按规定应缴费额的 90%缴纳残疾人就业保障金。

自 2020 年 1 月 1 日起至 2022 年 12 月 31 日，在职职工人数在 30 人(含)以下的企业，暂免征收残疾人就业保障金。

3.3.7.3 残疾人就业保障金专项开支

残疾人就业保障金专项用于下列开支：

(1) 补贴残疾人职业培训费用。

(2) 奖励超比例安置残疾人就业的单位及为安排残疾人就业做出显著成绩的单位。

(3) 有偿扶持残疾人集体从业、个体经营。

(4) 经同级财政部门批准,适当补助残疾人劳动服务机构经费开支。

(5) 经同级财政部门批准,直接用于残疾人就业工作的其他开支。

3.4　企业年金、职业年金、商业养老保险和商业健康保险等基础知识

3.4.1　企业年金

企业年金,是指企业及其职工在依法参加基本养老保险的基础上,自主建立的补充养老保险制度。2017 年 12 月 18 日,人力资源和社会保障部和财政部联合发布了《企业年金办法》(人力资源和社会保障部 财政部令第 36 号),明确并完善了企业年金制度。国家鼓励企业建立企业年金。企业年金所需费用由企业和职工个人共同缴纳。企业年金基金实行完全积累,为每个参加企业年金的职工建立个人账户,按照国家有关规定投资运营。企业年金基金投资运营收益并入企业年金基金。

企业和职工建立企业年金,应当依法参加基本养老保险并履行缴费义务,企业具有相应的经济负担能力。

与国家基本养老保险相比,企业年金有如下一些特征:

1. 企业年金是国家政策指导下的企业行为

建立企业年金,企业应当与职工一方通过集体协商确定,并制定企业年金方案。企业年金方案应当提交职工代表大会或者全体职工讨论通过。企业应当将企业年金方案报送所在地县级以上人民政府人力资源社会保障行政部门。人力资源社会保障行政部门自收到企业年金方案文本之日起 15 日内未提出异议的,企业年金方案即行生效。

2. 基金具有非调剂性

企业年金基金不是以社会统筹的形式建立的,而是由企业缴费、职工个人缴费和企业年金基金投资运营收益组成。企业缴费应当按照企业年金方案确定的比例和办法计入职工企业年金个人账户,职工个人缴费计入本人企业年金个人账户。

企业年金基金不能在企业间进行调剂,没有互济功能,企业之间是各负其责,自我保障。职工企业年金个人账户中个人缴费及其投资收益自始归属于职工个人。职工企业年金个人账户中企业缴费及其投资收益,企业可以与职工一方约定其自始归属于职工个人,也可以约定随着职工在本企业工作年限的增加逐步归属于职工个人,完全归属于职工个人的期限最长不超过 8 年。

3. 资金的完全积累性

职工在达到国家规定的退休年龄或者完全丧失劳动能力时，可以从本人企业年金个人账户中按月、分次或者一次性领取企业年金，也可以将本人企业年金个人账户资金全部或者部分购买商业养老保险产品，依据保险合同领取待遇并享受相应的继承权。

3.4.2 职业年金

职业年金，是指机关事业单位及其工作人员在参加机关事业单位基本养老保险的基础上，建立的补充养老保险制度。

2015 年 4 月 6 日，国务院办公厅印发《机关事业单位职业年金办法》(以下简称《办法》)。《办法》规定，从 2014 年 10 月 1 日起实施机关事业单位工作人员职业年金制度。

职业年金所需费用由单位和工作人员个人共同承担。单位缴纳职业年金费用的比例为本单位工资总额的 8%，个人缴费比例为本人缴费工资的 4%，由单位代扣。单位和个人缴费基数与机关事业单位工作人员基本养老保险缴费基数一致。

根据经济社会发展状况，国家适时调整单位和个人职业年金缴费的比例。

职业年金基金由下列各项组成：

(1) 单位缴费。

(2) 个人缴费。

(3) 职业年金基金投资运营收益。

(4) 国家规定的其他收入。

3.4.3 商业养老保险

商业养老保险是以获得养老金为主要目的的长期人身险，它是年金保险的一种特殊形式，又称为退休金保险，是社会养老保险的补充。商业养老保险是商业保险机构提供的，以养老风险保障、养老资金管理等为主要内容的保险产品和服务，是养老保障体系的重要组成部分。

2017 年 6 月 29 日国务院办公厅发布了《关于加快发展商业养老保险的若干意见》(国办发〔2017〕59 号)，从四个方面部署推动商业养老保险发展。一是创新商业养老保险产品和服务。鼓励支持商业保险机构开发多样化商业养老保险产品，积极发展安全性高、保障性强、满足长期或终身领取要求的商业养老年金保险，积极参与个人税收递延型商业养老保险试点，为个人和家庭提供个性化、差异化养老保障。推动商业保险机构提供企业(职业)年金计划等产品和服务，面向创新创业企业就业群体需求，提供多样化养老保障选择。鼓励商业保险机构为养老保险制度改革提供支持和服务，依法依规有序参与基本养老保险基金和全国社会保障基金投资运营管理。二是促进养老服务业健康发展。鼓励商业保险机构投资养老服务产业，为养老机构提供风险保障服务，建立完善老年人综合养老保障计划。三是推进商业养老保险资金安全稳健运营。坚持风险可控、商业可持续原则，发挥商业养老保险资金长期投资优势，稳步有序参与国家重大战略建设实施，参与重大项目和民生工程建设，促进商业养老保险资金与资本市场协调发展，审慎开展境外投资业务。四是提升管理服务水平。加强制度建设，提升服务质量，发展专业机构，强化监督管理，实现商业养老保险资金保值及合理回报，提升保险保障水平。

3.4.4　商业健康保险

商业健康保险是以被保险人的身体为保险标的，保证被保险人在疾病或意外事故所致伤害时的直接费用或间接损失获得补偿的保险，包括医疗意外保险、疾病保险、医疗保险、收入保障保险和长期看护保险等。疾病保险指以疾病的发生为给付条件的保险；医疗保险指以约定医疗的发生为给付条件的保险；收入保障保险指以因意外伤害、疾病导致收入中断或减少为给付保险金条件的保险；长期看护保险指以因意外伤害、疾病失去自理能力导致需要看护为给付保险金条件的保险。目前，给予税收优惠政策的商业健康险，主要涵盖疾病保险、医疗保险两部分。

按照《国务院关于加快发展现代保险服务业的若干意见》(国发〔2014〕29 号)提出的"完善健康保险有关税收政策"要求，税务总局和财政部、保监会一直对商业健康保险相关税收优惠政策进行研究，2015 年，三部门在研究基础上先后印发《关于开展商业健康保险个人所得税政策试点工作的通知》(财税〔2015〕56 号)、《关于实施商业健康保险个人所得税政策试点的通知》(财税〔2015〕126 号)、《关于实施商业健康保险个人所得税政策试点有关征管问题的公告》(国家税务总局公告 2015 年第 93 号)文件，决定从 2016 年 1 月 1 日起，在北京、上海、天津、重庆和各省、自治区选择的一个城市等 31 个地区，开展商业健康险个人所得税政策试点。

试点一年来，政策取得一定成效。在此基础上，按照国务院第 169 次常务会议关于向全国推广商业健康保险个人所得税试点政策的决定，财政部、税务总局、保监会于 2017 年 4 月 28 日联合印发《关于将商业健康保险个人所得税试点政策推广到全国范围实施的通知》(财税〔2017〕39 号)，明确将试点政策推广到全国实施。自 2017 年 7 月 1 日起，个人购买符合规定的商业健康保险产品，可以按照 2 400 元/年(200 元/月)的标准在税前扣除。单位统一为员工购买的，视同个人购买，按照单位为每一员工购买的保险金额分别计入其工资薪金，并在 2 400 元/年(200 元/月)的标准内按月税前扣除。

商业健康保险是医疗保障第三支柱的重要组成部分，能够覆盖基本医疗保险和补充医疗保险中空白地带，成为二者有效补充。商业健康保险的发展对建立完善医疗保险"第三支柱"具有积极意义，出台税收优惠政策，充分体现国家政策导向，有助于加快构建我国多层次医疗保险体系。

本章相关视频资料(扫码看视频)。

第 3 章　相关视频

本章课后练习

一、单选题

1. 从表现形式上看，以下属于税基式优惠的是（　　）。

A. 免征额　　B. 低税率　　C. 税收抵免　　D. 退税

2. 关于税收的内涵，下列说法不正确的是（　　）。

A. 国家征税的依据是政治权力

B. 国家课征税款的目的是满足社会公共需要

C. 税收的本质是一种强制征收关系

D. 税收是国家取得财政收入的重要工具

3. 税收的本质是（　　）。

A. 正确处理国家与纳税人之间因税收而产生的税收法律关系和社会关系

B. 保证征税机关的权利

C. 一种分配关系

D. 为纳税人和征税单位履行义务给出规范

4. 对征税对象的全额按照与之相应等级的税率计算税额的是（　　）。

A. 全额累进税率　　B. 超额累进税率

C. 全率累进税率　　D. 超率累进税率

5.《中华人民共和国个人所得税法》的法律级次属于（　　）。

A. 财政部制定的部门规章

B. 全国人民代表大会授权国务院立法

C. 国务院制定的税收行政法规

D. 全国人大和全国人大常委会制定的税收法律

6. 2019 年 1 月 17 日德国专家约翰受德国总部委派临时来中国分公司工作，4 月 15 日离境，在华工作期间德国总公司支付工资薪金 50 000 元/月，境内分公司支付在华工作工资 20 000 元/月，则 1 月应缴纳个税（　　）元。

A. 225.48　　B. 1 590　　C. 725.48　　D. 4 275.48

7. 某市保险公司 2019 年 1 月支付甲保险营销员佣金 12 000 元，甲每月符合条件的专项扣除 1 000 元、专项扣除附加 2 000 元。保险公司在 1 月应预扣预缴甲个人所得税为(　　)。

A. 1 920 元　　B. 1 440 元　　C. 66 元　　D. 0 元

8. 我国公民李某所在工作城市为非直辖市、省会城市、计划单列市，且市辖区人口不超过 100 万，2019 年 1 月取得扣除“三险一金”后的工资为 9 000 元，李某由于没有自有住房需要每月支付房租 2 000 元，同时还要负担一名子女的教育支出，对上述专项附加扣除李某选择在单位预扣预缴其税款时扣除，则李某当月需要缴纳个人所得税为(　　)元。

A. 30 元　　B. 45 元　　C. 57 元　　D. 66 元

9. 根据个人所得税法的有关规定，下列各项奖金免征个人所得税的是(　　)。

A. 江某取得的某县体育局颁发的优秀运动员奖金

B. 李某取得的某地级市环保部门颁发的环境保护奖金

C. 王某取得的某省教育厅颁发的优秀教师奖金

D. 张某取得的某省级人民政府颁发的科技发明奖金

10. 纳税人取得应税所得没有扣缴义务人的，其正确的处理方式是(　　)。

A. 次月十五日内申报纳税　　B. 次年 6 月底前申报纳税

C. 次年 3 月底前申报纳税　　D. 次年 1 月底前申报纳税

11. 假设居民个人小刘 2019 年取得工资薪金 10 万元，转让股票所得 2 万元，为其他单位设计产品收入 1 万元，发表文章稿费 0.5 万元，小刘 2019 年取得的综合所得收入额是(　　)。

A. 13.5 万元　　B. 11.5 万元　　C. 11.2 万元　　D. 11.08 万元

12. 2019 年 1 月某大学李教授取得工薪、课酬、科研成果转让、出版书籍等收入。其中个人所得税收入额减按百分之七十计算的所得项目是(　　)。

A. 工薪所得　　B. 课酬所得　　C. 出版书籍所得　　D. 科研成果转让

13. 居民个人齐某将个人的奔驰轿车出租给婚庆公司使用，2019 年 1 月取得租金收入 1 万元。齐某该月的租金所得应纳个人所得税税额为(　　)。

A. 1 000 元　　B. 1 600 元　　C. 1 840 元　　D. 2 000 元

14. 中国居民个人赵某是某合伙企业的自然人合伙人，在 2019 年取得的下列所得中，适用百分之五至百分之三十五的超额累进税率的是(　　)。

A. 从合伙企业分回的经营收益　　B. 投资上市公司股票分得的股息

C. 购买国债取得的利息　　D. 个人转让房产取得的所得

15. 以下不是按利息、股息、红利所得项目征收个人所得税的是(　　)。

A. 合伙企业的个人投资者以企业资金为自己购买车辆

B. 股份有限公司的个人投资者以企业资金为自己孩子购买的住房

C. 单位经批准向个人集资支付的集资利息

D. 个人购买上市公司的股票分得的股利分红

16. 以下符合个人所得税专项附加扣除规定的是(　　)。

A. 纳税人年满3周岁的子女接受学前教育和全日制学历教育的相关支出，按照每个子女每月1 000元的标准定额扣除。

B. 夫妻双方婚前分别购买住房发生的首套住房贷款，其贷款利息支出，婚后只能选择其中一套购买的住房，由购买方按扣除标准的100%扣除。

C. 夫妻双方主要工作城市相同的，住房租金支出可以选择由其中一方按扣除标准的100%扣除，也可以选择由双方分别按扣除标准的50%扣除，具体扣除方式在一个纳税年度内不能变更。

D. 纳税人可同时享受住房贷款利息专项附加扣除和住房租金专项附加扣除。

17. 下列收入中，来源于境内所得的是(　　)。

A. 英国母公司技术总监乔治兼任境内子公司技术专家，未入境履行职务取得子公司支付的工资

B. 居民张某在境内子公司工作取得由境外母公司发放的工资

C. 居民李某从非洲分公司回国就职后取得非洲工作期间的奖金

D. 居民王某将其拥有的一项发明授权某外国企业在境外使用取得使用费

18. 关于财产转让所得的税务处理，下列表述正确的是(　　)。

A. 王某先后两次按照不同价格购买某企业股权，转让部分股权时按照“先进先出”法确定转让原值

B. 徐某转让限售股取得收入8万元，不能提供完整真实的限售股原始凭证，徐某应纳个人所得税1.6万元

C. 孙某同时持有限售股及该股流通股，确定其转让所得时应按照限售股优先原则确定转让原值

D. 史某转让股权应在签订股权转让协议后的5个工作日内向主管税务机关报告股权转让有关情况

19. 2019年6月，小马以一项生物医药新品种投资入股到L公司(境内居民企业)，交易对价全部为股权。下列说法正确的是(　　)。

A. 若选择享受技术成果投资入股递延纳税政策，应经主管税务机关审批，投资入股当期可暂不纳税

B. 若选择享受技术成果投资入股递延纳税政策，递延期间L公司在境内上市，小马持有的该股权转为限售股

C. 若选择享受非货币性资产投资分期缴税政策，分期缴税期间小马转让部分股权取得的现金可暂不缴纳分期缴税未结清税款

D. 若选择享受非货币性资产投资分期缴税政策，小马应以申请生物医药新品种所在地税务机关为主管税务机关

20. 自然人刘某和乙公司各出资 500 万元成立了有限合伙创投企业甲。2017 年 1 月，甲企业投资 1 000 万元到初创科技型企业丙。2019 年 2 月，刘某从甲企业分回收益 600 万元，假定当年其无综合所得和其他费用扣除项目。下列涉税业务处理，表述正确的是（　　）。

A. 刘某可抵扣应纳税所得额为 350 万元

B. 刘某应缴纳个人所得税税额为 80.95 万元

C. 刘某当年不足抵扣的投资额，不得结转至以后年度抵扣

D. 甲企业选择按创投企业年度所得整体核算后，5 年内不能变更

21. 以下纳税人 2019 年 3 月发生的涉税业务，个人所得税税额计算正确的是（　　）。

A. 吴女士领取单位发放的全年一次性奖金 48 000 元，单独计税，应缴纳个人所得税 1 440 元

B. 陈先生提前 5 年退休，从单位取得的一次性补贴收入 50 万元，应缴纳个人所得税 7 400 元

C. 杨女士依法与公司解除劳动关系，获得一次性补偿金 32 万元，所在地区上年度职工年平均工资 5 万元，应缴纳个人所得税 61 340 元

D. 郑先生以 60 万元购买所在单位一套建造成本 75 万元的住房，应缴纳个人所得税 13 080 元

22. 无住所个人约翰为境内 M 公司总经理，同时在英国 T 公司任职。M 公司、T 公司每月分别支付其工资折合人民币 2 万元、3 万元。假定约翰 2019 年在境内累计居住 80 天，11 月在境内工作 18 天，在英国工作 12 天。不考虑税收协定，约翰 11 月应在我国缴纳的个人所得税税额为（　　）。

A. 954 元　　B. 3 590 元　　C. 1 590 元　　D. 861.6 元

23. 某个人独资企业 2019 年全年销售收入为 1 000 万元，成本费用 790 万元（其中业务招待费 10 万元、广告费 23 万元、与家庭生活难以划分的费用 10 万元），可扣除的相关税费 150 万元。该企业投资者当年没有综合所得，2019 年应缴纳的个人所得税税额为（　　）。

A. 20.4 万元　　B. 17.6 万元　　C. 16.9 万元　　D. 16.2 万元

24. 某企业职工李某 2019 年 1 月取得工资 2.3 万元，个人按企业年金计划缴纳年金 800 元。李某上年度月平均工资为 2 万元，该企业所在设区城市上年度职工平均工资为 4.8 万元。无其他扣除，李某本月应缴纳的个人所得税税额为（　　）。

A. 675.6 元　　B. 516 元　　C. 525.6 元　　D. 2094 元

25. 关于我国个人所得税境外所得税收抵免制度，下列说法正确的是（　　）。

A. 只适用于居民个人
B. 非居民个人可以选择是否适用
C. 计算抵免限额时，不区别国家和应税项目
D. 抵免税款金额是全额抵免

26. 中华人民共和国(　　)的用人单位和个人依法缴纳社会保险费。

A. 所有　B. 管辖　C. 境内　D. 成立

27. 用人单位应当按照(　　)，根据社会保险经办机构确定的费率缴纳工伤保险费。

A. 本地区上一年职工平均工资　B. 本单位职工工资总额
C. 本地区最低工资　D. 本行业的平均工资

28. 失业人员失业前用人单位和本人累计缴费满一年不足五年的，领取失业保险金的期限最长为(　　)。

A. 六个月　B. 十二个月　C. 十四个月　D. 十六个月

29. 职工应当参加工伤保险，由(　　)缴纳工伤保险费。

A. 个人　B. 用人单位
C. 单位和个人共同　D. 国家补贴和单位

30. 职工应当参加生育保险，由用人单位按照国家规定缴纳生育保险费，职工(　　)生育保险费。

A. 按本人工资的1%缴纳　B. 按单位平均工资的1%缴纳
C. 按社会平均工资的1%缴纳　D. 不缴纳

二、多选题

1. 属于税法基本原则的有(　　)。

A. 税收效率原则　B. 税收公平原则
C. 法律不溯及既往原则　D. 程序优于实体原则

2. 我国目前的现行税率主要包含(　　)。

A. 比例税率　B. 全额累进税率　C. 超额累进税率　D. 定额税率

3. 税收法律关系作为特殊社会分配关系的反映，除了具有一般法律关系共有的特征以外，还具有以下特征(　　)。

A. 税收法律关系中的一方可以是国家，而另一方可以是不同的自然人和法人
B. 税收法律关系中的权利与义务不对等
C. 税收法律关系具有财产所有权有偿转移的性质
D. 税收法律关系更为直接地体现国家的意志

4. 我国现行个人所得税率形式属于(　　)。

A. 比例税率　B. 定额税率　C. 超率累进税率　D. 超额累进税率

5. 关于税收立法，下列说法正确的有(　　)。
   A. 国务院税务主管部门制定的税收部门规章
   B. 全国人大和全国人大常委会制定的税收法律
   C. 国务院经授权立法所制定的规定或条例等，具有国家法律的性质和地位
   D. 国务院制定的税收行政法规
6. 属于税法适用原则的有(　　)。
   A. 特别法优于普通法原则　　B. 税收公平原则
   C. 实质重于形式原则　　D. 新法优于旧法原则
7. 取得综合所得办理汇算清缴，以下规定正确的有(　　)。
   A. 需要办理汇算清缴的纳税人，应当在取得所得的次年 3 月 1 日至 6 月 30 日内，向任职、受雇单位所在地主管税务机关办理纳税申报，并报送《个人所得税年度自行纳税申报表》
   B. 纳税人有两处以上任职、受雇单位的，经向主管税务机关备案，选择向其中一处任职、受雇单位所在地主管税务机关办理纳税申报
   C. 纳税人没有任职、受雇单位的，向户籍所在地或经常居住地主管税务机关办理纳税申报
   D. 纳税人办理综合所得汇算清缴，应当准备与收入、专项扣除、专项附加扣除、依法确定的其他扣除、捐赠、享受税收优惠等相关的资料，并按规定留存备查或报送
8. 张先生取得 2019 年度全年一次性奖金 37 000 元，当月取得工资薪金 3 800 元，以下说法符合政策规定的有(　　)。
   A. 张先生取得的全年一次性奖金在 2022 年 1 月 1 日可以不并入当年综合所得，单独计算纳税
   B. 张先生取得全年一次性奖金，也可以选择并入当年综合所得计算纳税
   C. 张先生全年一次奖金 37 000 元选择单独纳税，应纳税款 3 490 元
   D. 张先生全年一次奖金 37 000 元选择单独纳税，应纳税款 1 110 元
9. 个人达到国家规定的退休年龄，领取的企业年金、职业年金，符合相关规定的，不并入综合所得，全额单独计算应纳税款，以下说法不正确的有(　　)。
   A. 按月领取的，适用月度税率表计算纳税；按季领取的，平均分摊计入各月，按每月领取额适用月度税率表计算纳税
   B. 按年领取的，适用综合所得税率表计算纳税
   C. 个人因出境定居而一次性领取的年金个人账户资金，或个人死亡后，其指定的受益人或法定继承人一次性领取的年金个人账户余额，适用月度税率表计算纳税
   D. 对个人除特殊原因外一次性领取年金个人账户资金或余额的，适用综合所得税率表计算纳税

10. 以下(　　)所得暂免征收个人所得税。

A. 个人举报、协查各种违法、犯罪行为而获得的奖金

B. 个人转让自用达五年以上、并且是唯一的家庭生活用房取得的所得

C. 对个人购买社会福利有奖募捐奖券和体育彩票中奖一次中奖收入不超过 10 000 元的暂免征收个人所得税,对一次中奖收入超过 10 000 元的,就超过的部分征税

D. 对个人转让上市公司股票取得的所得

11. 关于在中国境内无住所的个人居住时间的判定,以下说法正确的有(　　)。

A. 无住所个人一个纳税年度在中国境内累计居住满 183 天的,如果此前六年在中国境内每年累计居住天数都满 183 天,而且没有任何一年单次离境超过 30 天,该纳税年度来源于中国境内、境外所得应当缴纳个人所得税

B. 如果此前六年的任一年在中国境内累计居住天数不满 183 天或者单次离境超过 30 天,该纳税年度来源于中国境外且由境外单位或者个人支付的所得,免予缴纳个人所得税

C. 无住所个人一个纳税年度内在中国境内累计居住天数,按照个人在中国境内累计停留的天数计算

D. 在中国境内停留的当天满 24 小时的,计入中国境内居住天数,在中国境内停留的当天不足 24 小时的,按半天计入中国境内居住天数

12. 下列有关非居民个人和无住所居民个人个人所得税征免的说法正确的有(　　)。

A. 累计居住时间不超过 90 天,属于非居民纳税人,来自境内所得就境内支付或负担的部分纳税,境内所得境外支付部分免税

B. 累计超过 90 天不超过 183 天,属于非居民纳税人,来自境内所得的部分纳税

C. 超过 183 天的年度连续不满 6 年的,属于居民纳税人,来自境内所得和来自境外所得境内企业或个人支付的部分纳税,境外所得境外支付的部分免税

D. 超过 183 天的年度连续满 6 年后又满 183 天的,属于居民纳税人,来自境内境外的所得纳税。

13. 下列对个人独资企业和合伙企业征收生产经营项目个人所得税的表述,正确的有(　　)。

A. 个人独资企业对外投资分回的利息或者股息、红利,不并入企业的收入,而应单独作为投资者个人取得的利息、股息、红利所得,按“利息、股息、红利所得”应税项目计算缴纳个人所得税

B. 个人独资企业的投资者以全部生产经营所得为应纳税所得额;合伙企业的投资者按照合伙企业的全部生产经营所得和合伙协议约定的分配比例确定应纳税所得额,合伙协议没有约定分配比例的,以全部生产经营所得和合伙人数量平均计算每个投资者的应纳税所得额

C. 所称生产经营所得，是指企业分配给投资者个人的所得，未分配的暂不征收个人所得税

D. 投资者及其家庭发生的生活费用与企业生产经营费用混合在一起，并且难以划分的，全部视为投资者个人及其家庭发生的生活费用，不允许在税前扣除

14. 企业在销售商品（产品）和提供服务过程中向个人赠送礼品，下列情形不征收个人所得税有（　　）。

A. 企业通过价格折扣、折让方式向个人销售商品（产品）和提供服务

B. 企业在向个人销售商品（产品）和提供服务的同时给予赠品，如通信企业对个人购买手机赠话费、入网费，或者购话费赠手机等

C. 企业对累积消费达到一定额度的个人按消费积分反馈礼品

D. 企业在年会、座谈会、庆典以及其他活动中向本单位以外的个人赠送礼品，对个人取得的礼品所得

15. 下列关于股权转让所得征收个人所得税的说法正确的有（　　）。

A. 个人转让股权，以股权转让收入减除股权原值和合理费用后的余额为应纳税所得额，按"财产转让所得"缴纳个人所得税

B. 个人股权转让所得个人所得税，以股权转让方为纳税人，以受让方为扣缴义务人

C. 转让方取得与股权转让相关的各种款项，包括违约金、补偿金以及其他名目的款项、资产、权益等，均应当并入股权转让收入

D. 申报的股权转让收入明显偏低的，主管税务机关可以核定股权转让收入

16. 某城市公民王先生为自由职业者，2019 年 1 月取得以下四项收入，属于劳务报酬所得的有（　　）。

A. 为甲企业直销产品，甲企业组织免费海南游

B. 自己开的一间咖啡屋取得的收入

C. 为出版社审稿取得的收入

D. 在杂志上发表摄影作品取得的收入

17. 以下各项所得适用超额累进税率的有（　　）。

A. 工资薪金所得　　B. 股息所得　　C. 财产转让所得　　D. 经营所得

18. 下列关于个人所得税中"次"的表述正确的有（　　）。

A. 财产租赁所得，以 1 个月内取得的收入为一次

B. 稿酬所得，属于同一项目连续性收入的，以一个月内取得的收入为一次

C. 劳务报酬所得，属于一次性收入的，以取得该项收入为一次

D. 利息、股息、红利所得，以全年取得的利息、股息、红利合计为一次

19. 下列各项应税所得中，属于经营所得征税范围的有（　　）。

A. 个人承包、承租、转包、转租取得的所得

B. 依法取得执照的个人从事税务咨询服务取得的所得

C. 投资者个人从法人企业取得的借款,纳税年度终了未归还的部分

D. 从事个体出租车运营的出租车驾驶员取得的收入

20. 下列支出中,属于计算个人所得税时的其他扣除的有(　　)。

A. 住房贷款利息

B. 个人购买符合规定的商业健康保险

C. 个人购买符合国家规定的税收递延型商业养老保险

D. 个人缴付符合国家规定的企业年金

21. 下列关于专项附加扣除的表述,正确的有(　　)。

A. 赡养老人支出,夫妻双方可以分摊扣除

B. 符合条件的重庆市的住房租金可以在计算个人所得税时扣除 1 200 元

C. 职业资格继续教育,扣除金额为一年 3 600 元

D. 某家庭有符合条件的两个子女,子女教育的专项附加扣除可以双倍扣除

22. 对经营所得在计算个人所得税时,允许对一些支出项目按一定标准予以税前扣除。下列关于税前扣除项目和标准的表述中,正确的有(　　)。

A. 个体工商户业主的工资薪金可以据实扣除

B. 实际支付给从业人员合理的工资薪金和缴纳的“五险一金”可以税前扣除

C. 在经营过程中发生的业务招待费可据实扣除

D. 以经营租赁方式租入固定资产发生的租赁费支出,按照租赁期限均摊扣除

23. 张某为熟食加工个人独资企业投资者,2019 年取得生产经营收入 20 万元,生产经营成本为 18 万元(含购买一辆非经营用小汽车支出 8 万元);另取得个人文物拍卖收入 30 万元,不能提供原值凭证,该文物经文物部门认定为海外回流文物。张某无其他收入且不考虑其他事项。下列关于张某 2019 年个人所得税纳税事项的表述中,错误的有(　　)。

A. 小汽车支出可以在税前扣除

B. 生产经营所得应纳个人所得税的计税依据为 4 万元

C. 文物拍卖所得按文物拍卖收入额的 3%缴纳个人所得税

D. 文物拍卖所得应并入经营所得一并缴纳个人所得税

24. 某国有企业职工王某,在企业改制为股份制企业过程中以 23 000 元的成本取得了价值 30 000 元拥有所有权的量化股份。3 个月后,获得了企业分配的股息 3 000 元。此后,王某以 40 000 元的价格将股份转让。假如不考虑转让过程中的税费,以下有关王某个人所得税计征的表述中,正确的有(　　)。

A. 王某取得量化股份时暂缓计征个人所得税

B. 对王某取得的 3 000 元股息,应按“利息、股息、红利所得”计征个人所得税

C. 对王某转让量化股份取得的收入应以 17 000 元为计税依据，按“财产转让所得”计征个人所得税

D. 对王某取得的量化股份价值与支付成本的差额 7 000 元，应在取得当月与当月工资薪金合并，按“工资、薪金所得”计征个人所得税

25. 下列关于非货币性资产投资个人所得税的说法正确的有(　　)。

A. 个人以非货币性资产投资，属于个人转让非货币性资产和投资同时发生。对个人转让非货币性资产的所得，应按照“财产转让所得”项目，依法计算缴纳个人所得税

B. 个人以非货币性资产投资，应按评估后的公允价值确认非货币性资产转让收入。非货币性资产转让收入减除该资产原值及合理税费后的余额为应纳税所得额

C. 个人应在发生应税行为的次月 15 日内向主管税务机关申报纳税。纳税人一次性缴税有困难的，可合理确定分期缴纳计划并报主管税务机关备案后，自发生上述应税行为之日起不超过 5 个公历年度内(含)分期缴纳个人所得税

D. 个人以非货币性资产投资交易过程中取得现金补价的，现金部分应优先用于缴税；现金不足以缴纳的部分，可分期缴纳

26. S 国与我国签订了税收协定并生效，协定约定了特许权使用费征税比例上限，但没有董事费条款。S 国居民乔丹在我国境内无住所，2019 年境外母公司任命其担任境内子公司某职务。下列关于乔丹纳税义务的说法错误的有(　　)。

A. 若乔丹担任境内子公司总经理，即使乔丹没有来我国境内履职，乔丹也须就境内子公司支付的工资薪金在我国纳税

B. 若乔丹担任境内子公司总经理，来华履职，当年居住天数 100 天，乔丹取得的境外所得由境内支付的部分须在我国纳税

C. 若乔丹当年居住天数超过 183 天，在境内取得特许权使用费，乔丹可以不将特许权使用费并入综合所得

D. 若乔丹为子公司一般技术人员，来华履职，当年居住及停留天数超过 183 天，乔丹仅就境内所得在我国缴纳个人所得税

27. 社会保险基金包括(　　)。

A. 基本养老保险基金　　B. 基本医疗保险基金

C. 工伤保险基金　　D. 失业保险基金

28. 职工因(　　)情形之一导致本人在工作中伤亡的，不认定为工伤。

A. 故意犯罪　　B. 醉酒或者吸毒

C. 自残或者自杀　　D. 法律、行政法规规定的其他情形

29. 职工有以下(　　)情形的，可以依照国家规定享受生育津贴。

A. 女职工晚婚假　　B. 女职工生育享受产假

C. 享受计划生育手术休假　　D. 女职工护理假

30. 基本养老金根据个人累计缴费年限、(　　)等因素确定。

A. 当地职工平均工资　　B. 个人账户金额

C. 城镇人口平均预期寿命　　D. 缴费工资

31. 下列各项中,属于基本养老保险覆盖范围的有(　　)。

A. 大学生　　B. 国有企业职工　　C. 个体工商户　　D. 私营企业职工

32. 下列各项中,属于基本医疗保险覆盖范围的有(　　)。

A. 大学生　　B. 国有企业职工

C. 国家机关工作人员　　D. 领取失业保险的失业人员

33. 根据社会保险法律制度的规定,下列关于基本养老保险制度的表述中,正确的有(　　)。

A. 职工基本养老保险实行社会统筹和个人账户相结合

B. 灵活就业人员的缴费基数为本人上年度月平均收入

C. 职工基本养老保险基金由用人单位和个人缴费以及政府补贴等组成

D. 个人跨统筹地区就业的,其基本养老保险关系随本人转移,缴费年限累计计算

34. 罗某是一自由职业者,在多家单位担任兼职会计人员,则其可以自行缴纳的保险有(　　)。

A. 基本养老保险　　B. 基本医疗保险　　C. 工伤保险　　D. 失业保险

35. 下列关于基本医疗保险的缴纳说法中,正确的有(　　)。

A. 参加职工基本医疗保险的个人,达到法定退休年龄时累计缴费达到国家规定年限的,退休后不再缴纳基本医疗保险费

B. 参加职工基本医疗保险的个人,达到法定退休年龄时累计缴费未达到国家规定缴费年限的,可以缴费至国家规定年限

C. 医疗保险的最低缴费年限为 15 年

D. 个人跨统筹地区就业的,其基本医疗保险关系随本人转移,缴费年限累计计算

第4章　薪酬相关的会计知识

4.1　会计基础知识

4.1.1　会计概述

会计是以货币为主要计量单位，运用一系列专门方法，核算和监督一个单位经济活动的一种经济管理工作。

4.1.1.1　会计职能

会计是随着生产的发展，逐步从企业各项经营活动中分离出来的一项提高经济效益的管理活动。会计在经济管理工作中所具有的功能或能够发挥的作用，即会计的职能，包括核算、预测、参与决策和实行监督等。尽管随着经济的发展和管理要求的提高，会计职能是不断变化和发展的，但会计的基本职能依然是进行核算和实行会计监督。

1. 会计核算

会计核算是会计的首要职能，它是以货币计量为主要单位，通过对特定主体的经营活动进行确认、计量记录和报告等环节，如实反映特定主体的财务状况、经营成果（或运营绩效）和现金流量等信息。

其中：

会计确认解决的是定性问题，以判断发生的经济活动是否属于会计核算的内容、归属于哪类性质的业务，是作为资产还是负债或其他会计要素入账等。

会计计量解决的是定量问题，即在会计确认的基础上确定入账的具体金额。

会计报告是确认和计量的结果，即通过报告，将确认、计量和记录的结果进行归纳和整理，以财务报告的形式提供给信息使用者。会计确认、计量和报告是会计核算的重要环节。

2. 会计监督

会计监督职能，又称会计控制职能，是指对特定主体经济活动和相关会计核算的真实性、合法性和合理性进行监督检查。会计监督要对单位经济活动的全过程进行监督，包括事前、事中和事后监督。

3. 会计核算与会计监督的关系

会计核算与会计监督两项基本职能关系密切、相辅相成、辩证统一。会计核算是会计的首要职能，是会计监督的基础，没有核算，监督就无从谈起；而会计监督是会计核算的质量保证。

4.1.1.2 会计基本假设

会计基本假设是企业会计确认、计量和报告的前提，是对会计核算所处时间、空间环境等所做的合理假定。会计基本假设包括会计主体、持续经营、会计分期和货币计量。

1. 会计主体

会计主体是指会计所核算和监督的特定单位或组织，是会计确认、计量和报告的空间范围。会计主体的作用在于界定不同主体的会计核算范围，解决为谁核算的问题。

会计主体与法律主体并非对等的概念。一般来讲，法律主体必然是一个会计主体，而会计主体则不一定是法律主体。例如，任何企业，无论是独资、合资还是合伙，都是会计主体。在企业规模较大的情况下，管理上要求各分支机构定期提供生产经营活动及收支情况，非法律主体的分支机构即为会计主体。集团公司的母公司、子公司都是独立的法律主体，但在编制合并会计报表时，作为一个报送主体（会计主体），会计主体跨越了法律主体的界限。

2. 持续经营

持续经营是指在可以预见的将来，会计主体将会按当前的规模和状态经营下去，不会停业，也不会大规模削减业务。

企业的会计确认、计量和报告应当以企业持续经营为前提，不考虑破产、清算的因素。例如，一般情况下，企业的固定资产可以在一个较长的时期内发挥作用，并服务于生产经营过程，因而固定资产就可以根据历史成本进行记录，并将历史成本分摊到各个会计期间或者相关产品的成本中。

3. 会计分期

会计分期是指将一个会计主体持续经营的生产活动划分为一个个连续的、长度相同的期间，以便分期结算账目和编制财务会计报告。

会计分期为会计核算确定了时间范围。会计分期分为年度和中期。会计年度是以一年确定的会计期间，是最常见和最重要的会计期间。半年度、季度和月度均称为会计中期。我国的会计年度自公历每年的 1 月 1 日起至 12 月 31 日止。

4. 货币计量

货币计量是指会计主体在财务会计确认、计量和报告时采用货币作为统一的计量单位，反映会计主体的生产经营活动。

在货币计量假设下，企业的会计核算应该以人民币作为记账本位币。业务收支以人民币以外的货币为主要计量单位，可以选定其中一种货币作为记账本位币，但编制的财务会计报告应当折算为人民币反映。在境外设立的中国企业向国外报送的财务会计报告，应当折算为人民币反映。

4.1.1.3　会计基础

会计基础是会计确认、计量、报告的基础。会计基础主要有：权责发生制和收付实现制。

1. 权责发生制

权责发生制，也称应计制。权责发生制要求，凡当期已经实现的收入和已经发生或者应当负担的费用，不论款项是否收付，都应当作为当期的收入或费用，计入利润表；凡不属于当期的收入和费用，即使款项已在当期收付，也不应当作为当期的收入和费用。也就是说，企业应当在收入已经实现和费用已经发生时就进行确认，而不是等到实际收到现金或者支付现金时才确认。企业会计的确认、计量和报告应当以权责发生制为基础。

2. 收付实现制

收付实现制是与权责发生制相对应的一种会计基础。收付实现制，也称现金收付制或者现金制，是以收到或支付现金作为确认收入和费用等的依据。收付实现制是以实际收到或付出款项的日期确认收入或费用的归属期的制度。以前，我国的行政单位会计采用收付实现制，事业单位会计除经营业务可以采用权责发生制以外，其他大部分业务采用收付实现制。但自 2017 年 1 月 1 日起施行《政府会计准则——基本准则》以来，政府会计主体财务会计实行权责发生制。

4.1.1.4　会计信息的质量要求

会计信息是会计系统产品，其载体是会计凭证、会计账簿、会计报表等，只有符合要求的会计信息，才能满足信息使用者的要求。我国《企业会计准则——基本准则》对会计信息质量要求作了明确的规定。

1. 可靠性

可靠性要求企业以实际发生的交易或事项为依据进行会计确认、计量和报告，如实反映符合确认和计量要求的各项会计要素及其他相关信息，保证会计信息真实可靠、内容完整。

可靠性是对会计信息质量的基本要求。要求企业应该做到内容真实、数字准确、资料可靠。不得根据虚构或尚未发生的交易或事项进行确认、计量和报告，不能随意遗漏或者减少应该予以披露的信息。

2. 相关性

相关性要求企业提供的会计信息与财务会计报告使用者的经济决策需要相关，有助于财务会计报告使用者对企业过去、现在或者未来的情况作出评价或预测。

根据相关性原则，要求在收集、记录、处理和提供会计信息过程中能充分考虑各方面会计信息使用者决策的需要，满足各方面具有共性的信息需求。如投资者要了解企业盈利能力的信息，以决定是否投资或者继续投资；税务部门要了解企业的盈利及生产经营情况，以确定企业的纳税情况是否合理等。

3. **可理解性**

可理解性要求企业提供的会计信息清晰明了，便于财务会计报告使用者理解和使用。

企业编制会计报表、提供会计信息的目的在于供使用者使用，而会计信息清晰明了、内涵明确、便于理解，才能提高其有用性。因此，在会计核算中，会计记录应当准确、清晰，填制会计凭证、登记账簿必须做到依据合法、账户对应关系清楚、文字摘要完整；在编制会计报表时，应当内容完整，项目勾稽关系清楚、数字准确。

4. **可比性**

可比性要求企业提供的会计信息具有可比性。可比性要求包括两层含义：

同一企业不同时期可比或者说纵向可比。同一企业不同时期发生的相同或者相似的交易或者事项，应当采用一致的会计政策，不得随意变更。

不同企业相同会计期间可比或者说横向可比。不同企业发生的相同或者相似的交易或事项，应当采用规定的会计政策，确保会计信息口径一致、相互可比。

5. **实质重于形式**

实质重于形式要求企业按照交易或事项的经济实质进行会计确认、计量和报告，不应仅以交易或者事项的法律形式为依据。

交易或事项的经济实质或法律形式在多数情况下是一致的，但也存在不一致的情况。在交易或事项的法律形式不能完全反映其实质内容的情况下，必须根据交易或事项的经济实质进行确认、计量和报告，这有利于增强会计信息对决策的有用性。如企业融资租入固定资产在会计核算中视为自有固定资产核算管理。

6. **重要性**

重要性要求企业提供的会计信息反映与企业财务状况、经营成果和现金流量等有关的所有重要交易或者事项。

重要性要求企业的财务报告在全面反映企业的财务状况和经营成果的同时，对于重要的经济业务，应重点核算、单独反映，而对不重要的经济业务，则可适当简化或合并反映。重要性应用需要依赖职业判断，企业应根据所处环境和实际情况，从项目的性质和金额大小两方面加以判断。

7. **谨慎性**

谨慎性要求企业对交易或者事项进行会计确认、计量和报告时保持应有的谨慎，不应高估资产或者收益、低估负债或者费用。在市场经济条件下，企业在经营中不可避免地要遇到各种风险，所以应遵循谨慎性原则，合理核算可能发生的损失和费用，尽量降低经营风险，使会计信息更加可靠。

8. **及时性**

及时性要求企业对于已经发生的交易或者事项，及时进行会计确认、计量和报告，不得提前或者延后。

及时性要求做到三点：一是要求及时收集会计信息；二是要求及时处理会计信息；三是要求及时传递会计信息。

4.1.2 会计要素与会计等式

4.1.2.1 会计要素

会计要素是对会计对象进行的基本分类，是会计核算对象的具体化。我国《企业会计准则——基本准则》将会计要素划分为六大要素，分别为：资产、负债、所有者权益、收入、费用和利润。其中资产、负债和所有者权益三项会计要素反映企业在某一特定日期的财务状况，在资产负债表中列示；收入、费用和利润三项会计要素反映企业在某一会计期间的经营成果，在利润表中列示。

1. **资产**

资产是企业过去的交易或事项形成的、并由企业拥有或者控制的、预期会给企业带来经济利益的资源。资产按流动性不同分为流动资产和非流动资产。

资产的确认条件：与该资源有关的经济利益很可能流入企业；该资源的成本或者价值能够可靠地计量。

资产按流动性不同分为流动资产和非流动资产。

流动资产是指预计在一个正常营业周期中变现、出售或耗用，或者主要为交易目的而持有，或者预计在资产负债表日起一年内（含一年）变现的资产，以及自资产负债表日起一年内交换其他资产或清偿负债的能力不受限制的现金或现金等价物。流动资产具体包括：货币资金（库存现金、各种存款以及其他货币资金）、交易性金融资产、应收票据、应收及预付款项、应收利息、应收股利、其他应收款、存货（材料采购、原材料、库存商品、生产成本、周转材料、委托加工物资、材料成本差异、发出商品）等。

非流动资产是指流动资产以外的资产。主要包括长期投资、固定资产（房屋及建筑物、机器设备、电子设备、运输设备、工具器具等）、无形资产（专利权、商标权、著作权、特许权、非专利技术、土地使用权等）等。

2. **负债**

负债是指企业由过去的交易或者事项形成的、预期会导致经济利益流出企业的现时义务。负债按其流动性，可以分为流动负债和非流动负债。

负债的确认条件：与该资源有关的经济利益很可能流出企业；该资源的成本或者价值能够可靠地计量。

负债按其流动性，可以分为流动负债和非流动负债。

流动负债是指预计在一个正常营业周期中偿还，或者主要为交易目的而持有，或者自资产负债表日起一年内(含一年)到期应予以清偿，或者企业无权自主地将清偿期推迟至资产负债表日后一年以上的负债。流动负债包括：短期借款、应付票据、应付账款、预收账款、应交税费、应付职工薪酬、应付利息、应付股利和其他应付款等。

非流动负债是指流动负债以外的负债，主要包括长期借款和应付债券等。

3. 所有者权益

所有者权益又称为净资产，是指企业资产扣除负债后由所有者享有的剩余权益。公司的所有者权益又称为股东权益。

所有者权益的来源包括：所有者投入的资本、直接计入所有者权益的利得和损失、留存收益等。投入资本是指投资者实际缴付的出资额；直接计入所有者权益的利得和损失，是指不应计入当期损益、会导致所有者权益发生增减变动的、与所有者投入资本或者向所有者分配利润无关的利得或损失，利得是指由企业非日常活动所形成的、会导致所有者权益增加的、与所有者投入资本无关的经济利益的流入，损失是指由企业非日常活动所发生的、会导致所有者权益减少的、与向所有者分配利润无关的经济利益的流出。

所有者权益的内容包括实收资本、资本公积、盈余公积和未分配利润。实收资本(或股本)是指所有者投入的构成企业注册资本或者股本部分的金额；资本公积包括资本溢价(或股本溢价)以及直接计入所有者权益的利得和损失等；盈余公积是指企业从利润中提取的公积金、公益金，有法定盈余公积和任意盈余公积等；未分配利润是企业留待以后年度分配的利润或本年度待分配利润。盈余公积与未分配利润又统称为留存收益。

4. 收入

收入是指企业在日常活动中形成的、会导致所有者权益增加的、与所有者投入资本无关的经济利益的总流入。其中日常活动如销售商品、提供劳务及让渡资产使用权等。

收入只有在经济利益很可能流入从而导致企业资产增加或者负债减少、且经济利益的流入额能够可靠计量时才能予以确认。

按日常活动在企业所处的地位，收入主要分为主营业务收入和其他业务收入。主营业务收入是指企业经常发生的、主要业务所产生的收入，它一般占企业营业收入的很大比重；其他业务收入是指从日常经济活动中取得的主营业务收入以外的兼营收入。它一般占企业营业收入的比重不是很大。如原材料销售收入、包装物出租收入等。主营业务收入和其他业务收入统称为营业收入。

按性质的不同，收入可分为销售商品收入、提供劳务收入、让渡资产使用权收入等。

5. **费用**

费用是指企业在日常活动中发生的、会导致所有者权益减少的、与向所有者分配利润无关的经济利益的总流出。

费用只有在经济利益很可能流出从而导致企业资产减少或者负债增加、且经济利益的流出额能够可靠计量时才能予以确认。

费用按其性质分为生产费用和期间费用。

生产费用是指与企业日常生产经营活动有关的费用。按其经济用途可分为直接材料、直接人工和制造费用。生产费用按照其实际发生情况计入产品的生产成本；对于生产几种产品共同发生的生产费用，应当按受益原则，采用适当的方法和程序分别计入相关产品的生产成本。这部分费用将随着商品销售，转化为营业成本。营业成本是指销售商品或提供劳务的成本。其内容包括主营业务成本和其他业务成本。

期间费用是指企业在本期发生的，不能直接或间接归入产品生产成本，而应当直接计入当期损益的费用。其内容包括销售费用、管理费用和财务费用。

6. **利润**

利润是指企业在一定会计期间的经营成果，包括收入减去费用后的净额、直接计入当期利润的利得和损失等。

直接计入当期利润的利得和损失，是指应当计入当期损益、会导致所有者权益发生增减变动的、与所有者投入资本或者向所有者分配利润无关的利得或者损失。

利润要素的内容包括：营业利润、利润总额和净利润。

营业利润是营业收入减去营业成本、税金及附加、期间费用、资产减值损失，加上公允价值变动净收益、投资净收益后的金额。

利润总额是指营业利润加上营业外收支净额。营业外收支净额即营业外收入减去营业外支出后的金额。

净利润是指利润总额减去所得税费用后的金额。

4.1.2.2　会计要素的计量

会计要素的计量是指企业在将符合确认条件的会计要素登记入账并列报于会计报表及其附注（又称财务报表）时，应当按照规定的会计计量属性进行计量，确定其金额。

会计计量的属性是指会计要素的数量特征或者外在表现形式，计量属性反映的是会计要素金额的确定基础，主要包括历史成本、重置成本、可变现净值、现值和公允价值。

1. **历史成本**

历史成本又称实际成本，就是取得或制造某项财产物资时所实际支付的现金或其他等价物。在历史成本的计量下，资产按照其购置时支付的现金或者现金等价物的金额，或者按照购置资产时所付出的对价的公允价值计量。负债按照其因承担现时义务而实际收到的款项或者资产的金额，或者承担现时义务的合同金额，或者按照日常活动中为偿还负债预期需要支付的现金或者现金等价物的金额计量。

2. 重置成本

重置成本又称为现行成本，是指按照当前市场条件，重新取得同样一项资产所需支付的现金或现金等价物金额。在重置成本的计量下，资产按照现在购买相同或者相似资产所需支付的现金或现金等价物的金额计量。负债按照现在偿付该项债务所需支付的现金或现金等价物的金额计量。在实务中，重置成本多应用于盘盈固定资产的计量等。

3. 可变现净值

可变现净值是指正常经营过程中，以预计售价减去进一步加工成本和预计销售费用以及相关税费后的净值。在可变现净值的计量下，资产按照其正常对外销售所能收到现金或者现金等价物的金额扣减该资产至完工时估计将要发生的成本、估计的销售费用以及相关税费后的金额计量。可变现净值通常用于存货资产减值情况下的后续计量。

4. 现值

现值是指未来现金流量以恰当的折现率进行折现后的价值，是考虑货币时间价值因素等的一种计量属性。在现值的计量下，资产按照预计从其持续使用和最终处置中所产生的未来净现金流入量的折现金额计量。负债按照预计期限内需要偿还的未来净现金流出量的折现金额计量。现值通常用于非流动资产可收回金额和以摊余成本计量的金融资产价值的确定等。

5. 公允价值

公允价值是指市场参与者在计量日发生的有序交易中，出售一种资产所能收到或者转移一项负债所需支付的价格。有序交易是指在计量日前一段时间内相关资产或负债具有惯常市场活动的交易。在公允价值的计量下，资产和负债按照在公平交易中熟悉情况的交易双方自愿进行资产交换或者债务清偿的金额计量。公允价值主要用于交易性金融资产、以公允价值计量且其变动计入其他综合收益的金融资产、采用公允价值模式计量的投资性房地产等的计量。

企业在对会计要素进行计量时，一般应当采用历史成本，采用重置成本、可变现净值、现值、公允价值计量的，应当保证所确定的会计要素金额能够取得并可靠计量。

4.1.2.3 会计等式

六项会计要素反映了资金运动的静态和动态两个方面，具有紧密的相关性，它们在数量上存在着特定的平衡关系，这种平衡关系用公式来表示称为会计等式。从形式上看，会计等式反映了会计要素之间的内在联系；从本质上看，会计等式揭示了会计主体的产权关系和基本财务状况。

1. 财务状况等式

任何企业要进行经济活动，都必须拥有一定数量和质量的资产，而资产最初来源于两个方面，即所有者和债权人。所有者和债权人将自有资产提供给企业使用，就应该相应地对企业的资产拥有一种要求权，即“权益”。因此，资产和权益在数量上必然相等，而且在任一时点必然保持恒等的关系。即：

资产 = 权益

因为权益属于债权人和所有者，而债权人权益即企业的负债，等式可以写成：

资产 = 负债 + 所有者权益

这一等式反映企业资金运动过程中某一时点上资产、负债和所有者权益三者之间的平衡关系，又被称为财务状况等式、基本会计等式或者静态会计等式，它是复式记账法的理论基础，也是编制资产负债表的依据。

2. 经营成果等式

收入 − 费用 = 利润

该会计等式是资金运动的动态表现，体现了企业一定时期内的经营成果，又被称为经营成果等式或者动态会计等式。该等式反映了利润实现过程，是企业编制利润表的依据。

3. 财务状况与经营成果相结合的等式

因为收入最终会导致所有者权益增加，而费用最终会导致所有者权益减少，一定期间的经营成果必然影响期末的财务状况。六个会计要素之间的关系可以表示为：

资产 = 负债 + 所有者权益 +（收入 − 费用）

资产 = 负债 + 所有者权益 + 利润

也可以变形为：

资产 + 费用 = 负债 + 所有者权益 + 收入

4. 经济业务对会计等式的影响

经济业务，又称会计事项，是指在经济活动中使会计要素发生增减变化的交易或者事项。

由于“资产=负债+所有者权益”这一等式在任一时点都是永恒成立的，无论何种业务都不会破坏资产、负债、所有者权益三大要素之间的平衡关系，因此企业经济业务虽然会对财务状况发生影响，但必然不会破坏等式的平衡关系。

某公司某月初资产、负债和所有者权益的平衡关系见表 4-1。

表 4-1　　某公司某月初资产、负债和所有者权益的平衡关系　　单位：元

资产	金 额	负债和所有者权益	金额
银行存款	200 000	短期借款	100 000
原材料	100 000	应付账款	100 000
固定资产	500 000	所有者权益	600 000
合计	800 000	合计	800 000

假设企业本月发生了下列经济业务：

1 日，以银行存款购买一项固定资产（不考虑增值税），价值 20 000 元。

这笔经济业务的发生使企业资产中的银行存款减少 20 000 元，同时使资产中的另一项目固定资产增加 20 000 元。会计等式一边资产内部一增一减，增减金额相等，资产总额不变，会计等式平衡关系不变。

2 日，向甲公司赊购原材料（不考虑增值税），价款共计 6 000 元。

这笔经济业务的发生使企业资产中的原材料增加 6 000 元，同时使负债中的应付账款也增加 6 000 元。会计等式两边资产和负债同时等额增加，会计等式平衡关系不变。

3 日，企业收到投资者投入资金 80 000 元，存入银行。

这笔经济业务的发生使企业资产中的银行存款增加 80 000 元，同时使所有者权益中的实收资本也增加 80 000 元。会计等式两边资产和所有者权益同时等额增加，会计等式平衡关系不变。

4 日，以银行存款归还银行短期借款 50 000 元。

这笔经济业务的发生使企业资产中的银行存款减少 50 000 元，同时使负债中的短期借款也减少 50 000 元。会计等式两边资产和负债同时等额减少，会计等式平衡关系不变。

5 日，企业为调整资本结构，决定以银行存款退还投资者投资 100 000 元。

这笔经济业务的发生使企业资产中的银行存款减少 100 000 元，同时使所有者权益中的实收资本也减少 100 000 元。会计等式两边资产和所有者权益同时等额减少，会计等式平衡关系不变。

6 日，企业从银行取得短期借款 80 000 元以归还前欠货款。

这笔经济业务的发生使企业负债中的短期借款增加 80 000 元，同时使负债中的另一项目应付账款减少 80 000 元。会计等式一边负债内部一增一减，增减金额相等，会计等式的平衡关系不变。

7 日，企业宣告向投资者分配利润 10 000 元。

这笔经济业务的发生使企业负债中的应付股利增加 10 000 元，同时使所有者权益中的未分配利润减少 10 000 元。会计等式一边一项负债增加，一项所有者权益减少，增减金额相等，会计等式的平衡关系不变。

8 日，乙公司替企业偿还短期借款 30 000 元，作为对企业的投资。

这笔经济业务的发生使企业负债中的短期借款减少 30 000 元，同时使所有者权益中的实收资本增加 30 000 元。会计等式一边一项负债减少，另一项所有者权益增加，减增金额相等，会计等式的平衡关系不变。

9 日，企业经批准以资本公积转增资本 50 000 元。

这笔经济业务的发生使企业所有者权益中的实收资本增加 50 000 元，同时使所有者权益中的另一项目资本公积减少 50 000 元。会计等式一边所有者权益内部一增一减，增减金额相等，会计等式的平衡关系不变。

根据等式：资产＝权益，上述九种变化又可以归纳为四大类型：

资产与权益同时增加，增加的金额相等；

资产与权益同时减少，减少的金额相等；

资产内部有增有减，增减金额相等；

权益内部有增有减，增减金额相等。

综上所述，如果某一经济业务仅仅影响“资产＝负债＋所有者权益”这一等式的等号某一边的要素，那必然是有增有减，总额保持不变；如果某一经济业务同时影响“资产＝负债＋所有者权益”这一等式的等号两边的要素，那必然是同增或者同减，总额变化仍然平衡。

$$资产 + 费用 = 负债 + 所有者权益 + 收入$$

同样，无论经济业务引起六大会计要素发生怎样的增减变化，都不会破坏会计等式的平衡关系。如果某一经济业务仅仅影响这一等式的等号某一边的要素，那必然是有增有减，总额保持不变；如果某一经济业务同时影响该等式的等号两边的要素，那必然是同增或者同减，总额变化仍然平衡。

4.1.3 会计科目和账户

4.1.3.1 会计科目

会计科目是指对会计要素的具体内容进行分类核算的项目。会计科目按其反映的经济内容的不同，即所归属的会计要素不同，分为资产类、负债类、共同类、所有者权益类、成本类和损益类六大类。每一大类会计科目可按一定标准再分为具体会计科目。

1. 资产类科目

资产类科目是指用于核算资产增减变化，提供资产类项目会计信息的会计科目。是对资产要素的具体内容进行分类核算的项目。资产类科目主要包括库存现金、银行存款、其他货币资金、交易性金融资产、应收票据、应收股利、应收利息、应收账款、其他应收款、坏账准备、预付账款、在途物资、材料采购、原材料、材料成本差异、库存商品、委托加工物资、存货跌价准备、长期投资、长期投资减值准备、固定资产、累计折旧、固定资产减值准备、工程物资、在建工程、固定资产清理、无形资产、无形资产减值准备、长期待摊费用、递延所得税资产等。

2. 负债类科目

负债类科目是指用于核算负债增减变化，提供负债类项目会计信息的会计科目。是对负债要素的具体内容进行分类核算的项目。负债类科目主要包括短期借款、应付票据、应付账款、预收账款、代销商品款、应付职工薪酬、应付利息、应付股利、应交税费、其他应付款、递延收益、长期借款、应付债券、长期应付款、预计负债、递延所得税负债等。

3. **共同类科目**

共同类科目，既可能具有资产的性质，又可能具有负债的性质。共同类科目的特点是需要从其期末余额所在方向界定其性质。如清算资金往来、货币兑换、衍生工具、套期工具、被套期项目等。

4. **所有者权益类科目**

所有者权益类科目是指用于核算所有者权益增减变化，提供所有者权益有关项目会计信息的会计科目。所有者权益类科目包括实收资本（或股本）、资本公积、盈余公积、本年利润和利润分配等。

5. **成本类科目**

成本类科目是用于核算成本（即对象化的费用）的发生和归集情况，提供成本相关会计信息的会计科目。成本类科目包括生产成本、制造费用、劳务成本、研发支出等。

6. **损益类科目**

损益类科目是指用于核算收入、费用的发生或归集，提供一定期间损益相关的会计信息的会计科目。损益类科目包括主营业务收入、其他业务收入、公允价值变动损益、投资收益、营业外收入、主营业务成本、其他业务成本、营业税金及附加、销售费用、管理费用、财务费用、资产减值损失、营业外支出、所得税费用、以前年度损益调整等。

会计科目又可以按其所提供信息的详细程度及其统驭关系不同，分为总分类科目和明细分类科目。前者是对会计要素具体内容进行总括分类，提供总括信息的会计科目；后者是对总分类科目作进一步分类，提供更详细、更具体会计信息的科目。对于明细科目较多的总账科目，可在总分类科目下设置二级明细科目，在二级明细科目下设置三级明细科目。

总分类科目对所属的明细分类科目具有统驭和控制作用，而明细科目则是对总分类科目的详细和具体说明。

4.1.3.2 会计科目的设置原则

1. **合法性原则**

合法性原则指所设置的会计科目应当符合国家有关法律法规的规定。在不影响会计核算质量和会计报表指标汇总，以及对外提供统一的会计报表的前提下，企业也可以根据自身特点增补或合并会计科目，做到统一性与灵活性相结合。

2. **相关性原则**

相关性原则指所设置的会计科目应为提供有关各方所需要的会计信息服务，满足对外报告与对内管理的要求。

3. **实用性原则**

实用性原则指所设置的会计科目应符合单位自身特点，满足单位实际需要。企业的组织形式、所处行业、经营内容及业务种类不同，在会计科目的设置上亦有所区别。

4.1.3.3　账户

账户是根据会计科目设置的，具有一定格式和结构，是用于分类反映会计要素增减变动情况及其结果的载体。设置账户是会计核算的重要方法之一。

账户使原始数据转换为初始会计信息，通过账户可以对大量复杂的经济业务进行分类核算，从而提供不同性质和内容的会计信息。

1. 账户的分类

账户按其提供信息的详细程度分类，同会计科目的分类相对应，账户也分为总分类账户和明细分类账户。总分类账户是指根据总分类科目设置的，用于对会计要素具体内容进行总括分类核算的账户，简称总账账户或总账。明细分类账户是根据明细分类科目设置的，用来对会计要素具体内容进行明细分类核算的账户，简称明细账。总账账户称为一级账户，总账以下的账户称为明细账户。

根据账户所反映的经济内容，可将其分为资产类账户、负债类账户、共同类账户、所有者权益类账户、成本类账户、损益类账户六类。

2. 账户的基本结构

账户标准格式如表 4-2 所示，账户的基本结构具体包括账户名称（会计科目）、记录经济业务的日期、所依据记账凭证编号、经济业务摘要、增减金额、余额等。

表 4-2　　××账户

年月日	凭证编号	摘要	增加额	减少额	余额

登记本期增加的金额称为本期增加发生额；登记本期减少的金额，称为本期减少发生额；增减相抵后的差额，称为余额。

账户余额按照表示的时间不同，分为期初余额和期末余额，其基本关系如下：

期末余额 ＝ 期初余额 ＋ 本期增加发生额 － 本期减少发生额

上式中的四个部分称为账户的四个金额要素。

各项经济业务引起会计要素的变化不是增加，就是减少，为便于记录经济业务，将账户的结构简化为“T”字型账户或“丁”字型账户，见表 4-3。

表 4-3　　××账户

借方	贷方

简易账户分为左方和右方两个方向，一方登记增加，另一方登记减少。至于哪一方登记增加，哪一方登记减少，取决于所记录经济业务和账户的性质。余额方向在左还是右，也取决于账户的性质。

4.1.3.4 会计科目与账户的关系

联系：会计科目与账户都是对会计对象具体内容的科学分类，两者口径一致，性质相同。会计科目是账户的名称，也是设置账户的依据；账户是会计科目的具体运用。没有会计科目，账户便失去了设置的依据；没有账户，就无法发挥会计科目的作用。

区别：会计科目仅仅是账户的名称，不存在结构；而账户则具有一定的格式和结构。在实际工作中，对会计科目和账户不加严格区分，而是相互通用。

4.1.4 会计记账方法

4.1.4.1 会计记账方法的种类

所谓的记账方法，就是根据一定的原理和记账符号，采用一定的计量单位，利用文字和数字，将经济业务发生所引起的各会计要素的增减变动在有关账户中进行记录的方法。在会计的发展过程中，记账方法可以分为单式记账法和复式记账法。

1. 单式记账法

单式记账法是指对发生的交易或事项只在一个账户进行记录的记账方法。

单式记账法重点考虑的是现金、银行存款以及债权、债务方面发生的交易或事项，是一种比较简单、不完整的记账方法。它不能全面、完整、系统地反映交易或事项的来龙去脉，也不便于检查和核对账户记录的正确性。

2. 复式记账法

复式记账法是以资产与权益平衡关系作为记账基础，对于每一笔经济业务，都要以相等的金额在两个或两个以上相互联系的账户中进行登记，全面系统地反映会计要素增减变化的一种记账方法。

复式记账法能相互联系地记录每一项经济业务，从而如实反映资金运动的来龙去脉。

在复式记账法下，账户形成了一个完整的体系，并利用各账户发生额及余额之间相互联系、相互制约的关系进行试算平衡，检查账户记录是否正确，从而保证账户记录无误。

复式记账法分为借贷记账法、增减记账法和收付记账法。《企业会计准则——基本准则》规定企业应当采用借贷记账法。

4.1.4.2 借贷记账法

借贷记账法是以“借”“贷”为记账符号，对每一笔经济业务，都要在两个或两个以上相互联系的账户中以相反的方向、相等的金额进行登记的一种复式记账方法。

借贷记账法产生于 12 世纪的意大利，后逐步发展和完善，成为世界通用的记账方法。20 世纪初由日本传入我国，目前已成为我国法定的记账方法。

1. 借贷记账法的记账符号

借贷记账法用“借”和“贷”作为记账符号，分别作为账户的左方和右方。至于“借”表示增加还是“贷”表示增加，则取决于账户的性质及结构。

2. 借贷记账法下的账户结构

在借贷记账法下，账户分为左右两方，左方称为借方，右方称为贷方，分别用借、贷两个记账符号来表示各会计要素的增加和减少。根据“资产＋费用＝负债＋所有者权益＋收入”等式，在借贷记账法下，一般“借”表示资产、费用（等式左边要素）的增加和权益、收入（等式右边要素）的减少；“贷”表示资产、费用的减少和权益、收入的增加。

（1）资产类账户。

表 4-4　　资产类账户

借方　　资产类账户　　贷方

期初余额：	
本期增加额	本期减少额
……	……
本期借方发生额合计	本期贷方发生额合计
期末余额	

如表 4-4 所示，资产类账户中，借方登记资产增加数，贷方登记资产减少数，余额一般在借方，其余额计算公式为：

$$\text{期末借方余额} = \text{期初借方余额} + \text{本期借方发生额} - \text{本期贷方发生额}$$

注意：个别资产类账户的余额一般在贷方，例如：累计折旧、坏账准备、累计摊销等。因为这些账户是调减相关资产账户余额的备抵账户。其余额计算公式为：

$$\text{期末贷方余额} = \text{期初贷方余额} + \text{本期贷方发生额} - \text{本期借方发生额}$$

有些资产类账户的余额既可能在借方也可能在贷方，例如：“应收账款”账户，如果期末余额计算出为负数，则期末“应收账款”账户的余额在贷方，表示预收客户的款项。

（2）负债和所有者权益类账户。

表 4-5　　负债和所有者权益类账户

借方　　负债和所有者权益类账户　　贷方

	期初余额：
本期减少额	本期增加额
……	……
本期借方发生额合计	本期贷方发生额合计
	期末余额

如表 4-5 所示，对于负债类、所有者权益类账户，借方登记减少数，贷方登记增加数；余额一般出现在贷方，其余额计算公式为：

期末贷方余额 = 期初贷方余额 + 本期贷方发生额 − 本期借方发生额

注意：权益类账户结构与资产类完全相反。个别负债、所有者权益类账户的期末余额可能为负数，即为借方余额。例如"应付账款"，如果期末余额计算出为负数，则期末"应付账款"账户的余额在借方，表示预付供应商的款项。例如"本年利润"，属于所有者权益类账户，贷方登记由收入类账户转来的，企业本期内的全部收入数额，借方登记由费用类账户转来的，企业本期内发生的全部费用支出数额，如果期末余额为正数，则在贷方，反映的是利润数额；如果余额为负数，则在借方，反映的是亏损数额。

(3) 成本类账户。成本类账户结构与资产类完全相同，即借方登记增加数，贷方登记减少数，其余额计算公式为：

期末借方余额 = 期初借方余额 + 本期借方发生额 − 本期贷方发生额

生产成本、劳务成本账户在期末一般有余额，其余额在借方；

制造费用账户在期末结转(计入生产成本)之后一般没有余额。

(4) 损益类账户。收入类账户与权益类相似，也是贷方登记增加数，借方登记减少数。但是收入是企业在一定期间取得的经营业绩，不应留存到下一会计期间，应当在当期予以结转，以便下一会计期间的收入账户金额能够反映下一会计期间的实际收入情况，期末要将收入类账户的全部余额计入"本年利润"账户的贷方，以便结算本期利润，收入类账户结转之后没有余额，见表 4-6。

表 4-6　　　　损益类账户

借方　　　　收入类账户　　　　贷方

	期初余额：
本期减少额	本期增加额
……	……
本期借方发生额合计	本期贷方发生额合计
期末无余额	

如表 4-7 所示，费用类账户与资产类相似，借方登记增加数，贷方登记减少数。费用账户期末应结转计入本年利润，没有余额。

不同要素下借贷记账符号与增减记账符号的对应关系可以归纳如下账户名称(会计科目)，如表 4-8 所示。

表 4-7　　费用类账户

借方　　费用类账户　　贷方

期初余额：	
本期增加额	本期减少额
……	……
本期借方发生额合计	本期贷方发生额合计
期末无余额	

表 4-8　　借方和贷方的账户名称

借方	贷方
资产的增加	负债的增加
成本的增加	所有者权益的增加
费用的增加	收入的增加
负债的减少	资产的减少
所有者权益的减少	成本的减少
收入的冲减或结转	费用的冲减或结转

3. 借贷记账法的记账规则

借贷记账法的记账规则为：有借必有贷，借贷必相等。即对于每一笔经济业务都要在两个或两个以上相互联系的账户中以借方和贷方相等的金额进行登记。

具体说，对发生的每一笔经济业务，都必须记入一个账户的借方，同时记入另一个或几个账户的贷方；或者记入一个账户的贷方，同时记入另一个或几个账户的借方；或者记入几个账户的借方，同时记入另几个账户的贷方，并且记入借方和贷方的金额必须相等。

账户对应关系是指采用借贷记账法对每项经济业务进行记录时，相关账户之间形成的应借、应贷的相互对应关系。存在对应关系的账户称为对应账户。

4. 会计分录

会计分录是指对某项经济业务事项标明其应借、应贷的账户及其金额的记录，会计分录简称分录。会计分录是由应借应贷方向、对应账户（科目）名称及应记金额三要素构成的。

（1）会计分录的编制步骤。①分析经济业务事项涉及的是哪些要素。②确定涉及哪些账户，是增加，还是减少。③确定记入哪个（哪些）账户的借方，哪个（哪些）账户的贷方；记入借方发生额的账户为借方账户，记入贷方发生额的为贷方账户。④确定应借应贷账户是否正确，借贷方金额是否相等。

（2）会计分录的分类根据每项经济业务所涉及的会计账户的多少，可以把会计分录分为简。单会计分录和复合会计分录。

① 简单会计分录。指的是一项经济业务仅涉及一个账户借方和另一个账户贷方的会计分录，即“一借一贷”的分录。

把现金存入银行的分录：

借：银行存款

　　贷：库存现金

② 复合会计分录。指的是一项经济业务涉及多个账户借方或多个账户贷方的会计分录，即“一借多贷”“多借一贷”“多借多贷”分录。

采取赊销方式销售商品的分录：

借：应收账款

　　贷：主营业务收入

　　　　应交税费——应交增值税（销项税额）

一般纳税人赊购原材料的分录：

借：原材料

　　应交税费——应交增值税（进项税额）

　　贷：应付账款

采取赊销方式（另外一部分货款通过银行收到）销售商品的分录：

借：应收账款

　　银行存款

　　贷：主营业务收入

　　　　应交税费——应交增值税（销项税额）

注意：多借多贷会计分录，只有在某一项经济业务比较繁杂，确实需要编制时才可以编制，一般不允许将不同的经济业务合并编制多借多贷会计分录。

接上例，1 日，以银行存款购买一项固定资产（不考虑增值税），价值 20 000 元。

这笔经济业务的发生使企业资产中的银行存款减少 20 000 元，即有贷方发生额 20 000元，同时使资产中的另一项目固定资产增加 20 000 元，即有借方发生额 20 000 元。该业务借方科目（账户）为固定资产，贷方科目（账户）为银行存款。因此会计分录应为：

借：固定资产　　　　20 000

　　贷：银行存款　　　　20 000

2 日，向甲公司赊购原材料，价款共计 6 000 元。

这笔经济业务的发生使企业资产中的原材料增加 6 000 元，即有借方发生额 6 000 元，同时使负债中的应付账款也增加 6 000 元，即有贷方发生额 6 000 元。该业务借方科目(账户)为原材料，贷方科目(账户)为应付账款。因此会计分录应为：

借：原材料　　6 000

　　贷：应付账款　　6 000

5. 借贷记账法的试算平衡

试算平衡指的是根据资产与权益的恒等关系以及借贷记账法的记账规则，检查所有账户记录是否正确的过程，包括发生额试算平衡法和余额试算平衡法两种方法。

(1) 发生额试算平衡。借贷记账法是建立在“资产＝负债＋所有者权益”这一恒等式的平衡原理的基础上，并采用“有借必有贷、借贷必相等”的记账规则，在有关账户中作复式记录，这就确定了每一项经济业务所编制的会计分录借方与贷方的发生额必然相等的关系。由此，在一定时期内根据会计分录登记有关账户之后，则所有登记账户的借方本期发生额合计和所有登记账户的贷方发生额合计必然相等，因此，就有了发生额试算平衡法。它是根据本期所有账户借方发生额合计与贷方发生额合计的恒等关系，检验本期发生额记录是否正确的方法。其公式为：

全部账户本期借方发生额合计 ＝ 全部账户本期贷方发生额合计

发生额试算平衡法的理论依据是“有借必有贷，借贷必相等”这一记账规则。

(2) 余额试算平衡。余额试算平衡法是运用会计等式“资产＝权益”，本期所有账户借方余额合计等于所有账户贷方余额合计的恒等关系，检验本期账户记录是否正确的方法。

根据余额时间不同又分为期初余额平衡与期末余额平衡两类。其公式为：

全部账户的借方期初余额合计 ＝ 全部账户的贷方期初余额合计

全部账户的借方期末余额合计 ＝ 全部账户的贷方期末余额合计

(3) 试算平衡表。在实际会计核算中，是通过编制六栏式“试算平衡表”的方法来完成的，样式如表 4-9 所示。

表 4-9　　试算平衡表

××年××月　　单位：元

科目名称	期初余额		本期发生额		期末余额	
	借方	贷方	借方	贷方	借方	贷方
合计						

编制试算平衡表时，需要注意的几个问题：①必须保证所有账户的余额均已计入试算平衡表，否则可能会导致余额平衡的等式不成立。②试算不平衡，表明账户记录肯定

有错误，应认真查找，直到平衡为止。③试算平衡了，不一定说明账户记录绝对正确，因为有些错误不会影响借贷双方的平衡关系。如漏记某项经济业务；重记某项经济业务；某项经济业务记错有关账户，借贷仍然平衡；某项经济业务在账户记录中，颠倒了记账方向，借贷仍然平衡；借方或贷方发生额中，偶然发生多记或少记并且相互抵消，借贷仍然平衡，等等。

4.2 薪税费会计核算

本章薪税（费）核算主要包括了《劳动法》和《劳动合同法》下职工薪税（费）、劳务派遣用工薪税（费）核算的内容。鉴于人力资源和人力资本服务业的发展，将劳务性报酬和个人经营性报酬以及人力资源外包服务费用的核算作为延伸内容列示。

4.2.1 薪酬核算的概念和范畴

4.2.1.1 职工薪酬

《企业会计准则第 9 号——职工薪酬》《企业会计准则第 10 号——企业年金基金》《企业会计准则第 11 号——股份支付》明确界定了职工和职工薪酬的含义，规范了职工薪酬的确认、计量和相关信息的披露要求，以真实、完整地反映企业发生的人工成本。

1. 职工薪酬的定义

职工薪酬，是指企业为获得职工提供的服务或解除劳动关系而给予的各种形式的报酬或补偿。企业提供给职工配偶、子女、受赡养人、已故员工遗属及其他受益人等的福利，也属于职工薪酬。企业因职工提供服务而产生的义务，应全部纳入职工薪酬的范围。

2. 职工薪酬的分类

职工薪酬分为：短期薪酬、离职后福利、辞退福利、其他长期职工福利。

3. 职工构成

《企业会计准则第 9 号——职工薪酬》中的职工，是指与企业订立劳动合同的所有人员，含全职、兼职和临时职工，也包括虽未与企业订立劳动合同但由企业正式任命的人员。具体而言，职工至少应当包括：

(1) 与企业订立劳动合同的所有人员，含全职、兼职和临时职工。按照我国《劳动法》和《劳动合同法》的规定，企业作为用人单位应当与劳动者订立劳动合同。职工首先应当包括这部分人员，即与企业订立了固定期限、无固定期限或者以完成一定工作作为期限的劳动合同的所有人员。

(2) 未与企业订立劳动合同但由企业正式任命的人员，如董事会成员、监事会成员等。企业按照有关规定设立董事、监事，或者董事会、监事会的，如所聘请的独立董事、外部监事等，虽然没有与企业订立劳动合同，但属于由企业正式任命的人员。

（3）在企业的计划和控制下，虽未与企业订立劳动合同或未由其正式任命，但向企业所提供服务与职工所提供服务类似的人员，也属于职工的范畴，包括通过企业与劳务中介公司签订用工合同而向企业提供服务的人员。

4. 职工薪酬核算的具体内容

（1）短期薪酬。短期薪酬指企业在职工提供相关服务的年度报告期间结束后十二个月内需要全部予以支付的职工薪酬，因解除与职工的劳动关系给予的补偿除外。短期薪酬主要包括：

① 职工工资、奖金、津贴和补贴，是指企业按照构成工资总额的计时工资、计件工资、支付给职工的超额劳动报酬等的劳动报酬，为了补偿职工特殊或额外的劳动消耗和因其他特殊原因支付给职工的津贴，以及为了保证职工工资水平不受物价影响支付给职工的物价补贴等。其中，企业按照短期奖金计划向职工发放的奖金属于短期薪酬，按照长期奖金计划向职工发放的奖金属于其他长期职工福利。

② 职工福利费，是指企业向职工提供的生活困难补助、丧葬补助费、抚恤费、职工异地安家费、防暑降温费等职工福利支出。

③ 医疗保险费、工伤保险费和生育保险费等社会保险费，是指企业按照国家规定的基准和比例计算，向社会保险经办机构缴存的医疗保险费、工伤保险费和生育保险费。

④ 住房公积金，是指企业按照国家规定的基准和比例计算，向住房公积金管理机构缴存的住房公积金。

⑤ 工会经费和职工教育经费，是指企业为了改善职工文化生活、为职工学习先进技术和提高文化水平和业务素质，用于开展工会活动和职工教育及职业技能培训等相关支出。

⑥ 短期带薪缺勤，是指职工虽然缺勤但企业仍向其支付报酬的安排，包括年休假、病假、婚假、产假、丧假、探亲假等。长期带薪缺勤属于其他长期职工福利。

⑦ 短期利润分享计划，是指因职工提供服务而与职工达成的基于利润或其他经营成果提供薪酬的协议。长期利润分享计划属于其他长期职工福利。

⑧ 非货币性福利，指企业以非货币性资产支付给职工的薪酬，主要包括企业以自产产品发放给职工作为福利、将企业拥有的资产无偿提供给职工使用、为职工无偿提供医疗保健服务等。

⑨ 其他短期薪酬，是指除上述薪酬以外的其他为获得职工提供的服务而给予的短期薪酬。

（2）离职后福利，具体包括以下内容。

① 离职后福利的定义。离职后福利，是指企业为获得职工提供的服务而在职工退休或与企业解除劳动关系后，提供的各种形式的报酬和福利，属于短期薪酬和辞退福利的除外。

离职后福利计划，是指企业与职工就离职后福利达成的协议，或者企业为向职工提供离职后福利制定的规章或办法等。

② 离职后福利计划的构成。离职后福利计划按照企业承担的风险和义务情况，可以分为设定提存计划和设定受益计划。其中，设定提存计划，是指企业向独立的基金缴存固定费用后，不再承担进一步支付义务的离职后福利计划。设定受益计划，是指除设定提存计划以外的离职后福利计划。

(3) 辞退福利，具体包括以下内容。

① 辞退福利的定义。辞退福利，是指企业在职工劳动合同到期之前解除与职工的劳动关系，或者为鼓励职工自愿接受裁减而给予职工的补偿。

② 辞退福利的构成。辞退福利主要包括：

a. 在职工劳动合同尚未到期前，不论职工本人是否愿意，企业决定解除与职工的劳动关系而给予的补偿。

b. 在职工劳动合同尚未到期前，为鼓励职工自愿接受裁减而给予的补偿，职工有权利选择继续在职或接受补偿离职。

辞退福利通常采取解除劳动关系时一次性支付补偿的方式，也采取在职工不再为企业带来经济利益后，将职工工资支付到辞退后未来某一期间的方式。

企业应当区分辞退福利与正常退休的养老金。辞退福利是在职工与企业签订的劳动合同到期前，企业根据法律与职工本人或职工代表（如工会）签订的协议，或者基于商业惯例，承诺当其提前终止对职工的雇佣关系时支付的补偿，引发补偿的事项是辞退，因此，企业应当在辞退职工时进行辞退福利的确认和计量。职工在正常退休时获得的养老金，是其与企业签订的劳动合同到期时，或者职工达到了国家规定的退休年龄时获得的退休后生活补偿金额，引发补偿的事项是职工在职时提供的服务，而不是退休本身，因此，企业应当在职工提供服务的会计期间进行养老金的确认和计量。

另外，职工虽然没有与企业解除劳动合同，但未来不再为企业提供服务，不能为企业带来经济利益，企业承诺提供实质上具有辞退福利性质的经济补偿的，如发生“内退”的情况，在其正式退休日期之前应当比照辞退福利处理，在其正式退休日期之后，应当按照离职后福利处理。

(4) 其他长期职工福利。其他长期职工福利，是指除短期薪酬、离职后福利、辞退福利之外所有的职工薪酬，包括长期带薪缺勤、长期残疾福利、长期利润分享计划等。

4.2.1.2 企业年金基金

企业年金基金是指根据依法制定的企业年金计划筹集的资金及其投资运营收益形成的企业补充养老保险基金。

企业年金是指企业及其职工在依法参加基本养老保险的基础上，自主建立的补充养老保险制度。企业年金基金由企业缴费、职工个人缴费和企业年金基金投资运营收益组成，实行完全积累，采用个人账户方式进行管理。企业缴费属于职工薪酬的范围，适用《企业会计准则第 9 号——职工薪酬》。

企业年金基金作为一种信托财产，独立于委托人、受托人、账户管理人、投资管理人、托管人和其他为企业年金基金管理提供服务的自然人、法人或者其他组织的固有资产及其他资产，应当存入企业年金基金专户，作为独立的会计主体进行确认、计量和列报。

4.2.1.3 股份支付

股份支付是指企业为获取职工和其他方提供服务而授予权益工具或者承担以权益工具为基础确定的负债的交易。

企业授予职工期权、认股权证等衍生工具或其他权益工具，对职工进行激励或补偿，以换取职工提供的服务，实质上属于职工薪酬的组成部分。

4.2.1.4 劳务派遣用工薪酬

劳务派遣用工薪酬的确认、计量和相关信息的披露应遵循《企业会计准则第 9 号——职工薪酬》的相关规范。

1. 劳务派遣的概念

劳务派遣是指由劳务派遣单位与被派遣劳动者订立劳动合同，把劳动者派向其他用工单位工作的一种用工形式，劳动者与劳务派遣单位是劳动关系，与用工单位是用工关系。劳务派遣单位派遣劳动者应当与接受以劳务派遣形式用工的单位订立劳务派遣协议。劳务派遣协议应当约定派遣岗位和人员数量、派遣期限、劳动报酬和社会保险费的数额与支付方式以及违反协议的责任。劳务派遣单位应当将劳务派遣协议的内容告知被派遣劳动者。劳务派遣单位不得克扣用工单位按照劳务派遣协议支付给被派遣劳动者的劳动报酬。劳务派遣单位和用工单位不得向被派遣劳动者收取费用。劳务派遣一般在临时性、辅助性或者替代性的工作岗位上实施。临时性工作岗位是指存续时间不超过六个月的岗位；辅助性工作岗位是指为主营业务岗位提供服务的非主营业务岗位；替代性工作岗位是指用工单位的劳动者因脱产学习、休假等原因无法工作的一定期间内，可以由其他劳动者替代工作的岗位。用工单位应当严格控制劳务派遣用工数量，不得超过其用工总量的 10%。

2. 劳务派遣用工的薪酬支付规定

被派遣劳动者享有与用工单位的劳动者同工同酬的权利。用工单位应当按照同工同酬原则，对被派遣劳动者与本单位同类岗位的劳动者实行相同的劳动报酬分配办法。用工单位无同类岗位劳动者的，参照用工单位所在地相同或者相近岗位劳动者的劳动报酬确定。用工单位应当履行的义务：

（1）执行国家劳动标准，提供相应的劳动条件和劳动保护。

（2）告知被派遣劳动者的工作要求和劳动报酬。

(3) 支付加班费、绩效奖金,提供与工作岗位相关的福利待遇。

(4) 对在岗被派遣劳动者进行工作岗位所必需的培训。

(5) 连续用工的,实行正常的工资调整机制。

4.2.1.5 劳务性报酬

劳务性报酬主要是指企业将工作任务及业务交付给非任职受雇且无劳动关系的个人去完成,根据个人劳务的完成成果支付的相关报酬。

《个人所得税法》中劳务报酬所得是指个人从事劳务取得的所得,包括从事设计、装潢、安装、制图、化验、测试、医疗、法律、会计、咨询、讲学、翻译、审稿、书画、雕刻、影视、录音、录像、演出、表演、广告、展览、技术服务、介绍服务、经纪服务、代办服务以及其他劳务取得的所得。

企业根据工作成果和结算标准等计算应付的劳务性报酬,根据支付报酬的受益期间和受益对象,按照《企业会计准则》中相关资产、成本费用的确认标准来进行确认、计量和相关信息的披露。

4.2.1.6 个人经营性报酬

个人经营性报酬主要是指个人经营主体为企业或自然人提供服务而从事的经营所得。

经营性报酬的所得主体包括:已注册登记的个体工商户、个人独资企业投资人、合伙企业中的个人合伙人,以及未注册登记的从事经营性活动取得报酬的个人。

个人所得税法中经营所得包括:

(1) 个体工商户从事生产、经营活动取得的所得,个人独资企业投资人、合伙企业的个人合伙人来源于境内注册的个人独资企业、合伙企业生产、经营的所得。

(2) 个人依法从事办学、医疗、咨询以及其他有偿服务活动取得的所得。

(3) 个人对企业、事业单位承包经营、承租经营以及转包、转租取得的所得。

(4) 个人从事其他生产、经营活动取得的所得。企业根据工作成果和结算标准等计算应付个人经营性报酬,根据支付报酬的受益期间和受益对象,按照《企业会计准则》中相关资产、成本费用的确认标准来进行确认、计量和相关信息的披露。

4.2.1.7 人力资源外包服务费用

人力资源外包服务是指按照企业委托,承接企业人力资源管理、开发、配置及相关专业服务的活动,以业务流程外包、薪酬福利外包、招聘流程外包为主要内容。经营性人力资源服务机构接受用人单位委托提供人力资源外包服务的,不得改变用人单位与职工的劳动关系,不得与用人单位串通侵害职工的合法权益。

企业将人力资源服务外包给专业机构,根据人力资源服务外包的服务内容和结算标准等计算其职工薪酬及应支付给受托方的服务费用。属于职工薪酬的,其确认、计量和相关信息的披露应遵循《企业会计准则第 9 号——职工薪酬》的相关规范。属于支付给受托方的服务费用，根据支付服务费用的受益期间和受益对象，按照《企业会计准则》中相关资产、成本费用的确认标准来进行确认、计量和相关信息的披露。

4.2.2　薪酬对应的会计科目核算与披露

4.2.2.1　应付职工薪酬

1．“应付职工薪酬”的会计科目内容

本科目核算企业根据有关规定应付给职工的各种薪酬。企业应设置“应付职工薪酬”科目，核算应付职工薪酬的计提、结算、使用等情况。“应付职工薪酬”可按“工资”“职工福利”“医疗保险费”“生育保险费”“工伤保险费”“住房公积金”“工会经费”“职工教育经费”“非货币性福利”“设定提存计划”“设定受益计划”“辞退福利”“累积带薪缺勤”“利润分享计划”“股份支付”等进行明细核算。

2．计提应付职工薪酬主要的会计核算

(1) 生产部门人员的职工薪酬，借记“生产成本”“制造费用”“劳务成本”等科目，贷记“应付职工薪酬”科目。应由在建工程、研发支出负担的职工薪酬，借记“在建工程”“研发支出”等科目，贷记“应付职工薪酬”科目。建筑安装企业的工程施工人员的职工薪酬，借记“工程施工”科目，贷记“应付职工薪酬”科目。销售部门人员、管理部门人员的职工薪酬，借记“销售费用”“管理费用”，贷记“应付职工薪酬”科目。

(2) 企业以其自产产品发放给职工作为职工薪酬的，借记“生产成本”“制造费用”“管理费用”等科目，贷记“应付职工薪酬”科目。

(3) 无偿将自有房产等固定资产提供职工使用的，按应计提的折旧额，借记“生产成本”“制造费用”“管理费用”等科目，贷记“应付职工薪酬”科目。租赁住房等资产供职工无偿使用的，按每期应支付的租金，借记“生产成本”“制造费用”“管理费用”等科目，贷记“应付职工薪酬”科目。

(4) 因解除与职工的劳动关系给予的补偿，借记“管理费用”科目，贷记“应付职工薪酬”科目。

(5) 企业以现金与职工结算的股份支付，在等待期内每个资产负债表日，按当期应确认的成本费用金额，借记“生产成本”“制造费用”“管理费用”等科目，贷记“应付职工薪酬”科目。在可行权日之后，以现金结算的股份支付当期公允价值的变动金额，借记或贷记“公允价值变动损益”科目，贷记或借记“应付职工薪酬”科目。外商投资企业按规定从净利润中提取的职工奖励及福利基金，借记“利润分配——提取职工奖励及福利基金”科目，贷记“应付职工薪酬”科目。

3．发放职工薪酬主要的会计核算

(1) 向职工支付工资、奖金、津贴、福利费等以及从应付职工薪酬中扣还的各种款项(代垫的家属药费、个人所得税等)等，借记“应付职工薪酬”科目，贷记“银行存款”“库存现金”“其他应收款”“应交税费——应交个人所得税”等科目。

(2) 支付工会经费和职工教育经费用于工会活动和职工培训,借记“应付职工薪酬”科目,贷记“银行存款”等科目。

(3) 按照国家有关规定缴纳社会保险费和住房公积金,借记“应付职工薪酬”,贷记“银行存款”科目。

(4) 企业以其自产产品发放给职工的,借记“应付职工薪酬”科目,贷记“主营业务收入”科目;同时,还应结转产成品的成本。涉及增值税销项税额的,还应进行相应的处理。

(5) 无偿将自有房产等固定资产提供职工使用的,借记“应付职工薪酬”科目,贷记“累计折旧”科目。支付租赁住房等资产供职工无偿使用所发生的租金,借记“应付职工薪酬”科目,贷记“银行存款”等科目。

(6) 企业以现金与职工结算的股份支付,在行权日,借记“应付职工薪酬”,贷记“银行存款”“库存现金”等科目。

(7) 企业因解除与职工的劳动关系给予职工的补偿,借记“应付职工薪酬”,贷记“银行存款”“库存现金”等科目。

4. “应付职工薪酬”期末贷方余额

“应付职工薪酬”期末贷方余额反映企业应付未付的职工薪酬。

5. “应付职工薪酬”的披露

企业应当在期末财务报表附注中披露与职工薪酬有关的下列信息:

(1) 应当支付给职工的工资、奖金、津贴和补贴及其期末应付未付金额。

(2) 应当为职工缴纳的养老保险费、医疗保险费、失业保险费、工伤保险费和生育保险费等社会保险费及其期末应付未付金额。

(3) 应当为职工缴存的住房公积金及其期末应付未付金额。

(4) 为职工提供的非货币性福利及其计算依据。

(5) 应当支付的因解除劳动关系给予的补偿及其期末应付未付金额。

(6) 其他职工薪酬。

因自愿接受裁减建议的职工数量、补偿标准等不确定而产生的或有负债,应当按照《企业会计准则第 13 号——或有事项》披露。

4.2.2.2 短期薪酬

1. 短期薪酬的会计科目核算

企业应当在职工为其提供服务的会计期间,将实际发生的短期薪酬确认为负债,并计入当期损益或者相关资产成本。

(1) 工资、奖金、津贴和补贴。对于职工工资、奖金、津贴和补贴等货币性职工薪酬,企业应当在职工为其提供服务的会计期间,根据职工提供服务情况和工资标准等计算应计入职工薪酬的工资总额,并按照受益对象计入当期损益或相关资产成本,借记“生产成本”“制造费用”“劳务成本”“研发支出”“工程施工”“销售费用”“管理费用”“在建工程”等科目，贷记“应付职工薪酬——工资、奖金、津贴和补贴”科目。

（2）职工福利费。对于职工福利费，企业应当在实际发生时根据实际发生额计入当期损益或相关资产成本，借记“生产成本”“制造费用”“劳务成本”“研发支出”“工程施工”“销售费用”“管理费用”“在建工程”等科目，贷记“应付职工薪酬——职工福利费”科目。

（3）国家规定计提标准的职工薪酬。对于国家规定了计提基础和计提比例的医疗保险费、生育保险费、工伤保险费和住房公积金，以及按规定提取的工会经费和职工教育经费，企业应当在职工为其提供服务的会计期间，根据规定的计提基础和计提比例计算确定相应的职工薪酬金额，并确认相关负债，按照受益对象计入当期损益或相关资产成本，借记“生产成本”“制造费用”“劳务成本”“研发支出”“工程施工”“销售费用”“管理费用”“在建工程”等科目，贷记“应付职工薪酬——医疗保险费”“应付职工薪酬——生育保险费”“应付职工薪酬——工伤保险费”“应付职工薪酬——住房公积金”“应付职工薪酬——工会经费”“应付职工薪酬——职工教育经费”等科目。

【例 1】 2×19 年 10 月，A 公司当月应发工资 2 000 万元，其中：生产部门生产工人工资 1 200 万元；生产部门管理人员工资 200 万元；研发部门人员工资 300 万元，管理部门管理人员工资 300 万元。根据 A 公司所在地政府规定，A 公司应当按照职工工资总额的 10%和 7%计提并缴存医疗保险费和住房公积金。A 公司分别按照职工工资总额的 2%和 2.5%计提工会经费和职工教育经费。

假定不考虑其他因素以及所得税影响。

根据上述资料，A 公司计算其 2×19 年 10 月份的职工薪酬金额如下：

应当计入生产成本的职工薪酬＝1200＋1200×（10%＋7%＋2%＋2.5%）＝1 458（万元）

应当计入制造费用的职工薪酬＝200＋200×（10%＋7%＋2%＋2.5%）＝243（万元）

应当计入研发支出的职工薪酬＝300＋300×（10%＋7%＋2%＋2.5%）＝364.5（万元）

应当计入管理费用的职工薪酬＝300＋300×（10%＋7%＋2%＋2.5%）＝364.5（万元）

A 公司有关账务处理如下：

借：生产成本	14 580 000	
制造费用	2 430 000	
研发支出	3 645 000	
管理费用	3 645 000	
贷：应付职工薪酬——工资		20 000 000
——医疗保险费		2 000 000
——住房公积金		1 400 000
——工会经费		400 000
——职工教育经费		500 000

(4) 短期带薪缺勤。对于职工带薪缺勤,企业应当根据其性质及职工享有的权利,分为累积带薪缺勤和非累积带薪缺勤两类。企业应当对累积带薪缺勤和非累积带薪缺勤分别进行会计处理。如果带薪缺勤属于长期带薪缺勤的,企业应当作为其他长期职工福利处理。

累积带薪缺勤,是指带薪权利可以结转下期的带薪缺勤,本期尚未用完的带薪缺勤权利可以在未来期间使用。企业应当在职工提供了服务从而增加了其未来享有的带薪缺勤权利时,确认与累积带薪缺勤相关的职工薪酬,并以累积未行使权利而增加的预期支付金额计量。确认累积带薪缺勤时,借记“生产成本”“制造费用”“劳务成本”“研发支出”“工程施工”“销售费用”“管理费用” “在建工程”等科目,贷记“应付职工薪酬——累积带薪缺勤”科目。

有些累积带薪缺勤在职工离开企业时,对于未行使的权利,职工有权获得现金支付。职工在离开企业时能够获得现金支付的,企业应当确认企业必须支付的、职工全部累积未使用权利的金额。企业应当根据资产负债表日因累积未使用权利而导致的预期支付的追加金额,作为累积带薪缺勤费用进行预计。

【例 2】 B公司共有1 800名职工,从2×18年1月1日起,该公司实行累积带薪缺勤制度。该制度规定,每个职工每年可享受5个工作日带薪病假,未使用的病假只能向后结转一个日历年度,超过1年未使用的权力作废,不能在职工离开公司时获得现金支付;职工休病假是以后进先出为基础的,即首先使用当年可享受的权利,不足部分再从上年结转的带薪病假余额中扣除;职工离开公司时,对未使用的累积带薪病假不支付现金。

① 2×18年12月31日,每个职工当年平均未使用带薪病假为2天。根据过去的经验并预期该经验将继续适用,B公司预计2×19年有1 500名职工将享受不超过5天的带薪病假,剩余300名职工中其中有200人每人将平均享受6天病假,100人每人将平均享受7天病假,假定这200名职工中有160名为生产人员,40名为管理人员,100名职工中有80名为生产人员,20名为研发人员,该公司平均每名职工每个工作日工资为550元。

根据上述资料,B公司职工2×18年已休带薪病假的,由于在休假期间照发工资,因此相应的薪酬已经计入公司每月确认的薪酬金额中。与此同时,公司还需要预计职工2×18年享有但尚未使用的、预期将在下一年度使用的累积带薪缺勤,并计入当期损益或者相关资产成本。在本例中,B公司在2×18年12月31日预计由于职工累积未使用的带薪病假权利而导致预期将支付的工资负债为400天(200×1天+100×2天)的病假工资金额220 000元(400天×550),并作如下账务处理:

借:生产成本[(160×1+80×2)×550]	176 000	
研发支出[20×2×550]	22 000	
管理费用[40×1×550]	22 000	
贷:应付职工薪酬——累积带薪缺勤		220 000

② 假如 2×19 年 12 月 31 日，上述 40 名管理人员中有 30 人享受了 6 天的病假，并随同正常工资以银行存款支付。另有 10 名管理人员只享受了 5 天的病假，由于 B 公司的带薪缺勤制度规定，未使用的权利只能结转一年，超过 1 年未使用的权利将作废。20×19 年年末，B 公司应作如下账务处理：

借：应付职工薪酬——累积带薪缺勤(10×1×550)	5 500
贷：管理费用	5 500(冲回未使用)

非累积带薪缺勤，是指带薪权利不能结转下期的带薪缺勤，本期尚未用完的带薪缺勤权利将予以取消，并且职工离开企业时也无权获得现金支付。我国企业职工休婚假、产假、丧假、探亲假的工资通常属于非累积带薪缺勤。由于职工提供服务本身不能增加其能够享受的福利金额，企业在职工未缺勤时不应当计提相关费用和负债。为此企业应当在职工实际发生缺勤的会计期间确认与非累积带薪缺勤相关的职工薪酬。

企业确认职工享有的与非累积带薪缺勤权利相关的薪酬，视同职工出勤确认的当期损益或相关资产成本。通常情况下，与非累积带薪缺勤相关的职工薪酬已经包括在企业每期向职工发放的工资等薪酬中，因此，不必额外作相应的账务处理。

(5) 短期利润分享计划。企业制定有短期利润分享计划的，如当职工完成规定业绩指标，或者在企业工作了特定期限后，能够享有按照企业净利润的一定比例计算的薪酬。

短期利润分享计划同时满足下列条件的，企业应当确认相关的应付职工薪酬，并计入当期损益或相关资产成本：①企业因过去事项导致现在具有支付职工薪酬的法定义务或推定义务。②因利润分享计划所产生的应付职工薪酬义务能够可靠估计。

属于下列三种情形之一的，视为义务金额能够可靠估计：①在财务报告批准报出之前企业已确定应支付的薪酬金额。②该利润分享计划的正式条款中包括确定薪酬金额的方式。③过去的惯例为企业确定推定义务金额提供了明显证据。

企业在计量利润分享计划产生的应付职工薪酬时，应当反映职工因离职而没有得到利润分享计划支付的可能性。

如果企业预期在职工为其提供相关服务的年度报告期间结束后十二个月内，不需要全部支付利润分享计划产生的应付职工薪酬，该利润分享计划应当适用会计准则中其他长期职工福利的有关规定。

企业根据经营业绩或职工贡献等情况提取的奖金，属于奖金计划，应当比照短期利润分享计划进行处理。

【例 3】 A 公司于 2×18 年初制定和实施了一项短期利润分享计划，以对公司管理层进行激励。该计划规定，公司全年的净利润指标 2 000 万元，如果在公司管理层的努力下完成的净利润超过 2 000 万元，公司管理层将可以分享超过 2 000 万元净利润部分的 5%作为额外报酬。假定至 2×18 年 12 月 31 日，A 公司全年实际完成净利润 2 800 万元。假定不考虑离职等其他因素，则A公司管理层按照利润分享计划可分享利润40万元[(2 800－2 000)×5%]作为其额外的薪酬。

A公司2×18年12月31日的相关账务处理如下：

借：管理费用	400 000	
贷：应付职工薪酬——利润分享计划		400 000

(6) 非货币性职工薪酬。企业以其自产产品作为非货币性福利发放给职工的，应当根据受益对象，按照该产品的含税公允价值计入相关资产成本或当期损益，同时确认应付职工薪酬，借记“生产成本”“制造费用”“劳务成本”“研发支出”“工程施工”“销售费用”“管理费用”“在建工程”等科目，贷记“应付职工薪酬——非货币性福利”科目。企业以自产产品作为职工薪酬发放给职工时，应确认主营业务收入，借记“应付职工薪酬——非货币性福利”科目，贷记“主营业务收入”科目，同时结转相关成本，涉及增值税销项税额的，还应进行相应的处理，借记“应付职工薪酬——非货币性福利”科目，贷记“应交税费——应交增值税(销项税额)”科目。

【例4】 B公司是一家生产摄像机的企业，共有职工1 000名。2×19年6月6日，B公司决定以其生产的摄像机作为节日福利发放给公司每名职工。每台摄像机的不含税售价为0.8万元，成本为0.7万元。B公司适用的增值税税率为13%。假定1 000名职工中850名为直接参加生产的职工，150名为总部管理人员。B公司于当日将摄像机发放给各职工。

根据上述资料，B公司计算摄像机的售价总额及其增值税销项税额如下：

摄像机的不含税售价总额＝0.8×850＋0.8×150＝680＋120＝800(万元)

摄像机增值税销项税额＝0.8×850×13%＋0.8×150×13%＝88.40＋15.60
＝104(万元)

应当计入生产成本的职工薪酬＝680＋88.40＝768.4(万元)

应当计入管理费用的职工薪酬＝120＋15.60＝135.6(万元)

B公司有关账务处理如下：

① 借：生产成本	7 684 000	
管理费用	1 356 000	
贷：应付职工薪酬——非货币性福利		9 040 000
② 借：应付职工薪酬——非货币性福利	9 040 000	
贷：主营业务收入		8 000 000
应交税费——应交增值税(销项税额)		1 040 000
③ 借：主营业务成本	7 000 000	
贷：库存商品		7 000 000

将企业拥有的房屋等资产无偿提供给职工使用的，应当根据受益对象，将该住房每期应计提的折旧计入相关资产成本或当期损益，同时确认应付职工薪酬，借记“生产成本”“制造费用”“劳务成本”“研发支出”“工程施工”“销售费用”“管理费用”“在建工程”等科目，贷记“应付职工薪酬——非货币性福利”科目，并借记“应付职工薪酬——非货币性福利”科目，贷记“累计折旧”科目。

企业将租赁住房等资产供职工无偿使用的，应当根据受益对象，将每期应付的租金计入相关资产成本或当期损益，并确认应付职工薪酬，借记“生产成本”“制造费用”“劳务成本”“研发支出”“工程施工”“销售费用”“管理费用”“在建工程”等科目，贷记“应付职工薪酬——非货币性福利”科目。难以认定受益对象的非货币性福利，直接计入当期损益和应付职工薪酬。企业支付租赁住房等资产供职工无偿使用所发生的租金，借记“应付职工薪酬——非货币性福利”科目，贷记“银行存款”等科目。

2. 短期薪酬的会计披露

企业应当在财务报表附注中披露与短期薪酬有关的下列信息：

(1) 应当支付给职工的工资、奖金、津贴和补贴及其期末应付未付金额。

(2) 应当为职工缴纳的医疗保险费、工伤保险费和生育保险费等社会保险费及其期末应付未付金额。

(3) 应当为职工缴存的住房公积金及其期末应付未付金额。

(4) 为职工提供的非货币性福利及其计算依据。

(5) 依据短期利润分享计划提供的职工薪酬金额及其计算依据。

(6) 其他短期薪酬。

具体披露格式如表4-10所示。涉及上述第(4)、第(5)项计算依据的，还需要额外披露。

表4-10　具体披露格式

短期薪酬项目	本期应付金额	期末应付未付金额
一、工资、奖金、津贴和补贴		
二、职工福利费		
三、社会保险费		
其中：1. 医疗保险费		
2. 工伤保险费		
3. 生育保险费		
四、住房公积金		

（续表）

短期薪酬项目	本期应付金额	期末应付未付金额
五、工会经费和职工教育经费		
六、短期带薪缺勤		
七、短期利润分享计划		
八、其他短期薪酬		
合计		

4.2.2.3 离职后福利

1. 离职后福利的会计科目核算

离职后福利，是指企业为获得职工提供的服务而在职工退休或与企业解除劳动关系后，提供的各种形式的报酬和福利，属于短期薪酬和辞退福利的除外。离职后福利包括退休福利（如养老金和一次性的退休支付）及其他离职后福利（如离职后人寿保险和离职后医疗保障）。企业向职工提供了离职后福利的，无论是否设立了单独主体接受提存金并支付福利，均应当对离职后福利进行会计处理。

职工正常退休时获得的养老金等离职后福利，是职工与企业签订的劳动合同到期或者职工达到了国家规定的退休年龄时，获得的离职后生活补偿金额。企业给予补偿的事项是职工在职时提供的服务而不是退休本身，因此，企业应当在职工提供服务的会计期间对离职后福利进行确认和计量。

离职后福利计划，是指企业与职工就离职后福利达成的协议，或者企业为向职工提供离职后福利制定的规章或办法等。企业应当按照企业承担的风险和义务情况，将离职后福利计划分类为设定提存计划和设定受益计划两种类型。

（1）设定提存计划的确认和计量。设定提存计划，是指企业向单独主体（如基金等）缴存固定费用后，不再承担进一步支付义务的离职后福利计划。

对于设定提存计划，企业应当根据在资产负债表日为换取职工在会计期间提供的服务而应向单独主体缴存的提存金，确认为应付职工薪酬，并计入当期损益或相关资产成本，借记“生产成本”“制造费用”“劳务成本”“研发支出”“工程施工”“销售费用”“管理费用”“在建工程”等科目，贷记“应付职工薪酬——设定提存计划”科目。

【例5】 承[例1]，A公司根据所在地政府规定，按照职工工资总额的16%计提基本养老保险费，缴存当地社会保险经办机构。2×19年10月，甲公司缴存的基本养老保险费，应计入生产成本的金额为192万元，应计入制造费用的金额为32万元，应计入研发支出的金额为48万元，应计入管理费用的金额为48万元。甲公司2×19年10月的账务处理如下：

借：生产成本 1 920 000
　　制造费用 320 000
　　研发支出 480 000
　　管理费用 480 000
　　贷：应付职工薪酬——设定提存计划(基本养老保险) 3 200 000

(2) 设定受益计划的确认和计量。设定受益计划,是指除设定提存计划以外的离职后福利计划。设定提存计划和设定受益计划的区分,取决于离职后福利计划的主要条款和条件所包含的经济实质。

在设定提存计划下,企业的义务以企业应向独立主体缴存的提存金金额为限,职工未来所能取得的离职后福利金额取决于向独立主体支付的提存金金额,以及提存金所产生的投资回报,从而精算风险和投资风险实质上要由职工来承担。在设定受益计划下,企业的义务是为现在及以前的职工提供约定的福利,并且精算风险和投资风险实质上由企业来承担。

当企业负有下列义务时,该计划就是一项设定受益计划：①计划福利公式不仅仅与提存金金额相关,且要求企业在资产不足以满足该公式的福利时提供进一步的提存金。②通过计划间接地或直接地对提存金的特定回报作出担保。

设定受益计划可能是不注入资金的,或者可能全部或部分地由企业(有时由其职工)向独立主体以缴纳提存金形式注入资金,并由该独立主体向职工支付福利。到期时已注资福利的支付不仅取决于独立主体的财务状况和投资业绩,而且取决于企业补偿独立主体资产不足的意愿和能力。企业实质上承担着与计划相关的精算风险和投资风险。因此,设定受益计划所确认的费用并不一定是本期应付的提存金金额。企业存在一项或多项设定受益计划的,对于每一项计划应当分别进行会计处理。

① 确定设定受益计划义务的现值和当期服务成本。企业应当根据预期累计福利单位法,采用无偏且相互一致的精算假设对有关人口统计变量和财务变量等作出估计,计量设定受益计划所产生的义务,并确定相关义务的归属期间。企业应当根据资产负债表日与设定受益计划义务期限和币种相匹配的国债或活跃市场上的高质量公司债券的市场收益率确定折现率,将设定受益计划所产生的义务予以折现,以确定设定受益计划义务的现值和当期服务成本。

设定受益计划义务的现值,是指企业在不扣除任何计划资产的情况下,为履行获得当期和以前期间职工服务产生的最终义务,所需支付的预期未来金额的现值。设定受益计划的最终义务受到许多变量的影响,如职工离职率、死亡率、职工缴付的提存金等。企业在折现时,即使预期有部分义务在报告期间结束后的十二个月内结算,企业仍应对整项义务进行折现。企业应当就至报告期末的任何重大交易及环境的其他重大变化(包括市场价格和利率的变化)进行调整,在每年年末进行复核。

企业应当通过预期累计福利单位法确定其设定受益计划义务的现值、当期服务成本和过去服务成本。根据预期累计福利单位法，职工每提供一个期间的服务，就会增加一个单位的福利权利，企业应当对每一单位的福利权利进行单独计量，并将所有单位的福利权利累计形成最终义务。企业应当将福利归属于提供设定受益计划的义务发生的期间。这一期间是指从职工提供服务以获取企业在未来报告期间预计支付的设定受益计划福利开始，至职工的继续服务不会导致这一福利金额显著增加之日为止。

企业在确定设定受益计划义务的现值、当期服务成本以及过去服务成本时，应当根据计划的福利公式将设定受益计划产生的福利义务归属于职工提供服务的期间，并计入当期损益或相关资产成本。

当职工后续年度的服务将导致其享有的设定受益计划福利水平显著高于以前年度时，企业应当按照直线法将累计设定受益计划义务分摊确认于职工提供服务而导致企业第一次产生设定受益计划福利义务至职工提供服务不再导致该福利义务显著增加的期间。在确定后续年度服务是否将导致职工享有的设定受益福利水平显著高于以前年度时，不应考虑仅因未来工资水平提高而导致设定受益计划义务显著增加的情况。

精算假设，是指企业对影响离职后福利最终义务的各种变量的最佳估计。精算假设应当是客观公正和相互可比的，无偏且相互一致的。精算假设包括人口统计假设和财务假设。人口统计假设包括死亡率、职工的离职率、伤残率、提前退休率等。财务假设包括折现率、福利水平和未来薪酬等。其中，折现率应当根据资产负债表日与设定受益计划义务期限和币种相匹配的国债或活跃市场上的高质量公司债券的市场收益率确定。

经验调整是设定受益计划义务的实际数与估计数之间的差异。在某些情况下，设定受益计划对于未来福利水平调整未作出明确规定的，企业将有关福利水平的增加确认为精算假设与实际经验的差异（产生精算利得或损失），还是计划的修改（产生过去服务成本），需要运用职业判断。

通常情况下，如果设定受益计划未明确规定未来福利水平的调整，过去的调整也并不频繁，同时如果精算假设中并无福利水平增长的假设，企业应将福利水平变化的影响归属于过去服务成本。

【例 6】 A 公司在 2×18 年 1 月 1 日设立了一项设定受益计划，并于当日开始实施。该设定受益计划规定：

a. A 公司向所有在职员工提供统筹外补充退休金，这些职工在退休后每年可以额外获得 10 万元退休金，直至去世。

b. 职工获得该额外退休金基于自该计划开始日起为公司提供的服务，而且应当自该设定受益计划开始日起一直为公司服务至退休。

为简化起见，假定符合计划的职工为 200 人，当前平均年龄为 40 岁，退休年龄为 60 岁，还可以为公司服务 20 年。假定在退休前无人离职，退休后平均剩余寿命为 18 年。

假定适用的折现率为 12%，并且假定不考虑未来通货膨胀影响等其他因素。

服务第 1 年至第 20 年的账务处理如下：

服务第 1 年年末，A 公司的账务处理如下：

借：管理费用（或相关资产成本）　　841 700

　贷：应付职工薪酬——设定受益计划义务　　841 700

服务第 2 年年末，A 公司的账务处理如下：

借：管理费用（或相关资产成本）　　942 400

　贷：应付职工薪酬——设定受益计划义务　　942 400

借：财务费用（或相关资产成本）　　101 000

　贷：应付职工薪酬——设定受益计划义务　　101 000

服务第 3 年至第 20 年，以此类推处理，见表 4-11、表 4-12。

表 4-11　　计算设定受益计划义务及其现值　　单位：万元

项目	退休后	退休后	退休后	…	退休后	退休后	退休后
	第 1 年	第 2 年	第 3 年	…	第 16 年	第 17 年	第 18 年
① 当年支付	2 000	2 000	2 000	…	2 000	2 000	2 000
② 折现率	12%	12%	12%	…	12%	12%	12%
③ 复利现值系数	0.892 9	0.797 2	0.711 8	…	0.163 1	0.145 6	0.130 0
④ 退休时点现值=①×③	1 785.80	1 594.40	1 423.60	…	326.20	291.20	260.00
⑤ 退休时点现值合计	14 499.20			…			

表 4-12　　计算职工服务期间每期服务成本　　单位：万元

服务年份	服务第 1 年	服务第 2 年	…	服务第 19 年	服务第 20 年
福利归属			…		
——以前年度	0.00	724.96	…	13 049.28	13 774.24
——当年	724.96*	724.96	…	724.96	724.96
——以前年度+当年	724.96	1 449.92	…	13 774.24	14 499.20
期初义务	0.00	84.17	…	10 402.32	12 297.92
利息	0.00	10.10	…	1 248.28	1 475.75
当期服务成本	84.17 或 $724.96/(1+12\%)^{19}$	94.24 或 $724.96/(1+12\%)^{18}$	… …	647.32 或 $724.96/(1+12\%)^{1}$	724.96 或 $724.96/(1+12\%)^{0}$
期末义务	84.17	188.51**	…	12 297.92	14 499.20***

注：* 724.96=14 499.20/20　　** 188.51=84.17+10.10+94.24　　*** 尾数调整

② 确定设定受益计划净负债或净资产。设定受益计划存在资产的，企业应当将设定受益计划义务的现值减去设定受益计划资产公允价值所形成的赤字或盈余确认为一项设定受益计划净负债或净资产。

设定受益计划存在盈余的，企业应当以设定受益计划的盈余和资产上限两项的孰低者计量设定受益计划净资产。其中，资产上限，是指企业可从设定受益计划退款或减少未来向独立主体缴存提存金而获得的经济利益的现值。

计划资产包括长期职工福利基金持有的资产、符合条件的保险单等，但不包括企业应付但未付给独立主体的提存金、由企业发行并由独立主体持有的任何不可转换的金融工具。

③ 确定应当计入当期损益的金额。报告期末，企业应当在损益中确认的设定受益计划产生的职工薪酬成本包括服务成本、设定受益净负债或净资产的利息净额。其中，服务成本包括当期服务成本、过去服务成本和结算利得或损失。设定受益净负债或净资产的利息净额包括计划资产的利息收益、设定受益计划义务的利息费用以及资产上限影响的利息。除非其他相关会计准则要求或允许职工福利成本计入资产成本，企业应当将服务成本和设定受益净负债或净资产的利息净额计入当期损益。

A. 当期服务成本。当期服务成本，是指因职工当期提供服务所导致的设定受益计划义务现值的增加额。在例 6 中，A 公司服务第 1 年年末应当计入当期损益的当期服务成本为 84.17 万元。

B. 过去服务成本。过去服务成本，是指设定受益计划修改所导致的与以前期间职工服务相关的设定受益计划义务现值的增加或减少。当企业设立或取消一项设定受益计划或是改变现有设定受益计划下的应付福利时，设定受益计划就发生了修改。过去服务成本可以是正值，如设立或改变设定受益计划从而导致设定受益计划义务的现值增加，也可以是负值，如取消或改变设定受益计划从而导致设定受益计划义务的现值减少。如果企业减少了设定受益计划的应付福利，但同时增加了在该计划下针对相同职工其他应付福利，企业应当将变动的净额作为单项变动处理。过去服务成本不包括下列各项：

a. 以前假定的薪酬增长金额与实际发生金额之间的差额，对支付以前年度服务产生的福利义务的影响。

b. 企业对支付养老金增长金额具有推定义务的，对于可自行决定养老金增加金额的高估和低估。

c. 财务报表中已确认的精算利得或计划资产回报导致的福利变化的估计。

d. 在没有新的福利或福利未发生变化的情况下，职工达到既定要求之后导致既定福利(即并不取决于未来雇佣的福利)的增加。

C. 结算利得和损失。企业应当在设定受益计划结算时，确认一项结算利得或损失。设定受益计划结算，是指企业为了消除设定受益计划所产生的部分或所有未来义务进行的交易，而不是根据计划条款和所包含的精算假设向职工支付福利。设定受益计划结算利得或损失是下列两项的差额：

a. 在结算日确定的设定受益计划义务的现值。

b. 结算价格，包括转移的计划资产的公允价值和企业直接发生的与结算相关的支付。

D. 设定受益计划净负债或净资产的利息净额。设定受益计划净负债或净资产的利息净额，是指设定受益净负债或净资产在职工提供服务期间由于时间变化而产生的变动，包括计划资产的利息收益、设定受益计划义务的利息费用以及资产上限影响的利息。

企业应当通过将设定受益计划净负债或净资产乘以适当的折现率来确定设定受益计划净负债或净资产的利息净额。企业应当在会计期间开始时确定设定受益计划净负债或净资产和折现率，并考虑该期间由于福利提存和福利支付所导致的设定受益计划净负债或净资产的变动，但不应当考虑设定受益计划净负债或净资产在本会计期间的任何其他变动（例如精算利得和损失）。

企业应当通过将计划资产公允价值乘以折现率来确定计划资产的利息收益，作为计划资产回报的组成部分。企业应当将计划资产的利息收益和计划资产回报之间的差额包括在设定受益计划净负债或净资产的重新计量中。

企业计算设定受益计划净负债或净资产的利息净额时，应当考虑资产上限的影响。企业应当通过将资产上限的影响乘以折现率来确定资产上限影响的利息，作为资产上限影响总变动的一部分。企业应当在会计期间开始时确定资产上限的影响和折现率。企业应当将资产上限影响的利息金额与资产上限影响总变动之间的差额包括在设定受益计划净负债或净资产的重新计量中。

④ 确定应当计入其他综合收益的金额。企业应当将重新计量设定受益计划净负债或净资产所产生的变动计入其他综合收益，并且在后续会计期间不允许转回至损益，但企业可以在权益范围内转移这些在其他综合收益中确认的金额。

重新计量设定受益计划净负债或净资产所产生的变动包括下列部分：

A. 精算利得或损失，即由于精算假设和经验调整导致之前所计量的设定受益计划义务现值的增加或减少。企业未能预计的过高或过低的职工离职率、提前退休率、死亡率、过高或过低的薪酬、福利的增长以及折现率变化等因素，将导致设定受益计划产生精算利得和损失。精算利得或损失不包括因设立、修改或结算设定受益计划所导致的设定受益计划义务的现值变动，或者设定受益计划下应付福利的变动。这些变动产生了过去服务成本或结算利得或损失。

【例 7】　承[例 6]，假定 A 公司在该计划开始后职工提供服务的第 3 年年末重新计量该设定受益计划的净负债。A 公司发现，由于预期寿命等精算假设和经验调整导致该设定受益计划义务的现值增加，形成精算损失 20 万元。

借：其他综合收益——设定受益计划净负债或净资产重新计量——精算损失　　200 000
　　贷：应付职工薪酬——设定受益计划义务　　200 000

B. 计划资产回报，扣除包括在设定受益净负债或净资产的利息净额中的金额。计划资产的回报，指计划资产产生的利息、股利和其他收入，以及计划资产已实现和未实现的利得或损失。

企业在确定计划资产回报时，应当扣除管理该计划资产的成本以及计划本身的应付税款，但计量设定受益义务时所采用的精算假设所包括的税款除外。管理该计划资产以外的其他管理费用不需从计划资产回报中扣减。

C. 资产上限影响的变动，扣除包括在设定受益计划净负债或净资产的利息净额中的金额。

2. 离职后福利的会计披露

（1）设定提存计划的披露要求。企业应当在财务报表附注中披露所设立或参与的设定提存计划的性质、计算缴费金额的公式或依据、当期缴费金额以及期末应付未付金额。其中，设定提存计划的当期缴费金额和期末应付未付金额的具体披露格式见表 4-13。

表 4-13　　设定提存计划

设定提存计划项目	当期缴费金额	期末应付未付金额
一、基本养老保险费		
二、失业保险费		
三、企业年金缴费		
……		
合计		

（2）设定受益计划的披露要求。企业应当在财务报表附注中披露与设定受益计划有关的下列信息：

① 设定受益计划的特征及与之相关的风险。企业应当披露设定受益计划的特征，通常包括设定受益计划所提供的福利的性质、企业在该计划管理中的职责、国家对该类计划的监管要求等。

企业应当披露设定受益计划相关的风险，即设定受益计划使企业面临的风险，并重点关注企业特有或计划特有的异常风险，以及重要风险的集中程度。例如，如果某企业的设定受益计划资产主要投资于房地产，则该计划可能导致企业面临集中的房地产市场风险。企业如有对计划的修改或结算的，还应当披露修改或结算计划的有关情况。

② 设定受益计划在财务报表中确认的金额及其变动。企业应当披露设定受益净负债（或净资产）及其组成部分，以及设定受益计划产生的职工薪酬成本及其组成部分的期初余额和期末余额的调节情况。具体披露格式如表 4-14 所示。

表 4-14　　设定受益计划

项目	设定受益计划义务现值		计划资产的公允价值		设定受益计划净负债(净资产)	
	本期金额	上期金额	本期金额	上期金额	本期金额	上期金额
一、期初余额						
二、计入当期损益的设定受益成本						
1. 当期服务成本						
2. 过去服务成本						
3. 结算利得(损失以“—”表示)						
4. 利息净额						
三、计入其他综合收益的设定受益成本						
设定受益计划净负债(净资产)的重新计算						
1. 精算利得(损失以“—”表示)						
2. 计划资产回报(计入利息净额的除外)						
3. 资产上限影响的变动(计入利息净额的除外)						
四、其他变动						
1. 结算时消除的负债						
2. 已支付的福利						
……						
五、期末余额						

企业不存在计划资产的，无需披露表 4-14 中的“设定受益计划义务现值”栏和“计划资产的公允价值”栏。

企业存在计划资产的，应当按照计划资产的性质和风险按类别披露计划资产的公允价值，具体披露格式如表 4-15 所示。企业还应当说明各类计划资产是否存在活跃市场公开报价。

表 4-15　　设定受益计划资产

计划资产的构成	计划资产的公允价值	
	期末余额	期初余额
1. 现金和现金等价物		
2. 权益工具投资[a]		
(1) ……		
(2) ……		

（续表）

计划资产的构成	计划资产的公允价值	
	期末余额	期初余额
……		
3. 债务工具投资[b]		
（1）……		
（2）……		
……		
4. ……		
合计		

注：a. 按行业类型或公司规模或地域等分类。
b. 按债务工具发行人类型或信用评级或地域等分类。

③ 设定受益计划对企业未来现金流量金额、时间和不确定性的影响。企业应当披露影响设定受益计划未来缴存金额的有关筹资政策和计划、下一会计年度预期将缴存的金额，并披露设定受益义务有关到期情况的信息，如设定受益义务的加权平均期间、对有关福利支付的到期日分析等。

④ 设定受益义务现值所依赖的重大精算假设及有关敏感性分析的结果。企业应当披露精算估计所采用的重大假设，具体披露格式如表 4-16 所示。

表 4-16　　精算估计假设

精算估计的重大假设	本期期末	上期期末
折现率		
死亡率		
预计平均寿命		
薪酬的预期增长率		
……		

企业应当按照表 4-16 所列的重大精算假设，披露各项重大精算假设对设定受益义务的敏感性分析，并披露用于编制敏感性分析的方法和假设，以及有关方法的局限性。企业用于编制敏感性分析的方法和假设如发生了变动，企业还应当披露这一事实，并说明变动的理由。

4.2.2.4　辞退福利

1. 辞退福利的会计核算科目

辞退福利，是指企业在职工劳动合同到期之前解除与职工的劳动关系，或者为鼓励职工自愿接受裁减而给予职工的补偿。由于导致义务产生的事项是终止雇佣而不是为获得职工的服务,企业应当将辞退福利作为单独一类职工薪酬进行会计处理。

企业向职工提供辞退福利的,应当在企业不能单方面撤回因解除劳动关系计划或裁减建议所提供的辞退福利时、企业确认涉及支付辞退福利的重组相关的成本或费用时两者孰早日,确认辞退福利产生的职工薪酬负债,并计入当期损益,借记“管理费用”科目,贷记“应付职工薪酬——辞退福利”科目。

企业有详细、正式的重组计划并且该重组计划已对外公告时,表明已经承担了重组义务。重组计划包括重组涉及的业务、主要地点、需要补偿的职工人数及其岗位性质、预计重组支出、计划实施时间等。

企业应当按照辞退计划条款的规定,合理预计并确认辞退福利产生的职工薪酬负债,并具体考虑下列情况:

(1) 对于职工没有选择权的辞退计划,企业应当根据计划条款规定拟解除劳动关系的职工数量、每一职位的辞退补偿等确认职工薪酬负债。

(2) 对于自愿接受裁减建议的辞退计划,由于接受裁减的职工数量不确定,企业应当根据《企业会计准则第 13 号——或有事项》规定,预计将会接受裁减建议的职工数量,根据预计的职工数量和每一职位的辞退补偿等确认职工薪酬负债。

(3) 对于辞退福利预期在其确认的年度报告期间期末后 12 个月内完全支付的辞退福利,企业应当适用短期薪酬的相关规定。

(4) 对于辞退福利预期在年度报告期间期末后 12 个月内不能完全支付的辞退福利,企业应当适用其他长期职工福利的相关规定,即实质性辞退工作在一年内实施完毕但补偿款项超过一年支付的辞退计划,企业应当选择恰当的折现率,以折现后的金额计量应计入当期损益的辞退福利金额。

实施职工内部退休计划的,企业应当比照辞退福利处理。在内退计划符合本章规定的确认条件时,企业应当按照内退计划规定,将自职工停止提供服务日至正常退休日期间、企业拟支付的内退职工工资和缴纳的社会保险费等,确认为预计负债(记入“应付职工薪酬”科目),一次性计入当期损益,不能在职工内退后各期分期确认因支付内退职工工资和为其缴纳社会保险费等产生的义务。

【例 8】 B 公司是一家电梯制造企业。2×18 年 10 月,为了能够在下一年度顺利实施转产,B 公司管理层制定了一项辞退计划,计划规定,从 2×19 年 1 月 1 日起,企业将以职工自愿方式,辞退其自动扶梯生产车间的职工。

辞退计划的详细内容,包括拟辞退的职工所在部门、数量、各级别职工能够获得的补偿以及计划大体实施的时间等均已与职工沟通,并达成一致意见,辞退计划已于 2×18 年 12 月 5 日经董事会正式批准,辞退计划将于下一个年度内实施完毕。

2×18 年 12 月 31 日,企业预计各级别职工拟接受辞退职工数量的最佳估计数(最可能发生数)及其应支付的补偿如表4-17所示。

表4-17　预计接受辞退职工数量及补偿额　单位：万元

所属部门	职位	辞退数量(人)	工龄(年)	接受数量(人)	每人补偿额	补偿金额
自动扶梯生产车间	车间主任副主任	5	1～10	2	15	30
			10～20	2	25	50
			20～30	1	35	35
	高级技工	40	1～10	10	10	100
			10～20	20	20	400
			20～30	2	30	60
	一般技工	80	1～10	30	5	150
			10～20	20	15	300
			20～30	4	25	100
合计		125		91		1 225

按照《企业会计准则第13号——或有事项》有关计算最佳估计数的方法，预计接受辞退的职工数量可以根据最可能发生的数量确定。根据表4-8，愿意接受辞退职工的最可能数量为91名，预计补偿总额为1 225万元，则企业在2×18年(辞退计划是2×18年12月5日由董事会批准)应作如下账务处理：

借：管理费用　　12 250 000

　贷：应付职工薪酬——辞退福利　　12 250 000

2. 辞退福利的会计披露

企业应当在财务报表附注中披露本年度因预计解除劳动关系所提供辞退福利及其期末应付未付金额。

【例9】 承[例8]，甲公司应当在2×18年财务报表附注中披露有关辞退福利的信息如下：本公司本年度因预计解除劳动关系所提供辞退福利为1 225万元，期末应付未付金额为1 225万元。

4.2.2.5　其他长期职工福利

1. 其他长期职工福利的会计科目核算

其他长期职工福利，是指除短期薪酬、离职后福利和辞退福利以外的其他所有职工福利。其他长期职工福利包括长期带薪缺勤、其他长期服务福利、长期残疾福利、长期利润分享计划和长期奖金计划等。

企业向职工提供的其他长期职工福利，符合设定提存计划条件的，应当按照设定提存计划的有关规定进行会计处理。企业向职工提供的其他长期职工福利，符合设定受益计划条件的，企业应当按照设定受益计划的有关规定，确认和计量其他长期职工福利净负债或净资产。在报告期末，企业应当将其他长期职工福利产生的职工薪酬成本确认为下列组成部分：

（1）服务成本。

（2）其他长期职工福利净负债或净资产的利息净额。

（3）重新计量其他长期职工福利净负债或净资产所产生的变动。

为了简化相关会计处理，上述项目的总净额应计入当期损益或相关资产成本。

长期残疾福利水平取决于职工提供服务期间长短的，企业应在职工提供服务的期间确认应付长期残疾福利义务，计量时应当考虑长期残疾福利支付的可能性和预期支付的期限；与职工提供服务期间长短无关的，企业应当在导致职工长期残疾的事件发生的当期确认应付长期残疾福利义务。

2. 其他长期职工福利的会计披露

企业应当在财务报表附注中披露提供的其他长期职工福利的性质、金额，及其计算依据。

4.2.2.6　企业年金基金

1. 企业年金基金的会计核算科目

一是费用要素及费用类会计科目。我国在《企业年金办法》中规定我国的企业年金实行设定提存计划，其会计核算由《企业会计准则第 9 号——职工薪酬》进行规范，对于企业年金费用不单独设置科目，按其归属直接记入相应的成本和费用。在设定提存计划下，尽管企业年金费用的会计核算比较简单，为了反映企业年金缴费，应在各相应的成本或费用下面设置“企业年金费用”二级科目来核算其计提和分配。

二是负债要素及会计科目。企业在确认年金费用的同时，还要反映企业年金负债。在设定提存计划下，委托企业向受托机构交纳基金的过程就相当于向受益人（职工）履行义务的过程，这是因为将来年金基金的投资风险是由受益人自己承担的，应付企业年金的流动负债只有当企业向受托机构提款不足时才会出现。为了核算在设定提存计划下企业年金提存不足情况下企业承担的负债，应在“应付职工薪酬”下设置“设定提存计划”二级科目。

三是资产要素及会计科目。在企业年金的会计核算过程中除了涉及费用和负债之外，还涉及了资产的核算，而且在不同类型的企业年金计划下还会涉及不同性质的资产。在设定提存计划下，当出现超额提存时，就会出现预付企业年金流动性资产。为了核算在设定提存计划下企业年金的超额提存情况下的预付企业年金资产，应通过“应付职工薪酬——设定提存计划”的借方反映预付企业年金资产。

设定提存计划下企业年金的会计处理相对规定受益计划来说比较简单。设定提存企业年金计划是由参与企业定期或不定期地向受托机构缴纳确定数额的年金费用，如企业每年按职工工资的一定比例进行缴费，并为每个职工设立个人账户，职工在退休后收到企业年金的给付额是根据个人账户的余额确定的。企业年金的投资风险也完全由职工自己承担，企业除了按计划缴费外不再承担其他的义务，企业向受托机构缴费的过程就意味着义务的履行完毕。因此，企业在日常会计处理中只需根据计划规定的本期应缴存的企业年金，借记"××费用——企业年金费用"，根据企业实际缴存的金额。贷记"银行存款"等科目，对于两者之间的差额（若是超额提存的企业年金资产）应借记"应付职工薪酬——设定提存计划"，或者（若是提存不足的企业年金负债）应贷记"应付职工薪酬——设定提存计划"。还有一种情况，企业在年金计划刚建立或者修改时可能会为在职职工和退休职工进行一笔额外的提存，也就是"前期服务成本"的处理，应采用递延确认的方法，可以将所有的前期服务成本在在职职工平均剩余工作年限内进行摊销，也可以是将归属于在职职工的前期服务成本在在职工平均剩余工作年限内进行摊销，而将归属于退休职工的那部分前期服务成本立即确认为费用，计入企业年金费用。

2. **企业年金基金的会计披露**

在设定提存计划下有关企业年金的信息大多通过二级科目进行核算，因此在企业的会计报表中得不到明确反映，为了满足会计信息充分披露的原则，对于企业年金的相关信息应在企业财务报表附注中进行充分披露。主要披露以下信息：

（1）企业年金计划的详细说明。包括企业年金计划的种类、适用本计划的职工情况、企业年金给付的计算公式、企业年金提存的政策、企业年金计划是否设立基金以及年金计划资产的内容等。

（2）有关年金费用、资产、负债的记录，包括在本期确认的企业年金费用，企业年金的提存状况以及企业年金资产和负债的余额。

（3）前期服务成本的处理，包括未确认前期服务成本摊销方法的说明。

（4）影响前后各期会计报表可比性的重大事项及其影响的说明。

4.2.2.7 股份支付

1. **股份支付的会计科目核算**

（1）授予日。除了立即可行权的股份支付外，无论权益结算的股份支付或者现金结算的股份支付，企业在授予日都不进行会计处理。

授予日是指股份支付协议获得批准的日期。其中"获得批准"，是指企业与职工或其他方就股份支付的协议条款和条件已达成一致，该协议获得股东大会或类似机构的批准。

（2）等待期内的每个资产负债表日。股份支付在授予后通常不可立即行权，一般需要在职工或其他方履行一定期限的服务或在企业达到一定业绩条件之后才可行权。

业绩条件分为市场条件和非市场条件。市场条件是指行权价格、可行权条件以及行权可能性与权益工具的市场价格相关的业绩条件，如股份支付协议中关于股价至少上升至何种水平才可行权的规定。非市场条件是指除市场条件之外的其他业绩条件，如股份支付协议中关于达到最低盈利目标或销售目标才可行权的规定。

等待期长度确定后，业绩条件为非市场条件的，如果后续信息表明需要调整等待期长度，应对前期确定的等待期长度进行修改；业绩条件为市场条件的，不应因此改变等待期长度。对于可行权条件为业绩条件的股份支付，在确定权益工具的公允价值时，应考虑市场条件的影响，只要职工满足了其他所有非市场条件，企业就应当确认已取得的服务。

① 等待期内每个资产负债表日，企业应将取得的职工提供的服务计入成本费用，计入成本费用的金额应当按照权益工具的公允价值计量。

对于权益结算的涉及职工的股份支付，应当按照授予日权益工具的公允价值计入成本费用和资本公积（其他资本公积），不确认其后续公允价值变动；对于现金结算的涉及职工的股份支付，应当按照每个资产负债表日权益工具的公允价值重新计量，确定成本费用和应付职工薪酬。

对于授予的存在活跃市场的期权等权益工具，应当按照活跃市场中的报价确定其公允价值。对于授予的不存在活跃市场的期权等权益工具，应当采用期权定价模型等确定其公允价值，选用的期权定价模型至少应当考虑以下因素：a.期权的行权价格。b.期权的有效期。c.标的股份的现行价格。d.股价预计波动率。e.股份的预计股利。f.期权有效期内的无风险利率。

② 等待期内每个资产负债表日，企业应当根据最新取得的可行权职工人数变动等后续信息作出最佳估计，修正预计可行权的权益工具数量。在可行权日，最终预计可行权权益工具的数量应当与实际可行权数量一致。

根据上述权益工具的公允价值和预计可行权的权益工具数量，计算截至当期累计应确认的成本费用金额，再减去前期累计已确认金额，作为当期应确认的成本费用金额。

(3) 可行权日之后。①对于权益结算的股份支付，在可行权日之后不再对已确认的成本费用和所有者权益总额进行调整。企业应在行权日根据行权情况，确认股本和股本溢价，同时结转等待期内确认的资本公积（其他资本公积）。②对于现金结算的股份支付，企业在可行权日之后不再确认成本费用，负债（应付职工薪酬）公允价值的变动应当计入当期损益（公允价值变动损益）。

2. 回购股份进行职工期权激励

企业以回购股份形式奖励本企业职工的，属于权益结算的股份支付，应当进行以下处理：

(1) 回购股份。企业回购股份时，应当按照回购股份的全部支出作为库存股处理，同时进行备查登记。

(2) 确认成本费用。按照本准则对职工权益结算股份支付的规定，企业应当在等待期内每个资产负债表日按照权益工具在授予日的公允价值，将取得的职工服务计入成本费用，同时增加资本公积(其他资本公积)。

(3) 职工行权。企业应于职工行权购买本企业股份收到价款时，转销交付职工的库存股成本和等待期内资本公积(其他资本公积)累计金额，同时，按照其差额调整资本公积(股本溢价)。

3. 股份支付的会计披露

企业应当在会计报表附注中披露与股份支付有关的下列信息：

(1) 当期授予、行权和失效的各项权益工具总额。

(2) 期末发行在外的股份期权或其他权益工具行权价格的范围和合同剩余期限。

(3) 当期行权的股份期权或其他权益工具以其行权日价格计算的加权平均价格。

(4) 权益工具公允价值的确定方法。

企业对性质相似的股份支付信息可以合并披露。

企业应当在财务报表附注中披露股份支付交易对当期财务状况和经营成果的影响，至少包括下列信息：

(1) 当期因以权益结算的股份支付而确认的费用总额。

(2) 当期因以现金结算的股份支付而确认的费用总额。

(3) 当期以股份支付换取的职工服务总额及其他方服务总额。

4.2.2.8 劳务派遣用工薪酬

1. 劳务派遣用工薪酬的会计科目核算

《企业会计准则第 9 号——职工薪酬》中的职工包括了劳务派遣用工，劳务派遣用工薪酬会计核算同职工薪酬的会计核算一致。用工企业应当在被派遣劳动者为其工作的会计期间，将实际发生的用工薪酬确认为负债，并计入当期损益或者相关资产成本。借记“生产成本”“制造费用”“劳务成本”“研发支出”“工程施工”“销售费用”“管理费用”“在建工程”等科目，贷记“应付职工薪酬”或“应付账款”科目核算。用工企业全额支付给派遣单位包括劳动者薪酬的款项一般通过“劳务成本”与“应付账款”核算；用工企业直支付给被派遣劳动者的用工薪酬同企业职工薪酬的会计科目核算一致，通过“应付职工薪酬”来计提和发放被派遣劳动者的薪酬。

【例 10】 A 公司(用工单位)2×19 年 10 月 31 日获取了 B 劳务派遣公司 10 名保安派遣人员的工资、福利和社会保险及住房公积金的付款通知单 18 万元，A 公司于 2×19 年 11 月 5 日将上述 18 万元款项全额支付给了 B 劳务派遣公司，A 公司获取了 B 劳务派遣公司开具的全额普通发票。

A 公司的账务处理如下：

① 2×19 年 10 月 31 日　借：管理费用——劳务支出　180 000
　　贷：应付账款——B 劳务派遣公司　180 000
② 2×19 年 11 月 5 日　借：应付账款——B 劳务派遣公司　180 000
　　贷：银行存款　180 000

【例 11】 根据劳务派遣协议的约定 2×19 年 10 月应由 A 公司(用工单位)直接支付保安派遣人员的工资 10 万元，2×19 年 11 月 5 日 A 公司直接将工资 10 万元支付到保安派遣人员的个人账户。

A 公司的账务处理如下：

① 2×19 年 10 月 31 日　借：管理费用——工资　100 000
　　贷：应付职工薪酬——工资　100 000
② 2×19 年 11 月 5 日　借：应付职工薪酬——工资　100 000
　　贷：银行存款　100 000

2. 劳务派遣用工薪酬的会计披露

企业应当按照职工薪酬的会计披露信息要求进行相关内容的披露。

4.2.2.9　劳务性报酬

1. 劳务性报酬的会计科目核算

企业支付的劳务性报酬根据受益对象来进行会计科目的核算，归属生产部门的劳务性报酬，借记“生产成本”“制造费用”“劳务成本”等科目，贷记“应付账款”或货币资金的相关科目。应由在建工程、研发部门负担的劳务性报酬，借记“在建工程”“研发支出”等科目，贷记“应付账款”或货币资金的相关科目。归属销售部门、管理部门的劳务性报酬，借记“销售费用”“管理费用”，贷记“应付账款”或货币资金的相关科目。工程施工企业支付的劳务性报酬，借记“工程施工”科目，贷记“应付账款”或货币资金的相关科目。

【例 12】 电气工程师李某承接了 A 公司的生产机器设备测试任务，双方约定 1 个月内完成所有生产机器设备的测试任务，并经 A 公司验收合格后支付李某劳务报酬 10 万元(暂不考虑增值税及附加)。1 个月后李某按期完成了测试任务，并经 A 公司验收合格，李某凭其向税务部门代开的增值税普通发票 10 万元向 A 公司结算劳务报酬，A 公司支付了李某机器设备测试劳务报酬 10 万元，同时预扣预缴了其个人所得税 2.5 万元(10×80%×40%−0.7)。

A 公司支付劳务报酬时的账务处理如下：

借：制造费用　100 000
　　贷：银行存款　75 000
　　　　应交税费——应交个人所得税　25 000

2. 劳务性报酬的会计披露

企业应当在会计报表附注中披露重大劳务性报酬的具体项目、金额和周期。

4.2.2.10 个人经营性报酬

1. 个人经营性报酬的会计科目核算

企业支付的个人经营性报酬根据受益对象来进行会计科目的核算，归属生产部门的个人经营性报酬，借记“生产成本”“制造费用”“劳务成本”等科目，贷记“应付账款”或货币资金的相关科目。应由在建工程、研发部门负担的个人经营性报酬，借记“在建工程”“研发支出”等科目，贷记“应付账款”或货币资金的相关科目。归属销售部门、管理部门的个人经营性报酬，借记“销售费用”“管理费用”，贷记“应付账款”或货币资金的相关科目。工程施工企业支付的个人经营性报酬，借记“工程施工”科目，贷记“应付账款”或货币资金的相关科目。

企业支付个人经营性报酬时，不需要扣缴个人所得税。

【例 13】 个体工商户王某承接了 A 公司的物业管理任务，双方约定王某提供服务后，A 公司按月支付李某报酬 9 万元(暂不考虑增值税及附加)，李某需提供增值税专用发票结算报酬。

A 公司支付报酬时账务处理如下：

借：管理费用	90 000	
贷：银行存款		90 000

2. 个人经营性报酬的会计披露

企业应当在会计报表附注中披露重大的个人经营性报酬的具体项目、金额和周期。

4.2.2.11 人力资源外包服务费用

1. 人力资源外包服务费用的会计科目核算

企业支付给人力资源外包服务费用根据受益对象来进行会计科目的核算，归属生产部门的人力资源外包服务费用，借记“生产成本”“制造费用”等科目，贷记“应付账款”或货币资金的相关科目。应由在建工程、研发部门负担的人力资源外包服务费用，借记“在建工程”“研发支出”等科目，贷记“应付账款”或货币资金的相关科目。归属销售部门、管理部门的人力资源外包服务费用，借记“销售费用”“管理费用”，贷记“应付账款”或货币资金的相关科目。工程施工单位的人力资源外包服务费用，借记“工程施工”科目，贷记“应付账款”或货币资金的相关科目。

【例 14】 A 公司将人力资源部门的员工招录用手续和社保缴纳办理的工作外包给了 B 人力资源外包服务公司，按双方协议约定的服务费用计算 2×19 年 10 月 A 公司应支付 B 公司外包服务费用 3 万元。A 公司和 B 公司均是增值税一般纳税人，B 公司开具了增值税专用发票，其中金额 3 万元，税额 0.18 万元，A 公司支付了上述服务款项。

A 公司支付服务费用的账务处理如下：

借：管理费用　　30 000

　　应交税费——应交增值税(进项税额)　　1 800

　　贷：银行存款　　31 800

2. 人力资源外包服务费用的会计披露

企业应当在会计报表附注中披露重大人力资源外包服务的具体项目、金额和周期。

4.2.3 薪酬对应的分税种会计核算

4.2.3.1 薪酬对应的增值税会计核算

1. 职工薪酬的增值税会计核算

单位或者个体工商户聘用的职工为本单位或者雇主提供取得工资的服务以及单位或者个体工商户为聘用的职工提供服务均不是增值税的征税范围。

企业以自产产品作为非货币性福利发放给职工的，应确认主营业务收入，借记“应付职工薪酬——非货币性福利”科目，贷记“主营业务收入”科目，同时结转相关成本，涉及增值税销项税额的，还应进行相应的处理，借记“应付职工薪酬——非货币性福利”科目，贷记“应交税费——应交增值税(销项税额)”科目。

一般纳税人企业购进货物、加工修理修配劳务、服务、无形资产或不动产，用于集体福利的，其进项税额按照现行增值税制度规定不得从销项税额中抵扣的，取得增值税专用发票时，对于不得抵扣的增值税进项税额，确认为应付职工薪酬，并计入当期损益或相关资产成本，借记“生产成本”“制造费用”“劳务成本”“研发支出”“工程施工”“销售费用”“管理费用”“在建工程”等科目，贷记“应交税费——应交增值税(进项税额转出)”科目。

【例 15】 2×19 年 10 月，A 公司向 B 公司采购智能手机一批，每台智能手机含税单价 5 000 元，已取得增值税专用发票。2×19 年 11 月，A 公司作为节日福利发放给公司每名职工。假定 A 公司 1 000 名职工中 800 名为直接参与生产的职工，200 名为总部管理人员。

根据上述资料，A 公司采购智能手机用于集体福利，其进项税额不得从销项税额中抵扣，计算增值税进项转出额＝5 000×1 000÷(1＋13%)×13%＝575 221.24(元)

A 公司有关账务处理如下：

(1) 借：生产成本　　3 539 823.01

　　　管理费用　　884 955.75

　　　应交税费——应交增值税(进项税额)　　575 221.24

　　　贷：应付职工薪酬——非货币性福利　　5 000 000

(2) 借：应付职工薪酬——非货币性福利　　5 000 000

　　贷：银行存款　　5 000 000

(3) 借：生产成本　　460 176.99

　　管理费用　　115 044.25

　　贷：应交税费——应交增值税(进项税额转出)　　575 221.24

2. 劳务派遣用工薪酬的增值税会计核算

(1) 被派遣劳动者。被派遣劳动者为用工单位提供的服务以及用工单位为被派遣劳动者提供的服务均不是增值税的征税范围。

(2) 劳务派遣单位。劳务派遣事项中增值税的征税对象主要针对劳务派遣单位。劳务派遣单位为增值税一般纳税人的，提供劳务派遣服务可以以取得的全部价款和价外费用为销售额，按照一般计税方法计算缴纳增值税，贷记“应交税费——应交增值税(销项税额)”；也可以选择差额纳税，以取得的全部价款和价外费用，扣除代用工单位支付给劳务派遣员工的工资、福利和为其办理社会保险及住房公积金后的余额为销售额，按照简易计税方法依5%的征收率计算缴纳增值税，贷记“应交税费——应交增值税”。

劳务派遣单位为小规模纳税人的，提供劳务派遣服务可以以取得的全部价款和价外费用为销售额，按照简易计税方法依3%的征收率计算缴纳增值税，贷记“应交税费——应交增值税”；也可以选择差额纳税，以取得的全部价款和价外费用，扣除代用工单位支付给劳务派遣员工的工资、福利和为其办理社会保险及住房公积金后的余额为销售额，按照简易计税方法依5%的征收率计算缴纳增值税，贷记“应交税费——应交增值税”。选择差额纳税的纳税人，向用工单位收取用于支付给劳务派遣员工工资、福利和为其办理社会保险及住房公积金的费用，不得开具增值税专用发票，可以开具普通发票。

【例16】 B公司是一家劳务派遣公司，2×19年10月取得劳务派遣收入300万元，其中含支付给劳务派遣员工工资、福利和为其办理社会保险及住房公积金的费用270万元，为计算简便，假设B公司未发生其他业务，未取得进项发票，不考虑其他税费。

① B公司为一般纳税人。

a. 一般计税。

应纳税额＝300/(1＋6%)×6%＝16.98(万元)

一般纳税人提供劳务派遣服务，按照一般计税方法计算缴纳增值税时，以取得的全部价款和价外费用为销售额。

发票开具：开一张价税合计300万元，金额283.02万元，税额16.98万元，税率为6%的增值税专用发票或普通发票，开票项目为“人力资源服务——劳务派遣服务”。

b. 选择简易计税。

应纳税额＝(300－270)/(1＋5%)×5%＝1.43(万元)

发票开具：有两种方法，一是通过新系统中的差额开票功能，录入含税销售额300万元和扣除额270万元，系统自动计算税额1.43万元和不含税金额298.57万元，备注栏自动打印“差额征税”字样。二是开具两张发票：一张增值税专用发票价税合计30万元，备注栏注明某月劳务派遣管理费；另一张普通发票价税合计270万元，备注栏注明某月工资、奖金、社会保险。

② B公司为小规模纳税人。

a. 选择差额纳税。

应纳税额＝(300－270)/(1＋5%)×5%＝1.43(万元)

小规模纳税人提供劳务派遣选择差额纳税时，以取得的全部价款和价外费用，扣除代用工单位支付给劳务派遣员工的工资、福利和为其办理社会保险及住房公积金后的余额为销售额，按照简易计税方法依5%的征收率计算缴纳增值税。

发票开具：与一般纳税人选择简易计税相同。

b. 未选择差额纳税。

应纳税额＝300/(1＋3%)×3%＝8.74(万元)

发票开具提示：开一张普通发票或者增值税专用发票，价税合计300万元，金额291.26万元，税额8.74万元，税率3%，开票项目为“人力资源服务——劳务派遣服务”。

(3) 用工单位。用工单位为增值税一般纳税人接受劳务派遣用工，根据劳务派遣单位提供的增值税专用发票，按照增值税专用发票上注明的增值税额，借记“应交税费——应交增值税(进项税额)”科目，对于认证相符的进项税额可以抵扣用工单位的销项税额。增值税小规模纳税人、一般纳税人接受劳务派遣单位提供的普通发票，按照普通发票上注明的价税合计，全额计入用工单位受益期间的成本费用或相关资产成本。

3. 劳务性报酬的增值税会计核算

(1) 劳务报酬所得人。自然人以独立劳务承接企业工作任务及业务取得的报酬是增值税的征税范围，需要计算缴纳增值税。

未办理税务登记或未办理临时税务登记的自然人取得了劳务报酬的增值税应税收入后，除特殊规定外，属于按次纳税的增值税小规模纳税人，增值税起征点为每次(日)销售额300～500元。自然人取得了增值税应税收入后，对达到增值税起征点的应税收入，按增值税小规模纳税人计算缴纳相关的增值税，以“含税收入额÷(1＋征收率)×征收率”来计算应缴纳的增值税额。按现行的增值税征收率的规定，小规模纳税人的征收率通常为3%。自然人向税务部门只能申请代开增值税普通发票，并且对于未办理税务登记或未办理临时税务登记的自然人也无法享受小规模纳税人月销售额10万元以下的免税政策。

【例17】 承[例12]李某以自然人身份承接了A公司的机器设备测试任务，获取了含税报酬10万元，则李某需要缴纳的增值税额＝10万元÷(1＋3%)×3%＝0.29万元。

(2) 支付劳务报酬的单位。支付劳务报酬的单位接受了劳务者的工作及业务成果，根据劳务者提供的增值税普通发票，按照增值税普通发票上注明的价税合计，全额计入受益期间的成本费用或相关资产成本。

4. 个人经营性报酬的增值税会计核算

(1) 经营者。具有专业技能的自然人或以自然人设立的个体工商户、个人独资企业、合伙企业来独立承接企业工作任务及业务取得经营性报酬都是增值税的征税范围，需要计算缴纳增值税。

① 未办理税务登记或未办理临时税务登记的自然人经营者获得经营性报酬后同个人劳务报酬所得适用的增值税政策一致。

② 自然人以设立的个体工商户、个人独资企业、合伙企业取得了经营性报酬的增值税应税收入后，对达到增值税起征点的应税收入，区分增值税纳税人的类型来计算缴纳增值税额。

a. 经营者属于增值税一般纳税人的增值税会计核算如下：

增值税应纳税额＝当期销项税额－当期可以抵扣的进项税额－上期留抵的进项税额，

销项税额＝不含税收入额×适用增值税税率

$$不含税收入额=\frac{含税收入额}{1+增值税税率}$$

同时经营者需要设置应交税费的明细科目核算，在“应交税费——应交增值税”明细科目下设置“销项税额”“进项税额转出”“转出多交增值税”“进项税额”“已交税金”“减免税额”“转出未交增值税”等三级明细科目来核算应缴纳的增值税额。

【例 18】 假设个体工商户王某是增值税一般纳税人，2020 年 4 月取得可以抵扣的增值税进项税额 0.2 万元，本月承接了机器设备测试服务收入价税合计 9 万元外还有 1 万元物业管理收入，无其他收入额，则个体工商户王某需要缴纳的增值税额＝(9＋1)÷(1＋6%)×6%－0.2＝0.37(万元)。

b. 经营者属于增值税小规模纳税人的增值税会计核算如下：

增值税应纳税额＝含税收入额÷(1＋征收率)×征收率

办理了税务登记或临时税务登记的小规模纳税人，未登记为增值税一般纳税人的，属于按期纳税的增值税小规模纳税人，2019 年 1 月 1 日至 2021 年 12 月 31 日小规模纳税人发生增值税应税销售行为，合计月销售额未超过 10 万元(以 1 个季度为 1 个纳税期的，季度销售额未超过 30 万元，下同)的，免征增值税。小规模纳税人发生增值税应税销售行为，合计月销售额超过 10 万元，但扣除本期发生的销售不动产的销售额后未超过 10 万元的，其销售货物、劳务、服务、无形资产取得的销售额免征增值税。适用增值税差额征税政策的小规模纳税人，以差额后的销售额确定享受免征增值税政策。

对于需要设置账册核算的经营者，应设置“应交税费——应交增值税”会计科目来核算应缴纳的增值税额。

【例 19】 假设个体工商户王某是按季纳税的增值税小规模纳税人，2020 年一季度取得了机器设备测试服务收入价税合计 27 万元，无其他收入额，当季个体工商户王某取得报酬不含税收入额＝27 万元÷(1＋3%)＝26.21 万元，未超过 30 万元，可以享受免征增值税的优惠政策。(会计分录金额单位为万元)

确诊销售收入时：

借：银行存款　　27

　贷：主营业务收入　　26.21

　　应交税费——应交增值税　　0.79

4 月纳税申报时，达到符合小微免税的条件，将税额转入主营业务收入：

借：应交税费——应交增值税　　0.79

　贷：主营业务收入　　0.79

(2) 支付经营性报酬单位。支付经营性报酬的单位属于增值税一般纳税人的，单位接受了经营者交付的工作及业务成果，根据经营者提供的增值税专用发票，按照增值税专用发票上注明的增值税额，借记“应交税费——应交增值税(进项税额)”科目。

支付经营性报酬的单位属于增值税小规模纳税人，或者虽是一般纳税人但接受了自然人经营者和小规模纳税人提供的普通发票，支付经营性报酬的单位按照普通发票上注明的价税合计，全额计入受益期间的成本费用或相关资产成本。

5. 人力资源外包服务费用的增值税会计核算

(1) 人力资源外包服务单位。人力资源外包服务单位提供人力资源外包服务按照经纪代理服务缴纳增值税，人力资源外包服务的销售额不包括受企业委托代为向企业员工发放的工资和代理缴纳的社会保险、住房公积金。

一般纳税人提供人力资源外包服务，按 6%的增值税税率计算增值税销项税额，也可以选择适用简易计税方法，按照 5%的征收率计算缴纳增值税。

小规模纳税人提供人力资源外包服务，按照 3%的征收率计算缴纳增值税。

【例 20】 D 是一家人力资源外包服务公司，本月人力资源外包服务收入 300 万元，其中含受客户单位委托代为向客户单位员工发放的工资和各项费用为 280 万元。为计算简便，假设未发生其他业务，未取得增值税进项发票，不考虑其他税费。

① D 公司为一般纳税人：

a. 一般计税。

应纳税额＝(300－280)/(1＋6%)×6%＝1.13(万元)

纳税人提供人力资源外包服务，销售额不包括受客户单位委托代为向客户单位员工发放的工资和代理缴纳的社会保险、住房公积金。

发票开具：比较普遍的开票方式是将收取的服务费开一张价税合计为20万元的普通发票或增值税专用发票，开票项目为“经纪代理服务”；将代收代付的款项开具收款收据(后附代收代付的工资单、社保缴费单原件)。

b. 简易计税。

应纳税额＝(300－280)/(1＋5％)×5％＝0.95(万元)

② D公司为小规模纳税人：

应纳税额＝(300－280)/(1＋3％)×3％＝0.58(万元)

纳税人提供人力资源外包服务，销售额不包括受客户单位委托代为向客户单位员工发放的工资和代理缴纳的社会保险、住房公积金。

人力资源外包服务单位对于增值税的会计核算，一般纳税人需要在“应交税费——应交增值税”明细科目下设置“销项税额”“进项税额转出”“转出多交增值税”“进项税额”“已交税金”“减免税额”“转出未交增值税”等三级明细核算。小规模纳税人只需设置“应交税费——应交增值税”科目核算。

(2) 支付人力资源外包服务费单位。一般纳税人单位接受人力资源外包服务，根据人力资源外包服务单位提供的增值税专用发票，按照增值税专用发票上注明的增值税额，借记“应交税费——应交增值税(进项税额)”科目。对于小规模纳税人企业、一般纳税人企业接受人力资源外包服务单位提供的普通发票，按照普通发票上注明的价税合计，全额计入支付人力资源外包服务费单位受益期间的成本费用或相关资产成本。

4.2.3.2 薪酬对应的企业所得税会计核算

1. 职工薪酬的企业所得税会计核算

企业对当期进入相关资产成本的职工薪酬，对当期的企业所得税没有影响，无需单独进行对应的企业所得税会计核算。企业的职工薪酬作为成本或费用进入当期损益的，符合条件的可以在当期的企业所得税前扣除，从而减少企业所得税的应纳税额。

(1) 企业所得税中工资薪金的定义。《企业所得税法实施条例》第三十四条规定：“工资薪金，是指企业每一纳税年度支付给在本企业任职或者受雇的员工的所有现金形式或者非现金形式的劳动报酬，包括基本工资、奖金、津贴、补贴、年终加薪、加班工资，以及与员工任职或者受雇有关的其他支出。”

(2) 企业所得税中工资薪金总额的范围。工资薪金总额是指企业实际发放的工资薪金总和，不包括企业的职工福利费、职工教育经费、工会经费以及养老保险费、医疗保险费、失业保险费、工伤保险费、生育保险费等社会保险费和住房公积金。属于国有性质的企业，其工资薪金，不得超过政府有关部门给予的限定数额；超过部分，不得计入企业工资薪金总额，也不得在计算企业应纳税所得额时扣除。

① 实际发放的工资薪金总额是计算税法规定的职工福利费、职工教育经费、工会经费以及其他相关指标税前扣除限额的基本依据。企业应当通过“应付职工薪酬——工资”科目对工资薪金总额进行单独核算。

② 国有性质企业的工资薪金，不得超过政府有关部门给予的限定数额；超过部分，不得计入企业工资薪金总额，也不得在计算企业应纳税所得额时扣除。超标的工资薪金本身不得包括在“工资薪金总额”之中，可以作为一项单独的不得扣除的支出项目对待，因此也不能将其作为计算职工福利费、职工教育经费、工会经费等税前扣除限额的依据。

(3) 工资薪金支出企业所得税前扣除条件。

① 实际发生。作为企业税前扣除项目的工资薪金支出，应该是企业已经实际支付给其职工的那部分工资薪金支出。当年度的工资薪金在次年的汇算清缴前支付完毕，也允许企业所得税前扣除。但如果在次年的汇算清缴前尚未支付的应付职工薪酬，不能在其未支付的这个纳税年度内扣除，只有等到实际发生后，才准予企业所得税前扣除。

② 合理性。“合理工资薪金”是指企业按照股东大会、董事会、薪酬委员会或相关管理机构制定的工资薪金制度规定实际发放给员工的工资薪金。税务机关在对工资薪金进行合理性确认时，可按以下原则掌握：

a. 企业制定了较为规范的员工工资薪金制度。

b. 企业所制定的工资薪金制度符合行业及地区水平。

c. 企业在一定时期所发放的工资薪金是相对固定的，工资薪金的调整是有序进行的。

d. 企业对实际发放的工资薪金，已依法履行了代扣代缴个人所得税义务。

e. 有关工资薪金的安排，不以减少或逃避税款为目的。

③ 与任职或者受雇有关。所谓任职或雇佣关系，一般是指所有连续性的服务关系，提供服务的任职者或者雇员的主要收入或者很大一部分收入来自任职的企业，并且这种收入基本上代表了提供服务人员的劳动。所谓连续性服务并不排除临时工的使用，临时工可能是由于季节性经营活动需要雇佣的，虽然对某些临时工的使用是一次性的，但从企业经营活动的整体需要看又具有周期性，服务的连续性应足以对提供劳动的人确定计时或者计件工资，应足以与个人劳务支出相区别。

(4) 股权激励支出企业所得税前扣除条件。《上市公司股权激励管理办法》(以下简称《管理办法》)中规定的上市公司，以本公司股票为标的，对其董事、监事、高级管理人员及其他员工(以下简称激励对象)进行的长期激励，股权激励实行方式包括授予限制性股票、股票期权以及其他法律法规规定的方式。限制性股票，是指《管理办法》中规定的激励对象按照股权激励计划规定的条件，从上市公司获得的一定数量的本公司股票。股票期权，是指《管理办法》中规定的上市公司按照股权激励计划授予激励对象在未来一定期限内，以预先确定的价格和条件购买本公司一定数量股票的权利。

上市公司依照《管理办法》要求建立职工股权激励计划，并按我国企业会计准则的有关规定，在股权激励计划授予激励对象时，按照该股票的公允价格及数量，计算确定作为上市公司相关年度的成本或费用，作为换取激励对象提供服务的对价。上述企业建立的职工股权激励计划，其企业所得税的处理，自 2012 年 7 月 1 日起按以下规定执行：

① 对股权激励计划实行后立即可以行权的，上市公司可以根据实际行权时该股票的公允价格与激励对象实际行权支付价格的差额和数量，计算确定作为当年上市公司工资薪金支出，依照税法规定进行税前扣除。

② 对股权激励计划实行后，需待一定服务年限或者达到规定业绩条件(以下简称等待期)方可行权的。上市公司等待期内会计上计算确认的相关成本费用，不得在对应年度计算缴纳企业所得税时扣除。在股权激励计划可行权后，上市公司方可根据该股票实际行权时的公允价格与当年激励对象实际行权支付价格的差额及数量，计算确定作为当年上市公司工资薪金支出，依照税法规定进行税前扣除。

③ 上述所指股票实际行权时的公允价格，以实际行权日该股票的收盘价格确定。

(5) 福利费企业所得税前扣除标准和条件。企业发生的职工福利费支出，不超过工资薪金总额 14%的部分，准予扣除。企业职工福利费，包括以下内容：

① 尚未实行分离办社会职能的企业，其内设福利部门所发生的设备、设施和人员费用，包括职工食堂、职工浴室、理发室、医务所、托儿所、疗养院等集体福利部门的设备、设施及维修保养费用和福利部门工作人员的工资薪金、社会保险费、住房公积金、劳务费等。

② 为职工卫生保健、生活、住房、交通等所发放的各项补贴和非货币性福利，包括企业向职工发放的因公外地就医费用、未实行医疗统筹企业职工医疗费用、职工供养直系亲属医疗补贴、供暖费补贴、职工防暑降温费、职工困难补贴、救济费、职工食堂经费补贴、职工交通补贴等。

③ 按照其他规定发生的其他职工福利费，包括丧葬补助费、抚恤费、安家费、探亲假路费等。

(6) 工会经费企业所得税前扣除标准和条件。企业拨缴的工会经费，不超过工资薪金总额 2%的部分，且需要凭上缴工会组织开具的《工会经费专用收据》上所列金额在企业所得税前扣除。自 2010 年 1 月 1 日起，在委托税务机关代收工会经费的地区，企业拨缴的工会经费，也可凭合法、有效的工会经费代收凭据依法在企业所得税前扣除。对企业虽已提取但未拨缴也未取得拨缴收据的工会经费不能在税前扣除。

(7) 职工教育经费企业所得税前扣除标准和条件。自 2018 年 1 月 1 日起，企业发生的职工教育经费支出，不超过工资薪金总额 8%的部分，准予在计算企业所得税应纳税所得额时扣除；超过部分，准予在以后纳税年度结转扣除。企业已计提的职工教育经费，未实际使用支出的部分，不得税前扣除。

企业职工教育培训经费列支范围包括：①上岗和转岗培训。②各类岗位适应性培训。③岗位培训、职业技术等级培训、高技能人才培训。④专业技术人员继续教育。⑤特种作业人员培训。⑥企业组织的职工外送培训的经费支出。⑦职工参加的职业技能鉴定、职业资格认证等经费支出。⑧购置教学设备与设施。⑨职工岗位自学成才奖励费用。⑩职工教育培训管理费用。⑪有关职工教育的其他开支。

集成电路设计企业和符合条件软件企业发生的职工教育经费中的职工培训费用，可以全额在企业所得税前扣除。企业应准确划分职工教育经费中的职工培训费支出，对于不能准确划分的，以及准确划分后职工教育经费中扣除职工培训费用的余额，一律按照工资薪金总额8%的比例扣除。

经认定的动漫企业自主开发、生产动漫产品，对单独核算的职工培训费可以比照软件企业申请享受按实际发生额在计算企业所得税前扣除。

航空企业实际发生的飞行员养成费、飞行训练费、乘务训练费、空中保卫员训练费等空勤训练费用，可作为航空企业运输成本在企业所得税前按实际发生额扣除。

核力发电企业为培养核电厂操纵员发生的培养费用，可作为企业的发电成本在税前扣除。企业应将核电厂操纵员培养费与员工的职工教育经费严格区分，单独核算，员工实际发生的职工教育经费支出不得计入核电厂操纵员培养费直接扣除。

(8) 社保保险费及住房公积金的企业所得税前扣除规定。企业依照国务院有关主管部门或者省级人民政府规定的范围和标准为职工缴纳的基本养老保险费、基本医疗保险费、失业保险费、工伤保险费、生育保险费等基本社会保险费和住房公积金，准予在企业所得税前扣除。

企业为投资者或者职工支付的补充养老保险费、补充医疗保险费，在国务院财政、税务主管部门规定的范围和标准内，准予扣除。自2008年1月1日起，企业根据国家有关政策规定，为在本企业任职或者受雇的全体员工支付的补充养老保险费、补充医疗保险费，分别在不超过职工工资总额5%标准内的部分，在计算应纳税所得额时准予扣除；超过的部分，不予扣除。

除企业依照国家有关规定为特殊工种职工支付的人身安全保险费和国务院财政、税务主管部门规定可以扣除的其他商业保险费外，企业为投资者或者职工支付的商业保险费，不得在企业所得税前扣除。

(9) 劳动保护费企业所得税前扣除规定。企业发生的合理的劳动保护支出，准予扣除。自2011年7月1日起，企业根据其工作性质和特点，由企业统一制作并要求员工工作时统一着装所发生的工作服饰费用，可以作为企业合理的支出给予税前扣除。

【例21】 A公司2×19年实际支出的合理工资、薪金总额为500万元，职工社会保险及住房公积金实际发生额220万元，职工补充养老保险实际发生额40万元，职工福利费实际发生72万元，拨缴的工会经费14万元，已经取得工会拨缴收据，实际发生职工教育经费10.5万元。A公司2×19年度的会计利润为400万元，企业所得税率为25%，除了职工薪酬外，无其他纳税调整事项，A公司持续盈利，无可弥补的亏损，请计算A公司2×19年度因职工薪酬项目需要调整的应纳税所得额和需要调整的企业所得税额。

工资、薪金准予税前扣除金额：500万元；

职工社会保险及住房公积金准予税前扣除金额：220万元；

职工补充养老保险扣除限额＝500×5％＝25万元，实际发生40万元，准予税前扣除25万元，纳税调增15万元；

职工福利费扣除限额＝500×14％＝70(万元)，实际发生72万元，准予税前扣除70万元，纳税调增2万元；

工会经费扣除限额＝500×2％＝10(万元)，实际发生14万元，准予税前扣除10万元，纳税调增4万元；

职工教育经费扣除限额＝500×8％＝40(万元)，实际发生10.5万元，可以据实扣除；

因职工薪酬调增的应纳税所得额＝15＋2＋4＝21(万元)

因职工薪酬调增的企业所得税额＝21×25％＝5.25(万元)

2. 劳务派遣用工薪酬的企业所得税会计核算

企业接受外部劳务派遣用工支出税前扣除问题，企业接受外部劳务派遣用工所实际发生的费用，应分两种情况按规定在税前扣除：按照协议(合同)约定直接支付给劳务派遣公司的费用，应作为劳务费支出；直接支付给员工个人的费用，应作为工资薪金支出和职工福利费支出。其中属于工资薪金支出的费用，准予计入企业工资薪金总额的基数，作为计算其他各项相关费用扣除的依据。

【例22】 A公司和劳务派遣公司签订了劳务派遣合同，由劳务派遣公司派人员到A公司从事约定工作，A公司向劳务派遣公司支付服务费30万元，向派遣人员支付工资300万元，同时负担劳务派遣人员社会保险费等相关费用25万元，该如何进行企业所得税税前扣除？

根据国家税务总局公告2015年第34号第三条的规定，该企业直接支付给劳务派遣人员的费用，应作为工资薪金支出和职工福利费支出核算。其中属于工资薪金支出的费用300万元，准予计入企业工资薪金总额的基数，作为计算其他各项相关费用扣除的依据；由A公司负担的劳务派遣人员社会保险费等相关费用25万元也允许在企业所得税前扣除。A公司支付给劳务派遣公司的费用30万元，应作为管理费用支出核算，不能计入企业工资薪金总额的基数，不得作为计算其他各项相关费用扣除的依据。

【例23】 B公司和劳务派遣公司签订了劳务派遣合同，由劳务派遣公司派人员到B公司从事约定工作，由B公司向劳务派遣公司支付服务费30万元、派遣人员工资300万元及社会保险费等相关费用25万元，共计355万元，该如何进行企业所得税税前扣除？

根据国家税务总局公告2015年第34号第三条的规定，按照协议(合同)约定直接支付给劳务派遣公司的355万元费用，应全部作为劳务费用支出，按照派遣人员从事的工作，记入相应的生产成本、销售费用、管理费用和相关资产成本核算，不能计入企业工资薪金总额的基数，不得作为计算其他各项相关费用扣除的依据。

3. 劳务性报酬的企业所得税会计核算

企业接受自然人劳务者交付的工作及业务成果，支付劳务性的报酬应根据劳务者提供的真实有效的税前扣除凭证，按照收入与成本相配比的原则，在工作及业务成果对应的受益期间，分摊计入受益各期的成本费用，在企业所得税前扣除。

建筑安装企业在建设期，会使用大量的临时工、季节工、技术工等。该类临时工、季节工和技术工是作为企业的工资薪金支出核算还是作为企业劳务支出核算，主要按以下来判断适用：

(1) 企业雇用季节工、临时工，如果属于连续性的服务关系用工，企业因雇用季节工、临时工所实际发生的费用，应区分为工资薪金支出和职工福利费支出，并按《企业所得税法》规定在企业所得税前扣除。其中属于工资薪金支出的，准予计入企业工资薪金总额的基数，作为计算其他各项相关费用扣除的依据。

(2) 企业雇用季节工、临时工，如果属于临时发生的按次劳务，不具有连续性服务的特征，劳务者需要到税务机关进行增值税的完税，同时由税务部门代开增值税发票，企业凭劳务者提供的真实有效的税前扣除凭证，按照收入与成本相配比的原则，在劳务发生对应的受益期间和受益对象，计入受益各期的成本费用，在企业所得税前扣除。

4. 个人经营性报酬的企业所得税会计核算

企业接受个人经营者交付的工作及业务成果，支付经营性的报酬应根据经营者提供的真实有效的税前扣除凭证，按照收入与成本相配比的原则，在工作及业务成果对应的受益期间和受益对象，分摊计入受益各期的成本费用，在企业所得税前扣除。

5. 人力资源服务外包费用的企业所得税会计核算

企业接受人力资源外包服务支付给人力资源服务外包单位的服务费用，凭人力资源外包服务单位提供的真实有效税前扣除凭证，根据服务费用对应的受益期间和受益对象，计入受益各期的成本费用，在企业所得税前扣除。

4.2.3.3　薪酬对应的个人所得税会计核算

1. 职工薪酬个人所得税的会计核算

企业代扣代缴职工的工资、薪金所得的个人所得税税款，实际上是职工工资、薪金所得的一部分。企业代扣个人所得税时，借记“应付职工薪酬”科目，贷记“应交税费——应交个人所得税”科目。企业上交代扣的个人所得税款时，借记“应交税费——应交个人所得税”科目，贷记“银行存款”科目。

【例24】 2×19年10月，A公司当月工资支出250万元，部门奖金52万元，加班费

2.5万元，假定属于直接参与生产部门工资支出180万元，部门奖金22万元，加班费2万元；总部管理部门工资支出70万元，部门奖金30万元，加班费0.5万元，当月代扣代缴职工工资薪金个人所得税15万元，假定A公司全部通过银行支付。

根据上述资料，A公司当月工资如下：

生产部门工资＝180＋22＋2＝204(万元)

管理部门工资＝70＋30＋0.5＝100.5(万元)

A公司有关账务处理如下：

(1) 借：生产成本	2 040 000	
管理费用	1 005 000	
贷：应付职工薪酬——工资薪金		3 045 000
借：应付职工薪酬——工资薪金	3 045 000	
贷：应交税费——应交个人所得税		150 000
银行存款		2 895 000
(2) 借：应交税费——应交个人所得税	150 000	
贷：银行存款		150 000

2. 劳务派遣用工薪酬个人所得税的会计核算

由用工单位直接支付给被派遣劳动者的工资、薪金所代扣代缴的个人所得税实际上也属于被派遣劳动者工资、薪金所得的一部分。用工单位扣缴个人所得税时，借记“应付职工薪酬”科目，贷记“应交税费——应交个人所得税”科目。企业上交代扣的个人所得税款时，借记“应交税费——应交个人所得税”科目，贷记“银行存款”科目。

用工单位将被派遣劳动者的工资、薪金全部支付给劳务派遣单位，由劳务派遣单位支付被派遣劳动者的工资、薪金，则用工单位无需代扣代缴被派遣劳动者的个人所得税。被派遣劳动者的个人所得税由劳务派遣单位代扣代缴。

3. 劳务性报酬个人所得税的会计核算

(1) 企业接受劳务者的工作及业务成果，支付给劳务报酬时，企业需要按劳务报酬所得代扣代缴劳务者的个人所得税。

企业代扣代缴劳务者的个人所得税税款，实质是劳务报酬所得的一部分。企业代扣个人所得税时，按受益对象借记相关成本费用或资产，贷记“应交税费——应交个人所得税”科目。企业上交代扣的个人所得税款时，借记“应交税费——应交个人所得税”科目，贷记“银行存款”等科目。

【例25】 2019年11月，陈先生承揽了A公司的广告设计工作，为A公司设计一款产品的广告，陈先生取得其劳务报酬所得扣除增值税及附加后为15万元，A公司取得了陈先生在税务机关代开的增值税普通发票(价税合计151 651.65元)，A公司预扣预缴了其个人所得税4.1万(15×80%×40%－0.7),假定银行支付。

A公司有关账务处理如下:

① 借:销售费用	151 651.65	
贷:应交税费——应交个人所得税		41 000
银行存款		110 651.65
② 借:应交所得税——应交个人所得税	41 000	
贷:银行存款		41 000

(2) 个税扣缴中劳务报酬与工资、薪金的区别。工资、薪金所得是属于非独立个人劳务活动,即在机关、团体、学校、部队、企事业单位及其他组织中任职、受雇而得到的报酬;劳务报酬所得则是个人独立从事各种技艺、提供各项劳务取得的报酬。两者的主要区别在于,前者存在雇佣与被雇佣关系,后者则不存在这种关系。

凡与单位存在工资、人事方面关系的人员,其为本单位工作所得的报酬,属于"工资、薪金所得"应税项目征税范围;而其因某一特定事项临时为外单位工作所得报酬,不属于税法中所说的"受雇",应是"劳务报酬所得"应税项目征税范围。

(3) 关于个人兼职收入的征税规定。个人兼职取得的收入应按照"劳务报酬所得"应税项目缴纳个人所得税;退休人员再任职取得的收入,在减除按个人所得税法规定的费用扣除标准后,按"工资、薪金所得"应税项目缴纳个人所得税。

(4) 关于董事费征税问题。个人由于担任董事职务所取得的董事费收入,属于劳务报酬所得性质,按照劳务报酬所得项目征收个人所得税。

董事费按劳务报酬所得项目征税方法,仅适用于个人担任公司董事、监事,且不在公司任职、受雇的情形。个人在公司(包括关联公司)任职、受雇,同时兼任董事、监事的,应将董事费、监事费与个人工资收入合并,统一按工资、薪金所得项目缴纳个人所得税。

4. 个人经营性报酬个人所得税的会计核算

(1) 企业接受个人经营者的工作及业务成果,支付给依法可以从事经营所得的经营性报酬是根据经营者提供的真实有效的税前扣除凭证,按工作及业务成果对应的受益项目,计入受益各期的成本费用或资产。企业支付个人经营性所得时无需代扣代缴个人所得税。

(2) 经营性报酬所得主体为未注册登记的依法可以从事经营性活动的个人,其取得的报酬按"经营所得"自行向税务机关申报缴纳个人所得税。

(3) 经营性报酬所得主体为已注册登记的个体工商户、个人独资企业、合伙企业的个人合伙人承接了委托企业的工作任务及业务取得的报酬,按照"经营所得"自行向税务机关申报缴纳个人所得税,其缴纳的个人所得税实质是投资者经营所得的一部分。

【例26】 承[例25]陈先生以自己设立的A设计工作室(该设计工作室属于个人独资企业)去承揽B公司的产品广告设计任务,假设A工作室2019年就只取得该笔经营所得，扣除增值税及附加后为15万元，另外陈先生2019年度无工资、薪金等综合所得，基本减除费用为6万元，全年的专项附加扣除为1.2万元，陈先生2019年度经营所得个人所得税为：(15－6－1.2)×10%－0.15＝0.63(万元)。

A工作室有关账务处理如下：

① 借：应付利润	150 000	
贷：应交税费——应交个人所得税		6 300
银行存款		143 700
② 借：应交税费——应交个人所得税	6 300	
贷：银行存款		6 300

(4) 个人举办各类学习班所得征税的相关规定。个人经政府有关部门批准并取得执照举办学习班、培训班的，其取得的办班收入属于“个体工商户的生产、经营所得”(“个体工商户的生产、经营所得”，2019年新个人所得税法修改为“经营所得”，下同)应税项目，应按个人所得税法规定计征个人所得税；个人无须经政府有关部门批准并取得执照举办学习班、培训班的，其取得的办班收入属于“劳务报酬所得”应税项目，应按税法规定计征个人所得税。其中，办班者每次收入按以下方法确定：一次收取学费的，以一期取得的收入为一次，分次收取学费的，以每月取得的收入为一次。

对于个人经政府有关部门批准，取得执照，从事办学取得的所得，应按“个体工商户的生产、经营所得”应税项目计征个人所得税。对于个人办学者取得的办学所得用于个人消费的部分，应依法计征个人所得税。

(5) 个人从事医疗服务所得征税的相关规定。个人经政府有关部门批准，取得执照，以门诊部、诊所、卫生所(室)、卫生院、医院等医疗机构形式从事疾病诊断、治疗及售药等服务活动，应当以该医疗机构取得的所得，作为个人的应纳税所得，按照“个体工商户的生产、经营所得”应税项目缴纳个人所得税。个人未经政府有关部门批准，自行连续从事医疗服务活动，不管是否有经营场所，其取得的与医疗服务活动相关的所得，按照“个体工商户的生产、经营所得”应税项目缴纳个人所得税。

对于由集体、合伙或个人出资的乡村卫生室(站)，由医生承包经营，经营成果归医生个人所有，承包人取得的所得，比照“对企事业单位的承包经营、承租经营所得”(对企事业单位的承包经营、承租经营所得，2019年新个人所得税法修改为“经营所得”，下同)应税项目缴纳个人所得税。

乡村卫生室(站)的医务人员取得的所得，按照“工资、薪金所得”应税项目缴纳个人所得税。

受医疗机构临时聘请坐堂门诊及售药，由该医疗机构支付报酬，或收入与该医疗机构按比例分成的人员，其取得的所得，按照“劳务报酬所得”应税项目缴纳个人所得税，以一个月内取得的所得为一次，税款由该医疗机构代扣代缴。

对非营利性医疗机构按照国家规定的价格取得的医疗服务收入，免征各项税收，仅指医疗卫生机构自身的各项税收，不包括个人从医疗机构取得所得应纳的个人所得税。个人从医疗机构取得的所得，按照财政部国家税务总局《关于医疗机构有关个人所得税政策问题的通知》(财税〔2003〕109 号)的规定执行。具体是指个人因在医疗机构(包括营利性医疗机构和非营利性医疗机构)任职而取得的所得，依据《个人所得税法》的规定，应按照“工资、薪金所得”应税项目计征个人所得税。

医生或其他个人承包、承租经营医疗机构，经营成果归承包人所有的，依据个人所得税法规定，承包人取得的所得，应按照“对企事业单位的承包经营、承租经营所得”应税项目计征个人所得税。

个人投资或个人合伙投资开设医院(诊所)而取得的收入，应依据个人所得税法规定，按照“个体工商户的生产、经营所得”应税项目计征个人所得税。

对残疾人、转业军人、随军家属和下岗职工等投资开设医院(诊所)而取得的收入，仍按现行相关政策执行。

5. 人力资源外包服务费个人所得税的会计核算

企业支付给人力资源外包服务单位的服务费用是根据人力资源外包服务单位提供的真实有效的税前扣除凭证，按支付的服务费用对应的受益对象，计入受益各期的成本费用或资产，不存在扣缴人力资源外包服务单位的个人所得税问题。

人力资源外包服务单位代委托企业支付的职工工资薪金，并代委托企业计算扣缴的个人所得税由委托企业自行按职工薪酬个人所得税核算方式进行确认。

6. 薪酬以外涉及的个人所得税会计核算

(1) 利息、股息、红利所得的个人所得税会计核算。企业向个人支付利息，分配股息、红利时应计算代扣代缴的个人所得税款，支付利息时借记“财务费用”科目，贷记“应交税费——应交个人所得税”科目；分配股息、红利时，借记“应付利润”“应付股利”科目，贷记“应交税费——应交个人所得税”科目。上交代扣的个人所得税款时，借记“应交税费——应交个人所得税”科目，贷记“银行存款”科目等。

【例 27】 A 投资管理有限公司，2019 年向自然人李某支付了借款利息，同时取得了李某在税务机关代开的增值税普通发票(按月计算未达到增值税起征点)，李某取得利息所得为 10 万元。2019 年向股东张某分配红利 30 万元。A 公司分别代扣代缴李某利息个人所得税：10×20%=2(万元)，代扣代缴股东张某分红个人所得税：30×20%=6(万元)。

A 公司有关账务处理如下：

① 支付利息。

借：财务费用	100 000	
贷：应交税费——应交个人所得税		20 000
银行存款		80 000

② 分配、发放红利，并代扣个人所得税。

借：利润分配——应付利润 300 000
　贷：应付股利——张某 300 000

借：应付利润——张某 300 000
　贷：应交税费——应交个人所得税 60 000
　　银行存款 240 000

③ 缴纳个税。

借：应交税费——应交个人所得税 80 000
　贷：银行存款 80 000

（2）财产租赁、财产转让所得的个人所得税会计核算。企业代扣代缴财产租赁、财产转让所得的个人所得税税款，实质是个人财产租赁、财产转让所得的一部分。企业代扣个人所得税款时，按受益项目借记相关成本费用或资产，贷记“应交税费——应交个人所得税”科目。实际上交代扣的个人所得税款时，借记“应交税费——应交个人所得税”科目，贷记“银行存款”等科目。

【例28】 李某按市场价格出租住房给A公司用于员工(管理人员)的宿舍，2×19年3月李某从A公司取得租金收入3 000元，当月发生的准予扣除项目金额合计为200元，修缮费用1 300元，均取得合法票据。假设不考虑增值税及附加、房产税、印花税，A公司应代扣代缴李某当月财产租赁的个人所得税为：(3 000－200－800－800)×10%＝120(元)。

A公司有关账务处理如下：

① 借：管理费用 3 000
　贷：应交税费——应交个人所得税 120
　　银行存款 2 880

② 借：应交税费——应交个人所得税 120
　贷：银行存款 120

（3）偶然所得的个人所得税会计核算。企业代扣代缴偶然所得的个人所得税税款，实质是个人偶然所得的一部分。企业代扣个人所得税款时，按受益项目借记相关成本费用或资产，贷记“应交税费——应交个人所得税”科目。实际上交代扣的个人所得税款时，借记“应交税费——应交个人所得税”科目，贷记“银行存款”等科目。

【例29】 李某获得A商场周年庆抽奖活动一等奖人民币1万元，A商场用现金兑付了奖金并代扣代缴李某偶然所得的个人所得税为：10 000×20%＝2 000(元)。

A公司有关账务处理如下：

① 借：销售费用　　10 000
　　贷：应交税费——应交个人所得税　　2 000
　　　　现金　　8 000

② 借：应交税费——应交个人所得税　　2 000
　　贷：银行存款　　2 000

4.2.4 薪酬对应的社会保险费、住房公积金及残疾人就业保障金会计核算

4.2.4.1 薪酬对应的社会保险费会计核算

《企业会计准则第 9 号——职工薪酬》包含了社会保险费的确认、计量和相关信息的披露要求，本节针对相关的会计核算进一步展开说明。企业支付的劳务性报酬、个人经营性报酬及人力资源的外包服务费用均不涉及对应的社会保险费用的计算、缴纳和会计核算。

1. 职工薪酬对应的社会保险费会计核算

(1) 企业计提社会保险费用。企业应当在职工为其提供服务的会计期间，根据国家规定的社会保险计提基础和计提比例计算确定企业应当承担的社会保险费，含养老保险、医疗保险、失业保险、生育保险和工伤保险等，并确认相关负债，按照受益对象和受益期间计入成本费用或相关资产成本，借记“生产成本”“制造费用”“劳务成本”“研发支出”“工程施工”“销售费用”“管理费用”“在建工程”等科目，贷记“应付职工薪酬——设定提存计划”“应付职工薪酬——医疗保险费”“应付职工薪酬——生育保险费”“应付职工薪酬——工伤保险费”科目。

(2) 代扣个人承担的社会保险费用。企业代扣职工个人承担的社会保险费，实际上是个人工资、薪金所得的一部分。企业代扣个人承担部分的社会保险时，借记“应付职工薪酬”科目，贷记“其他应付款——社保保险费(个人部分)”科目。

(3) 缴纳社会保险费。企业缴纳社会保险费时，借记“应付职工薪酬——设定提存计划”“应付职工薪酬——医疗保险费”“应付职工薪酬——生育保险费”“应付职工薪酬——工伤保险费”“其他应付款——社保保险费(个人部分)”等科目，贷记“银行存款”科目。

2. 劳务派遣用工薪酬对应的社会保险费会计核算

(1) 用工单位。劳务派遣用工薪酬对应的社会保险费由用工单位支付给劳务派遣单位，由劳务派遣单位实际缴纳。用工单位支付给劳务派遣单位按国家规定的社会保险计提基础和计提比例计算确定的社会保险费，含养老保险、医疗保险、失业保险、生育保险和工伤保险等，按照受益对象和受益期间计入成本费用或相关资产成本，借记“生产成本”“制造费用”“劳务成本”“研发支出”“工程施工”“销售费用”“管理费用”“在建工程”等科目，贷记“应付账款”或“银行存款”科目。

(2) 派遣单位。劳务派遣单位计提、缴纳社会保险费以及代扣个人承担的社会保险费用的会计核算同前述职工薪酬对应的社会保险费会计核算一致。

3. 外包给人力资源外包服务企业的社会保险费会计核算

企业将社会保险费的计算和缴纳等工作外包给人力资源外包服务企业办理,人力资源外包服务企业仅是提供相关的经纪代理服务,社保费的会计核算主体仍是委托企业。

4.2.4.2 薪酬对应的住房公积金会计核算

《企业会计准则第9号——职工薪酬》包含了住房公积金的确认、计量和相关信息的披露要求,本节针对相关的核算进一步展开说明。企业支付的劳务性报酬、个人经营性报酬及人力资源的外包服务费用均不涉及对应的社会保险费用的计算、缴纳和会计核算。

1. 职工薪酬对应的住房公积金会计核算

(1) 企业计提住房公积金。企业应当在职工为其提供服务的会计期间,根据国家规定的计提基础和计提比例计算确定企业应当承担的住房公积金,并确认相关负债,按照受益对象和受益期间计入成本费用或相关资产成本,借记“生产成本”“制造费用”“劳务成本”“研发支出”“工程施工”“销售费用”“管理费用”“在建工程”等科目,贷记“应付职工薪酬——住房公积金”科目。

(2) 代扣个人承担的住房公积金。企业代扣职工个人承担的住房公积金,实际上是个人工资、薪金所得的一部分。企业代扣个人承担部分的住房公积金时,借记“应付职工薪酬”科目,贷记“其他应付款——住房公积金(个人部分)”科目。

(3) 缴纳住房公积金。企业缴纳住房公积金时,借记“应付职工薪酬——住房公积金”“其他应付款——住房公积金(个人部分)”等科目,贷记“银行存款”科目。

2. 劳务派遣用工薪酬对应的住房公积金会计核算

(1) 用工单位。劳务派遣用工薪酬对应的住房公积金由用工单位支付给劳务派遣单位,由劳务派遣单位实际缴纳。用工单位支付给劳务派遣单位按国家规定的住房公积金计提基础和计提比例计算确定的金额,按照受益对象和受益期间计入成本费用或相关资产成本,借记“生产成本”“制造费用”“劳务成本”“研发支出”“工程施工”“销售费用”“管理费用”“在建工程”等科目,贷记“应付账款”或“银行存款”科目。

(2) 派遣单位。劳务派遣单位计提、缴纳住房公积金以及代扣个人承担的住房公积金的会计核算同前述职工薪酬对应的住房公积金会计核算一致。

3. 外包给人力资源外包服务企业的社会保险费会计核算

企业将住房公积金的计算和缴纳等工作外包给人力资源外包服务企业办理,人力资源外包服务企业仅是提供相关的经纪代理服务,住房公积金的会计核算主体仍是委托企业。

4.2.4.3 薪酬对应的残疾人保障金会计核算

残疾人就业保障金简称残保金,是指在实施分散按比例安排残疾人就业的地区,凡安排残疾人达不到省、自治区、直辖市人民政府规定比例的机关、团体、企业、事业单位和城乡集体经济组织，根据地方有关法规的规定，按照年度差额人数和上年度本地区职工年平均工资计算交纳用于残疾人就业的专项资金。

企业支付的劳务派遣用工薪酬、劳务性报酬、个人经营性报酬及人力资源外包服务费用均不涉及对应的残疾人保障金的计算、缴纳和会计核算。

企业缴纳残疾人就业保障金通过“管理费用——残疾人就业保障金”核算，纳税人根据各省、自治区、直辖市人民政府统一规定缴纳的残疾人就业保障金，可在企业所得税税前扣除。

（1）企业应在“其他应付款”科目下设置“应付残疾人就业保障金”明细科目，核算企业按规定应缴纳的残疾人就业保障金。

（2）企业按规定计算出应缴纳的残疾人就业保障金，借记“管理费用——残疾人就业保障金”科目，贷记“其他应付款——应付残疾人就业保障金”科目；实际上交时，借记“其他应付款——应付残疾人就业保障金”，贷记“银行存款”科目。

企业超比例安置残疾人就业或者为安排残疾人就业做出显著成绩，按规定收到的奖励，借记“银行存款”等科目，贷记“管理费用——残疾人就业保障金”科目。

（3）企业逾期未缴纳残疾人就业保障金，按规定缴纳的滞纳金，借记“营业外支出”科目，贷记“银行存款”科目。

对于残疾人就业保障金由税务部门征收，且实行《企业会计准则》的企业，也可以用“应交税费——应交残疾人就业保障金”会计科目取代“其他应付款——应付残疾人就业保障金”科目。

4.3　薪酬相关管理会计应用指引

4.3.1　战略管理

1. 概念

战略管理，是指对企业全局的、长远的发展方向、目标、任务和政策，以及资源配置作出决策和管理的过程。战略，是指企业从全局考虑做出的长远性的谋划。

企业战略一般分为三个层次，包括选择可竞争的经营领域的总体战略、某经营领域具体竞争策略的业务单位战略（也称竞争战略）和涉及各职能部门的职能战略。

2. 遵循原则

企业进行战略管理，一般应遵循以下原则：

（1）目标可行原则。战略目标的设定，应具有一定的前瞻性和适当的挑战性，使战略目标通过一定的努力可以实现，并能够使长期目标与短期目标有效衔接。

(2) 资源匹配原则。企业应根据各业务部门与战略目标的匹配程度进行资源配置。

(3) 责任落实原则。企业应将战略目标落实到具体的责任中心和责任人，构成不同层级彼此相连的战略目标责任圈。

(4) 协同管理原则。企业应以实现战略目标为核心，考虑不同责任中心业务目标之间的有效协同，加强各部门之间的协同管理，有效提高资源使用的效率和效果。

3. 应用环境

企业应关注宏观环境(包括政治、经济、社会、文化、法律及技术等因素)、产业环境、竞争环境等对其影响长远的外部环境因素，尤其是可能发生重大变化的外部环境因素，确认企业所面临的机遇和挑战；同时应关注本身的历史及现行战略、资源、能力、核心竞争力等内部环境因素，确认企业具有的优势和劣势。

企业一般应设置专门机构或部门，牵头负责战略管理工作，并与其他业务部门、职能部门协同制定战略目标，做好战略实施的部门协调，保障战略目标得以实现。

4. 应用程序

企业战略管理一般按照战略分析、战略制定、战略实施、战略评价和控制、战略调整等程序进行。

(1) 战略分析，包括外部环境分析和内部环境分析。企业进行环境分析时，可应用态势分析法(Strength, Weakness, Opportunity, Threat，简称 SWOT 分析)、波特五力分析和波士顿矩阵分析等方法，分析企业的发展机会和竞争力，以及各业务流程在价值创造中的优势和劣势，并对每一业务流程按照其优势强弱划分等级，为制定战略目标奠定基础。

(2) 战略制定，是指企业根据确定的愿景、使命和环境分析情况，选择和设定战略目标的过程。企业可根据对整体目标的保障、对员工积极性的发挥以及企业各部门战略方案的协调等实际需要，选择自上而下、自下而上或上下结合的方法，制定战略目标。企业设定战略目标后，各部门需要结合企业战略目标设定本部门战略目标，并将其具体化为一套关键财务及非财务指标的预测值。为各关键指标设定的目标(预测)值，应与本企业的可利用资源相匹配，并有利于执行人积极有效地实现既定目标。

(3) 战略实施，是指将企业的战略目标变成现实的管理过程。企业应加强战略管控，结合使用战略地图、价值链管理等多种管理会计工具方法，将战略实施的关键业务流程化，并落实到企业现有的业务流程中，确保企业高效率和高效益地实现战略目标。

(4) 战略评价和控制，是指企业在战略实施过程中，通过检测战略实施进展情况，评价战略执行效果，审视战略的科学性和有效性，不断调整战略举措，以达到预期目标。

企业主要应从以下几个方面进行战略评价：战略是否适应企业的内外部环境；战略是否达到有效的资源配置；战略涉及的风险程度是否可以接受；战略实施的时间和进度是否恰当。

(5) 战略调整，是指根据企业情况的发展变化和战略评价结果，对所制定的战略及时进行调整，以保证战略有效指导企业经营管理活动。

战略调整一般包括调整企业的愿景、长期发展方向、战略目标及其战略举措等。

4.3.2　战略地图

1. 概念

战略地图，是指为描述企业各维度战略目标之间因果关系而绘制的可视化的战略因果关系图。战略地图通常以财务、客户、内部业务流程、学习与成长等四个维度为主要内容，通过分析各维度的相互关系，绘制战略因果关系图。企业可根据自身情况对各维度的名称、内容等进行修改和调整。

2. 工具方法

企业应用战略地图工具方法，一般按照战略地图设计和战略地图实施等程序进行。

(1) 战略地图设计。企业设计战略地图，一般按照设定战略目标、确定业务改善路径、定位客户价值、确定内部业务流程优化主题、确定学习与成长主题、进行资源配置、绘制战略地图等程序进行。

第一步，确定业务改善路径，企业根据已设定的战略目标，对现有客户(服务对象)和可能的新客户以及新产品(新服务)进行深入分析，寻求业务改善和增长的最佳路径，提取业务和财务融合发展的战略主题。

第二步，确定服务定位，企业对现有客户进行分析，从产品(服务)质量、技术领先、售后服务和稳定标准等方面确定、调整客户价值定位。

第三步，确定内部业务流程优化主题，企业根据业务提升路径和服务定位，梳理业务流程及其关键增值(提升服务形象)活动，分析行业关键成功要素和内部营运矩阵，从内部业务流程的管理流程、创新流程、客户管理流程、遵循法规流程等角度确定战略主题，并将业务战略主题进行分类归纳，制定战略方案。

第四步，确定学习与成长主题，企业根据业务提升路径和服务定位，分析创新和人力资本等无形资源在价值创造中的作用，识别学习与成长维度的关键要素，并相应确立激励制度创新、信息系统创新和智力资本利用创新等战略主题，为财务、客户、内部业务流程维度的战略主题和关键业绩指标(Key Performance Indicator，KPI)提供有力支撑。

第五步，进行资源配置，根据各维度战略主题，企业应分析其有形资源和无形资源的战略匹配度，对各主题进行战略资源配置。同时应关注企业人力资源、信息资源、组织资源等在资源配置中的定位和价值创造中的作用。

第六步，绘制战略地图，企业可应用平衡计分卡的四维度划分绘制战略地图，以图形方式展示企业的战略目标及实现战略目标的关键路径。

(2) 战略地图实施。战略地图实施，是指企业利用管理会计工具方法，确保企业实现既定战略目标的过程。战略地图实施一般按照战略 KPI 设计、战略 KPI 责任落实、战略执行、执行报告、持续改善、评价激励等程序进行。

第一步，战略 KPI 设计，企业应设计一套可以使各部门主管明确自身责任与战略目标相联系的考核指标，即进行战略 KPI 设计。

第二步，战略 KPI 责任落实，企业应对战略 KPI 进行分解，从最高层开始，将战略 KPI 分解到各责任部门，再分解到责任团队。在分解明确各责任部门 KPI 的基础上，签订责任书，以督促各执行部门落实责任。

第三步，战略执行，企业应以责任书中所签任务为基础，按责任部门的具体人员和团队情况，对任务和 KPI 进一步分解，并制定相应的执行责任书，进行自我管控和自我评价。同时，以各部门责任书和职责分工为基础，确定不同执行过程的负责人及协调人，并按照设定的战略目标实现日期，确定不同的执行指引表，采取有效战略举措，保障 KPI 实现。

第四步，企业应编制战略执行报告，反映各责任部门的战略执行情况，分析偏差原因，提出具体管控措施。

第五步，持续改善，企业应在对战略执行情况进行分析的基础上，进行持续改善，不断提升战略管控水平。首先与既定目标相比，发现问题并进行改善；其次达成既定目标时，考虑如何提升。

第六步，评价与激励，企业应战略评价的有关要求，对战略实施情况进行评价，并按照绩效管理的有关要求进行激励，引导责任人自觉地、持续地积极工作，有效利用企业资源，提高企业绩效，实现企业战略目标。

3. 评价

优点：能够将企业的战略目标清晰化、可视化，并与战略 KPI 和战略举措建立明确联系，为企业战略实施提供了有力的可视化工具。

缺点：需要多维度、多部门的协调，实施成本高，并且需要与战略管控相融合，才能真正实现战略实施。

4.3.3 预算管理

1. 概念

预算管理，是指企业以战略目标为导向，通过对未来一定期间内的经营活动和相应的财务结果进行全面预测和筹划，科学、合理配置企业各项财务和非财务资源，并对执行过程进行监督和分析，对执行结果进行评价和反馈，指导经营活动的改善和调整，进而推动实现企业战略目标的管理活动。预算管理的内容主要包括经营预算、专门决策预算和财务预算。

2. 遵循原则

企业进行预算管理，一般应遵循以下原则：

(1) 战略导向原则。预算管理应围绕企业的战略目标和业务计划有序开展,引导各预算责任主体聚焦战略、专注执行、达成绩效。

(2) 过程控制原则。预算管理应通过及时监控、分析等把握预算目标的实现进度并实施有效评价,对企业经营决策提供有效支撑。

(3) 融合性原则。预算管理应以业务为先导、以财务为协同,将预算管理嵌入企业经营管理活动的各个领域、层次、环节。

(4) 平衡管理原则。预算管理应平衡长期目标与短期目标、整体利益与局部利益、收入与支出、结果与动因等关系,促进企业可持续发展。

(5) 权变性原则。预算管理应刚性与柔性相结合,强调预算对经营管理的刚性约束,又可根据内外环境的重大变化调整预算,并针对例外事项进行特殊处理。

3. 应用程序

预算管理一般按照预算编制、预算控制、预算调整、预算考核等程序进行。

第一步,预算编制,企业一般按照分级编制、逐级汇总的方式,采用自上而下、自下而上、上下结合或多维度相协调的流程编制预算。预算编制流程与编制方法的选择应与企业现有管理模式相适应。

第二步,预算执行,企业以预算为标准,通过预算分解、过程监督、差异分析等促使日常经营不偏离预算标准。

第三步,预算调整,当内外战略环境发生重大变化或突发重大事件等,导致预算编制的基本假设发生重大变化时,应进行预算调整。

第四步,预算考核,企业以预算完成情况为考核核心,通过预算执行情况与预算目标的比较,确定差异并查明产生差异的原因,进而据以评价各责任中心的工作业绩,并通过与相应的激励制度挂钩,促进其与预算目标相一致。

4.3.4 滚动预算

1. 概念

滚动预算,是指企业根据上一期预算执行情况和新的预测结果,按既定的预算编制周期和滚动频率,对原有的预算方案进行调整和补充,逐期滚动,持续推进的预算编制方法。预算编制周期,是指每次预算编制所涵盖的时间跨度。滚动频率,是指调整和补充预算的时间间隔,一般以月度、季度、年度等为滚动频率。

滚动预算一般由中期滚动预算和短期滚动预算组成。中期滚动预算的预算编制周期通常为 3 年或 5 年,以年度作为预算滚动频率。短期滚动预算通常以 1 年为预算编制周期,以月度、季度作为预算滚动频率。

2. 应用程序

第一步,企业应研究外部环境变化,分析行业特点、战略目标和业务性质,结合企业管理基础和信息化水平，确定预算编制的周期和预算滚动的频率。

第二步，企业应遵循重要性原则和成本效益原则，结合业务性质和管理要求，确定滚动预算的编制内容。通常可以选择编制业务滚动预算，对于管理基础好、信息化程度高的企业，还可选择编制资本滚动预算和财务滚动预算。

第三步，企业应以战略目标和业务计划为依据，并根据上一期预算执行情况和新的预测信息，经综合平衡和结构优化，作为下一期滚动预算的编制基础。

第四步，企业应以战略目标和业务计划为基础，研究滚动预算所涉及的外部环境变化和内部重要事项，测算并提出预算方案。实行中期滚动预算的，应在中期预算方案的框架内滚动编制年度预算，短期滚动预算服务于年度预算目标的实施，以年度预算为基础，分解编制短期滚动预算。

第五步，企业应分析影响预算目标的各种动因之间的关系，建立预算模型，生成预算编制方案。

第六步，企业应对比分析上一期的预算信息和预算执行情况，结合新的内外部环境预测信息，对下一期预算进行调整和修正，持续进行预算的滚动编制。

第七步，企业应根据预算滚动编制结果，调整资源配置和管理要求。

3. 评价

优点：通过持续滚动预算编制、逐期滚动管理，实现动态反映市场、建立跨期综合平衡，从而有效指导企业营运，强化预算的决策与控制职能。

缺点：一是预算滚动的频率越高，对预算沟通的要求越高，预算编制的工作量越大；二是过高的滚动频率容易增加管理层的不稳定感，导致预算执行者无所适从。

4.3.5 成本管理

1. 概念

成本管理，是指企业在营运过程中实施成本预测、成本决策、成本计划、成本控制、成本核算、成本分析和成本考核等一系列管理活动的总称。

2. 遵循原则

企业进行成本管理，一般应遵循以下原则：

(1) 融合性原则。成本管理应以企业业务模式为基础，将成本管理嵌入业务的各领域、各层次、各环节，实现成本管理责任到人、控制到位、考核严格、目标落实。

(2) 适应性原则。成本管理应与企业生产经营特点和目标相适应，尤其要与企业发展战略或竞争战略相适应。

(3) 成本效益原则。成本管理应用相关工具方法时，应权衡其为企业带来的收益和付出的成本，避免获得的收益小于其投入的成本。

(4) 重要性原则。成本管理应重点关注对成本具有重大影响的项目，对于不具有重要性的项目可以适当简化处理。

3. **应用程序**

成本管理一般按照事前管理、事中管理、事后管理等程序进行：

(1) 事前成本管理阶段，主要是对未来的成本水平及其发展趋势所进行的预测与规划，一般包括成本预测、成本决策和成本计划等步骤。

(2) 事中成本管理阶段，主要是对营运过程中发生的成本进行监督和控制，并根据实际情况对成本预算进行必要的修正，即成本控制步骤。

(3) 事后成本管理阶段，主要是在成本发生之后进行的核算、分析和考核，一般包括成本核算、成本分析和成本考核等步骤。

4.3.6　目标成本法

1. **概念**

目标成本法，是指企业以市场为导向，以目标售价和目标利润为基础确定产品的目标成本，从产品设计阶段开始，通过各部门、各环节乃至与供应商的通力合作，共同实现目标成本的成本管理方法。目标成本法一般适用于制造业企业成本管理，也可在物流、建筑、服务等行业应用。

2. **应用程序**

目标成本法一般按照确定应用对象、成立跨部门团队、收集相关信息、计算市场容许成本、设定目标成本、分解可实现目标成本、落实目标成本责任、考核成本管理业绩以及持续改善等程序进行。

第一步，企业应根据目标成本法的应用目标及其应用环境和条件，综合考虑产品的产销量和盈利能力等因素，确定应用对象。

第二步，企业负责目标成本管理的跨部门团队之下，可以建立成本规划、成本设计、成本确认、成本实施等小组，各小组根据管理层授权协同合作完成相关工作。

第三步，目标成本法的应用需要企业研究与开发、工程、供应、生产、营销、财务和信息等部门收集与应用对象相关的信息。

第四步，市场容许成本，是指目标售价减去目标利润之后的余额。目标售价的设定应综合考虑客户感知的产品价值、竞争产品的预期相对功能和售价，以及企业针对该产品的战略目标等因素。目标利润的设定应综合考虑利润预期、历史数据、竞争地位分析等因素。

第五步，企业应将容许成本与新产品设计成本或老产品当前成本进行比较，确定差异及成因，设定可实现的目标成本。

第六步，企业应按主要功能对可实现的目标成本进行分解，确定产品所包含的每一零部件的目标成本。

第七步,企业应将设定的可实现目标成本、功能级目标成本、零部件级目标成本和供应商目标售价进一步量化为可控制的财务和非财务指标,落实到各责任中心,形成各责任中心的责任成本和成本控制标准,并辅之以相应的权限,将达成的可实现目标成本落到实处。

第八步,企业应依据各责任中心的责任成本和成本控制标准,按照业绩考核制度和办法,定期进行成本管理业绩的考核与评价,为各责任中心和人员的激励奠定基础。

第九步,企业应定期将产品实际成本与设定的可实现目标成本进行对比,确定其差异及其性质,分析差异的成因,提出消除各种重要不利差异的可行途径和措施,进行可实现目标成本的重新设定、再达成,推动成本管理的持续优化。

3. 评价

优点：一是突出从原材料到产品出货全过程成本管理,有助于提高成本管理的效率和效果;二是强调产品寿命周期成本的全过程和全员管理,有助于提高客户价值和产品市场竞争力;三是谋求成本规划与利润规划活动的有机统一,有助于提升产品的综合竞争力。

缺点：其应用不仅要求企业具有各类所需要的人才,更需要各有关部门和人员的通力合作,管理水平要求较高。

4.3.7 标准成本法

1. 概念

标准成本法,是指企业以预先制定的标准成本为基础,通过比较标准成本与实际成本,计算和分析成本差异、揭示成本差异动因,进而实施成本控制、评价经营业绩的一种成本管理方法。

标准成本,是指在正常的生产技术水平和有效的经营管理条件下,企业经过努力应达到的产品成本水平。

成本差异,是指实际成本与相应标准成本之间的差额。当实际成本高于标准成本时,形成超支差异;当实际成本低于标准成本时,形成节约差异。

标准成本法一般适用于产品及其生产条件相对稳定,或生产流程与工艺标准化程度较高的企业。

2. 应用程序

企业应用标准成本法,一般按照确定应用对象、制定标准成本、实施过程控制、成本差异计算与动因分析,以及修订与改进标准成本等程序进行。

第一步,为了实现成本的精细化管理,企业应根据标准成本法的应用环境,结合内部管理要求,确定应用对象。标准成本法的成本对象可以是不同种类、不同批次或不同步骤的产品。

第二步,企业制定标准成本,可由跨部门团队采用“上下结合”的模式进行,经企业管理层批准后实施。

产品标准成本通常由直接材料标准成本、直接人工标准成本和制造费用标准成本构成。每一成本项目的标准成本应分为用量标准（包括单位产品消耗量、单位产品人工小时等）和价格标准（包括原材料单价、小时工资率、小时制造费用分配率等）。

直接材料标准成本 = 单位产品的标准用量 × 材料的标准单价

直接人工标准成本 = 单位产品的标准工时 × 小时标准工资率

制造费用成本标准应区分变动制造费用项目和固定制造费用项目分别确定。

变动制造费用项目标准成本 = 变动制造费用项目的标准用量 × 变动制造费用项目的标准价格

固定制造费用总成本 = $\sum$ 固定制造费用项目标准成本

固定制造费用标准成本 = 固定制造费用总成本 × 固定制造费用标准分配率

固定制造费用标准分配率 = 单位产品的标准工时 ÷ 预算总工时

企业应在制定标准成本的基础上，将产品成本及其各成本或费用项目的标准用量和标准价格层层分解，落实到部门及相关责任人，形成成本控制标准。

第三步，在标准成本法的实施过程中，各相关部门（或成本中心）应对其所管理的项目进行跟踪分析。

第四步，企业应定期将实际成本与标准成本进行比较和分析，确定差异数额及性质，揭示差异形成的动因，落实责任中心，寻求可行的改进途径和措施。

直接材料成本差异= 实际成本 − 标准成本

= 实际耗用量 × 实际单价 − 标准耗用量 × 标准单价

直接材料成本差异 = 直接材料价格差异 + 直接材料数量差异

直接材料价格差异 = 实际耗用量 ×（实际单价 − 标准单价）

直接材料数量差异 =（实际耗用量 − 标准耗用量）× 标准单价

直接人工成本差异= 实际成本 − 标准成本

= 实际工时 × 实际工资率 − 标准工时 × 标准工资率

直接人工成本差异 = 直接人工工资率差异 + 直接人工效率差异

直接人工工资率差异 = 实际工时 ×（实际工资率 − 标准工资率）

直接人工效率差异 =（实际工时 − 标准工时）× 标准工资率

变动制造费用成本差异= 实际变动制造费用 − 标准变动制造费用

= 实际工时 × 实际变动制造费用分配率 − 标准工时 × 标准变动制造费用分配率

变动制造费用成本差异 = 变动制造费用效率差异 + 变动制造费用耗费差异

变动制造费用效率差异 =（实际工时 − 标准工时）× 变动制造费用标准分配率

变动制造费用耗费差异 = 实际工时 ×（变动制造费用实际分配率 − 变动制造费用标准分配率）

固定制造费用项目成本差异 = 固定制造费用项目实际成本 − 固定制造费用项目标准成本

在成本差异的分析过程中，企业应关注各项成本差异的规模、趋势及其可控性。对于反复发生的大额差异，企业应进行重点分析与处理。

第五步，为保证标准成本的科学性、合理性与可行性，企业应定期或不定期对标准成本进行修订与改进。除定期测试外，当外部市场、组织机构、技术水平、生产工艺、产品品种等内外部环境发生较大变化时，企业也应及时对标准成本进行调整。

3. 评价

优点：一是能及时反馈各成本项目不同性质的差异，有利于考核相关部门及人员的业绩；二是标准成本的制定及其差异和动因的信息可以使企业预算的编制更为科学和可行，有助于企业的经营决策。

缺点：一是要求企业产品的成本标准比较准确、稳定，在使用条件上存在一定的局限性；二是对标准管理水平较高，系统维护成本较高；三是标准成本需要根据市场价格波动频繁更新，导致成本差异可能缺乏可靠性，降低成本控制效果。

4.3.8 变动成本法

1. 概念

变动成本法，是指企业以成本性态分析为前提条件，仅将生产过程中消耗的变动生产成本作为产品成本的构成内容，而将固定生产成本和非生产成本作为期间成本，直接由当期收益予以补偿的一种成本管理方法。

成本性态，是指成本与业务量之间的相互依存关系。按照成本性态，成本可划分为固定成本、变动成本和混合成本。

固定成本，是指在一定范围内，其总额不随业务量变动而增减变动，但单位成本随业务量增加而相对减少的成本。

变动成本，是指在一定范围内，其总额随业务量变动发生相应的正比例变动，而单位成本保持不变的成本。

混合成本，是指总额随业务量变动但不成正比例变动的成本。

变动成本法通常用于分析各种产品的盈利能力，为正确制定经营决策、科学进行成本计划、成本控制和成本评价与考核等工作提供有用信息。

2. 适用企业

变动成本法一般适用于同时具备以下特征的企业：

(1) 企业固定成本比重较大，当产品更新换代的速度较快时，分摊计入产品成本中的固定成本比重大，采用变动成本法可以正确反映产品盈利状况。

(2) 企业规模大，产品或服务的种类多，固定成本分摊存在较大困难。

(3) 企业作业保持相对稳定。

3. 应用程序

企业应用变动成本法，一般按照成本性态分析、变动成本计算、损益计算等程序进行。

第一步，成本性态分析，是指企业基于成本与业务量之间的关系，运用技术方法，将业务范围内发生的成本分解为固定成本和变动成本的过程。

第二步，变动成本计算，混合成本的分解方法主要包括：高低点法、回归分析法、账户分析法（也称会计分析法）、技术测定法（也称工业工程法）、合同确认法，前两种方法需要借助数学方法进行分解，后三种方法可通过直接分析认定。

第三步，在变动成本法下，利润的计算通常采用贡献式损益表。

该表一般应包括营业收入、变动成本、边际贡献、固定成本、利润等项目。其中，变动成本包括变动生产成本和变动非生产成本两部分，固定成本包括固定生产成本和固定非生产成本两部分。

$$
\begin{aligned}
\text{边际贡献总额} &= \text{营业收入总额} - \text{变动成本总额} \\
&= \text{销售单价} \times \text{销售量} - \text{单位变动成本} \times \text{销售量} \\
&= (\text{销售单价} - \text{单位变动成本}) \times \text{销售量} \\
&= \text{单位边际贡献} \times \text{销售量}
\end{aligned}
$$

$$
\text{利润} = \text{边际贡献总额} - \text{固定成本总额}
$$

4. 评价

优点：一是区分固定成本与变动成本，有利于明确企业产品盈利能力和划分成本责任；二是保持利润与销售量增减相一致，促进以销定产；三是揭示了销售量、成本和利润之间的依存关系，使当期利润真正反映企业经营状况，有利于企业经营预测和决策。

缺点：一是计算的单位成本并不是完全成本，不能反映产品生产过程中发生的全部耗费；二是不能适应长期决策的需要。

4.3.9　作业成本法

1. 概念

作业成本法，是指以“作业消耗资源、产出消耗作业”为原则，按照资源动因将资源费用追溯或分配至各项作业，计算出作业成本，然后再根据作业动因，将作业成本追溯或分配至各成本对象，最终完成成本计算的成本管理方法。

资源费用，是指企业在一定期间内开展经济活动所发生的各项资源耗费。资源费用既包括房屋及建筑物、设备、材料、商品等有形资源的耗费，也包括信息、知识产权、土地使用权等各种无形资源的耗费，还包括人力资源耗费以及其他各种税费支出等。

作业，是指企业基于特定目的重复执行的任务或活动，是连接资源和成本对象的桥梁。一项作业既可以是一项非常具体的任务或活动，也可以泛指一类任务或活动。

按消耗对象不同，作业可分为主要作业和次要作业。主要作业是被产品、服务或客户等最终成本对象消耗的作业。次要作业是被原材料、主要作业等价于中间地位的成本对象消耗的作业。

成本对象，是指企业追溯或分配资源费用、计算成本的对象物。成本对象可以是工艺、流程、零部件、产品、服务、分销渠道、客户、作业、作业链等需要计量和分配成本的项目。

成本动因，是指诱导成本发生的原因，是成本对象与其直接关联的作业和最终关联的资源之间的中介。按其在资源流动中所处的位置和作用，成本动因可分为资源动因和作业动因。

2. 适用企业

作业成本法一般适用于具备以下特征的企业：作业类型较多且作业链较长；同一生产线生产多种产品；企业规模较大且管理层对产品成本准确性要求较高；产品、客户和生产过程多样化程度较高；间接或辅助资源费用所占比重较大等。

3. 应用程序

企业应用作业成本法，一般按照资源识别及资源费用的确认与计量、成本对象选择、作业认定、作业中心设计、资源动因选择与计量、作业成本汇集、作业动因选择与计量、作业成本分配、作业成本信息报告等程序进行。

第一步，资源识别及资源费用的确认与计量，是指识别出由企业拥有或控制的所有资源，遵循国家统一的会计制度，合理选择会计政策，确认和计量全部资源费用，编制资源费用清单，为资源费用的追溯或分配奠定基础。

第二步，企业应根据国家统一的会计制度，并考虑预算控制、成本管理、营运管理、业绩评价以及经济决策等方面的要求确定成本对象。

第三步，作业认定，是指企业识别由间接或辅助资源执行的作业集，确认每一项作业完成的工作以及执行该作业所耗费的资源费用，并据以编制作业清单的过程。作业认定的内容主要包括对企业每项消耗资源的作业进行识别、定义和划分，确定每项作业在生产经营活动中的作用、同其他作业的区别以及每项作业与耗用资源之间的关系。作业认定的具体方法一般包括调查表法和座谈法。

第四步，作业中心设计，是指企业将认定的所有作业按照一定的标准进行分类，形成不同的作业中心，作为资源费用追溯或分配对象的过程。可按照受益对象、层次和重要性，将作业分为以下五类，并分别设计相应的作业中心：产量级作业、批别级作业、品种级作业、客户级作业和设施级作业。

第五步，资源动因是引起资源耗用的成本动因，它反映了资源耗用与作业量之间的因果关系。资源动因选择与计量为将各项资源费用归集到作业中心提供了依据。企业应识别当期发生的每一项资源消耗，分析资源耗用与作业中心作业量之间的因果关系，选择并计量资源动因。

第六步，作业成本归集，是指企业根据资源耗用与作业之间的因果关系，将所有的资源成本直接追溯或按资源动因分配至各作业中心，计算各作业总成本的过程。为便于将资源费用直接追溯或分配至各作业中心，企业还可以按照资源与不同层次作业的关系，将资源分为如下五类：产量级资源、批别级资源、品种级资源、顾客级资源和设施级资源。

第七步，作业动因是引起作业耗用的成本动因，反映了作业耗用与最终产出的因果关系，是将作业成本分配到流程、产品、分销渠道、客户等成本对象的依据。当作业中心仅包含一种作业的情况下，所选择的作业动因就是引起该作业耗用的成本动因；当作业中心由若干个作业集合而成的情况下，选择相关性最大的作业动因，作为作业成本分配的基础。

作业动因需要在交易动因、持续时间动因和强度动因间进行选择。其中，交易动因，是指用执行频率或次数计量的成本动因，包括接受或发出订单数、处理收据数等；持续时间动因，是指用执行时间计量的成本动因，包括产品安装时间、检查小时等；强度动因，是指不易按照频率、次数或执行时间进行分配而需要直接衡量每次执行所需资源的成本动因，包括特别复杂产品的安装、质量检验等。如果每次执行所需要的资源数量相同或接近，应选择交易动因；如果每次执行所需要的时间存在显著的不同，应选择持续时间动因；如果作业的执行比较特殊或复杂，应选择强度动因。

第八步，作业成本分配，是指企业将各作业中心的作业成本按作业动因分配至产品等成本对象，并结合直接追溯的资源费用，计算出各成本对象的总成本和单位成本的过程。

(1) 分配次要作业成本至主要作业，计算主要作业的总成本和单位成本。有关计算公式如下：

次要作业成本分配率 = 次要作业总成本 ÷ 该作业动因总量

某主要作业分配的次要作业成本 = 该主要作业耗用的次要作业动因量 × 该次要作业成本分配率

主要作业总成本 = 直接追溯至该作业的资源费用 + 分配至该主要作业的次要作业成本之和

主要作业单位成本 = 主要作业总成本 ÷ 该主要作业动因总量

(2) 分配主要作业成本至成本对象，计算各成本对象的总成本和单位成本。有关计算公式如下：

某成本对象分配的主要作业成本 = 该成本对象耗用的主要作业成本动因量 × 主要作业单位成本

某成本对象总成本 = 直接追溯至该成本对象的资源费用 + 分配至该成本对象的主要作业成本之和

某成本对象单位成本 = 该成本对象总成本 ÷ 该成本对象的产出量

第九步，作业成本信息报告的目的，是通过设计、编制和报送具有特定内容和格式要求的作业成本报表，向企业内部各有关部门和人员提供其所需要的作业成本及其他相关信息。

4. 评价

优点：一是能够提供更加准确的各维度成本信息，有助于企业提高产品定价、作业与流程改进、客户服务等决策的准确性；二是改善和强化成本控制，促进绩效管理的改进和完善；三是推进作业基础预算，提高作业、流程、作业链（或价值链）管理的能力。

缺点：部分作业的识别、划分、合并与认定，成本动因的选择以及成本动因计量方法的选择等均存在较大的主观性，操作较为复杂，开发和维护费用较高。

4.3.10 绩效管理（管理会计角度）

1. 概念

绩效管理，是指企业与所属单位（部门）、员工之间就绩效目标及如何实现绩效目标达成共识，并帮助和激励员工取得优异绩效，从而实现企业目标的管理过程。绩效管理的核心是绩效考评和激励管理。

绩效考评，是指企业运用系统的工具方法，对一定时期内企业营运效率与效果进行综合评判的管理活动。绩效考评是企业实施激励管理的重要依据。

激励管理，是指企业运用系统的工具方法，调动企业员工的积极性、主动性和创造性，激发企业员工工作动力的管理活动。激励管理是促进企业绩效提升的重要手段。

2. 遵循原则

企业进行绩效管理，一般应遵循以下原则：

(1) 战略导向原则。绩效管理应为企业实现战略目标服务，支持价值创造能力提升。

(2) 客观公正原则。绩效管理应实事求是，评价过程应客观公正，激励实施应公平合理。

(3) 规范统一原则。绩效管理的政策和制度应统一明确，并严格执行规定的程序和流程。

(4) 科学有效原则。绩效管理应做到目标符合实际，方法科学有效，激励与约束并重，操作简便易行。

3. 应用程序

企业应用绩效管理工具方法，一般按照制定绩效计划与激励计划、执行绩效计划与激励计划、实施绩效考评与激励、编制绩效考评与激励管理报告等程序进行。

第一步，企业应根据战略目标，综合考虑绩效考评期间宏观经济政策、外部市场环境、内部管理需要等因素，结合业务计划与预算，按照上下结合、分级编制、逐级分解的程序，在沟通反馈的基础上，编制各层级的绩效计划与激励计划。

第二步，绩效计划与激励计划执行过程中，企业应建立配套的监督控制机制，及时记录执行情况，进行差异分析与纠偏，持续优化业务流程，确保绩效计划与激励计划的有效执行。

第三步，绩效管理工作机构应根据计划的执行情况定期实施绩效考评与激励，按照绩效计划与激励计划的约定，对被评价对象的绩效表现进行系统、全面、公正、客观地评价，并根据评价结果实施相应的激励。

第四步，绩效管理工作机构应定期或根据需要编制绩效考评与激励管理报告，对绩效考评和激励管理的结果进行反映。绩效考评报告根据评价结果编制，反映被评价对象的绩效计划完成情况，通常由报告正文和附件构成。激励管理报告根据激励计划的执行结果编制，反映被评价对象的激励计划实施情况。绩效考评与激励管理报告可分为定期报告、不定期报告。

企业应定期通过回顾和分析，检查和评估绩效考评与激励管理的实施效果，不断优化绩效计划和激励计划，改进未来绩效管理工作。

4.3.11　关键绩效指标法

1. 概念

关键绩效指标法，是指基于企业战略目标，通过建立关键绩效指标（Key Performance Indicator，KPI）体系，将价值创造活动与战略规划目标有效联系，并据此进行绩效管理的方法。

关键绩效指标，是对企业绩效产生关键影响力的指标，是通过对企业战略目标、关键成果领域的绩效特征分析，识别和提炼出的最能有效驱动企业价值创造的指标。

关键绩效指标法的应用对象可为企业、所属单位（部门）和员工。

2. 应用程序

企业应用关键绩效指标法，一般按照制定以关键绩效指标为核心的绩效计划、制定激励计划、执行绩效计划与激励计划、实施绩效考评与激励、编制绩效考评与激励管理报告等程序进行。

企业构建关键绩效指标体系，一般按照以下程序进行：制定企业级关键绩效指标；制定所属单位（部门）级关键绩效指标；制定岗位（员工）级关键绩效指标。

企业的关键绩效指标一般可分为结果类和动因类两类指标。结果类指标是反映企业绩效的价值指标，主要包括投资回报率、净资产收益率、经济增加值、息税前利润、自由现金流等综合指标；动因类指标是反映企业价值关键驱动因素的指标，主要包括资本性支出、单位生产成本、产量、销量、客户满意度、员工满意度等。

关键绩效指标选取的方法主要有关键成果领域分析法、组织功能分解法和工作流程分解法。

关键成果领域分析法，是基于对企业价值创造模式的分析，确定企业的关键成果领域，并在此基础上进一步识别关键成功要素，确定关键绩效指标的方法。

组织功能分解法，是基于组织功能定位，按照各所属单位（部门）对企业总目标所承担的职责，逐级分解和确定关键绩效指标的方法。

工作流程分解法，是按照工作流程各环节对企业价值贡献程度，识别出关键业务流程，将企业总目标层层分解至关键业务流程相关所属单位（部门）或岗位（员工），确定关键绩效指标的方法。

关键绩效指标的权重分配应以企业战略目标为导向，反映被评价对象对企业价值贡献或支持的程度，以及各指标之间的重要性水平。

企业确定关键绩效指标目标值，一般参考以下标准：依据国家有关部门或权威机构发布的行业标准或参考竞争对手标准；参照企业内部标准，包括企业战略目标、年度生产经营计划目标、年度预算目标、历年指标水平等；不能按前两项方法确定的，可根据企业历史经验值确定。

关键绩效指标的目标值确定后，应规定因内外部环境发生重大变化、自然灾害等不可抗力因素对绩效完成结果产生重大影响时，对目标值进行调整的办法和程序。

3. 评价

优点：一是使企业业绩评价与战略目标密切相关，有利于战略目标的实现；二是通过识别的价值创造模式把握关键价值驱动因素，能够更有效地实现企业价值增值目标；三是评价指标数量相对较少，易于理解和使用，实施成本相对较低，有利于推广实施。

缺点：关键绩效指标的选取需要透彻理解企业价值创造模式和战略目标，有效识别核心业务流程和关键价值驱动因素，指标体系设计不当将导致错误的价值导向或管理缺失。

4.3.12 经济增加值法

1. 概念

经济增加值法，是指以经济增加值（Economic Value Added，简称 EVA）为核心，建立绩效指标体系，引导企业注重价值创造，并据此进行绩效管理的方法。

经济增加值，是指税后净营业利润扣除全部投入资本的成本后的剩余收益。经济增加值及其改善值是全面评价经营者有效使用资本和为企业创造价值的重要指标。经济增加值为正，表明经营者在为企业创造价值；经济增加值为负，表明经营者在损毁企业价值。

2. 应用程序

企业应用经济增加值法，一般按照制定以经济增加值指标为核心的绩效计划、制定激励计划、执行绩效计划与激励计划、实施绩效考评与激励、编制绩效考评与激励管理报告等程序进行。

构建经济增加值指标体系，一般按照以下程序进行：制定企业级经济增加值指标体系；制定所属单位（部门）级经济增加值指标体系；制定高级管理人员的经济增加值指标体系。

经济增加值 = 税后净营业利润 − 平均资本占用 × 加权平均资本成本

其中：税后净营业利润衡量的是企业的经营盈利情况；平均资本占用反映的是企业持续投入的各种债务资本和股权资本；加权平均资本成本反映的是企业各种资本的平均成本率。

计算经济增加值时，需要进行相应的会计项目调整，以消除财务报表中不能准确反映企业价值创造的部分。会计调整项目的选择应遵循价值导向性、重要性、可控性、可操作性与行业可比性等原则，根据企业实际情况确定。常用的调整项目有：

(1) 研究开发费、大型广告费等一次性支出但收益期较长的费用，应予以资本化处理，不计入当期费用。

(2) 反映付息债务成本的利息支出，不作为期间费用扣除，计算税后净营业利润时扣除所得税影响后予以加回。

(3) 营业外收入、营业外支出具有偶发性，将当期发生的营业外收支从税后净营业利润中扣除。

(4) 将当期减值损失扣除所得税影响后予以加回，并在计算资本占用时相应调整资产减值准备发生额。

(5) 递延税金不反映实际支付的税款情况，将递延所得税资产及递延所得税负债变动影响的企业所得税从税后净营业利润中扣除，相应调整资本占用。

(6) 其他非经常性损益调整项目，如股权转让收益等。

税后净营业利润等于会计上的税后净利润加上利息支出等会计调整项目后得到的税后利润。

平均资本占用是所有投资者投入企业经营的全部资本，包括债务资本和股权资本。其中债务资本包括融资活动产生的各类有息负债，不包括经营活动产生的无息流动负债。股权资本中包含少数股东权益。资本占用除根据经济业务实质相应调整资产减值损失、递延所得税等，还可根据管理需要调整研发支出、在建工程等项目，引导企业注重长期价值创造。

加权平均资本成本是债务资本成本和股权资本成本的加权平均，反映了投资者所要求的必要报酬率。债务资本成本是企业实际支付给债权人的税前利率，反映的是企业在资本市场中债务融资的成本率。如果企业存在不同利率的融资来源，债务资本成本应使用加权平均值。股权资本成本是在不同风险下，所有者对投资者要求的最低回报率。通常根据资本资产定价模型确定。

经济增加值法指标体系通常包括经济增加值、经济增加值改善值、经济增加值回报率、资本周转率、产量、销量、单位生产成本等。

应用经济增加值法建立的绩效考评体系，应赋予经济增加值指标较高的权重。

经济增加值目标值根据经济增加值基准值（简称 EVA 基准值）和期望的经济增加值改善值（简称期望的△EVA）确定。

经济增加值法的激励计划按激励形式可分为薪酬激励计划（包括目标奖金、奖金库和基于经济增加值的股票期权）、能力开发激励计划（包括对员工知识、技能等方面的提升计划）、职业发展激励计划（对员工职业发展做出的规划）和其他激励计划（包括良好的工作环境、晋升与降职、表扬与批评等）。应用经济增加值法建立的激励体系，应以经济增加值的改善值为基础。

3. 评价

优点：考虑了所有资本的成本，更真实地反映了企业的价值创造能力；实现了企业利益、经营者利益和员工利益的统一，激励经营者和所有员工为企业创造更多价值；能有效遏制企业盲目扩张规模以追求利润总量和增长率的倾向，引导企业注重长期价值创造。

缺点：一是仅对企业当期或未来 1～3 年价值创造情况的衡量和预判，无法衡量企业长远发展战略的价值创造情况；二是计算主要基于财务指标，无法对企业的营运效率与效果进行综合评价；三是不同行业、不同发展阶段、不同规模等的企业，其会计调整项和加权平均资本成本各不相同，计算比较复杂，影响指标的可比性。

4.3.13 平衡计分卡

1. 概念

平衡计分卡，是指基于企业战略，从财务、客户、内部业务流程、学习与成长四个维度，将战略目标逐层分解转化为具体的、相互平衡的绩效指标体系，并据此进行绩效管理的方法。平衡计分卡适用于战略目标明确、管理制度比较完善、管理水平相对较高的企业。

2. 应用程序

企业应用平衡计分卡工具方法，一般按照制定战略地图、制定以平衡计分卡为核心的绩效计划、制定激励计划、制定战略性行动方案、执行绩效计划与激励计划、实施绩效考评与激励、编制绩效考评与激励管理报告等程序进行。

战略地图基于企业愿景与战略，将战略目标及其因果关系、价值创造路径以图示的形式直观、明确、清晰地呈现。

平衡计分卡指标体系的构建应围绕战略地图，针对财务、客户、内部业务流程和学习与成长四个维度的战略目标，确定相应的评价指标。

构建平衡计分卡指标体系的一般程序：制定企业级指标体系；制定所属单位（部门）级指标体系；制定岗位（员工）级指标体系。

平衡计分卡指标体系构建时，应注重短期目标与长期目标的平衡、财务指标与非财务指标的平衡、结果性指标与动因性指标的平衡、企业内部利益与外部利益的平衡。

平衡计分卡指标体系构建时，企业应以财务维度为核心，其他维度的指标都与核心维度的一个或多个指标相联系。通过梳理核心维度目标的实现过程，确定每个维度的关键驱动因素，结合战略主题，选取关键绩效指标。

财务维度以财务术语描述了战略目标的有形成果。企业常用指标有投资资本回报率、净资产收益率、经济增加值、息税前利润、自由现金流、资产负债率、总资产周转率等。

客户维度界定了目标客户的价值主张。企业常用指标有市场份额、客户满意度、客户获得率、客户保持率、客户获利率、战略客户数量等。

内部业务流程维度确定了对战略目标产生影响的关键流程。企业常用指标有交货及时率、生产负荷率、产品合格率、存货周转率、单位生产成本等。

学习与成长维度确定了对战略最重要的无形资产。企业常用指标有员工保持率、员工生产率、培训计划完成率、员工满意度等。

平衡计分卡指标的权重分配应以战略目标为导向，反映被评价对象对企业战略目标贡献或支持的程度，以及各指标之间的重要性水平。

平衡计分卡绩效目标值应根据战略地图的因果关系分别设置。首先确定战略主题的目标值，其次确定主题内的目标值，然后基于平衡计分卡评价指标与战略目标的对应关系，为每个评价指标设定目标值。

平衡计分卡绩效目标值确定后，应规定因内外部环境发生重大变化、自然灾害等不可抗力因素对绩效完成结果产生重大影响时，对目标值进行调整的办法和程序。

3. 评价

优点：一是战略目标逐层分解并转化为被评价对象的绩效指标和行动方案，使整个组织行动协调一致；二是从财务、客户、内部业务流程、学习与成长四个维度确定绩效指标，使绩效考评更为全面完整；三是将学习与成长作为一个维度，注重员工的发展要求和组织资本、信息资本等无形资产的开发利用，有利于增强企业可持续发展的动力。

缺点：一是专业技术要求高，工作量比较大，操作难度也较大，需要持续地沟通和反馈，实施比较复杂，实施成本高；二是各指标权重在不同层级及各层级不同指标之间的分配比较困难，且部分非财务指标的量化工作难以落实；三是系统性强、涉及面广，需要专业人员的指导、企业全员的参与和长期持续地修正与完善，对信息系统、管理能力有较高的要求。

本章相关视频资料（扫码看视频）。

第 4 章　相关视频

本章课后练习

一、单选题

1. 会计以(　　)为主要计量单位。

A. 金额　B. 数量　C. 货币　D. 会计要素

2. 下列属于会计基本职能的是(　　)。

A. 核算与分析　B. 核算与监督　C. 预测与决策　D. 分析与监督

3. 确定会计分期的目的是(　　)。

A. 界定会计核算的空间范围　B. 提供会计信息确定计量基础

C. 正确计算收入、费用和损益　D. 财产物资按照历史成本计量

4. 从核算成本效益看，对所有会计事项不分轻重主次和繁简详略，采用完全相同的会计程序和处理方法，不符合(　　)要求。

A. 谨慎性　B. 相关性　C. 可靠性　D. 重要性

5. 下列会计处理中，不符合谨慎性要求的是(　　)。

A. 计提存货跌价准备　B. 计提“秘密准备”

C. 计提商品保修费用　D. 不高估资产或收益

6. 某公司期初资产总额为 200 000 元，当期期末负债总额比期初减少 20 000 元，期末所有者权益比期初增加 60 000 元。则该企业期末资产总额为(　　)。

A. 180 000 元　B. 200 000 元　C. 240 000 元　D. 260 000 元

7. 某项经济业务使固定资产与实收资本同时增加，该项经济业务应表述为(　　)。

A. 用固定资产对外投资　B. 接受投资人的固定资产投资

C. 购买全新的固定资产　D. 出售全新的固定资产

8. 某企业年初所有者权益 160 万元，本年度实现净利润 300 万元，以资本公积转增资本 50 万元，提取盈余公积 30 万元，向投资者分配现金股利 20 万元。假设不考虑其他因素，该企业年末所有者权益为(　　)。

A. 460 万元　B. 360 万元　C. 440 万元　D. 410 万元

9. 某企业月初权益总额为 80 万元，假定本月仅发生一笔以银行存款 10 万元偿还银行借款的经济业务，则该企业月末资产总额为(　　)。

A. 80 万元　B. 90 万元　C. 100 万元　D. 70 万元

10. 一个企业的资产总额与权益总额(　　)。

A. 必然相等　B. 有时相等

C. 不会相等　D. 只有在期末时相等

11. 下列引起资产和负债同时减少的经济业务是(　　)。

A. 将现金存入银行　　B. 购进材料一批，货款暂欠
C. 以银行存款归还银行借款　　D. 收到其他单位还来前欠货款

12. 一项资产增加，一项负债增加的经济业务发生后，都会使资产与权益原来的总额(　　)。
A. 发生同增的变动　　B. 发生同减的变动
C. 不会变动　　D. 发生不等额变动

13. 会计科目是对(　　)的具体内容进行分类核算的项目。
A. 经济业务　B. 会计主体　C. 会计对象　D. 会计要素

14. 在下列项目中，与管理费用属于同一类科目的是(　　)。
A. 无形资产　B. 本年利润　C. 应交税费　D. 投资收益

15. "预付账款"科目按其所归属的会计要素不同，属于(　　)类科目。
A. 资产　B. 负债　C. 所有者权益　D. 成本

16. 根据总分类科目设置的，用于对会计要素具体内容进行总括分类核算的账户称为(　　)。
A. 总账　B. 明细账　C. 备查账　D. 综合账

17. M 公司月末编制的试算平衡表中，全部账户的本月贷方发生额合计为 240 万元，除银行存款外的本月借方发生额合计 200 万元，则银行存款账户(　　)。
A. 本月借方余额为 40 万元　　B. 本月贷方余额为 40 万元
C. 本月贷方发生额为 40 万元　　D. 本月借方发生额为 40 万元

18. 在借贷记账法下，账户的借方用来登记(　　)。
A. 负债的增加　B. 资产的减少　C. 负债的减少　D. 收入的增加

19. 下列关于"预付账款"账户的表述中，不正确的是(　　)。
A. 预付及补付的款项登记在该账户的借方
B. 该账户的借方余额，表示预付给供货单位的款项
C. 该账户的贷方余额，表示应当补付的款项
D. 预付款项不多的企业，也可将预付款项记入"应收账款"账户的借方

20. 账户发生额试算平衡方法是根据(　　)来确定的。
A. 借贷记账法的记账规则　　B. 资产＝负债＋所有者权益
C. 收入－费用＝利润　　D. 平行登记原则

21. 下列账户中，期末一般无余额的是(　　)账户。
A. 管理费用　B. 生产成本　C. 利润分配　D. 应付账款

22. 某企业"预收账款"账户期末贷方余额为 150 000 元，本期共增加 130 000 元，减少 140 000 元，则该账户的期初余额为(　　)。
A. 借方 140 000 元　　B. 贷方 160 000 元

C. 借方 160 000 元　　D. 贷方 140 000 元

23. 下列关于辞退福利的说法正确的是(　　)。

A. 职工在退休时领取的退休金也属于辞退福利

B. 无论职工何种原因离开都要支付的福利属于辞退福利

C. 补偿款项超过一年的辞退计划,需要采用恰当的折现率折现

D. 辞退福利应根据被辞退职工的服务对象分别计入相关的成本、费用

24. 下列项目中,不应通过"应付职工薪酬"科目核算的是(　　)。

A. 以自产的产品作为福利发放给职工

B. 职工出差报销的差旅费

C. 职工补充养老保险

D. 向职工提供企业支付了补贴的商品

25. 企业应当披露的与短期薪酬相关的信息不包括(　　)。

A. 应支付的工资、奖金、津贴和补贴

B. 为职工提供的非货币性福利及其计算依据

C. 为职工缴存的住房公积金及其期末应付未付金额

D. 重新计量设定受益计划净负债或净资产形成的变动金额

26. 甲公司 2019 年应发工资为 3 000 万元,按照当地政府规定,需要按照应付工资的金额计提 10%的医疗保险费、计提 2%的工会经费。不考虑其他因素的影响,甲公司 2019 年应确认的应付职工薪酬金额为(　　)。

A. 3 000 万元　　B. 3 300 万元　　C. 360 万元　　D. 3 360 万元

27. 小张以自然人身份承接了 A 公司的 APP 小程序设计,获取了含税报酬 2 万元,则小张针对这笔设计报酬需要缴纳的增值税额为(　　)。

A. 0 元　　B. 600 元　　C. 582.52 元　　D. 1 200 元

28. 下列关于人力资源外包服务的增值税核算的说法不正确的是(　　)。

A. 人力资源外包服务的销售额包括受企业委托代为向企业员工发放的工资和代理缴纳的社会保险、住房公积金

B. 一般纳税人提供人力资源外包服务,按 6%的增值税税率计算增值税销项税额,也可以选择适用简易计税方法,按照 5%的征收率计算缴纳增值税

C. 小规模纳税人提供人力资源外包服务,按照 3%的征收率计算缴纳增值税

D. 纳税人提供人力资源外包服务,销售额不包括受客户单位委托代为向客户单位员工发放的工资和代理缴纳的社会保险、住房公积金

29. 薪酬对应的残疾人保障金核算中,下列描述不正确的是(　　)。

A. 企业按规定计算出应缴纳的残疾人就业保障金,借记"管理费用——残疾人就业保障金"科目,贷记"其他应付款——应付残疾人就业保障金"科目

B. 企业超比例安置残疾人就业或者为安排残疾人就业做出显著成绩，按规定收到的奖励，借记“银行存款”等科目，贷记“管理费用——残疾人就业保障金”科目

C. 企业超比例安置残疾人就业或者为安排残疾人就业做出显著成绩，按规定收到的奖励，借记“银行存款”等科目，贷记“营业外收入——残疾人就业保障金”科目

D. 企业逾期未缴纳残疾人就业保障金，按规定缴纳的滞纳金，借记“营业外支出”科目，贷记“银行存款”科目

30. （　　）不是绩效管理(管理会计)的原则。

A. 差异性原则　　B. 战略导向原则

C. 客观公正原则　　D. 科学有效原则

二、多选题

1. 会计的基本职能有（　　）。

A. 会计核算职能　　B. 会计监督职能

C. 法律咨询职能　　D. 会计预测职能

2. 下列项目中，属于非流动资产的有（　　）。

A. 存货　　B. 无形资产

C. 预付账款　　D. 长期股权投资

3. 下列关于账户的说法正确的有（　　）。

A. 账户的期末余额等于期初余额

B. 余额一般与增加额在同一方向

C. 账户的左方发生额等于右方发生额

D. 如果一个账户的左方记增加额，右方就记减少额

4. 谨慎性原则要求会计人员在选择会计处理方法时（　　）。

A. 不高估资产　　B. 不低估负债

C. 预计任何可能的收益　　D. 确认一切可能发生的损失

5. 下列属于费用项目的有（　　）。

A. 主营业务成本　　B. 其他业务成本

C. 营业外支出　　D. 资产减值损失

6. 下列应计入利得和损失项目的有（　　）。

A. 企业发生的办公费　　B. 行政性罚款

C. 财政拨款　　D. 企业存货的盘盈

7. 下列关于利润的公式正确的有（　　）。

A. 营业利润＝营业收入－营业成本－营业税费－期间费用－资产减值损失＋公允价值变动净收益＋投资净收益

B. 利润总额＝营业利润＋营业外收入－营业外支出

C. 净利润＝利润总额－所得税费用

D. 利润总额＝营业利润＋营业外收入－营业外支出－所得税费用

8. 职工薪酬核算的具体内容包括(　　)。

A. 短期薪酬　　B. 离职后福利

C. 辞退福利　　D. 其他长期职工福利

9. 短期薪酬主要包括(　　)。

A. 职工工资、奖金、津贴和补贴

B. 长期带薪缺勤

C. 医疗保险费、工伤保险费和生育保险费等社会保险费

D. 工会经费和职工教育经费

10. 企业以现金与职工结算的股份支付中,在可行权日之后,以现金结算的股份支付当期公允价值的变动金额,可能涉及的会计分录有(　　)。

A. 借记"生产成本""制造费用""管理费用"等科目

B. 贷记"应付职工薪酬"科目

C. 借记"应付职工薪酬"科目

D. 贷记"公允价值变动损益"科目

11. 下列关于离职后福利的描述中,正确的有(　　)。

A. 离职后福利计划,是指企业与职工就离职后福利达成的协议,或者企业为向职工提供离职后福利制定的规章或办法等

B. 企业应当按照企业承担的风险和义务情况,将离职后福利计划分类为设定提存计划和设定受益计划两种类型

C. 设定受益计划,是指企业向单独主体(如基金等)缴存固定费用后,不再承担进一步支付义务的离职后福利计划

D. 设定提存计划和设定受益计划的区分,取决于离职后福利计划的主要条款和条件所包含的经济实质

12. 在辞退福利的会计核算中,企业应当按照辞退计划条款的规定,合理预计并确认辞退福利产生的职工薪酬负债,并具体考虑(　　)情况。

A. 对于职工没有选择权的辞退计划,企业应当根据计划条款规定拟解除劳动关系的职工数量、每一职位的辞退补偿等确认职工薪酬负债

B. 对于自愿接受裁减建议的辞退计划,由于接受裁减的职工数量不确定,企业应当根据《企业会计准则第13号——或有事项》规定,预计将会接受裁减建议的职工数量,根据预计的职工数量和每一职位的辞退补偿等确认职工薪酬负债

C. 对于辞退福利预期在其确认的年度报告期间期末后24个月内完全支付的辞退福

利，企业应当适用短期薪酬的相关规定

D. 对于辞退福利预期在年度报告期间期末后 12 个月内不能完全支付的辞退福利，企业应当适用其他长期职工福利的相关规定

13. 过去服务成本，是指设定受益计划修改所导致的与以前期间职工服务相关的设定受益计划义务现值的增加或减少。下列选项不属于过去服务成本的有（ ）。

A. 以前假定的薪酬增长金额与实际发生金额之间的差额，对支付以前年度服务产生的福利义务的影响

B. 企业对支付养老金增长金额具有推定义务的，对于可自行决定养老金增加金额的高估和低估

C. 财务报表中已确认的精算利得或计划资产回报导致的福利变化的估计

D. 因职工当期提供服务所导致的设定受益计划义务现值的增加额

14. 企业年金基金的会计披露，主要披露信息包括（ ）。

A. 企业年金计划的详细说明。包括企业年金计划的种类、适用本计划的职工情况、企业年金给付的计算公式、企业年金提存的政策、企业年金计划是否设立基金以及年金计划资产的内容等

B. 有关年金费用、资产、负债的记录，不包括在本期确认的企业年金费用，企业年金的提存状况以及企业年金资产和负债的余额

C. 前期服务成本的处理，不包括未确认前期服务成本摊销方法的说明

D. 影响前后各期会计报表可比性的重大事项及其影响的说明

15. 在劳务派遣用工薪酬的增值税核算中，下列说法正确的有（ ）。

A. 被派遣劳动者为用工单位提供的服务以及用工单位为被派遣劳动者提供的服务均不是增值税的征税范围

B. 一般纳税人提供劳务派遣服务，按照一般计税方法计算缴纳增值税时，以取得的全部价款和价外费用为销售额

C. 一般纳税人提供劳务派遣服务选择差额纳税时，以取得的全部价款和价外费用，扣除代用工单位支付给劳务派遣员工的工资、福利和为其办理社会保险及住房公积金后的余额为销售额，按照简易计税方法依 3%的征收率计算缴纳增值税

D. 一般纳税人提供劳务派遣服务选择差额纳税时，以取得的全部价款和价外费用，扣除代用工单位支付给劳务派遣员工的工资、福利和为其办理社会保险及住房公积金后的余额为销售额，按照简易计税方法依 5%的征收率计算缴纳增值税

16. 下列关于自然人或个体工商户等提供服务增值税核算的说法正确的有（ ）。

A. 具有专业技能的自然人或以自然人设立的个体工商户、个人独资企业、合伙企业来独立承接企业工作任务及业务的，不属于增值税的征税范围，无需计算缴纳增值税

B. 未办理税务登记或未办理临时税务登记的自然人取得了增值税应税收入后，对达到增值税起征点的应税收入，按增值税小规模纳税人计算缴纳相关的增值税

C. 小规模纳税人发生增值税应税销售行为，合计月销售额未超过 10 万元(以 1 个季度为 1 个纳税期的，季度销售额未超过 30 万元)的，免征增值税。合计月销售额超过 10 万元，包括本期发生的销售不动产的销售额

D. 小规模纳税人发生增值税应税销售行为，适用增值税差额征税政策的小规模纳税人，以差额后的销售额确定享受免征增值税政策。免征增值税的优惠政策适用于办理税务登记的小规模纳税人

17. 下列关于职工薪酬对应的企业所得税核算的说法正确的有(　　)。

A. 企业所得税中工资薪金总额是指企业实际发放的工资薪金总和，不包括企业的职工福利费、职工教育经费、工会经费以及养老保险费、医疗保险费、失业保险费、工伤保险费、生育保险费等社会保险费和住房公积金

B. 企业所得税中工资薪金总额是指企业实际发放的工资薪金总和，包括企业的职工福利费、职工教育经费、工会经费以及养老保险费、医疗保险费、失业保险费、工伤保险费、生育保险费等社会保险费和住房公积金

C. 企业实际发放的工资薪金总额是计算税法规定的职工福利费、职工教育经费、工会经费以及其他相关指标税前扣除限额的基本依据

D. 国有性质企业的工资薪金，不得超过政府有关部门给予的限定数额，超过部分，不得计入企业工资薪金总额，也不得在计算企业应纳税所得额时扣除

18. 工资薪金支出企业所得税前扣除条件包括(　　)。

A. 实际发生　　B. 合理性

C. 与任职或者受雇有关　　D. 合法性

19. 下列各项企业所得税前扣除标准和条件，描述正确的有(　　)。

A. 企业拨缴的工会经费，不超过工资薪金总额 2%的部分，且需要凭上缴工会组织开具的《工会经费专用收据》上所列金额在企业所得税前扣除。对企业虽已提取但未拨缴也未取得拨缴收据的工会经费不能在税前扣除

B. 企业为投资者或者职工支付的补充养老保险费、补充医疗保险费可以全额扣除

C. 企业职工教育培训经费列支范围包括上岗和转岗培训、各类岗位适应性培训、岗位培训、职业技术等级培训、高技能人才培训、专业技术人员继续教育

D. 企业发生的合理的劳动保护支出，准予扣除。由企业统一制作并要求员工工作时统一着装所发生的工作服饰费用，可以作为企业合理的支出给予税前扣除

20. 个人所得税法中的经营所得包括(　　)。

A. 个体工商户从事生产、经营活动取得的所得，个人独资企业投资人、合伙企业的个人合伙人来源于境内注册的个人独资企业、合伙企业生产、经营的所得

B. 个人依法从事办学、医疗、咨询以及其他有偿服务活动取得的所得

C. 个人对企业、事业单位承包经营、承租经营以及转包、转租取得的所得

D. 个人从事其他生产、经营活动取得的所得

21. 在进行标准成本差异分析时，通常把变动成本差异分为价格脱离标准造成的价格差异和用量脱离标准造成的数量差异。下列标准成本差异中，通常应由生产部门负责的有(　　)。

A. 直接材料的价格差异　　B. 直接人工的数量差异

C. 变动制造费用的效率差异　　D. 变动制造费用的数量差异

22. 变动成本法存在的局限性表现在(　　)。

A. 不利于正确进行业绩评价

B. 计算的单位成本并不是完全成本，不能反映产品生产过程中发生的全部耗费

C. 不能适应长期决策的需要

D. 计算复杂

23. 下列关于作业成本法的说法，正确的有(　　)。

A. 作业成本法强调使用不同层面和数量众多的资源动因将作业成本追溯到产品

B. 作业成本法是将间接成本和辅助费用更准确地分配到作业、生产过程、产品、服务及顾客中的一种成本计算方法

C. 作业成本法的基本思想是“产品消耗作业，作业消耗资源”

D. 作业成本法强调使用直接追溯和动因追溯方式来分配成本

24. 战略管理过程包括(　　)。

A. 战略分析　　B. 战略演变

C. 战略评价和控制　　D. 战略实施

25. 平衡计分卡中的“平衡”包括(　　)。

A. 企业内部利益与外部利益的平衡

B. 结果性指标与动因性指标的平衡

C. 财务评价指标和非财务评价指标的平衡

D. 收益评价指标和风险评价指标的平衡

第 5 章　薪酬计算、支付及税费申报缴纳

5.1　薪酬计算

5.1.1　工资的计算方法

通常来说，一般应发工资的计算方法为：

$$应发工资总额 = 基本工资 + 加班工资 + 假期工资 + 津贴补贴 + \frac{绩效工资}{奖金} + 其他工资$$

计算得出应发工资总额后，再减去应缴的社会保险费个人部分、住房公积金的个人部分、个人所得税和其他扣款后，便得出当月工资的实发金额。表 5-1 是一张简单的员工工资表，可以反映工资的计算过程。

表 5-1　　员工工资表

工号	姓名	基本工资	加班工资	假期工资	绩效工资/奖金	津贴补贴	其他工资	应发工资合计	减去：						实发工资
									社会保险			住房公积金	个人所得税	其他扣款	
									养老	医疗	失业				

5.1.1.1　基本工资的计算方法

基本工资根据工资的计算依据，可分为计时工资和计件工资。计时工资是根据员工当月的实际工作时间，按照工资标准或等级计算工资的形式。计件工资是按照员工工作成果的数量（或作业量）和计件单价来计算工资的形式。

1. 计时工资的计算方法

计时工资较为简单，易于计算和管理，适用范围较广。按照计算所依据的时间周期，它又可分为月薪制、周薪制、日薪制、时薪制等。计时工资的基本计算公式如下：

$$计时工资 = 标准单位时间工资 \times 工作时间$$

【例 1】 某企业采用月薪制发放工资。某员工每月标准工资是 8 400 元，当月应出勤天数为 21 天，实际出勤天数为 18 天，则其当月计时工资应为：

$$计时工资 = (8\,400 \div 21) \times 18 = 7\,200(元)$$

【例 2】 某企业采用周薪制发放工资。某员工每周标准工资是 4 000 元，该周应出勤天数为 5 天，实际出勤天数为 3 天，则其该周计时工资应为：

$$计时工资 = (4\,000 \div 5) \times 3 = 2\,400(元)$$

2. 计件工资的计算方法

计件工资适用于员工工作量可以定额计量的企业。计件工资的基本计算公式如下：

$$计件工资 = 工作成果数量(作业量) \times 计件单价$$

【例 3】 某企业对一线工人采用计件工资制，工人当月生产的产品中只有合格品方可计入计件工资基数；但对于由于原材料导致的不合格品，可计入计件工资基数。某员工当月完成了甲、乙、丙三种产品的生产任务，每种产品的计件单价和合格品数量见表 5-2。

表 5-2　　计件产品单价及数量

产品	合格品数量(件)	原材料导致的不合格品数量(件)	工人操作不当导致的不合格品数量(件)	计件单价(元/件)
甲	53	7	5	20
乙	67	13	7	30
丙	75	5	9	40

该员工当月计件工资计算如下：

$$计件工资 = 20 \times (53 + 7) + 30 \times (67 + 13) + 40 \times (75 + 5) = 6\,800(元)$$

5.1.1.2 加班工资的计算方法

《中华人民共和国劳动法》(中华人民共和国主席令第 24 号)规定：

第四十四条　有下列情形之一的，用人单位应当按照下列标准支付高于劳动者正常工作时间工资的工资报酬：

(一) 安排劳动者延长工作时间的，支付不低于工资的百分之一百五十的工资报酬；

(二) 休息日安排劳动者工作又不能安排补休的，支付不低于工资的百分之二百的工资报酬；

(三) 法定休假日安排劳动者工作的，支付不低于工资的百分之三百的工资报酬。

1. 标准工时制加班工资计算方法

实行标准工时制的企业，根据上述法律规定，对员工的加班工资应按以下公式计算：

$$工作日加班工资 = 月工资基数 \div 21.75\,天 \div 8 \times 150\% \times 加班小时数$$

双休日加班工资 = 月工资基数 ÷ 21.75 天 ÷ 8 × 200% × 加班小时数

法定休假日加班工资 = 月工资基数 ÷ 21.75 天 ÷ 8 × 300% × 加班小时数

【例 4】 某企业实行标准工时制。某员工月标准工资为 13 050 元。该员工在 5 月份，工作日晚上加班 3 次，共计加班 8 小时，双休日加班半天(4 小时)，5 月 1 日法定休假日加班 1 天。

该员工当月加班工资 = (13 050 ÷ 21.75 ÷ 8 × 150% × 8) + (13 050 ÷ 21.75 ÷ 8 × 200% × 4) + (13 050 ÷ 21.75 ÷ 8 × 300% × 8)
= 3 300(元)

2. 计件工资制加班工资计算方法

实行计件工资制情况下，员工在完成计件定额任务后，由企业安排延长工作时间的，同样应享受加班工资。计件工资制下，企业计算加班计件单价的公式如下：

工作日加班计件单价 = 标准单价 × 150%

双休日加班计件单价 = 标准单价 × 200%

法定休假日加班计件单价 = 标准单价 × 300%

【例 5】 某企业对一线工人采用计件工资制。其中某一线工人生产 A 产品的计件单价为 65 元，在标准工作时间内，每月定额生产 120 件合格产品。但由于生产任务增加，需要该员工当月至少生产 150 件合格品企业才能完成订单。当月，该员工除了完成定额 120 件合格品外，经生产主管安排，利用工作日加班多生产了 10 件合格品，利用双休日加班多生产了 10 件合格品，利用法定休假日加班多生产了 10 件合格品。则该员工当月加班工资应为：

加班计件工资 = 10 × 65 × 150% + 10 × 65 × 200% + 10 × 65 × 300% = 4 225(元)

3. 综合工时制加班工资计算方法

根据劳动部《关于职工工作时间有关问题的复函》(劳部发〔1997〕271 号)规定，综合计算工时工作制采用的是以周、月、季、年等为周期综合计算工作时间，但其平均日工作时间和平均周工作时间应与法定标准工作时间基本相同。也就是说，在综合计算周期内，某一具体日(或周)的实际工作时间可以超过 8 小时(或 40 小时)，但综合计算周期内的总实际工作时间不应超过总法定标准工作时间，超过部分应视为延长工作时间并按《劳动法》第四十四条第一款的规定支付工资报酬，其中法定休假日安排劳动者工作的，按《劳动法》第四十四条第三款的规定支付工资报酬。而且，延长工作时间的小时数平均每月不得超过 36 小时。

实行综合工时制的企业计算加班工资的公式如下：

加班工资 = 月工资基数 ÷ 21.75 天 ÷ 8 × 150% × 超过标准工作时间的小时数 +
月工资基数 ÷ 21.75 天 ÷ 8 × 300% × 法定休假日的加班小时数

【例6】 某企业对技术岗位采用综合工时制。其中某技术人员月标准工资为10 440元。该技术人员在当月除正常出勤外，在工作日加班合计15小时，双休日加班合计6小时，法定休假日加班合计5小时。则该员工的加班工资计算如下：

孙某5月的加班工资＝10 440÷21.75÷8×150%×(15＋6)＋10 440÷21.75÷8×300%×5
＝2 790(元)

4. 不定时工时制加班工资计算方法

对于经过批准实行不定时工作制的企业，在明确工作量的前提下自主安排工作、休息时间的“不定时工作制”岗位，不需支付加班费。但如果企业在法定休假日安排职工工作，仍然应当按照不低于职工本人工资标准的300%支付加班费。实行不定时工时制的企业计算加班工资的公式如下：

加班工资＝月工资基数÷21.75天÷8×300%×法定休假日的加班小时

【例7】 某企业对机车检修岗位实行不定时工时制。其中，某机车检修人员上班时间为每天的18：00～22：00，周六周日和法定休假日照常上班，每月标准工资为17 400元。该员工在某年10月按每天工作时间正常出勤，即当月的3天法定休假日(国庆节)也正常出勤。则该员工当月的加班工资应为：

10月加班工资＝17 400÷21.75÷8×300%×4×3＝3 600(元)

5.1.1.3　假期工资的计算方法

从工资计算角度出发，假期可区分为带薪休假和不带薪休假。前者包括法定的年假、病假、产假、工伤假、婚丧假、探亲假等带薪休假，后者则包括事假等。

1. 病假工资计算方法

关于病假工资的具体计算方法，国家层面的规定有：

《企业职工患病或非因工负伤医疗期规定》(劳部发〔1994〕479号)的规定：

第三条　企业职工因患病或非因工负伤，需要停止工作医疗时，根据本人实际参加工作年限和在本单位工作年限，给予三个月到二十四个月的医疗期：

(一) 实际工作年限十年以下的，在本单位工作年限五年以下的为三个月；五年以上的为六个月。

(二) 实际工作年限十年以上的，在本单位工作年限五年以下的为六个月；五年以上十年以下的为九个月；十年以上十五年以下的为十二个月；十五年以上二十年以下的为十八个月；二十年以上的为二十四个月。

《劳动部关于贯彻执行〈中华人民共和国劳动法〉若干问题的意见》(劳部发〔1995〕309号)第59条的规定：

职工患病或非因工负伤治疗期间，在规定的医疗期间内由企业按有关规定支付其病假工资或疾病救济费，病假工资或疾病救济费可以低于当地最低工资标准支付，但不能低于最低工资标准的80%。

不同省市对病假工资的具体计算方法有单独规定的，按照省市具体规定执行。

【例8】 某员工在上海某企业从事财务工作，月标准工资为11 000元。某月该员工因身体不适请了5天的病假。该月的应出勤天数为22天。根据《上海市企业工资支付办法》(沪人社综发〔2016〕29号)规定，假期工资的计算基数按以下原则确定：劳动合同、集体合同(工资专项集体合同)对劳动者月工资均无约定的，按劳动者正常出勤月依照本办法第二条规定的工资(不包括加班工资)的70%确定。该员工的当月病假工资应为：

$$\text{当月病假工资} = (11\,000 \div 22) \times 70\% \times 5 = 1\,750(\text{元})$$

2. 产假工资计算方法

根据《女职工劳动保护特别规定》(国务院令第619号)规定：

第五条　用人单位不得因女职工怀孕、生育、哺乳降低其工资、予以辞退、与其解除劳动或者聘用合同。

第七条　女职工生育享受98天产假，其中产前可以休假15天；难产的，增加产假15天；生育多胞胎的，每多生育1个婴儿，增加产假15天。

女职工怀孕未满4个月流产的，享受15天产假；怀孕满4个月流产的，享42天产假。

第八条　女职工产假期间的生育津贴，对已经参加生育保险的，按照用人单位上年度职工月平均工资的标准由生育保险基金支付；对未参加生育保险的，按照女职工产假前工资的标准由用人单位支付。

女职工生育或者流产的医疗费用，按照生育保险规定的项目和标准，对已经参加生育保险的，由生育保险基金支付；对未参加生育保险的，由用人单位支付。

产假是带薪休假。在不违反《女职工劳动保护特别规定》的前提下，各企业可以根据所在地区的规定和本企业的制度给女职工发放相应的产假工资。

【例9】 某员工月标准工资为11 000元，正常缴纳生育保险已5年多。该员工当月应出勤天数为22天，前5天正常出勤，后17天开始休产假。则该员工当月应由企业支付的工资为前5天的工资，即11 000÷22×5=2 500(元)；而应由生育保险基金支付的产假工资应为：

后17天产假工资=11 000÷22×17=8 500(元)

3. 工伤假工资计算方法

根据《工伤保险条例》(国务院令第586号)规定：

第三十三条　职工因工作遭受事故伤害或者患职业病需要暂停工作接受工伤医疗的，在停工留薪期内，原工资福利待遇不变，由所在单位按月支付。

停工留薪期一般不超过12个月。伤情严重或者情况特殊，经设区的市级劳动能力鉴定委员会确认，可以适当延长，但延长不得超过12个月。工伤职工评定伤残等级后，停发原待遇，按照本章的有关规定享受伤残待遇。工伤职工在停工留薪期满后仍需治疗的，继续享受工伤医疗待遇。

生活不能自理的工伤职工在停工留薪期需要护理的，由所在单位负责。

《工伤保险条例》（国务院令第 586 号）中，不同伤残等级对应的待遇如表 5-3 所示。

表 5-3　　不同伤残等级对应的待遇

<table>
<tr><th>伤残等级</th><th>操作方式</th><th>工伤保险基金支付一次性伤残补助金标准</th><th>伤残津贴标准</th><th>备注</th></tr>
<tr><td>一级</td><td>保留劳动关系，退出工作岗位</td><td>27 个月的本人工资</td><td>从工伤保险基金按月支付伤残津贴，标准为本人工资的 90%</td><td rowspan="4">伤残津贴实际金额低于当地最低工资标准的，由工伤保险基金补足差额。
工伤职工达到退休年龄并办理退休手续后，停发伤残津贴，按照国家有关规定享受基本养老保险待遇。基本养老保险待遇低于伤残津贴的，由工伤保险基金补足差额。
用人单位和职工个人以伤残津贴为基数，缴纳基本医疗保险费。</td></tr>
<tr><td>二级</td><td>保留劳动关系，退出工作岗位</td><td>25 个月的本人工资</td><td>从工伤保险基金按月支付伤残津贴，标准为本人工资的 85%</td></tr>
<tr><td>三级</td><td>保留劳动关系，退出工作岗位</td><td>23 个月的本人工资</td><td>从工伤保险基金按月支付伤残津贴，标准为本人工资的 80%</td></tr>
<tr><td>四级</td><td>保留劳动关系，退出工作岗位</td><td>21 个月的本人工资</td><td>从工伤保险基金按月支付伤残津贴，标准为本人工资的 75%</td></tr>
<tr><td>五级</td><td>保留与用人单位的劳动关系，由用人单位安排适当工作</td><td>18 个月的本人工资</td><td>难以安排工作的，由用人单位按月发给伤残津贴，标准为本人工资的 70%</td><td rowspan="2">用人单位按照规定为其缴纳应缴纳的各项社会保险费。伤残津贴实际金额低于当地最低工资标准的，由用人单位补足差额。
经工伤职工本人提出，该职工可以与用人单位解除或者终止劳动关系，由工伤保险基金支付一次性工伤医疗补助金，由用人单位支付一次性伤残就业补助金。一次性工伤医疗补助金和一次性伤残就业补助金的具体标准由省、自治区、直辖市人民政府规定。</td></tr>
<tr><td>六级</td><td>保留与用人单位的劳动关系，由用人单位安排适当工作</td><td>16 个月的本人工资</td><td>难以安排工作的，由用人单位按月发给伤残津贴，标准为本人工资的 60%</td></tr>
<tr><td>七级</td><td>无明确规定</td><td>13 个月的本人工资</td><td colspan="2" rowspan="4">劳动、聘用合同期满终止，或者职工本人提出解除劳动、聘用合同的，由工伤保险基金支付一次性工伤医疗补助金，由用人单位支付一次性伤残就业补助金。
一次性工伤医疗补助金和一次性伤残就业补助金的具体标准由省、自治区、直辖市人民政府规定。</td></tr>
<tr><td>八级</td><td>无明确规定</td><td>11 个月的本人工资</td></tr>
<tr><td>九级</td><td>无明确规定</td><td>9 个月的本人工资</td></tr>
<tr><td>十级</td><td>无明确规定</td><td>7 个月的本人工资</td></tr>
</table>

【例10】 某员工月工资标准为15 000元，已在某企业工作并正常缴纳工伤保险7年。某日该员工在工作过程中发生工伤，住院接受治疗。30天后，该员工接受完住院治疗后出院，随后在家中休了6个月工伤假。工伤假结束后，该员工提出离职。则该员工在发生工伤及工伤休假期间，每月工资应仍为15 000元；该员工离职后，应由工伤保险基金支付一次性工伤医疗补助金，由该公司支付一次性伤残就业补助金。

4. 婚丧假、探亲假工资计算方法

《中华人民共和国劳动法》（中华人民共和国主席令第24号）第五十一条规定如下：

劳动者在法定休假日和婚丧假期间以及依法参加社会活动期间，用人单位应当依法支付工资。

所以，在职工正常休婚丧假期间，单位应将其视同出勤，正常计算工资。对于超出法定婚丧假时间标准的假期，单位一般应按照事假计算工资。

《国务院关于职工探亲待遇的规定》（国发〔1981〕36号）第五条规定如下：

职工在规定的探亲假期和路程假期内，按照本人的标准工资发给工资。

职工正常休探亲假和路程假期间，单位应将其视同出勤，正常计算工资。对于超出法定探亲假时间标准的假期，单位一般应按照事假计算工资。

【例11】 某员工月工资标准为10 000元。该员工于某月按照当地规定请了10天婚假，2天探亲假，其他时间正常出勤。该月的应出勤天数为21天。因其在婚假和探亲假期间视为正常出勤，当月应发工资应仍为10 000元。

5.1.2 年终奖金计算方法

实践中，企业在设计年终奖金分配方案的时候，应该综合考虑组织、团队和个人三个层面的贡献和绩效来设计奖金分配系统。即基于组织、团队整体绩效及个人绩效的年终奖金分配方案。奖金分配方案有两种：封闭式和开放式。

5.1.2.1 封闭式年终奖金分配方案

封闭式奖金分配方案是指在计算年终奖金的过程中，先确定企业的奖金包，即先确定分奖金配的总额度，在得出企业的奖金包后，再根据部门战略贡献系数与部门绩效系数两者权重比例来确定部门的奖金包，最后结合员工绩效系数将部门的奖金包分配到每个岗位。采取这种方式来分配年终奖金时，能够控制年终奖金的总额度，所以称之为封闭式。

1. 确定企业奖金包

根据企业的整体经济效益确定可以发放的奖金，常用确定奖金包的方式有三种。

第一种方式是采取企业的利润为基数，在组织和员工之间分享总利润的一定比例。

如某公司年终的利润额为800万，按照规定提取5%的比例作为员工的年终奖金发放。

第二种方式是采用累进分享比例的方法，即规定若干个利润段，在不同的利润段采用不同的分享比例，利润越高提取比例也越高。

如某公司规定利润额的达标值为 500 万，500 万利润以内分享比例为 5%，在 500 万至 900 万分享比例为 10%，900 万至 1 200 万的分享比例为 15%，1 200 万以上的分享比例为 20%。

第三种方式是采取按照利润率分段来分享的一种方法，即规定若干利润率段，利润率越高表明公司盈利的能力强，利润率分段越高则提取的净利润比例也越高。

如某公司利润率在 3%以内的，则不发放奖金；当公司的利润率处于 3%～6%时，则提取净利润的 10%来发放奖金；当公司的利润率处于 6%～8%时，则提取净利润的 15%来发放奖金；以此类推。

2. 确定企业各部门战略贡献系数和部门绩效系数

部门战略贡献系数是表明企业各部门对企业的战略贡献的差异，需要企业对各部门的战略贡献能力进行评价。考虑到部门之间的协作与团结，各部门战略贡献系数差别不应太大。通常各部门的战略贡献系数跟企业所处的商业周期、企业战略、企业经营重点、企业文化、企业所处的行业、企业营销模式、企业核心人力资本等因素有关。

如某企业通过对各部门的战略贡献能力进行评价，将组织内的各部门战略贡献系数界定在 1.2～0.8 之间，战略贡献系数变动单位为 0.1。具体如表 5-4 所示。

表 5-4　　某公司各部门战略贡献系数

部门	战略贡献系数
销售部	1.2
客服部	1.1
企划部	1.0
生产部	1.0
行政人事部	0.9
财务部	0.9

确定各部门的绩效等级，并将部门绩效等级对应部门绩效系数。如某公司部门考核等级界定见表 5-5、表 5-6，部门绩效系数界定为 1.2～0.5，部门绩效系数变动单位为 0.1。

表 5-5　　某公司绩效等级与绩效系数

绩效等级	Q 值
优秀	1.2
良好	1.1
称职	0.9

表 5-6　　某公司战略贡献系数、部门业绩系数权重分配比例

战略贡献系数权重	部门业绩系数权重
40%	60%

3. 确定部门奖金包

假如某部门 A 对公司战略贡献系数为 1.2，部门绩效系数为 1.1，计算得出部门 A 的奖金系数。

$$\begin{aligned}\text{部门 A 奖金系数} &= \text{战略贡献系数} \times \text{战略贡献系数权重} + \text{部门绩效系数} \times \text{部门绩效系数权重} \\ &= 1.2 \times 40\% + 1.1 \times 60\% = 1.14\end{aligned}$$

将部门所有人员的岗位工资之和乘以部门奖金系数，根据下面的计算公式便可得到各部门的奖金金额了，计算公式如下：

$$\begin{matrix}\text{部门}\,i\\\text{奖金包}\end{matrix} = \begin{matrix}\text{部门}\,i\\\text{奖金系数}\end{matrix} \times \frac{\text{部门}\,i\,\text{奖金系数} \times \text{部门}\,i\,\text{所有员工岗位工资之和}}{\sum_{j=1}^{j=n} \text{部门}\,j\,\text{奖金系数} \times \text{部门}\,j\,\text{所有员工岗位工资之和}} \times \begin{matrix}\text{公司}\\\text{奖金包}\end{matrix}$$

4. 确定员工岗位绩效系数

(1) 根据定量与定性考核指标，得出员工个人绩效考核结果。

(2) 按照 10%，20%，65%、5%的比例来界定员工绩效等级比例。

(3) 根据实际情况设计个人绩效考核结果与个人绩效系数之间的对应关系，如某公司个人绩效考核系统如表 5-7 所示。

表 5-7　　某公司绩效等级与绩效系数

绩效等级	人数比例	Q 值
优秀	10%	1.0
良好	20%	0.9
称职	65%	0.8
需改善	5%	0.7

5. 将部门奖金包分配到岗位

将员工岗位绩效系数乘以员工月基本工资汇总，员工个人奖金具体计算如下：

$$\text{员工}\,i\,\text{奖金} = \frac{\text{员工}\,i\,\text{岗位工资} \times \text{员工}\,i\,\text{绩效系数}}{\sum_{j=1}^{j=n} \text{部门 A 员工}\,j\,\text{基本工资} \times \text{部门 A 员工}\,j\,\text{绩效系数}} \times \text{部门 A 奖金包}$$

5.1.2.2　开放式年终奖金分配方案

开放式奖金分配方案是指首先确定每个岗位的年度奖金目标，这里有两种方式，即

采取年薪的百分比例与月工资的倍数，再分别根据公司绩效系数、部门绩效系数、岗位绩效系数来确定员工奖金系数，最后将目标奖金与员工奖金系数相乘，得出员工的年终奖金额度。采取这种方式来分配年终奖金时，因为公司绩效系数、部门绩效系数与岗位绩效系数是不确定的，所以无法事先控制年终奖金的总额度，所以称之为开放式。

1. 确定公司绩效系数

根据公司发展战略，由董事会和公司总裁在制定预算时根据不确定收入的风险大小，设定对集团整体绩效考核指标和考核标准，并按超额累计计算，见表 5-8。

表 5-8　　某公司绩效系数

利润指标(亿)	公司绩效系数
1	0
1.2	0.8
1.5	1
1.8	1.2

2. 确定事业部职能部门绩效系数

根据部门的 KPI 指标的考核结果确定部门绩效系数，当部门的业绩超出企业期望时，部门绩效系数就大，比如设定为 1.2～1.1；当部门的业绩未达标时，部门绩效系数则为 0.9～0.8。可以将部门绩效系数界定为 1.4～0.6，部门绩效系数变动单位为 0.1，如表 5-9 所示。

表 5-9　　某公司部门绩效系数

部门考核绩效	部门绩效系数
超出期望	1.4～1.3
完成期望	1.2～1.1
基本完成	1.0
需努力	0.9～0.8
需改进	0.7～0.6

3. 确定员工岗位绩效系数

(1) 根据定量与定性考核指标，得出员工个人绩效考核结果。

(2) 按照 20%、70%、10%的比例来界定员工绩效等级分布。

(3) 根据实际情况设计个人绩效考核结果与个人绩效系数之间的对应关系，比如，超出期望的员工，岗位绩效系数为 1.3，岗位绩效系数变动单位为 0.1。

具体见表 5-10。

表 5-10　　　　　　　　　　某公司岗位绩效系数

岗位考核绩效	岗位绩效系数	绩效等级建议比例
超出期望	1.4～1.3	20%
完成期望	1.2～1.1	
基本完成	1.0	70%
需努力	0.9～0.8	10%
需改进	0.7～0.6	

4. 员工奖金系数计算

员工奖金系数 = 公司绩效系数 × 公司绩效权重 + 事业部职能部门绩效系数 × 事业部职能部门绩效权重 + 岗位绩效系数 × 岗位绩效权重

假设某部门经理甲的月基本工资 15 000 元，公司绩效系数为 1.2，公司绩效权重 20%，事业部绩效系数为 1.3，事业部职能部门绩效权重 60%，岗位绩效系数为 1.1，岗位绩效权重 20%，则个人年度奖金系数的计算过程如下：

部门经理甲奖金系数 = 1.2 × 20% + 1.3 × 60% + 1.1 × 20% = 1.24(万元)

5. 员工个人年度奖金计算

员工个人年度奖金 = 员工年薪 × 目标奖金率 × 员工奖金系数

假设部门经理甲基本年薪 15 000×12，目标奖金率 15%，则：

部门经理甲个人奖金 = 15 000 × 12 × 15% × 1.24 = 33 480(元)

5.1.3　解除劳动合同经济补偿或赔偿金计算方法

根据《中华人民共和国劳动合同法》(中华人民共和国主席令第 73 号)规定：

第三十六条　用人单位与劳动者协商一致，可以解除劳动合同。

第三十八条　用人单位有下列情形之一的，劳动者可以解除劳动合同：

(一) 未按照劳动合同约定提供劳动保护或者劳动条件的；

(二) 未及时足额支付劳动报酬的；

(三) 未依法为劳动者缴纳社会保险费的；

(四) 用人单位的规章制度违反法律、法规的规定，损害劳动者权益的；

(五) 因本法第二十六条第一款规定的情形致使劳动合同无效的；

(六) 法律、行政法规规定劳动者可以解除劳动合同的其他情形。

用人单位以暴力、威胁或者非法限制人身自由的手段强迫劳动者劳动的，或者用人单位违章指挥、强令冒险作业危及劳动者人身安全的，劳动者可以立即解除劳动合同，不需事先告知用人单位。

第四十条　有下列情形之一的，用人单位提前三十日以书面形式通知劳动者本人或者额外支付劳动者一个月工资后，可以解除劳动合同：

（一）劳动者患病或者非因工负伤，在规定的医疗期满后不能从事原工作，也不能从事由用人单位另行安排的工作的；

（二）劳动者不能胜任工作，经过培训或者调整工作岗位，仍不能胜任工作的；

（三）劳动合同订立时所依据的客观情况发生重大变化，致使劳动合同无法履行，经用人单位与劳动者协商，未能就变更劳动合同内容达成协议的。

第四十二条　劳动者有下列情形之一的，用人单位不得依照本法第四十条、第四十一条的规定解除劳动合同：

（一）从事接触职业病危害作业的劳动者未进行离岗前职业健康检查，或者疑似职业病病人在诊断或者医学观察期间的；

（二）在本单位患职业病或者因工负伤并被确认丧失或者部分丧失劳动能力的；

（三）患病或者非因工负伤，在规定的医疗期内的；

（四）女职工在孕期、产期、哺乳期的；

（五）在本单位连续工作满十五年，且距法定退休年龄不足五年的；

（六）法律、行政法规规定的其他情形。

第四十四条　有下列情形之一的，劳动合同终止：

（一）劳动合同期满的；

（二）劳动者开始依法享受基本养老保险待遇的；

（三）劳动者死亡，或者被人民法院宣告死亡或者宣告失踪的；

（四）用人单位被依法宣告破产的；

（五）用人单位被吊销营业执照、责令关闭、撤销或者用人单位决定提前解散的；

（六）法律、行政法规规定的其他情形。

第四十六条　有下列情形之一的，用人单位应当向劳动者支付经济补偿：

（一）劳动者依照本法第三十八条规定解除劳动合同的；

（二）用人单位依照本法第三十六条规定向劳动者提出解除劳动合同并与劳动者协商一致解除劳动合同的；

（三）用人单位依照本法第四十条规定解除劳动合同的；

（四）用人单位依照本法第四十一条第一款规定解除劳动合同的；

（五）除用人单位维持或者提高劳动合同约定条件续订劳动合同，劳动者不同意续订的情形外，依照本法第四十四条第一项规定终止固定期限劳动合同的；

（六）依照本法第四十四条第四项、第五项规定终止劳动合同的；

（七）法律、行政法规规定的其他情形。

第四十七条　经济补偿按劳动者在本单位工作的年限，每满一年支付一个月工资的标准向劳动者支付。六个月以上不满一年的，按一年计算；不满六个月的，向劳动者支付半个月工资的经济补偿。

劳动者月工资高于用人单位所在直辖市、设区的市级人民政府公布的本地区上年度职工月平均工资三倍的，向其支付经济补偿的标准按职工月平均工资三倍的数额支付，向其支付经济补偿的年限最高不超过十二年。

本条所称月工资是指劳动者在劳动合同解除或者终止前十二个月的平均工资。

第八十七条　用人单位违反本法规定解除或者终止劳动合同的，应当依照本法第四十七条规定的经济补偿标准的二倍向劳动者支付赔偿金。

第九十七条　本法施行前已依法订立且在本法施行之日存续的劳动合同，继续履行；本法第十四条第二款第三项规定连续订立固定期限劳动合同的次数，自本法施行后续订固定期限劳动合同时开始计算。

本法施行前已建立劳动关系，尚未订立书面劳动合同的，应当自本法施行之日起一个月内订立。

本法施行之日存续的劳动合同在本法施行后解除或者终止，依照本法第四十六条规定应当支付经济补偿的，经济补偿年限自本法施行之日起计算；本法施行前按照当时有关规定，用人单位应当向劳动者支付经济补偿的，按照当时有关规定执行。

第九十八条　本法自2008年1月1日起施行。

根据《劳动合同法实施条例》(国务院令第535号)规定：

第十条　劳动者非因本人原因从原用人单位被安排到新用人单位工作的，劳动者在原用人单位的工作年限合并计算为新用人单位的工作年限。原用人单位已经向劳动者支付经济补偿的，新用人单位在依法解除、终止劳动合同计算支付经济补偿的工作年限时，不再计算劳动者在原用人单位的工作年限。

第二十七条　劳动合同法第四十七条规定的经济补偿的月工资按照劳动者应得工资计算，包括计时工资或者计件工资以及奖金、津贴和补贴等货币性收入。劳动者在劳动合同解除或者终止前12个月的平均工资低于当地最低工资标准的，按照当地最低工资标准计算。劳动者工作不满12个月的，按照实际工作的月数计算平均工资。

第二十五条　用人单位违反劳动合同法的规定解除或者终止劳动合同，依照劳动合同法第八十七条的规定支付了赔偿金的，不再支付经济补偿。赔偿金的计算年限自用工之日起计算。

2008年1月1日之前，适用《关于印发〈违反和解除劳动合同的经济补偿办法〉的通知》(劳部发〔1994〕481号)规定：

第五条　经劳动合同当事人协商一致，由用人单位解除劳动合同的，用人单位应根据劳动者在本单位工作年限，每满一年发给相当于一个月工资的经济补偿金，最多不超过十二个月。工作时间不满一年的按一年的标准发给经济补偿金。

第六条　劳动者患病或者非因工负伤，经劳动鉴定委员会确认不能从事原工作，也不能从事用人单位另行安排的工作而解除劳动合同的，用人单位应按其在本单位的工作年限，每满一年发给相当于一个月工资的经济补偿金，同时还应发给不低于六个月工资的医疗补助费。患重病和绝症的还应增加医疗补助费，患重病的增加部分不低于医疗补助费的百分之五十，患绝症的增加部分不低于医疗补助费的百分之百。

第七条　劳动者不能胜任工作，经过培训或者调整工作岗位仍不能胜任工作，由用人单位解除劳动合同的，用人单位应按其在本单位工作的年限，工作时间每满一年，发给相当于一个月工资的经济补偿金，最多不超过十二个月。

第八条　劳动合同订立时所依据的客观情况发生重大变化，致使原劳动合同无法履行，经当事人协商不能就变更劳动合同达成协议，由用人单位解除劳动合同的，用人单位按劳动者在本单位工作的年限，工作时间每满一年发给相当于一个月工资的经济补偿金。

第九条　用人单位濒临破产进行法定整顿期间或者生产经营状况发生严重困难，必须裁减人员的，用人单位按被裁减人员在本单位工作的年限支付经济补偿金。在本单位工作的时间每满一年，发给相当于一个月工资的经济补偿金。

综上所述，解除劳动合同经济补偿金计算汇总如下。

5.1.3.1　合法解除(工作年限在 2008 年之后)

经济补偿按劳动者在本单位工作的年限，每满 1 年支付 1 个月工资的标准向劳动者支付。6 个月以上不满 1 年的，按 1 年计算；不满 6 个月的，向劳动者支付半个月工资的经济补偿。月工资是指劳动者在劳动合同解除或者终止前 12 个月的平均工资，包括计时工资或者计件工资以及奖金、津贴和补贴等货币性收入。劳动者在劳动合同解除或者终止前 12 个月的平均工资低于当地最低工资标准的，按照当地最低工资标准计算。劳动者工作不满 12 个月的，按照实际工作的月数计算平均工资。

劳动者月工资高于当地上年度职工月平均工资 3 倍时，实施“双封顶”即支付标准按照当地上年度职工月平均工资的 3 倍，支付年限最高不超过 12 年；劳动者月工资不高于当地上年度职工月平均工资 3 倍时，按照实际平均工资和实际工作年限计算。

【例 12】　赵某在甲公司已工作 12 年 4 个月，2020 年 5 月经甲公司提出并与其协商解除劳动合同。已知赵某在劳动合同解除前十二个月的平均工资为 2 000 元，当地最低月工资标准为 2 120 元，2019 年度当地职工月平均工资为 8 467 元。

赵某 2020 年 5 月与甲公司协商解除劳动合同，已工作 12 年 4 个月，可以推算工作时间是 2008 年 2 月开始工作，适用 2008 年 1 月 1 日之后的《劳动合同法》规定。劳动合同解除前 12 个月的平均工资为 2 000 元小于当地最低月工资标准为 2 120 元，也小于上年度当地职工月平均工资为 8 467 元的 3 倍金额，因而支付标准按当地最低月工资标准为 2 120 元计算，支付年限按实际工作年限计算，其中 4 个月按半年计算。则甲公司应向赵某支付的经济补偿金额是 2 120×12.5＝26 500(元)。

5.1.3.2 合法解除(工作年限跨越 2008 年前后)

2008 年 1 月 1 日之后的经济补偿适应上述规定，2008 年 1 月 1 日之前的经济补偿适用的年限见表 5-11。

表 5-11　　2008 年 1 月 1 日之前的经济补偿适用的年限

支付情形	支付年限
协商一致用人单位解除劳动合同	不得超过十二个月
劳动者不能胜任工作	不得超过十二个月
患病或者非因工负伤	没有限制支付年限
客观情况发生重大变化	没有限制支付年限
经济性裁员	没有限制支付年限

【例 13】 何某 2000 年 1 月到乙公司任职，现担任高级技术人员，2021 年 1 月 1 日，乙公司要求与何某解除劳动合同并协商一致。何某解除合同前十二个月平均工资20 000 元，已知乙公司所在地上年度职工月平均工资为 5 000 元。

何某工作年限跨越 2008 年，其中：

2008 年 1 月 1 日之后：适用劳动合同法规定，月工资 20 000 元超过乙公司所在地上年度职工月平均工资 5 000 元的 3 倍，其实际工作年限 13 年，只能按 12 年计算，经济补偿金应为：5 000×3×12＝180 000(元)

2008 年 1 月 1 日之前，实际工作年限 8 年，不超过 12 年，支付标准没有限制，经济补偿金应为：20 000×8＝160 000(元)

综上所述，乙公司合计应支付经济补偿金：180 000＋160 000＝340 000(元)

5.1.3.3 违法解除

用人单位违反劳动合同法的规定解除或者终止劳动合同，应当依照规定的经济补偿标准的二倍向劳动者支付赔偿金，不再支付经济补偿。赔偿金的计算年限自用工之日起计算。不再以《劳动合同法》实施之日为分界点分段计算。

【例 14】 贺某是丙公司的一名技术工人。丙公司每年都与员工签一次合同。贺某从 2000 年 11 月开始在该公司工作，并从普通工一直做到现在的班组长。

2020 年 10 月的一天，车间机器发生故障，在抢修过程中，贺某带的徒弟因为疏忽碰触了开关，造成机器损坏。事故发生后，公司给贺某及其徒弟都记了一次严重警告，并扣发了当月的全额奖金。贺某认为公司处罚过重，就找公司领导理论。领导认为贺某是寻衅滋事，又给了一个口头警告。

2020 年 11 月 8 日，贺某因为腰椎间盘突出起不了床，就病休在家。一个星期后突然收到了公司的书面通知，称贺某的合同于 11 月 15 日到期，公司决定与贺某终止劳动合同，不再续签。贺某坚决反对，其工龄已经满十年应该签无固定期限劳动合同，即使公司不与其续签合同，因医生开具 2 个星期的病假还未满，现在尚在医疗期内，公司终止合同也是违法的。贺某与公司交涉，负责人事的主管声称，贺某的劳动合同已到期，不可能续签，即使公司违法终止劳动合同也只不过支付自 2008 年起算的赔偿金，即最多支付贺某 12 个月工资乘以 2 倍的赔偿金。

最终，贺某同意离开公司，但要求公司支付赔偿金，并对公司的赔偿金计算方法有疑义。贺某解除合同前十二个月平均工资 15 000 元，当地上年度职工月平均工资为 4 000 元。

劳动合同应续延的法定情形之一就是劳动者患病或非因工负伤，在规定的医疗期内，丙公司与贺某终止劳动合同的行为违法，赔偿金为经济补偿标准的二倍，违法解除劳动合同的赔偿金计算年限自用工之日起计算，贺某解除合同前十二个月平均工资 15 000 元超过当地上年度职工月平均工资 4 000 元的 3 倍，按 3 倍计算，贺某在丙公司工作年限 20 年，丙公司违法解除劳动合同应向贺某支付赔偿金为 $4\ 000 \times 3 \times 20 \times 2 = 480\ 000$（元）。

5.2　薪酬支付

5.2.1　薪酬支付的原则

所谓薪酬支付的原则，是保证薪酬依法支付并达到企业管理目标而遵循的一些基本要求。概括起来有五个方面。

1. 薪酬支付及时性原则

薪酬支付需按照与职工签订的劳动合同执行，月薪一般每月支付一次，并且支付的具体时间要相对固定。如有特殊情况，必须事先向员工解释清楚。月度奖励工资和附加工资一般都要求随基础工资一并发放。季度奖励工资和年度奖励工资也相应地要求在绩效考评完成之后的某一段时间内进行支付。年薪的结算和年度奖励工资的支付，也应有相应的规范和较为固定的支付时间，与劳务合同约定的时间一致。

2. 薪酬支付的足额原则

承诺的薪酬必须按时间约定，足额支付，不应有任何截流。

3. 薪酬扣除的约定原则

在企业管理中，对员工的某些行为，诸如旷工、迟到和缺勤要扣除一定数额的基础工资、奖励工资和附加工资。但这种扣除须在劳动合同中事先有明确的约定，并让每个员工都熟知这种事先的约定，不易事后任意追加。每个员工扣薪项目的统计和计算须明确告知当事人。

4. 福利享有的绩效挂钩原则

对职工福利的享有，要求必须事先在支付比例、支付方式上做出规范约定，与绩效考评挂钩，明确绩效考评得分与员工福利享有数量和享有比例的统一性。

5. 薪酬预支的担保原则

在一般情况下，企业都不会允许随意地预支工资，但当员工出现特殊情况需要预支薪资时，企业应与其约定相应的担保措施。

5.2.2 薪酬支付的流程

薪酬支付的流程一般如下：

(1) 确定工资支付的项目及工资总额，根据企业的薪酬制度或与劳动者签订的劳动合同确定支付给劳动者的工资总额及工资包含的项目。

(2) 按照周期对劳动者进行工作考勤记录，确定劳动者提供正常劳动的时间及劳动者的休假期间及其他非提供正常劳动的期间。

(3) 根据薪酬制度、考勤休假制度及劳动者在一个劳动周期内的考勤记录按时足额向劳动者支付工资，并在支付时向劳动者提供本人的工资清单。

(4) 实务中，企业一般在每月发放工资前，根据“工资费用分配汇总表”中的“实发金额”栏的合计数，通过开户银行支付给职工或从开户银行提取现金，然后再向职工发放。

5.3 薪酬对应的主要税费申报与缴纳

5.3.1 薪酬对应的增值税申报与缴纳

增值税纳税申报是指纳税人按增值税纳税申报要求，计算当期应纳增值税额，填制增值税纳税申报表及附列资料，收集或整理增值税纳税申报资料，在规定的纳税申报期内向主管税务机关报送纳税申报资料，履行增值税纳税申报义务。增值税纳税申报表及其他纳税申报资料全面反映了纳税人当期应纳增值税额的相关要素。

1. 增值税纳税申报方式

增值税纳税申报方式分为远程申报和上门申报。远程申报是指纳税人借助于网络或其他手段，将申报资料传输至税务机关进行申报的一种方式；上门申报是指纳税人携带申报资料，直接到税务机关申报征收窗口进行申报的一种方式。

2. 增值税纳税申报期限

增值税的纳税期限分别为 1 日、3 日、5 日、10 日、15 日、1 个月或者 1 个季度。纳税人的具体纳税期限，由主管税务机关根据纳税人应纳税额的大小分别核定。以 1 个季度为纳税期限的适用于小规模纳税人、银行、财务公司、信托投资公司、信用社，以及财政部和国家税务总局规定的其他纳税人。不能按照固定期限纳税的，可以按次纳税。

纳税人以 1 个月或者 1 个季度为 1 个纳税期的，自期满之日起 15 日内申报纳税；以 1 日、3 日、5 日、10 日或者 15 日为 1 个纳税期的，自期满之日起 5 日内预缴税款，于次月 1 日起 15 日内申报纳税并结清上月应纳税款。

3. 增值税纳税申报表

我国现行增值税将纳税人分为一般纳税人和小规模纳税人，由于两类纳税人增值税的计税方法和使用的发票种类不同，适用的纳税申报表及其附列资料也有差异。

(1) 一般纳税人纳税申报表及其附列资料包括：①《增值税纳税申报表(一般纳税人适用)》。②《增值税纳税申报表附列资料(一)》(本期销售情况明细)。③《增值税纳税申报表附列资料(二)》(本期进项税额明细)。④《增值税纳税申报表附列资料(三)》(服务、不动产和无形资产扣除项目明细)；一般纳税人销售服务、不动产和无形资产，在确定服务、不动产和无形资产销售额时，按照有关规定可以从取得的全部价款和价外费用中扣除价款的，需填报《增值税纳税申报表附列资料(三)》；其他情况不填写该附列资料。⑤《增值税纳税申报表附列资料(四)》(税额抵减情况表)。⑥《增值税减免税申报明细表》。

扫码查看申报表见图 5-1 及填写说明。

图 5-1

(2) 小规模纳税人纳税申报表及其附列资料包括：①《增值税纳税申报表(小规模纳税人适用)》。②《增值税纳税申报表(小规模纳税人适用)附列资料》。小规模纳税人发生应税行为，在确定服务销售额时，按照有关规定可以从取得的全部价款和价外费用中扣除价款的，需填报《增值税纳税申报表(小规模纳税人适用)附列资料》；其他情况不填写该附列资料。③《增值税减免税申报明细表》。扫码查看申报表见图 5-2 及填写说明。

图 5-2

（3）企业以自产产品作为非货币性福利发放给职工的，涉及自产产品视同销售增值税销项税额的，需要填报《增值税纳税申报表附列资料（一）》（本期销售情况明细）中“未开具开票”栏次所对应增值税率行次的“视同销售销售额”及“销项（应纳）税额”，还应进行相应的处理，借记“应付职工薪酬——非货币性福利”科目，贷记“应交税费——应交增值税（销项税额）”科目。

（4）一般纳税人企业购进货物、加工修理修配劳务、服务、无形资产或不动产，用于集体福利的，其进项税额按照现行增值税制度规定不得从销项税额中抵扣的，取得增值税专用发票时，对于不得抵扣的增值税进项税额，需要填报《增值税纳税申报表附列资料（二）》（本期进项税额明细）中“二、进项税款转出”下的“集体福利、个人消费”：反映用于集体福利或者个人消费，按规定应在本期转出的进项税额。

（5）企业接受劳务派遣用工、支付个人经营性报酬以及接受人力资源外包服务的，根据劳务派遣单位、业务承接人及人力资源外包服务单位提供的增值税专用发票，按照增值税专用发票上注明的增值税额，经认证相符后，填报《增值税纳税申报表附列资料（二）》中“一、申报抵扣的进项税额”下的相关栏次。

5.3.2 薪酬对应的企业所得税申报与缴纳

企业所得税按年计征，分月或者分季预缴，年终汇算清缴，多退少补。

企业所得税的纳税年度，自公历 1 月 1 日起至 12 月 31 日止。企业在一个纳税年度的中间开业，或者由于合并、关闭等原因终止经营活动，使该纳税年度的实际经营期不足 12 个月的，应当以其实际经营期为 1 个纳税年度。企业清算时，应当以清算期间作为 1 个纳税年度。

自年度终了之日起 5 个月内，企业应向税务机关报送年度企业所得税纳税申报表，并汇算清缴，结清应缴应退税款。

企业在年度中间终止经营活动的，应当自实际经营终止之日起 60 日内，向税务机关办理当期企业所得税汇算清缴。

企业发生的薪酬在企业所得税年度汇算清缴时，按薪酬在企业所得税前的扣除要求和扣除标准填报《中华人民共和国企业所得税年度纳税申报表（A 类，2017 年版）》中的“A104000 期间费用明细表”“A105000 纳税调整项目明细表”和“A105050 职工薪酬支出及纳税调整明细表”等。

扫码查看中华人民共和国企业所得税年度纳税申报表（A 类，2017 版）及部分表单及填报说明（2018 年修订，2019 年修订）见图 5-3。

图 5-3

5.3.3　薪酬对应的个人所得税申报与缴纳

5.3.3.1　全员全额扣缴申报制度

《税收征管法》规定，法律、行政法规规定负有代扣代缴、代收代缴税款义务的单位和个人为扣缴义务人。扣缴义务人必须依照法律、行政法规的规定缴纳税款、代扣代缴、代收代缴税款。

支付所得的单位和个人为个人所得税的扣缴义务人。个人所得税的扣缴义务主要有两种：代扣代缴和预扣预缴。

个人所得税实行全员全额扣缴制度，扣缴义务人都应当依法办理全员全额扣缴申报，向主管税务机关报送其支付所得的所有个人的有关信息、支付所得数额、扣除事项和数额、扣缴税款的具体数额和总额以及其他相关涉税信息资料，并向纳税人提供其个人所得和已扣缴税款等信息。

实行个人所得税全员全额扣缴申报的应税所得包括：

（1）工资、薪金所得。

（2）劳务报酬所得。

（3）稿酬所得。

（4）特许权使用费所得。

（5）利息、股息、红利所得。

（6）财产租赁所得。

（7）财产转让所得。

（8）偶然所得。

对居民个人取得工资薪金所得、劳务报酬所得、稿酬所得、特许权使用费所得等综合所得，依法预扣预缴个人所得税，其中：向居民个人支付工资、薪金所得时，应当按照累计预扣法计算预扣税款，并按月办理扣缴申报。居民个人取得综合所得，年终需要汇算清缴的，由纳税人本人或是委托扣缴义务人、其他单位和个人办理汇算清缴。

扣缴义务人每月或者每次预扣、代扣的税款，应当在次月十五日内缴入国库，并向税务机关报送《个人所得税扣缴申报表》。

扣缴义务人向非居民个人支付工资、薪金所得，劳务报酬所得，稿酬所得和特许权使用费所得时，依法按月或者按次代扣代缴税款。

扣缴义务人支付利息、股息、红利所得，财产租赁所得，财产转让所得或者偶然所得时，应当依法按次或者按月代扣代缴税款。

预扣预缴和代扣代缴的区别在于，预扣预缴是在纳税期限未到期的情况下，按照税法规定予以计算并提前预征税款。代扣代缴是扣缴义务人将纳税人依法计算的应缴税款，予以扣缴的行为。预扣预缴的税款是不确定的，汇算清缴时可能会出现补（退）税款的情况。代扣代缴的税款是确定的，不需要进行汇算清缴进行退补。

非居民个人取得工资薪金所得、劳务报酬所得、稿酬所得、特许权使用费所得等综合所得代扣代缴个人所得税后，在一个纳税年度内达到居民个人条件时，其纳税方式也会发生较大的变化。纳税人在年度终了后按照居民个人有关规定办理汇算清缴予以退补税款。这种对代扣代缴税款的调整，并不是否定代扣代缴税款的确定性，而是因计税方式调整而带来的税款调整。

扣缴义务人按期通过自然人电子税务局扣缴端进行个人所得税代扣代缴的申报。扣缴义务人按照所扣缴的税款，可获百分之二的手续费。扣缴义务人应于每年 3 月 31 日前填报《代扣代缴手续费申请表》(可以通过自然人电子税务局扣缴端填报)，申请返还上一年度代扣代缴个人所得税的手续费，未及时提交申请的，视为自动放弃。扣缴义务人领取的扣缴手续费可用于提升办税能力、奖励办税人员。

对扣缴义务人按照规定扣缴的税款，按年付给百分之二的手续费。不包括税务机关、司法机关等查补或者责令补扣的税款。

扫码查看自然人扣缴端用户操作手册见图 5-4。

图 5-4

扫码查看自然人税收管理系统扣缴客户端导入说明见图 5-5。

图 5-5

5.3.3.2 自行申报制度

自行申报纳税，是由纳税人自行在税法规定的纳税期限内，向税务机关申报取得的应税所得项目和数额，如实填写个人所得税纳税申报表，并按照税法规定计算应纳税额，据此缴纳个人所得税的一种方法。

1. 有下列情形之一的，纳税人应当依法办理纳税申报

(1) 取得综合所得需要办理汇算清缴。

(2) 取得应税所得没有扣缴义务人。

(3) 取得应税所得，扣缴义务人未扣缴税款。

(4) 取得境外所得。

（5）因移居境外注销中国户籍。

（6）非居民个人在中国境内从两处以上取得工资、薪金所得。

（7）国务院规定的其他情形。

2. 取得综合所得需要办理汇算清缴的纳税申报

取得综合所得且符合下列情形之一的纳税人，应当依法办理汇算清缴：

（1）从两处以上取得综合所得，且综合所得年收入额减除专项扣除后的余额超过6万元。

（2）取得劳务报酬所得、稿酬所得、特许权使用费所得中一项或者多项所得，且综合所得年收入额减除专项扣除的余额超过60 000元。

（3）纳税年度内预缴税额低于应纳税额。

（4）纳税人申请退税。

3. 取得经营所得的纳税申报

个体工商户业主、个人独资企业投资者、合伙企业个人合伙人、承包承租经营者个人以及其他从事生产、经营活动的个人取得经营所得，包括以下情形：

（1）个体工商户从事生产、经营活动取得的所得，个人独资企业投资人、合伙企业的个人合伙人来源于境内注册的个人独资企业、合伙企业生产、经营的所得。

（2）个人依法从事办学、医疗、咨询以及其他有偿服务活动取得的所得。

（3）个人对企业、事业单位承包经营、承租经营以及转包、转租取得的所得。

（4）个人从事其他生产、经营活动取得的所得。

4. 取得应税所得，扣缴义务人未扣缴税款的纳税申报

纳税人取得应税所得，扣缴义务人未扣缴税款的，应当区别以下情形办理纳税申报：

（1）居民个人取得综合所得的，且符合前述第（2）项所述情形的，应当依法办理汇算清缴。

（2）非居民个人取得工资、薪金所得，劳务报酬所得，稿酬所得，特许权使用费所得的，应当在取得所得的次年6月30日前，向扣缴义务人所在地主管税务机关办理纳税申报，并报送《个人所得税自行纳税申报表（A表）》。有两个以上扣缴义务人均未扣缴税款的，选择向其中一处扣缴义务人所在地主管税务机关办理纳税申报。

非居民个人在次年6月30日前离境（临时离境除外）的，应当在离境前办理纳税申报。

（3）纳税人取得利息、股息、红利所得，财产租赁所得，财产转让所得和偶然所得的，应当在取得所得的次年6月30日前，按相关规定向主管税务机关办理纳税申报，并报送《个人所得税自行纳税申报表（A表）》。

税务机关通知限期缴纳的，纳税人应当按照期限缴纳税款。

纳税人取得应税所得没有扣缴义务人的，应当在取得所得的次月十五日内向税务机关报送纳税申报表，并缴纳税款。

5. **取得境外所得的纳税申报**

居民个人从中国境外取得所得的，应当在取得所得的次年 3 月 1 日至 6 月 30 日内，向中国境内任职、受雇单位所在地主管税务机关办理纳税申报；在中国境内没有任职、受雇单位的，向户籍所在地或中国境内经常居住地主管税务机关办理纳税申报；户籍所在地与中国境内经常居住地不一致的，选择其中一地主管税务机关办理纳税申报；在中国境内没有户籍的，向中国境内经常居住地主管税务机关办理纳税申报。

6. **因移居境外注销中国户籍的纳税申报**

纳税人因移居境外注销中国户籍的，应当在申请注销中国户籍前，向户籍所在地主管税务机关办理纳税申报，进行税款清算。

(1) 纳税人在注销户籍年度取得综合所得的，应当在注销户籍前，办理当年综合所得的汇算清缴，并报送《个人所得税年度自行纳税申报表》。尚未办理上一年度综合所得汇算清缴的，应当在办理注销户籍纳税申报时一并办理。

(2) 纳税人在注销户籍年度取得经营所得的，应当在注销户籍前，办理当年经营所得的汇算清缴，并报送《个人所得税经营所得纳税申报表(B 表)》。从两处以上取得经营所得的，还应当一并报送《个人所得税经营所得纳税申报表(C 表)》。尚未办理上一年度经营所得汇算清缴的，应当在办理注销户籍纳税申报时一并办理。

(3) 纳税人在注销户籍当年取得利息、股息、红利所得，财产租赁所得，财产转让所得和偶然所得的，应当在注销户籍前，申报当年上述所得的完税情况，并报送《个人所得税自行纳税申报表(A 表)》。

(4) 纳税人有未缴或者少缴税款的，应当在注销户籍前，结清欠缴或未缴的税款。纳税人存在分期缴税且未缴纳完毕的，应当在注销户籍前，结清尚未缴纳的税款。

(5) 纳税人办理注销户籍纳税申报时，需要办理专项附加扣除、依法确定的其他扣除的，应当向税务机关报送《个人所得税专项附加扣除信息表》《商业健康保险税前扣除情况明细表》《个人税收递延型商业养老保险税前扣除情况明细表》等。

7. **非居民个人在中国境内从两处以上取得工资、薪金所得的纳税申报**

非居民个人在中国境内从两处以上取得工资、薪金所得的，应当在取得所得的次月 15 日内，向其中一处任职、受雇单位所在地主管税务机关办理纳税申报，并报送《个人所得税自行纳税申报表(A 表)》。

8. **纳税申报方式**

纳税人可以采用远程办税端、邮寄等方式申报，也可以直接到主管税务机关申报。

9. **其他有关问题**

(1) 纳税人办理自行纳税申报时，应当一并报送税务机关要求报送的其他有关资料。首次申报或者个人基础信息发生变化的，还应报送《个人所得税基础信息表(B 表)》。

(2) 纳税人在办理纳税申报时需要享受税收协定待遇的，按照享受税收协定待遇有关办法办理。

5.3.3.3 纳税申报时限

居民个人取得综合所得，按年计算个人所得税；有扣缴义务人的，由扣缴义务人按月或者按次预扣预缴税款；需要办理汇算清缴的，应当在取得所得的次年三月一日至六月三十日内办理汇算清缴。

纳税人取得经营所得，按年计算个人所得税，由纳税人在月度或者季度终了后十五日内向税务机关报送纳税申报表，并预缴税款；在取得所得的次年三月三十一日前办理汇算清缴。

纳税人取得应税所得没有扣缴义务人的，应当在取得所得的次月十五日内向税务机关报送纳税申报表，并缴纳税款。

纳税人取得应税所得，扣缴义务人未扣缴税款的，纳税人应当在取得所得的次年六月三十日前，缴纳税款；税务机关通知限期缴纳的，纳税人应当按照期限缴纳税款。

居民个人从中国境外取得所得的，应当在取得所得的次年三月一日至六月三十日内申报纳税。

非居民个人在中国境内从两处以上取得工资、薪金所得的，应当在取得所得的次月十五日内申报纳税。

纳税人因移居境外注销中国户籍的，应当在注销中国户籍前办理税款清算。

5.3.3.4 综合所得汇算清缴

居民个人取得工资薪金所得、劳务报酬所得、稿酬所得、特许权使用费所得等综合所得，这些所得不仅仅需要在有扣缴义务人时，由扣缴义务人按月或是按次预扣预缴税款，年度终了后，就其纳税年度内全部的四项综合所得，按年合计并依法计算个人所得税，需要办理汇算清缴的，应当在次年3月1日到6月30日内办理汇算清缴。

1. 需要汇算清缴的一般情形

取得综合所得需要办理汇算清缴主要包括四种情形：

(1) 从两处以上取得综合所得，且综合所得年收入额减除专项扣除的余额超过6万元。

(2) 取得劳务报酬所得、稿酬所得、特许权使用费所得中一项或者多项所得，且综合所得年收入额减除专项扣除的余额超过6万元。

(3) 纳税年度内预缴税额低于应纳税额。

(4) 纳税人申请退税。

扣缴义务人未将扣缴的税款解缴入库的，不影响纳税人按照规定申请退税，税务机关应当凭纳税人提供的有关资料办理退税。也就是说即便是扣缴义务人未解缴税款，只要给纳税人提供了扣缴税款的证明，在汇算清缴时需要退税的，也是先退税后核查。

2. 2020 年度综合所得汇算清缴范围

（1）无需办理年度汇算的纳税人。纳税人在 2020 年度已依法预缴个人所得税且符合下列情形之一的，无需办理年度汇算：①年度汇算需补税但综合所得收入全年不超过 12 万元的。②年度汇算需补税金额不超过 400 元的。③已预缴税额与年度应纳税额一致或者不申请退税的。

（2）需要办理年度汇算的纳税人。依据税法规定，符合下列情形之一的，纳税人需要办理年度汇算：①已预缴税额大于年度应纳税额且申请退税的。②综合所得收入全年超过 12 万元且需要补税金额超过 400 元的。

3. 居民个人综合所得汇算清缴的办理

（1）汇算清缴的时间。居民个人取得综合所得，按年计算个人所得税，需要办理汇算清缴的，应当在取得所得的次年 3 月 1 日至 6 月 30 日内办理汇算清缴。

支付工资、薪金所得的扣缴义务人应当于年度终了后两个月内，向纳税人提供其个人所得和已扣缴税款等信息。纳税人年度中间需要提供上述信息的，扣缴义务人应当提供。纳税人取得除工资、薪金所得以外的其他所得，扣缴义务人应当在扣缴税款后，及时向纳税人提供其个人所得和已扣缴税款等信息。

居民个人办理 2020 年度综合所得汇算清缴的时间为 2021 年 3 月 1 日至 6 月 30 日。在中国境内无住所的纳税人在 2021 年 3 月 1 日前离境的，可以在离境前办理年度汇算。

下列在 2020 年度发生的，且未申报扣除或未足额扣除的税前扣除项目，纳税人可在年度汇算期间办理扣除或补充扣除：①纳税人及其配偶、未成年子女符合条件的大病医疗支出。②纳税人符合条件的子女教育、继续教育、住房贷款利息或住房租金、赡养老人专项附加扣除，以及减除费用、专项扣除、依法确定的其他扣除。③纳税人符合条件的捐赠支出。

（2）汇算清缴的方式。居民个人办理综合所得汇算清缴，可自主选择下列办理方式：

① 自己办。居民个人可以自行办理年度汇算。可以通过学习税务机关编制公开的分类办税指引、12366 纳税服务热线等渠道咨询解决年度汇算中的疑难问题，通过手机个人所得税 APP、网页端，顺利完成年度汇算。因年长、行动不便等独立完成年度汇算存在特殊困难的居民个人，还可以向税务机关申请提供个性化年度汇算服务办理。

居民个人纳税年度内仅从中国境内取得工资薪金所得、劳务报酬所得、稿酬所得、特许权使用费所得的，向主管税务机关办理个人所得税综合所得汇算清缴申报，并报送《个人所得税年度自行纳税申报表》（A 表）；居民个人纳税年度内取得境外所得的，向主管税务机关办理个人所得税综合所得汇算清缴申报，并报送《个人所得税年度自行纳税申报表》（B 表），申报本表时应当一并附报《境外所得个人所得税抵免明细表》。

② 单位办。居民个人可以通过取得工资薪金或连续性取得劳务报酬所得（指保险营

销员或证券经纪人)的扣缴义务人代为办理。纳税人提出代办要求的,单位应当代为办理,或者培训、辅导纳税人通过网上税务局(包括手机个人所得税 APP)完成年度汇算申报和退(补)税。

根据《国家税务总局关于办理 2020 年度个人所得税综合所得汇算清缴事项的公告》(国家税务总局公告 2021 年第 2 号)规定,由单位代为办理的,纳税人应在 2021 年 4 月 30 日前与单位以书面或者电子等方式进行确认,补充提供其 2020 年度在本单位以外取得的综合所得收入、相关扣除、享受税收优惠等信息资料,并对所提交信息的真实性、准确性、完整性负责。纳税人未与单位确认请其代为办理年度汇算的,单位不得代办。

③ 请人办。居民个人可以委托涉税专业服务机构或其他单位及个人办理综合所得汇算清缴,受托人需与纳税人签订授权书。

扣缴义务人或受托人为纳税人办理年度汇算后,应当及时将办理情况告知纳税人。纳税人发现申报信息存在错误的,可以要求扣缴义务人或受托人办理更正申报,也可自行办理更正申报。

(3) 汇算清缴办理渠道。居民个人综合所得汇算清缴的办理,可优先通过网上税务局(包括手机个人所得税 APP)办理年度汇算,税务机关将按规定为纳税人提供申报表预填服务;不方便通过上述方式办理的,也可以通过邮寄方式或到办税服务厅办理。

选择邮寄申报的,纳税人需将申报表寄送至任职受雇单位(没有任职受雇单位的,为户籍所在地、经常居住地或主要收入来源地)的主管税务机关所在省、自治区、直辖市、计划单列市税务局公告的地址。

(4) 汇算清缴的地点。按照方便就近原则,纳税人自行办理或受托人为纳税人代为办理年度汇算清缴的,向纳税人任职受雇单位所在地的主管税务机关申报;有两处及以上任职受雇单位的,可自主选择向其中一处单位所在地的主管税务机关申报。纳税人没有任职受雇单位的,向其户籍所在地、经常居住地或者主要收入来源地的主管税务机关申报。

扣缴义务人在年度汇算期内为纳税人办理年度汇算的,向扣缴义务人的主管税务机关申报。

(5) 汇算清缴的资料。纳税人办理 2020 年度汇算的,适用个人所得税年度自行纳税申报表,如需修改本人相关基础信息,新增享受扣除或者税收优惠的,还应按规定一并填报相关信息。纳税人需仔细核对,确保所填信息真实、准确、完整。残疾、孤老人员和烈属取得综合所得办理汇算清缴时,汇算清缴地与预扣预缴地规定不一致的,用预扣预缴地规定计算的减免税额与用汇算清缴地规定计算的减免税额相比较,按照孰高值确定减免税额。

纳税人、代办年度汇算的单位,需各自将年度汇算申报表以及纳税人综合所得收入、扣除、已缴税额或税收优惠等相关资料,自年度汇算期结束之日起留存 5 年。

(6) 退(补)税的办理。纳税人申请年度汇算退税，应当提供其在中国境内开设的符合条件的银行账户。税务机关按规定审核后，按照国库管理有关规定，由接受年度汇算清缴申报的税务机关所在地(即汇算清缴地)就地办理税款退库。纳税人未提供本人有效银行账户，或者提供的信息资料有误的，税务机关将通知纳税人更正，纳税人按要求更正后依法办理退税。

为方便纳税人获取退税，综合所得全年收入额不超过 6 万元且已预缴个人所得税的，税务机关在网上税务局(包括手机个人所得税 APP)提供便捷退税功能，纳税人可以在 2021 年 3 月 1 日至 5 月 31 日期间，通过简易申报表办理年度汇算退税。

申请 2020 年度汇算退税的纳税人，如存在应当办理 2019 年度汇算补税但未办理，或者经税务机关通知 2019 年度汇算申报存在疑点但拒不更正或说明情况的，需在办理 2019 年度汇算申报补税、更正申报或者说明有关情况后依法申请退税。

纳税人办理年度汇算补税的，可以通过网上银行、办税服务厅 POS 机刷卡、银行柜台、非银行支付机构等方式缴纳。邮寄申报并补税的，纳税人需通过网上税务局或者主管税务机关办税服务厅及时关注申报进度并缴纳税款。

扣缴义务人未将扣缴的税款解缴入库的，不影响纳税人按照规定申请退税，税务机关应当凭纳税人提供的有关资料办理退税。

【例 15】 陈先生 2020 年年薪 21 万元，其中年奖金 3 万元在 2021 年发放。全年每月发放工资见表 5-12，2020 年 1 月份工资不含 2019 年度年终奖，2019 年度年终奖 3 万元在 2020 年 1 月单独发放。

表 5-12　　全年每月发放工资　　单位：元

月份	1月	2月	3月	4月	5月	6月	7月	8月	9月	10月	11月	12月	合计
工资	10 000	30 000	10 000	10 000	10 000	18 000	10 000	10 000	15 000	10 000	15 000	32 000	180 000
社保	2 200	2 200	2 200	2 850	2 850	2 850	2 850	2 850	2 850	2 850	2 850	2 850	32 250

另外，陈先生在不同单位分月取得劳务报酬 3 次，分别为 3 000 元、6 000 元和 30 000 元；稿酬 2 次，分别为 4 000 元和 8 000 元；取得转让著作权收入 50 000 元。年终奖选择过渡政策申报。

陈先生除子女教育和赡养老人扣除项目外，陈先生无其他附加扣除项目。2016 年 9 月儿子开始读小学，女儿 2020 年 7 月满 3 周岁；陈先生及其配偶的父母亲 2019 年 12 月都已超过 60 岁，且夫妻双方均为独生子女。夫妻双方决定子女教育全部由陈先生扣除。

根据上述资料，陈先生专项附加扣除其中子女教育：1 000×12＋1 000×6＝18 000(元)，赡养老人：2 000×12＝24 000(元)

① 工资薪金预扣预缴个人所得税：

全年预扣预缴个人所得税 ＝ (180 000 － 60 000 － 32 250 － 18 000 － 24 000) × 10% － 2 520 ＝ 2 055(元)

② 2019 年度年终奖(单独申报)：

30 000÷12=2 500(元)，适用税率为 3%。

$$\text{应纳税额个人所得税} = 30\,000 \times 3\% = 900(\text{元})$$

③ 其他综合所得预扣预缴个人所得税：

a. 劳务报酬：(3 000−800)×20%+6 000×(1−20%)×20%+30 000×(1−20%)×30%−2 000=440+960+5 200=6 600(元)

b. 稿酬：(4 000−800)×70%×20%+8 000×(1−20%)×70%×20%=448+896=1 344(元)

c. 特许权使用费：50 000×(1−20%)×20%=8 000(元)

$$\text{其他综合所得共计预扣预缴个人所得税额} = 6\,600 + 1\,344 + 8\,000 = 15\,944(\text{元})$$

④ 计算 2021 年陈先生汇算清缴退(补)个人所得税。

a. 全年综合所得：

$$180\,000 + (3\,000 + 6\,000 + 30\,000) \times 80\% + (4\,000 + 8\,000) \times 56\% + 50\,000 \times 80\% - 60\,000 - 32\,250 - 18\,000 - 24\,000 = 180\,000 + 31\,200 + 6\,720 + 40\,000 - 60\,000 - 32\,250 - 18\,000 - 24\,000 = 123\,670(\text{元})$$

b. 全年应纳个人所得税：

$$123\,670 \times 10\% - 2\,520 = 9\,847(\text{元})$$

c. 汇算清缴应退个人所得税：

$$(2\,055 + 15\,944) - 9\,847 = 8\,152(\text{元})$$

【例 16】 承[例 15]填写《个人所得税年度自行纳税申报表(A 表)》表 5-13。

表 5-13　　个人所得税年度自行纳税申报表(A 表)

(仅取得境内综合所得年度汇算适用)

税款所属期：2020 年 1 月 1 日至 2020 年 12 月 31 日

纳税人姓名：陈××

纳税人识别号：31010219××××214913　　金额单位：人民币元(列至角分)

项　　目	行次	金额
一、收入合计(第 1 行=第 2 行+第 3 行+第 4 行+第 5 行)	1	281 000
(一) 工资、薪金	2	180 000
(二) 劳务报酬	3	39 000
(三) 稿酬	4	12 000
(四) 特许权使用费	5	50 000

（续表）

项　　目	行次	金额
二、费用合计[第 6 行=(第 3 行+第 4 行+第 5 行)×20%]	6	20 200
三、免税收入合计(第 7 行=第 8 行+第 9 行)	7	2 880
(一) 稿酬所得免税部分[第 8 行=第 4 行×(1−20%)×30%]	8	2 880
(二) 其他免税收入(附报《个人所得税减免税事项报告表》)	9	
四、减除费用	10	60 000
五、专项扣除合计(第 11 行=第 12 行+第 13 行+第 14 行+第 15 行)	11	32 250
(一) 基本养老保险费	12	14 743
(二) 基本医疗保险费	13	3 686
(三) 失业保险费	14	921
(四) 住房公积金	15	12 900
六、专项附加扣除合计(附报《个人所得税专项附加扣除信息表》)(第 16 行=第 17 行+第 18 行+第 19 行+第 20 行+第 21 行+第 22 行)	16	42 000
(一) 子女教育	17	18 000
(二) 继续教育	18	
(三) 大病医疗	19	
(四) 住房贷款利息	20	
(五) 住房租金	21	
(六) 赡养老人	22	24 000
七、其他扣除合计(第 23 行=第 24 行+第 25 行+第 26 行+第 27 行+第 28 行)	23	
(一) 年金	24	
(二) 商业健康保险(附报《商业健康保险税前扣除情况明细表》)	25	
(三) 税延养老保险(附报《个人税收递延型商业养老保险税前扣除情况明细表》)	26	
(四) 允许扣除的税费	27	
(五) 其他	28	
八、准予扣除的捐赠额(附报《个人所得税公益慈善事业捐赠扣除明细表》)	29	
九、应纳税所得额(第 30 行=第 1 行−第 6 行−第 7 行−第 10 行−第 11 行−第 16 行−第 23 行−第 29 行)	30	123 670
十、税率(%)	31	10%
十一、速算扣除数	32	2 520
十二、应纳税额(第 33 行=第 30 行×第 31 行−第 32 行)	33	9 847

（续表）

项　　目			行次	金额
全年一次性奖金个人所得税计算 （无住所居民个人预判为非居民个人取得的数月奖金，选择按全年一次性奖金计税的填写本部分）				
一、全年一次性奖金收入			34	
二、准予扣除的捐赠额（附报《个人所得税公益慈善事业捐赠扣除明细表》）			35	
三、税率（%）			36	
四、速算扣除数			37	
五、应纳税额［第 38 行＝（第 34 行－第 35 行）×第 36 行－第 37 行］			38	
税额调整				
一、综合所得收入调整额（需在“备注”栏说明调整具体原因、计算方式等）			39	
二、应纳税额调整额			40	
应补/退个人所得税计算				
一、应纳税额合计（第 41 行＝第 33 行＋第 38 行＋第 40 行）			41	9 847
二、减免税额（附报《个人所得税减免税事项报告表》）			42	
三、已缴税额			43	17 999
四、应补/退税额（第 44 行＝第 41 行－第 42 行－第 43 行）提供银行卡			44	－8 152
无住所个人附报信息				
纳税年度内在中国境内居住天数		已在中国境内居住年数		
退税申请（应补/退税额小于 0 的填写本部分）				
□申请退税（需填写“开户银行名称”“开户银行省份”“银行账号”）			□放弃退税	
开户银行名称		开户银行省份		
银行账号				
备注				
谨声明：本表是根据国家税收法律法规及相关规定填报的，本人对填报内容（附带资料）的真实性、可靠性、完整性负责。				
纳税人签字：陈××　　　2020 年 6 月 15 日				
经办人签字： 经办人身份证件类型： 经办人身份证件号码： 代理机构签章： 代理机构统一社会信用代码：		受理人： 受理税务机关（章）： 受理日期：　　年　　月　　日		

个人所得税综合所得年度汇算清缴操作指引（手机 APP）见图 5-6（扫码查看）。

图 5-6

5.3.3.5 经营所得汇算清缴

1. 经营所得的计算

（1）纳税人取得经营所得，按年计算个人所得税，对于个体工商户业主、个人独资企业和合伙企业投资者的经营所得以每一纳税年度的收入总额减除成本、费用以及损失后的余额为应纳税所得额，据此计算应纳个人所得税额。

（2）经营所得计算公式为：

应纳税所得额 = 收入总额 − 成本、费用及损失

应纳个人所得税额 = 应纳税所得额 × 适用税率

取得经营所得的个人，没有综合所得的，计算其每一纳税年度的应纳税所得额时，应当减除费用 6 万元、专项扣除、专项附加扣除以及依法确定的其他扣除。专项附加扣除在办理汇算清缴时减除。

（3）收入总额是指个体工商户、个人独资企业和合伙企业从事生产经营以及与生产经营有关的活动所取得的各项收入，包括商品（产品）销售收入、营运收入、劳务服务收入、工程价款收入、财产出租或转让收入、利息收入、其他业务收入和营业收入，各项收入应当按权责发生制原则确定。

（4）成本费用是指生产、经营活动中发生的各项直接支出和分配计入成本的间接费用，以及销售费用、管理费用、财务费用。在扣除成本费用时，需要注意以下的个人所得税税前扣除标准：

① 个体工商户、个人独资企业和合伙企业向其从业人员实际支付的合理的工资、薪金支出，允许在税前据实扣除。

② 个体工商户、个人独资企业和合伙企业拨缴的工会经费、发生的职工福利费、职工教育经费支出分别在工资薪金总额 2%、14%、2.5%的标准内据实扣除。

③ 个体工商户、个人独资企业和合伙企业每一纳税年度发生的广告费和业务宣传费用不超过当年销售（营业）收入 15%的部分，可据实扣除；超过部分，准予在以后纳税年度结转扣除。

④ 个体工商户、个人独资企业和合伙企业每一纳税年度发生的与其生产经营业务直接相关的业务招待费支出，按照发生额的 60%扣除，但最高不得超过当年销售（营业）收

入的5‰。

⑤ 损失是指允许扣除生产、经营活动中发生的固定资产和存货的盘亏、毁损、报废损失，转让财产损失，坏账损失，自然灾害等不可抗力因素造成的损失以及其他损失。

⑥ 从事生产、经营活动，未提供完整、准确的纳税资料，不能正确计算应纳税所得额的，由主管税务机关核定应纳税所得额或者应纳税额。税务机关目前采取核定方式有两种，一种是，经营所得纳税人能够正确核算（确定）收入总额或成本费用，实行核定成本费用率的征收方式。第二种是，经营所得纳税人不能正确核算（确定）收入总额和成本费用，实行定期定额的征收方式。增值税一般纳税人不得实行定期定额征收方式。

【例17】 张某投资设立了A小型家电维修部系个体工商户，账证健全，2019年12月取得经营收入为480 000元，准许扣除的当月成本200 000元、管理费用100 000元（不含业主工资）及相关税金20 000元，共计320 000元。1～11月累计经营收入为900 000元，累计准许扣除的成本600 000元、管理费用200 000元（不含业主工资）及相关税金32 000元，累计应纳税所得额68 000元（未扣除业主费用减除标准），1～11月累计已预缴个人所得税5 300元。A小型家电维修部2019年全年的成本费用中含职工工资300 000元，职工福利费50 000元，职工教育经10 500元，除经营所得外，张某本人没有其他收入，张某为独生子女且2019年全年只享受赡养老人一项专项附加扣除，不考虑专项扣除和符合税法规定的其他扣除，请计算该个体工商户就2019年度汇算清缴时应缴纳的个人所得税。

纳税人取得经营所得，按年计算个人所得税，由纳税人在月度或季度终了后15日内，向经营管理所在地主管税务机关办理预缴纳税申报；在取得所得的次年3月31日前，向经营管理所在地主管税务机关办理汇算清缴。因此，按照税收法律、法规和文件规定，先计算全年应纳税所得额，再计算全年应纳税额。并根据全年应纳税额和当年已预缴税额计算出当年度应补（退）税额。

① 全年应纳税所得额＝480 000－320 000＋68 000－60 000－24 000＋（50 000－300 000×14%）＋（10 500－300 000×2.5%）＝155 000（元）

② 全年应缴纳个人所得税＝155 000×20%－10 500＝20 500（元）

2. 经营所得汇算清缴流程

由纳税人在月度或季度终了后15日内，向经营管理所在地主管税务机关办理预缴纳税申报，并报送《个人所得税经营所得纳税申报表（A表）》。在取得所得的次年3月31日前，向经营管理所在地主管税务机关办理汇算清缴，并报送《个人所得税经营所得纳税申报表（B表）》；从两处以上取得经营所得的，选择向其中一处经营管理所在地主管税务机关办理年度汇总申报，并报送《个人所得税经营所得纳税申报表（C表）》。

（1）**【例18】** 承[例17]2020年1月15日前报送填写《个人所得税经营所得纳税申

报表(A表)》表5-14。

表5-14　　　　个人所得税经营所得纳税申报表(A表)

税款所属期：2019年1月1日至2019年12月31日

纳税人姓名：张××

纳税人识别号：31010219××××211568　　　　金额单位：人民币元(列至角分)

被投资单位信息		
名称	A小型家电维修部	
纳税人识别号(统一社会信用代码)□□□□□□□□□□□□□□□□□□□□□		
征收方式(单选)		
√查账征收(据实预缴)　□查账征收(按上年应纳税所得额预缴)　□核定应税所得率征收 □核定应纳税所得额征收　□税务机关认可的其他方式________		
个人所得税计算		
项　　目	行次	金额/比例
一、收入总额	1	1 380 000
二、成本费用	2	1 152 000
三、利润总额(第3行=第1行-第2行)	3	228 000
四、弥补以前年度亏损	4	
五、应税所得率(%)	5	
六、合伙企业个人合伙人分配比例(%)	6	
七、允许扣除的个人费用及其他扣除(第7行=第8行+第9行+第14行)	7	60 000
(一)投资者减除费用	8	60 000
(二)专项扣除(第9行=第10行+第11行+第12行+第13行)	9	
1. 基本养老保险费	10	
2. 基本医疗保险费	11	
3. 失业保险费	12	
4. 住房公积金	13	
(三)依法确定的其他扣除(第14行=第15行+第16行+第17行)	14	
1.	15	
2.	16	
3.	17	
八、准予扣除的捐赠额(附报《个人所得税公益慈善事业捐赠扣除明细表》)	18	
九、应纳税所得额	19	168 000
十、税率(%)	20	20%

（续表）

被投资单位信息		
十一、速算扣除数	21	10 500
十二、应纳税额(第 22 行＝第 19 行×第 20 行－第 21 行)	22	23 100
十三、减免税额(附报《个人所得税减免税事项报告表》)	23	
十四、已缴税额	24	5 300
十五、应补/退税额(第 25 行＝第 22 行－第 23 行－第 24 行)	25	17 800
备注		
谨声明：本表是根据国家税收法律法规及相关规定填报的，本人对填报内容(附带资料)的真实性、可靠性、完整性负责。 纳税人签字：　　　年　月　日		

经办人签字： 经办人身份证件类型： 经办人身份证件号码： 代理机构签章： 代理机构统一社会信用代码：	受理人： 受理税务机关(章)： 受理日期：　　年　月　日

(2)【例 19】 承[例 18]2020 年 3 月 31 日前报送填写《个人所得税经营所得纳税申报表(B 表)》表 5-15。

表 5-15　　　　个人所得税经营所得纳税申报表(B 表)

税款所属期：2019 年 1 月 1 日至 2019 年 12 月 31 日
纳税人姓名：张××
纳税人识别号：31010219××××211568　　　　金额单位：人民币元(列至角分)

被投资单位信息	名称	A 小型家电维修部	纳税人识别号(统一社会信用代码)	
项目			行次	金额/比例
一、收入总额			1	1 380 000
其中：国债利息收入			2	
二、成本费用(3＝4＋5＋6＋7＋8＋9＋10)			3	
(一) 营业成本			4	800 000
(二) 营业费用			5	
(三) 管理费用			6	300 000
(四) 财务费用			7	
(五) 税金			8	52 000

（续表）

项　　目	行次	金额/比例
（六）损失	9	
（七）其他支出	10	
三、利润总额(11＝1－2－3)	11	228 000
四、纳税调整增加额(12＝13＋27)	12	11 000
（一）超过规定标准的扣除项目金额(13＝14＋15＋16＋17＋18＋19＋20＋21＋22＋23＋24＋25＋26)	13	11 000
1. 职工福利费	14	8 000
2. 职工教育经费	15	3 000
3. 工会经费	16	
4. 利息支出	17	
5. 业务招待费	18	
6. 广告费和业务宣传费	19	
7. 教育和公益事业捐赠	20	
8. 住房公积金	21	
9. 社会保险费	22	
10. 折旧费用	23	
11. 无形资产摊销	24	
12. 资产损失	25	
13. 其他	26	
（二）不允许扣除的项目金额(27＝28＋29＋30＋31＋32＋33＋34＋35＋36)	27	
1. 个人所得税税款	28	
2. 税收滞纳金	29	
3. 罚金、罚款和被没收财物的损失	30	
4. 不符合扣除规定的捐赠支出	31	
5. 赞助支出	32	
6. 用于个人和家庭的支出	33	
7. 与取得生产经营收入无关的其他支出	34	
8. 投资者工资薪金支出	35	
9. 其他不允许扣除的支出	36	
五、纳税调整减少额	37	
六、纳税调整后所得(38＝11＋12－37)	38	239 000
七、弥补以前年度亏损	39	
八、合伙企业个人合伙人分配比例(%)	40	
九、允许扣除的个人费用及其他扣除(41＝42＋43＋48＋55)	41	84 000

（续表）

项　　目	行次	金额/比例
（一）投资者减除费用	42	60 000
（二）专项扣除（43＝44＋45＋46＋47）	43	
1. 基本养老保险费	44	
2. 基本医疗保险费	45	
3. 失业保险费	46	
4. 住房公积金	47	
（三）专项附加扣除（48＝49＋50＋51＋52＋53＋54）	48	24 000
1. 子女教育	49	
2. 继续教育	50	
3. 大病医疗	51	
4. 住房贷款利息	52	
5. 住房租金	53	
6. 赡养老人	54	24 000
（四）依法确定的其他扣除（55＝56＋57＋58＋59）	55	
1. 商业健康保险	56	
2. 税延养老保险	57	
3.	58	
4.	59	
十、投资抵扣	60	
十一、准予扣除的个人捐赠支出	61	
十二、应纳税所得额（62＝38－39－41－60－61）或[62＝（38－39）×40－41－60－61]	62	155 000
十三、税率（%）	63	20%
十四、速算扣除数	64	10 500
十五、应纳税额（65＝62×63－64）	65	20 500
十六、减免税额（附报《个人所得税减免税事项报告表》）	66	
十七、已缴税额	67	23 100
十八、应补/退税额（68＝65－66－67）	68	－2 600

谨声明：本表是根据国家税收法律法规及相关规定填报的，是真实的、可靠的、完整的。

纳税人签字：　　　　年　　月　　日

经办人： 经办人身份证件号码： 代理机构签章： 代理机构统一社会信用代码：	受理人： 受理税务机关（章）： 受理日期：　　年　　月　　日

5.3.3.6　个人所得税申报缴纳的管理

1. 反避税

（1）有下列情形之一的，税务机关有权按照合理方法进行纳税调整。①个人与其关联方之间的业务往来不符合独立交易原则而减少本人或者其关联方应纳税额，且无正当理由。②居民个人控制的，或者居民个人和居民企业共同控制的设立在实际税负明显偏低的国家（地区）的企业，无合理经营需要，对应当归属于居民个人的利润不作分配或者减少分配。③个人实施其他不具有合理商业目的的安排而获取不当税收利益。

（2）补税及加征利息。①税务机关依照前述规定情形作出纳税调整，需要补征税款的，应当补征税款，并依法加收利息。②依法加征的利息，应当按照税款所属纳税申报期最后一日中国人民银行公布的与补税期间同期的人民币贷款基准利率计算，自税款纳税申报期满次日起至补缴税款期限届满之日止按日加收。纳税人在补缴税款期限届满前补缴税款的，利息加收至补缴税款之日。

2. 开具《纳税记录》的规定

为配合个人所得税制度改革，进一步落实国务院减证便民要求，优化纳税服务，国家税务总局决定将个人所得税《税收完税证明》（文书式）调整为《纳税记录》。

（1）从2019年1月1日起，纳税人申请开具税款所属期为2019年1月1日（含）以后的个人所得税缴（退）税情况证明的，税务机关不再开具《税收完税证明》（文书式），调整为开具《纳税记录》；纳税人申请开具税款所属期为2018年12月31日（含）以前个人所得税缴（退）税情况证明的，税务机关继续开具《税收完税证明》（文书式）。

（2）纳税人2019年1月1日以后取得应税所得并由扣缴义务人向税务机关办理了全员全额扣缴申报，或根据税法规定自行向税务机关办理纳税申报的，不论是否实际缴纳税款，均可以申请开具《纳税记录》。

（3）纳税人可以通过电子税务局、手机APP申请开具本人的个人所得税《纳税记录》，也可到办税服务厅申请开具。

（4）纳税人可以委托他人持下列证件和资料到办税服务厅代为开具个人所得税《纳税记录》：①委托人及受托人有效身份证件原件。②委托人书面授权资料。

（5）纳税人对个人所得税《纳税记录》存在异议的，可以向该项记录中列明的税务机关申请核实。

（6）税务机关提供个人所得税《纳税记录》的验证服务，支持通过电子税务局、手机APP等方式进行验证。具体验证方法见个人所得税《纳税记录》中的相关说明。

5.3.3.7　个人所得税纳税申报制度一览表

个人所得税纳税申报制度见表5-16。

表5-16　　个人所得税纳税申报制度一览表

申报类型		地点	申报表	申报时间
居民个人汇算清缴	只有一处任职、受雇单位	任职、受雇单位所在地主管税务机关	《个人所得税年度自行纳税申报表》(A表)	在取得所得的次年3月1日至6月30日内
	有两处以上任职、受雇单位	选择向其中一处任职、受雇单位所在地主管税务机关		
	没有任职、受雇单位	向户籍所在地、经常居住地或者主要收入来源地主管税务机关	《个人所得税年度自行纳税申报表》(A表)	在取得所得的次年3月1日至6月30日内
经营所得预缴申报	仅一处取得经营所得	向经营管理所在地主管税务机关	《个人所得税经营所得纳税申报表(A表)》	月度或季度终了后15日内
经营所得汇算清缴申报	仅一处取得经营所得	向经营管理所在地主管税务机关	《个人所得税经营所得纳税申报表(B表)》	次年3月31日前
	两处以上取得经营所得的	向经营管理所在地主管税务机关汇算清缴申报	《个人所得税经营所得纳税申报表(B表)》	
		选择一处经营管理所在地主管税务机关合并申报	《个人所得税经营所得纳税申报表(C表)》	
取得应税所得，扣缴义务人未扣缴税款	居民个人取得综合所得未申报	同居民个人汇算清缴	《个人所得税年度自行纳税申报表》	次年6月30日前
	非居民个人取得工资、薪金所得，劳务报酬所得，稿酬所得，特许权使用费所得的	向扣缴义务人所在地主管税务机关	《个人所得税自行纳税申报表(A表)》	次年6月30日前，在次年6月30日前离境（临时离境除外）的，应当在离境前办理纳税申报
	有两个以上扣缴义务人均未扣缴税款的	选择向其中一处扣缴义务人所在地主管税务机关		
	取得利息、股息、红利所得，财产租赁所得，财产转让所得和偶然所得的	按相关规定向主管税务机关办理	《个人所得税自行纳税申报表(A表)》	次年6月30日前
取得境外所得	境内有任职、受雇单位	向中国境内任职、受雇单位所在地主管税务机关办理	《个人所得税年度自行纳税申报表》(B表)《境外所得个人所得税抵免明细表》	在取得所得的次年3月1日至6月30日内

（续表）

申报类型			地点	申报表	申报时间
取得境外所得	境内没有任职、受雇单位		向户籍所在地或中国境内经常居住地主管税务机关	《个人所得税年度自行纳税申报表》（B表）《境外所得个人所得税抵免明细表》	在取得所得的次年3月1日至6月30日内
	户籍所在地与中国境内经常居住地不一致的		选择其中一地主管税务机关		在取得所得的次年3月1日至6月30日内
	在中国境内没有户籍		向中国境内经常居住地主管税务机关		在取得所得的次年3月1日至6月30日内
移居境外销户清税	在注销户籍年度取得综合所得		向户籍所在地主管税务机关	《个人所得税年度自行纳税申报表》	尚未办理上一年度综合所得汇算清缴的，注销户籍纳税申报时一并办理
	在注销户籍年度取得经营所得的	一处经营所得	经营机构所在地	《个人所得税经营所得纳税申报表（B表）》	在注销户籍前
		两处以上所得	选择一处机构所在地	《个人所得税经营所得纳税申报表（C表）》	尚未办理上一年度经营所得汇算清缴的，应当在办理注销户籍纳税申报时一并办理
	取得利息、股息、红利所得，财产租赁所得，财产转让所得和偶然所得的		申报当年上述所得的完税情况	《个人所得税自行纳税申报表（A表）》	在注销户籍前
	有未缴或者少缴税款		税款所在地	相关申报表	
	需要办理专项附加扣除、依法确定的其他扣除的		户籍所在地	《个人所得税专项附加扣除信息表》《商业健康保险税前扣除情况明细表》《个人税收递延型商业养老保险税前扣除情况明细表》	
非居民个人在中国境内从两处以上取得工资、薪金所得			向其中一处任职、受雇单位所在地主管税务机关	《个人所得税自行纳税申报表（A表）》	取得所得的次月15日内

5.3.3.8　个人所得税纳税申报表

《国家税务总局关于修订个人所得税申报表的公告》（国家税务总局公告2019年第7号），修订发布了个人所得税有关申报表，自2019年1月1日起施行。2019年底，国家税务总局印发《关于修订部分个人所得税申报表的公告》(国家税务总局公告 2019 年第 46 号),对部分个人所得税申报表进行了修订。

现行个人所得税纳税申报表种类包括:

(1) 个人所得税基础信息表(A 表)见图 5-7(扫码查看)。

图 5-7

(2) 个人所得税基础信息表(B 表)见图 5-8(扫码查看)。

图 5-8

(3) 个人所得税扣缴申报表见图 5-9(扫码查看)。

图 5-9

(4) 个人所得税自行纳税申报表(A 表)见图 5-10(扫码查看)。

图 5-10

(5) 个人所得税年度自行纳税申报表(A 表)见图 5-11(扫码查看)。

图 5-11

(6) 个人所得税年度自行纳税申报表(简易版)见图 5-12(扫码查看)。

图 5-12

(7) 个人所得税年度自行纳税申报表(问答版)见图 5-13(扫码查看)。

图 5-13

(8) 个人所得税年度自行纳税申报表(B 表)见图 5-14(扫码查看)。

图 5-14

(9) 境外所得个人所得税抵免明细表见图 5-15(扫码查看)。

图 5-15

(10) 个人所得税专项附加扣除信息表及填表说明见图 5-16(扫码查看)。

图 5-16

(11) 个人所得税经营所得纳税申报表(A 表)见图 5-17(扫码查看)。

图 5-17

(12) 个人所得税经营所得纳税申报表(B 表)见图 5-18(扫码查看)。

图 5-18

(13) 个人所得税经营所得纳税申报表(C 表)见图 5-19(扫码查看)。

图 5-19

(14) 合伙制创业投资企业单一投资基金核算方式备案表见图 5-20(扫码查看)。

图 5-20

(15) 单一投资基金核算的合伙制创业投资企业个人所得税扣缴申报表见图 5-21(扫码查看)。

图 5-21

(16) 个人所得税减免税事项报告表见图 5-22(扫码查看)。

图 5-22

(17) 代扣代缴手续费申请表见图 5-23(扫码查看)。

图 5-23

5.3.4 薪酬对应的社会保险费申报与缴纳

5.3.4.1 社会保险费的申报

1. 社会保险登记

企业在办理登记注册时，同步办理社会保险登记，缴费单位必须向当地社会保险经办机构办理社会保险登记，参加社会保险。登记事项包括：单位名称、住所、经营地点、单位类型、法定代表人或者负责人、开户银行账号以及国务院劳动保障行政部门规定的其他事项。

缴费单位的社会保险登记事项发生变更或者缴费单位依法终止的，应当自变更或者终止之日起 30 日内，到社会保险经办机构办理变更或者注销社会保险登记手续。

2. 社会保险申报规定

（1）缴费单位必须按月向社会保险经办机构申报应缴纳的社会保险费数额，未办理申报的，由社会保险经办机构核定其应当缴纳的社会保险费。经社会保险经办机构核定后，在规定的期限内缴纳社会保险费。缴费单位不按规定申报应缴纳的社会保险费数额的，由社会保险经办机构暂按该单位上月缴费数额的百分之一百一十确定应缴数额；没有上月缴费数额的，由社会保险经办机构暂按该单位的经营状况、职工人数等有关情况确定应缴数额。缴费单位补办申报手续并按核定数额缴纳社会保险费后，由社会保险经办机构按照规定结算。

（2）用人单位应当自用工之日起 30 日内为其职工申请办理社会保险登记并申报缴纳社会保险费。职工应缴纳的社会保险费由用人单位代为申报。代职工申报的事项包括：职工姓名、社会保障号码、用工类型、联系地址、代扣代缴明细等。用人单位代职工申报的缴费明细以及变动情况应当经职工本人签字认可，由用人单位留存备查。在一个缴费年度内，用人单位初次申报后，其余月份可以只申报规定事项的变动情况；无变动的，可以不申报。

（3）用人单位到社会保险经办机构办理社会保险缴费申报有困难的，经社会保险经办机构同意，可以邮寄申报。邮寄申报以寄出地的邮戳日期为实际申报日期。

有条件的地区，用人单位也可以按照社会保险经办机构的规定进行网上申报。

（4）用人单位应当向社会保险经办机构如实申报社会保险费的应缴纳情况。用人单位申报材料齐全、缴费基数和费率符合规定、填报数量关系一致的，社会保险经办机构核准后出具缴费通知单；用人单位申报材料不符合规定的，退用人单位补正。

社会保险经办机构在开展社会保险稽核工作过程中，发现用人单位未如实申报造成漏缴、少缴社会保险费的，按照社会保险法第八十六条的规定处理。

（5）用人单位因不可抗力，不能按期办理缴费申报的，可以延期申报；不可抗力情形消除后，应当立即向社会保险经办机构报告。社会保险经办机构应当查明事实，予以核准。

3. 社会保险申报操作流程

目前大多数省市都开通了“法人一证通”社会保险自助经办平台，用人单位可以通过登录当地的社会保险事务办理的官方网站，进行社会保险费的申报、变更、查询和打印。下面以上海市为例，介绍单位用“法人一证通”登录社会保险自助经办平台，办理缴费变更申报的网上操作流程。

(1) “法人一证通”社会保险自助经办平台网上申报操作手册(缴费变更申报篇)见图 5-24(扫码查看)。

图 5-24

(2) “法人一证通”社会保险自助经办平台网上申报操作手册(查询打印服务篇)见图 5-25(扫码查看)。

图 5-25

(3) “法人一证通”社会保险自助经办平台网上申报操作手册(年度工资申报篇)见图 5-26(扫码查看)。

图 5-26

5.3.4.2 社会保险费的缴纳

1. 社会保险费的缴纳方式

用人单位应当持社会保险经办机构出具的缴费通知单在规定的期限内采取下列方式之一缴纳社会保险费：

(1) 到其开户银行或者其他金融机构缴纳。

(2) 与社会保险经办机构约定的其他方式。

社会保险经办机构、用人单位可以与银行或者其他金融机构签订协议，委托银行或者其他金融机构根据社会保险经办机构开出的托收凭证划缴用人单位和为其职工代扣的社会保险费。

2. 职工应当缴纳的社会保险费由用人单位代扣代缴

用人单位依法履行代扣代缴义务时，任何单位或者个人不得干预或者拒绝。

用人单位未按时足额代缴的，社会保险经办机构应当责令其限期缴纳，并自欠缴之日起按日加收0.5‰的滞纳金。用人单位不得要求职工承担滞纳金。

3. 征收的社会保险费，应当存入社会保险经办机构按照规定开设的社会保险基金收入户

社会保险经办机构应当按照有关规定定期将收到的基金存入依法开设的社会保险基金财政专户。

4. 已征收的社会保险费

社会保险经办机构对已征收的社会保险费，根据用人单位实际缴纳额（包括代扣代缴额）和代扣代缴明细，按照国家有关规定进行记账。

5. 用人单位应当按月将缴纳社会保险费的明细情况告知职工本人

用人单位应当每年向本单位职工代表大会通报或者在本单位住所的显著位置公布本单位全年社会保险费缴纳情况，接受职工监督。

6. 社会保险经办机构应当及时、完整、准确地记录用人单位及其职工的缴费情况，并将缴费情况定期告知用人单位和职工

用人单位和职工有权按照《社会保险个人权益记录管理办法》等规定查询缴费情况。社会保险经办机构应当至少每年一次向社会公布社会保险费征收情况，接受社会监督。

本章相关视频资料（扫码看视频）。

第5章　相关视频

本章课后练习

一、单选题

1. 甲公司安排李某于5月1日（国际劳动节）、5月7日（周六）分别加班1天，事后未安排补休。已知甲公司实行标准工时制，李某的日工资为200元。计算甲公司应支付李某5月最低加班工资的下列算式中，正确的是（　　）。

A. 200×300%+200×200%=1 000（元）

B. 200×200%+200×150%=700（元）

第6章　薪税费风险防范与管理

6.1　薪税费涉税风险防范与管理

6.1.1　职工薪酬涉税风险防范与管理

职工薪酬在实体和程序上的涉税风险主要有：

1. 虚假申报、零申报的风险

已离职的职工是否已经及时更改全员全额申报的信息，企业是否存在为了帮助员工少缴税直接虚列工资的可能。工资薪金所得与企业所得税工资薪金支出、社会保险费缴费基数、年金缴费基数、住房公积金缴费基数是否匹配，都是需要关注的风险点。

2. 虚构员工人数的风险

企业登记的在岗人员人数、社会保险费的缴费人数、残疾人就业保障金的在岗人员人数、住房公积金的缴费人数与个人所得税实际扣缴申报的人数是否匹配，不同缴税（费）项目人数的稽核关系的合理性往往是逻辑审核的重要内容。

3. 工资总额与福利费混同的风险

企业发生符合合理性和有关性的工资薪金支出，准予在企业所得税税前扣除。职工福利费支出不超过工资薪金总额14%的部分，也准予在企业所得税前扣除。如果将福利部门人员工资计入工资薪金总额，则抬高了三项经费计提的基数，存在企业所得税少申报风险：一是导致该笔福利费超过限额的控制，使得企业多扣除支出；二是导致企业计算出的企业所得税税前准予扣除的职工福利费、工会经费、职工教育经费限额偏高，使得企业扣除支出增加。

另外，与职工薪酬相匹配的企业职工福利费、股份支付、管理费用等财务指标与个人所得税扣缴申报情况是否一致，也是重要的风险点。

职工薪酬涉税风险防范主要需注意以下方面：

1. 划清职工福利费与工资总额的范围

所谓企业职工福利费，是指企业为职工提供的除职工工资、奖金、津贴、纳入工资总额管理的补贴、职工教育经费、社会保险费和补充养老保险费（年金）、补充医疗保险费及住房公积金以外的福利待遇支出。在应付职工薪酬科目核算的项目如福利费、旅游费、补助补贴、实务福利等都需要交纳个人所得税。应当纳入职工工资总额不再纳入职工福利费的项目有：

（1）交通、住房、通讯补贴。企业为职工提供的交通、住房、通讯待遇，已经实行货币化改革的，按月按标准发放或支付的住房补贴、交通补贴或者车改补贴、通讯补贴，应当纳入职工工资总额，不再纳入职工福利费管理。尚未实行货币化改革的，企业发生的相关支出作为职工福利费管理，但根据国家有关企业住房制度改革政策的统一规定，不得再为职工购建住房。

（2）节日补助。企业给职工发放的节日补助、未统一供餐而按月发放的午餐费补贴，应当纳入工资总额管理。

另外，个人所得税法已经明确"工资、薪金所得，是指个人因任职或者受雇而取得的工资、薪金、奖金、年终加薪、劳动分红、津贴、补贴以及与任职或者受雇有关的其他所得。个人所得的形式，包括现金、实物、有价证券和其他形式的经济利益。"因而实物福利仍然是需要计入工资薪金所得缴纳个人所得税的。

2. 定期定额报销的费用应计入工资总额

企业给员工定期定额报销费用，本质上属于应计入工资范围的补贴，若企业通过开具真发票、假业务列支，从企业所得税角度其行为已构成偷税。如果这些费用没有并入当月工资代扣代缴个人所得税，面临虚假申报而导致偷税的法律责任。

在个人所得税汇算清缴前自查自纠，查看企业的"应付职工薪酬"会计科目，或通过"现金""银行存款"科目结算的成本费用中的报销项目，是否还存在应该申报个人所得税而未申报的项目。税务机关认定纳税人不缴或者少缴税款的行为是否属于偷税，应当严格遵循税收征管法第六十三条的有关规定。纳税人未在法定的期限内缴纳税款，且其行为符合该条款构成要件的，即构成偷税，逾期后补缴税款不影响行为的定性。纳税人在税务局稽查局进行税务检查前主动补正申报补缴税款，并且税务机关没有证据证明纳税人具有偷税主观故意的，不按偷税处理。

6.1.2 劳务报酬涉税风险防范与管理

劳务报酬所得，纳税人和扣缴义务人需按规定申报缴纳税款。因此，劳务报酬的涉税风险主要表现在以下几个方面：

（1）用人单位未代扣代缴劳务报酬项目个人所得税的，取得劳务报酬所得的纳税人本人有义务申报，未按照规定的期限办理纳税申报和报送纳税资料的，由税务机关责令限期改正，可以处两千元以下的罚款；情节严重的，可以处两千元以上一万元以下的罚款。

（2）委托人为用人单位的，作为扣缴义务人，如果未按照规定的期限向税务机关报送代扣代缴、代收代缴税款报告表和有关资料的，由税务机关责令限期改正，可以处两千元以下的罚款；情节严重的，可以处两千元以上一万元以下的罚款。

（3）对于劳务报酬项目，用人单位作为扣缴义务人已代扣代缴个人所得税，但是在规定期限内不缴或者少缴应解缴的税款，经税务机关责令限期缴纳，逾期仍未缴纳的，税务机关除管法法第四十条的规定采取强制执行措施追缴其不缴或者少缴的税款外，可以处不缴或者少缴的税款百分之五十以上五倍以下的罚款。

（4）用人单位作为扣缴义务人，对劳务报酬项目应扣未扣、应收而不收税款的，由税务机关向纳税人追缴税款，对扣缴义务人处应扣未扣、应收未收税款百分之五十以上三倍以下的罚款。

（5）部分用人单位将工资性收入拆分为工资和劳务报酬，有意混淆税目，以降低纳税申报时的工资薪金所得，差额部分员工另行以劳务费性质的发票冲抵。由于工资薪金所得与劳务报酬所得的收入额算法差异，导致综合所得项目个人所得税的税基受到侵蚀，社会保险费的缴费基数同样也受到侵蚀。另外，对于同一个公司的同一员工，劳动关系和劳务关系不能并存，从这一个角度看，这本身也是风险。

6.1.3　人力资源服务外包涉税风险防范与管理

纳税人提供人力资源外包服务，按经纪代理服务缴纳增值税，其计税依据，即销售额，不包括受客户单位委托代为向客户单位员工发放的工资和代理缴纳的社会保险、住房公积金。向委托方收取并代为发放的工资和代理缴纳的社会保险、住房公积金，不得开具增值税专用发票，可以开具普通发票。一般纳税人提供人力资源外包服务，可以选择适用简易计税方法，按照 5%的征收率计算缴纳增值税。

《人力资源市场暂行条例》（国务院令第 700 号）规定，经营性人力资源服务机构接受用人单位委托提供人力资源服务外包的，不得改变用人单位与个人的劳动关系，不得与用人单位串通侵害个人的合法权益。人力资源服务外包开票方式与劳务派遣相类似，但是如果用人单位与人力资源外包服务公司合谋，伪造实际未发生的且无需缴纳个人所得税的人员工资，从而套取资金用于发放给用人单位的现有员工。以达到降低现有员工工资个人所得税的目的，用人单位和人力资源外包服务公司均可能涉及虚开发票，其风险是不言而喻的。

因此，人力资源服务外包公司提供业务，需本着真实业务发生的原则，依规开具发票。

6.2　薪税费涉费风险防范与管理

6.2.1　职工薪酬涉费风险防范与管理

职工薪酬与社会保险缴费基数息息相关，可以从三个方面了解。其一，工资总额的计算以直接支付给职工的全部劳动报酬为根据。其二,缴费工资,是指职工上一年度的本人月平均工资,是根据职工的工资总额为基准统计、计算得出的。其三,缴费基数是有上下限的缴费工资,一般上限为上一年度社会平均工资的300%,下限为上一年度社会平均工资的60%。

国家统计局《关于工资总额组成的规定》(国家统计局令第1号)等系列文件对劳动报酬指标亦有具体解释,都应作为核定社会保险缴费基数的依据。凡是国家统计局有关文件没有明确规定不作为工资收入统计的项目,均应作为社会保险缴费基数。职工薪酬有些项目不计入工资总额,在计算社会保险费的缴费基数时应予剔除:

(1) 根据国务院发布的有关规定发放的创造发明奖、国家星火奖、自然科学奖、科学技术进步奖和支付的合理化建议和技术改进奖以及支付给运动员在重大体育比赛中的重奖,债券利息以及职工个人技术投入后的税前收益分配。

(2) 有关劳动保险和职工福利方面的费用。职工保险福利费用包括医疗卫生费、职工死亡丧葬费及抚恤费、职工生活困难补助、文体宣传费、集体福利事业设施费和集体福利事业补贴、探亲路费、计划生育补贴、冬季取暖补贴、防暑降温费、婴幼儿补贴(即托儿补助)、独生子女牛奶补贴、独生子女费、“六一”儿童节给职工的独生子女补贴、工作服洗补费、献血员营养补助及其他保险福利费。

(3) 劳动保护的各种支出。包括:工作服、手套等劳动保护用品,解毒剂、清凉饮料,以及按照国务院1963年7月19日劳动部等七单位规定的范围对接触有毒物质、矽尘作业、放射线作业和潜水、沉箱作业,高温作业等五类工种所享受的由劳动保护费开支的保健食品待遇。

(4) 有关离休、退休、退职人员待遇的各项支出。

(5) 支付给外单位人员的稿费、讲课费及其他专门工作报酬。

(6) 出差补助、误餐补助。指职工出差应购卧铺票实际改座席票的减价提成归己部分;因实行住宿费包干,实际支出费用低于标准的差价归己部分。

(7) 对自带工具、牲畜来企业工作的从业人员所支付的工具、牲畜等的补偿费用。

(8) 实行租赁经营单位的承租人的风险性补偿收入。

(9) 职工集资入股或购买企业债券后发给职工的股息分红、

(10) 劳动合同制职工解除劳动合同时由企业支付的医疗补助费、生活补助费以及一次性支付给职工的经济补偿金。

(11) 劳务派遣单位收取用工单位支付的人员工资以外的手续费和管理费。

(12) 支付给家庭工人的加工费和按加工订货办法支付给承包单位的发包费用。

(13) 支付给参加企业劳动的在校学生的补贴。

(14) 调动工作的旅费和安家费中净结余的现金。

(15) 由单位缴纳的各项社会保险、住房公积金。

(16)支付给从保安公司招用的人员的补贴。

(17) 按照国家政策为职工建立的企业年金和补充医疗保险,其中单位按政策规定比例缴纳部分。

还有一些特殊情况,也不列入工资收入。如,考勤扣款不列入工资收入,绩效工资的扣除部分不应再计入工资收入。

因此,除了上述特殊情况,劳动报酬均应纳入社会保险费的缴费基数。

6.2.2 劳务报酬涉费风险防范与管理

有的企业以劳务报酬的名义拆分职工工资,前文也述及,除给个人所得税带来风险外,也给社会保险费合规管理带来了风险。委托人委托受托人提供劳务服务是基于真实性为基础,如果实为职工工资,但为了规避社会保险费,故意用劳务报酬名义拆分职工工资,则存在有逃避社会保险费的风险。

6.2.3 人力资源服务外包涉费风险防范与管理

有的企业通过人力资源服务外包,将员工的部分工资由本企业发放,另一部分由人力资源公司代为发放,以达到降低社保费缴费基数的目的。若此,用人单位只需以本单位发放的工资为基数缴纳社会保险费。至于另一部分工资,由员工与人力资源公司签订非全日制用工协议。由此,该企业似乎达到节费目的。风险在于:

(1) 形式合法,实质上违法。非全日制用工按照《社会保险法》的规定可以缴纳社会保险费,但实际上许多非全日制用工的单位仅缴纳工伤保险费,甚至不缴纳社会保险费;有的用人单位和人力资源外包公司虚构业务,涉嫌虚开发票行为,用人单位和人力资源公司可能共同涉嫌虚开发票的犯罪。《社会保险费征缴暂行条例》在行政法规层面首次明确税务机关对社会保险费有检查权限,对上述涉嫌违法行为可以开展检查。

(2) 员工不为该公司提供任何劳动,是以合法形式掩盖非法目的。一旦被查实无实际工作行为,用人单位必然要补缴社保,并缴纳滞纳金和罚款。

6.3 薪税费劳动争议风险防范与管理

劳动争议是指劳动关系当事人之间因实现劳动权利、履行劳动义务发生分歧而引起的争议,也称劳资纠纷或劳资争议。根据现行劳动合同法相关规定,劳动者可以向劳动仲裁部门申请劳动仲裁的劳动争议,包括确立劳动关系、社会保险争议、劳动保护条件争议、工伤医疗费争议等方面。

6.3.1 招聘环节薪税费劳动争议风险防范与管理

招聘环节是良好的劳资关系的开始，是入职手续里最关键环节。有的人根本没有订立合同的目的，假借订立合同，恶意进行磋商而损害企业的利益。例如，故意与对方谈判使对方丧失与他人交易的机会、假借与对方谈判而取得非法利益，借机了解行业的基本底薪、社会保险费等工资福利水平，都对企业构成风险。

6.3.2 入职环节薪税费劳动争议风险防范与管理

签订书面劳动合同是一个极其重要的确定双方权利义务的法律行为。有关劳动合同的双方主体是否合格，劳动合同的内容是否基于双方的真实意思表示且合乎法律规定，劳动合同中对工资薪金、个人所得税、社会保险费、住房公积金等薪税费必备条款是否齐备，劳动合同条款的表述是否准确和完整等问题。员工入职后，企业自用工之日起三十日内应该为员工办理社会保险，进行参保登记。

6.3.3 试用期环节薪税费劳动争议风险防范与管理

试用期包含在劳动合同期限内，劳动合同仅约定试用期的，试用期不成立，该期限为劳动合同期限。试用期就是劳动关系的双方可以相对自由、便捷地单方解除劳动合同而无须承担法律责任的期间。

劳动者在试用期的工资不得低于本单位相同岗位最低档工资或者劳动合同约定工资的百分之八十，并不得低于用人单位所在地的最低工资标准。企业要遵循“三个不低于”原则，即劳动者在试用期的工资不得低于本单位相同岗位最低档工资的80%或者不得低于劳动合同约定工资的80%，并不得低于用人单位所在地的最低工资标准。

在试用期中，除劳动者有劳动合同法第三十九条和第四十条第一项、第二项规定的情形外，用人单位不得解除劳动合同。用人单位在试用期解除劳动合同的，应当向劳动者说明理由。

用人单位为劳动者缴纳社会保险费是法定义务，自劳动关系建立之日起就应履行。试用期内，劳动者与用人单位劳动关系已经建立，当然也要缴纳社会保险费。除社会保险费以外，劳动合同存续期间劳动者享有应有的权利，用人单位履行应有的义务。如劳动者享有获得劳动报酬的权利；出现工伤，用人单位则应承担相应责任。

6.3.4 绩效考评环节薪税费劳动争议风险防范与管理

试用期结束，意味着员工上岗，进入正式的绩效考评环节。根据劳动合同法的规定，劳动者不能胜任工作，经过培训或者调整工作岗位，仍不能胜任工作的；用人单位提前三十日以书面形式通知劳动者本人或者额外支付劳动者一个月工资后，可以解除劳动合同。

因此，严格的绩效评估管理应当建立在满足法律要件的基础上，并根据法律确定的原则和标准运行。另外，对于企业而言，如果实行绩效考评的“末位淘汰”制度，企业要给员工发放的工资不得低于当地最低工资水平。

6.3.5　晋升与调动环节薪税费劳动争议风险防范与管理

每一次的晋升与调动都涉及劳动关系双方权利与义务的调整，在法律上属于劳动合同变更，工资薪金收入就会出现相应的调整，社会保险费缴费基数也会随之调整，其对应的工资薪金项目的个人所得税边际税率就可能调整，税负有可能上升，也有可能下降。

因此，企业对劳动者晋升与调动，涉及薪资、岗位的调整变更，不仅需要衡量变更决定在管理上的必要性和合理性，更需要评估变更行为在薪税费方面的协调性。

6.3.6　解雇环节薪税费劳动争议风险防范与管理

所谓解雇，是指企业与雇员之间雇佣关系的非雇员自愿性终止，是对雇员可以采取的最严厉的处罚，其最终产生的法律效果是劳动关系的终结，但本质上仍存在一定的差异。需要注意的是，解除不同于终结，解除是指在劳动合同期限届满前一方终结劳动合同效力的行为，而终止是指劳动合同期限届满或者出现法定情形时劳动合同效力消灭的行为。

这涉及解除、终止的事由、程序以及补偿标准等，与劳动者的利益存在密切的关联，极有可能引发劳动争议。限于篇幅，这里仅就经济补偿金的标准作阐述。经济补偿金按劳动者在本单位工作的年限，每满一年支付一个月工资的标准向劳动者支付。六个月以上不满一年的，按一年计算；不满六个月的，向劳动者支付半个月工资的经济补偿。劳动者月工资高于用人单位所在直辖市、设区的市级人民政府公布的本地区上年度职工月平均工资三倍的，向其支付经济补偿的标准按职工月平均工资三倍的数额支付，向其支付经济补偿的年限最高不超过十二年。

解雇导致失业情形的，失业人员申请享受失业保险待遇必须同时具备被解除、终止劳动关系前所在单位及本人已按规定参加失业保险履行缴费义务满一年，非因本人意愿中断就业，已办理失业登记并有求职要求这三个条件，企业应当及时为解雇人员出具终止或解除劳动关系证明，书面告知其按规定享受失业保险待遇的权利，并将失业人员的名单自终止或者解除劳动关系之日起 7 日内报社会保险经办机构备案。

6.3.7　离职环节薪税费劳动争议风险防范与管理

离职交接不仅仅是双方权利义务的结清，更可能由此衍生新的权利义务。如，经济补偿金的支付、竞业限制义务的履行等。用人单位发生分立、合并、转让等行为，也有可能涉及离职交接。

用人单位变更名称、法定代表人、主要负责人或者投资人等事项，不影响劳动合同的履行。用人单位发生合并或者分立等情况，原劳动合同继续有效，劳动合同由承继其权利和义务的用人单位继续履行。

用人单位发生分立、合并、转让的，承继单位应当承担原用人单位的工伤保险责任；原用人单位已经参加工伤保险的，承继单位应当到当地经办机构办理工伤保险变更登记。

对离职的员工而言，还有三个方面需要注意，一是要关注企业是否代扣代缴经济补偿金的个人所得税。个人与用人单位解除劳动关系取得一次性补偿收入(包括用人单位发放的经济补偿金、生活补助费和其他补助费)，在当地上年职工平均工资 3 倍数额以内的部分，免征个人所得税；超过 3 倍数额的部分，不并入当年综合所得，单独适用综合所得税率表，计算纳税。二是要关注社会保险关系转接。解除劳动关系离职，离职的员工应当与原企业办理解除劳动关系证明，让企业补缴社保费后转移社会保险关系；企业应当在解除或者终止劳动合同时出具解除或者终止劳动合同的证明，并在十五日内为劳动者办理档案和社会保险关系转移手续。三是要关注离职的性质。如果离职符合申领失业保险金的情形，企业应将失业人员的名单自终止或者解除劳动合同之日起 7 日内报受理其失业保险业务的经办机构备案，并按要求提供终止或解除劳动合同证明等有关材料。失业人员应在终止或者解除劳动合同之日起 60 日内到受理其单位失业保险业务的经办机构申领失业保险金。

本章相关视频资料(扫码看视频)。

第 6 章　相关视频

本章课后练习

一、单选题

1. 劳动者月工资高于用人单位所在直辖市、设区的市级人民政府公布的本地区上年度职工月平均工资三倍的，向其支付经济补偿的标准按职工月平均工资(　　)的数额支付，向其支付经济补偿的年限最高不超过(　　)。

A. 三倍，十二年　　B. 三倍，十五年　　C. 两倍，十二年　　D. 两倍，十五年

2. 首次明确税务机关对社会保险费有检查权限的法律是(　　)。

A.《社会保险费征缴暂行条例》

B.《中华人民共和国社会保险法》

C.《中华人民共和国劳动法》

D.《企业职工基本养老保险基金实行收支两条线管理暂行规定》

3. 劳动者在试用期的工资不得低于本单位相同岗位最低档工资或者劳动合同约定工资的(　　)。

A. 50%　　B. 60%　　C. 70%　　D. 80%

4. 李某于 2015 年 7 月 1 日到 A 公司工作。2019 年 4 月 30 日,该公司与其协商解除劳动合同。已知李某劳动合同解除前 12 个月的平均工资为 3 000 元。当地上年度职工月平均工资为 4 200 元,公司应支付经济补偿金的金额(　　)元。

A. 12 000　　B. 3 000　　C. 9 000　　D. 11 500

5. 纳税人未按照规定的期限办理纳税申报和报送纳税资料的,或者扣缴义务人未按照规定的期限向税务机关报送代扣代缴、代收代缴税款报告表和有关资料的,由税务机关责令限期改正,可以一定幅度的罚款。这个幅度为(　　)。

A. 两千元以下的罚款;情节严重的,可以处两千元以上一万元以下

B. 一千元以下的罚款;情节严重的,可以处一千元以上一万元以下

C. 五千元以下的罚款;情节严重的,可以处五千元以上一万元以下

D. 两千元以下的罚款;情节严重的,可以处两千元以上

二、多选题

1. 用人单位招用劳动者未订立书面劳动合同,但同时具备相关情形的,劳动关系成立,这些情形包括(　　)。

A. 用人单位和劳动者符合法律、法规规定的主体资格

B. 用人单位依法制定的劳动规章制度适用于劳动者,劳动者受用人单位的劳动管理,从事用人单位安排的有报酬的劳动

C. 提供的工资报酬可以按年发放

D. 劳动者提供的劳动是用人单位业务的组成部分

2. 下列关于劳动合同试用期的说法正确的有(　　)。

A. 劳动合同期限三个月以上不满一年的,试用期不得超过一个月

B. 劳动合同期限一年以上不满三年的,试用期不得超过两个月

C. 三年以上固定期限和无固定期限的劳动合同,试用期不得超过六个月

D. 同一用人单位与同一劳动者可以约定多次试用期

3. 下列劳动争议中,劳动者可以向劳动仲裁部门申请劳动仲裁的有(　　)。

A. 确立劳动关系　　B. 社会保险争议

C. 劳动保护条件争议　　　　　　　　　D. 工伤医疗费争议

4. 职工薪酬有些项目不计入工资总额，在计算社会保险费的缴费基数时应予剔除。下列不计入工资总额的有（　　）。

A. 劳动保护的各种支出

B. 离休、退休、退职人员待遇的各项支出

C. 支付给外单位人员的稿费

D. 讲课费

5. 下列表述正确的有（　　）。

A. 解雇是指企业与雇员之间雇佣关系的非雇员自愿性终止

B. 承揽合同是指承揽人按照定作人的要求完成工作，交付工作成果，定作人给付报酬的合同。

C. 签订书面劳动合同是一个极其重要的确定双方权利义务的法律行为

D. 试用期不包含于劳动合同期限内

附录一　相关法律法规

附录二　课后练习答案

课后习题答案

参 考 文 献

[1] 人力资源和社会保障部教材办公室，中国就业培训技术指导中心上海分中心.上海市职业技能鉴定中心企业人力资源管理师二级[M].北京：中国劳动社会保障出版社，2014.

[2] 财才网.会计实务　税务实务　会计软件操作实务[M].上海：上海交通大学出版社，2017.

[3] 国际注册会计师（税务师、财务经理）综合能力等级考试教材编写委员会.薪税师[M].上海：立信会计出版社，2018.

[4] 上海财才网信息科技有限公司.薪税师职业能力框架[S].国作登字-2019-A00795785，2019.

[5] 上海财才网信息科技有限公司.薪税师-薪税（费）基础知识及实务运用[S].国作登字-2019-L-00824943，2019.

[6] 上海财才网信息科技有限公司.薪税服务外包技术规范[S].国作登字-2019-A00796356，2019.

[7] 上海财才网信息科技有限公司.薪税数字化管理与应用服务外包技术规范[S].国作登字-2019-A-00796357，2019.

[8] 上海财才网信息科技有限公司.薪税师职业技能评价规范[S].国作登字-2021-A-00028454，2021.

[9] 上海财才网信息科技有限公司.薪酬管理职业技能等级标准[S].国作登字-2021-A-00028455，2021.